U0694503

药品 GMP 指南 第2版

质量管理体系

国家药品监督管理局食品药品审核查验中心◎组织编写

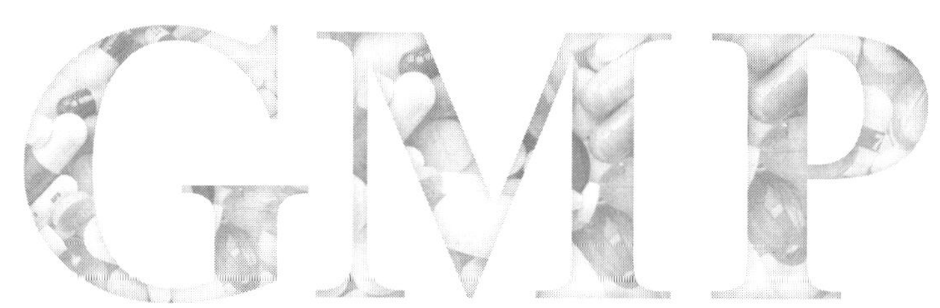

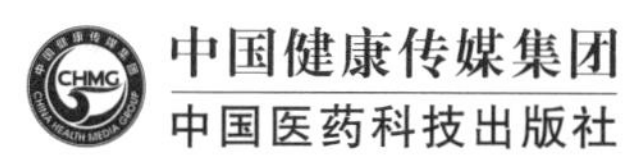
中国健康传媒集团
中国医药科技出版社

内 容 提 要

“药品 GMP 指南”（第 2 版）由国家药品监督管理局食品药品审核查验中心组织编写。《质量管理体系》分册内容紧扣《药品生产质量管理规范（2010 年修订）》及其附录的要求，结合国内外制药行业的具体实践，吸收参考了国际组织和监管机构有关指南的关键变化。本书以上版内容为基础，新增研发质量体系、数据可靠性整体策略、药品上市许可持有人管理要求等章节。

本书可供药品生产企业、药品上市许可持有人、工程设计、设备制造、药品监管机构等相关人员和检查员参考使用。

图书在版编目（CIP）数据

质量管理体系 / 国家药品监督管理局食品药品审核查验中心组织编写；高天兵，郑强主编 .— 2 版 .— 北京：中国医药科技出版社，2023.4

（药品 GMP 指南）

ISBN 978-7-5214-3820-8

Ⅰ . ①质… Ⅱ . ①国… ②高… ③郑… Ⅲ . ①制药工业—药品管理—质量管理体系—中国—指南 Ⅳ . ① F426.7-62

中国国家版本馆 CIP 数据核字（2023）第 042748 号

责任编辑 于海平
美术编辑 陈君杞
版式设计 也 在

出版 **中国健康传媒集团** | 中国医药科技出版社
地址 北京市海淀区文慧园北路甲 22 号
邮编 100082
电话 发行：010-62227427 邮购：010-62236938
网址 www.cmstp.com
规格 787 × 1092 mm 1/16
印张 29
字数 568 千字
初版 2011 年 8 月第 1 版
版次 2023 年 4 月第 2 版
印次 2023 年 6 月第 2 次印刷
印刷 三河市万龙印装有限公司
经销 全国各地新华书店
书号 ISBN 978-7-5214-3820-8
定价 298.00 元

版权所有 盗版必究

举报电话：010-62228771

本社图书如存在印装质量问题请与本社联系调换

获取新书信息、投稿、为图书纠错，请扫码联系我们。

编 委 会

主　　编　高天兵　郑　强

副主编　曹　铁　韩　亮

编　　委　（以姓氏汉语拼音为序）

冯宝璐　李晓明　阮克萍　孙玉玮

薛　莲　姚　泳　张　燕　周臻弘

撰稿人员　（以姓氏汉语拼音为序）

段成才　姜捷文　李华锋　李世峰　梁荣兴　钱福华　王　宇

王晨晨　王国旭　王胜超　王晓晖　解　馨　徐　涛　叶骊骏

张　莉　张海燕　张华敏　朱晓敏

审稿人员　（以姓氏汉语拼音为序）

白旭东　冯劲松　高　光　黄　洁　黄海岩　黄敏霞　贾　娜

匡岩巍　李　乐　李　妮　刘焕云　刘知音　陆　德　罗瑞昌

马　辉　宋　姝　王　亮　王　璐　王　晓　魏　晶　杨爱荣

张艳飞　赵　俭　郑友清

编写说明

“药品 GMP 指南”丛书自 2011 年 8 月出版以来，对帮助我国制药行业更好学习、理解、实施药品生产质量管理规范（GMP）发挥了重要作用，同时也为药品 GMP 检查员提供了学习教材。十年来，我国制药工业质量管理体系建设不断完善，质量管理水平不断提升，《药品管理法》《疫苗管理法》《药品注册管理办法》《药品生产监督管理办法》等法律、部门规章陆续修制定，以及多个 GMP 附录颁布实施，不断加强与完善了药品 GMP 实施的要求。随着国家药监局成为 ICH 管委会成员，疫苗国家监管体系通过世界卫生组织 NRA 评估，积极筹备申请加入药品检查合作计划（PIC/S），我国药品监管国际化程度日益深化。特别是近十年来国际药品 GMP 指南不断更新，涉及数据可靠性、无菌产品、连续制造等新理念、新标准、新技术，产业界对于“药品 GMP 指南”丛书内容更新修订的需求日益迫切。

2021 年 8 月，在国家药品监督管理局以及相关业务司局的支持和指导下，国家药品监督管理局食品药品审核查验中心会同北京大学知识工程与监管科学实验室和中国健康传媒集团中国医药科技出版社组织开展“药品 GMP 指南”修订工作。

“药品 GMP 指南”第 2 版以上版内容为基础，结合过去十几年国内外制药行业的具体实践，吸收 ICH、WHO、PIC/S、美国 FDA、EMA 有关指南，以及借鉴 ISPE、ISO、PDA、APIC 等有关指南的关键变化，旨在服务于知识和创新驱动的产业发展和以患者为中心、基于风险的科学监管。

来自 130 多家国内外药品监督管理机构、生产企业和研究机构的 500 余位专家积极参与再版修订工作，完成了 500 多万字的稿件，内容较上版增加近 1 倍。

“药品 GMP 指南”第 2 版《质量管理体系》分册新增研发质量体系、数据可靠性策略章节和药品上市许可持有人管理要求等;《厂房设施与设备》分册新增工艺气体系统、信息化和计算机化系统、先进制造三个部分;《口服固体制剂与非无菌吸入制剂》分册新增吸入制剂、缓控释制剂和中药颗粒剂附录，技术转移、工艺验证、共线生产等内容;《无菌制剂》分册新增生物制品（单抗）和细胞治疗产品两个部分，以及脂质体和预灌封注射剂产品、一次性使用技术和免洗物料等;《质量控制实验室与物料系统》《原料药》分册对接国内外产业法规指南全面升级，并就实验室调查、微生物实验室、供应商管理、委托储存、临床用原料药、溶媒回收等热点内容进行专题讨论。

本次修订得到了国家药品监督管理局以及相关业务司局的支持和指导，北京大学知识工程与监管科学实验室和有关企业给予了全力配合。在此，谨对关心和支持本次修订的各级领导和专家表示衷心的感谢！特别感谢北京市药品审评检查中心、辽宁省药品审评查验中心、上海药品审评核查中心、江苏省药品监督管理局审核查验中心、山东省食品药品审评查验中心、广东省药品监督管理局审评认证中心对本丛书审核工作给予的大力支持。

“药品 GMP 指南”第 2 版涉及的内容广泛，虽经努力，但因时间仓促、水平有限，错漏之处恳请广大读者批评指正。

国家药品监督管理局食品药品审核查验中心

2023 年 1 月

目录

4 质量保证要素

5 质量风险管理

6 文件管理

7 质量体系在研发管理中的应用

8 数据可靠性的整体策略

1 前言

《质量管理体系》分册在第 1 版内容的基础上，根据《药品生产质量管理规范（2010 年修订）》（以下简称 GMP）的要求，同时参考国际组织、国外药品监管机构、行业协会，如国际人用药品注册技术协调会（ICH）、世界卫生组织（WHO）、药品检查合作计划（PIC/S）、美国食品药品管理局（FDA）、欧洲药品管理局（EMA）、国际标准化组织（ISO）等发布的相关指导原则和技术标准，以及企业在实施 GMP 十余年间的经验，对本分册的整体思路、章节排序和具体内容，进行了相应的调整、修订和增补，力求将一个先进的药品全生命周期质量管理体系的理念、模型和经验介绍给读者，为企业在药品研发和药品 GMP 生产过程中不断提高质量管理的有效性提供科学的方法和参考工具。

本分册各章主要内容如下：

第 2 章 质量管理体系概述 增加了对药品质量管理和管理体系的相关术语、模型和药品全生命周期理念的介绍；以及帮助企业依托这些理念和模型，结合企业自身的特点，构建或优化企业药品质量管理体系的思路和构想。

第 3 章 产品质量实现要素 将第 1 版 2.3 节对“高层管理者”的要求移入本章，参考 ICH《Q10 药品质量体系》，突出强调了高层管理者和各级“管理层职责”。修订后的本章着重论述了“不直接构成产品组成”，但直接影响产品质量实现的主要因素。

第 4 章 质量保证要素 结构和内容基本延续第 1 版的思路，对各章节内容进行了更新，删减了部分内容，同时增加了纠正和预防措施（CAPA）有效性、管理评审等内容。

第 5 章 质量风险管理 在保持整体结构的基础上，编者结合近年来在风险管理方面积累的大量实际经验，对内容进行了相应的修订。

第 6 章 文件管理 考虑到药品全生命周期理念引入后大大地扩展了对研发和生产过程中知识和经验管理的需求，将第 1 版标题“6 质量管理系统文件”修改为对应药品全生命周期的“6 文件管理”。

第 7、8 章和附录均为新增章节。

第 7 章 质量体系在研发管理中的应用 介绍了目前行业在药品研发阶段项目管理、关键质量属性的识别与控制以及研发药品质量管理方面公认的一致的做法和建议。

第 8 章 数据可靠性的整体策略 是结合近些年来我国和国际监管机构对药品研发与生产过程中数据可靠性的高度重视和企业对数据可靠性管理的需求而增加的章节。

附录 在本分册的最后，增加了“附录 药品上市许可持有人和 GMP 的管理要求”，以帮助企业深入了解新修订的《中华人民共和国药品管理法》(以下简称《药品管理法》) 中对药品上市许可持有人（MAH）职责的规定和其所需承担的责任，以期为企业在药品生产实践中落实 MAH 的主体责任提供指导性建议。

本分册中如无特别说明，GMP 均指《药品生产质量管理规范（2010 年修订）》及其附录；如无特别说明，《中国药典》均指现行版。

2 质量管理体系概述

2.1 质量管理体系的发展历程

药品质量管理的发展历程是与其他行业质量管理的整体水平不断提高分不开的。回顾药品生产质量管理的发展历史，大致可以概括为以下三个阶段：

第一阶段——质量检验阶段：对最终产品的质量检验是历史沿袭下来的传统做法。但是仅对产品质量实行事后把关，从统计学的角度来看，无法全部剔除产品中的次品或废品，从根本上确保患者用药的质量和安全，并且造成大量的人力和物力资源的浪费。因此，质量检验阶段只是药品质量管理的初级阶段。

第二阶段——质量保证阶段：自 20 世纪中叶，产品质量的管理从单纯的产品最终检验合格，扩展到对产品生产全过程的控制管理，包括对生产所使用的厂房、设备和物料的管理，生产过程中的工艺监测和产品放行、储存和运输过程的管理。美国 FDA 在 1963 年颁布的世界首部 GMP 以法律的形式规范了美国制药企业和进入美国市场的药品生产商在生产过程中所需遵守的行为准则。制药企业设立质量部门和客户服务部门，以保证产品满足法律监管和患者对产品质量的要求。

自美国 FDA 颁布药品生产 GMP 法规后，欧洲理事会（原欧洲经济共同体，European Council Directive）于 1965 年颁布了第 65/65/EEC 号法令，奠立了当今欧盟 GMP 的基础。世界卫生组织（WHO）于 1968 年发布了首版 GMP，在 1969 年世界卫生大会通过，成为国际贸易药品质量签证体系的主体核心内容。

目前我国正在申请加入的药品检查合作计划（PIC/S）的前身“药品检查公约组织（The Pharmaceutical Inspection Convention，PIC）”，在 1972 年根据 WHO 颁布的 GMP 制定了 PIC GMP 基础标准指南。自 1989 年欧洲共同体开始颁布 GMP 以及 PIC/S 作为 PIC 组织的延伸于 1995 年成立后，PIC/S 和欧盟在保持“实际内容”一致的基础上，各自发布独立版本的 GMP。PIC/S 在 2022 年 2 月 1 日生效的新版《人用药品 GMP 指南》中就“实际内容一致”做了具体说明，主要是由于考虑到非欧盟成员国的需求，在 PIC/S GMP 指南中不涵盖涉及欧盟法律的内容，在个别术语的命名和使用上不同于欧盟 GMP。

我国首部行业性 GMP 于 1982 年由中国医药工业公司颁布，原卫生部在 1988 年颁布了我国的第一版 GMP。为进一步实现我国药品监管的科学化、法制化和国际化，GMP 于 2011 年 1 月 17 日发布，同年 3 月 1 日起施行，开创了我国药品监管的新纪元。

第三阶段——质量体系化管理阶段：降低人为错误风险、关注对操作人员资质确认和培训、强化对流程和文档的管理以及加大在质量部门的投入，在很大程度上提高了企业对药品质量的把控，但要从根本上保证药品的质量，还需要充分认识到药品质量的关键在于产品开发、研制、设计的科学性，对物料、设备、工艺在实际生产环境中和随时间可能发生变异的识别和控制的及时性，对产品检验从取样、检测方法至数据处理中不确定因素的判断、把控的合理性，以及产品全生命周期参与人员的质量素质、专业基本知识、技能掌握与需求的符合性。而实现这一切的基础在于企业最高管理者对质量的承诺和兑现、对企业机构和质量部门管理机制设置的有效性、资源配置的合理性和企业各级管理层对质量管理体系运行的实效性的重视和管理。

“质量管理体系”的理念始于世界标准化组织 1987 年发布的 ISO 9000 系列质量管理体系标准，其在发布后至今的 30 多年间先后进行了四次修订，即 ISO 9000:1994、2000、2008 和 2015 年版。

美国 FDA 在 2002 年宣布了 FDA“二十一世纪药品现行 GMP（CGMP）监管新举措”的行动计划。两年后美国 FDA 在研究报告中阐述了一个基于质量体系和风险管理、以科学为基础、涵盖药品全生命周期的 CGMP 法规监管框架。2006 年 9 月，美国 FDA 结合 ISO 的质量管理理念、其他监管机构的监管经验和质量管理学术研究成果，正式发布了《行业质量体系与药品 CGMP 法规指南》，帮助药品生产企业建立一个先进的质量体系和基于科学、风险的管理方法，以达到实现 CGMP 合规的要求。

ICH 基于 ISO 的质量管理体系理念，融合 GMP、ICH《Q8 药品研发》和《Q9 质量风险管理》，于 2008 年发布了 ICH《Q10 药品质量体系》，提出了一个自产品研发、技术转移、商业化生产直至产品终止的全生命周期的药品质量体系模型，突出强调了药品质量在后期生产中对研发阶段获得的知识的依赖性，基于科学认知和风险的评判，对生产工艺的表现、药品质量的管理持续性改进的重要性。

GMP 第一章总则明确制药“企业应当建立药品质量管理体系”，标志着我国对药品质量管理已进入了体系化监管的阶段。

2.2 基本概念与相互关系

质量管理体系（QMS）、质量保证体系（QAS）、质量体系（QS）和药品质量体系（PQS）是药品生产企业常听到的术语，可能被理解为相互等同或者 CGMP 的代名词。本节按照这些术语发布的时间顺序就其内容和在我国、美国和欧盟 GMP 法规中的定位作一简单介绍，意在帮助读者理解指南对 GMP 实施的指导作用和监管机构对指南与 GMP 不同的法律要求，并为制药企业建立适应企业特点、满足我国 GMP 要求、符合企业发展的药品质量管理体系提供可参考的搭建模式。

2.2.1 基本概念

A. 质量管理体系

世界标准化组织于 1987 年最早发布了 ISO 9000 系列质量管理体系标准，最新版为 ISO 9001:2015，突出了“过程方法”“PDCA 循环”“基于风险的思维”的理念和七项质量管理的原则。即：

- 以顾客为关注焦点。了解顾客对当今和未来的需求，满足和超越顾客的期望；
- 领导作用。制定一个明确的发展方向和目标，领导全体员工努力实现其目标；
- 全员积极参与。充分发挥员工的创造力；
- 过程方法。基于风险和“计划—实施—检查—行动”管理模型（图 2-1），最大可能捕捉机遇、降低负面影响、及时调整执行中对原计划和目标的漂移和偏离；
- 改进。以此作为企业持之以恒的目标；
- 循证决策。基于事实、数据的决策制定；
- 关系管理。与外部利益相关方合作共赢。

虽然 ISO 9000 系列质量管理体系标准不属于 GMP 范畴，但作为世界质量管理体系标准，对制药企业有着不可忽略的影响。这是因为：①国际组织和药品监管机构都将 ISO 质量管理体系的核心理念融于药品监管科学之中；②熟悉本书的读者或许注意到本分册第 1 版中引入了 ISO 9000 和 9001 前版本内容，而 ISO 9000 系列最新版（2015 版）较之前诸版本做了相对较大的改进；③资料显示，全球已有超百万家企业和机构通过 ISO 9001 认证，我国通过认证的企业和机构约占世界认证总量的

1/3，其中包括部分制药企业，或者制药企业外部合作的伙伴或设备设施及物料的供应商。

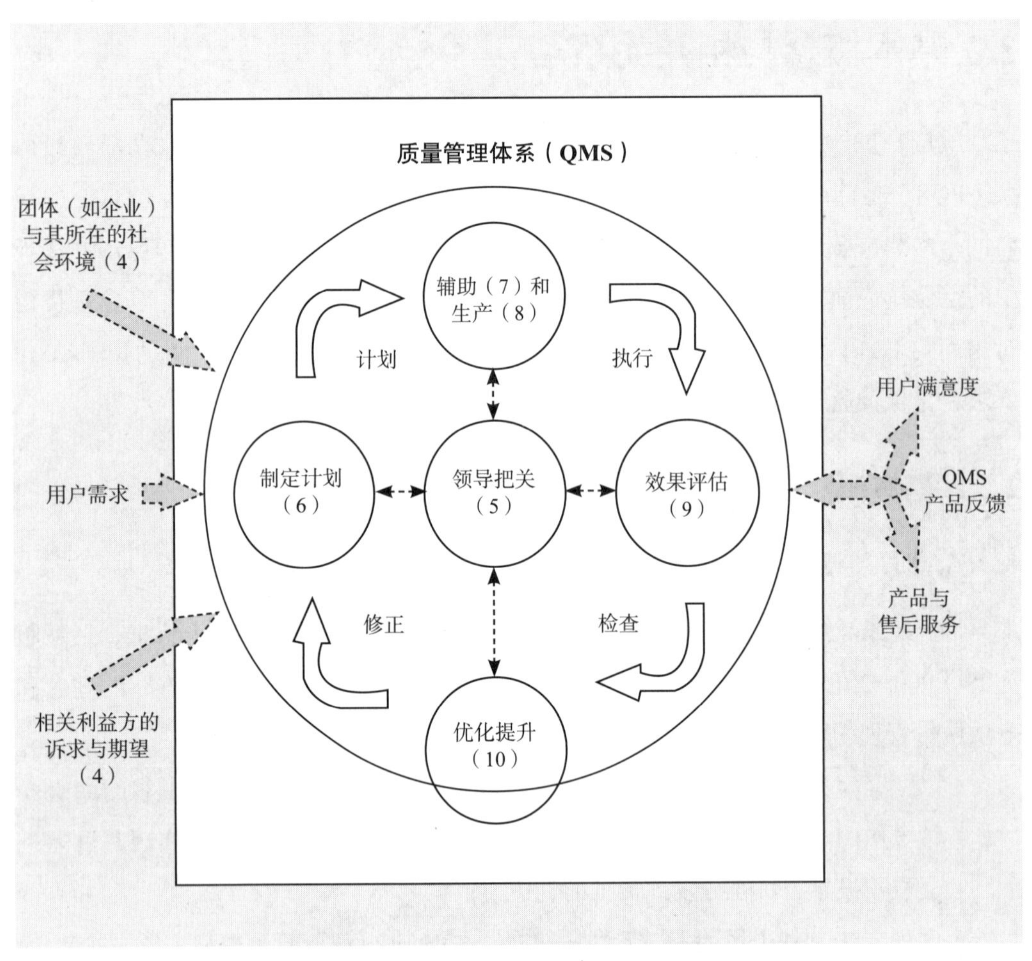

图 2-1　ISO“PDCA”质量管理体系模型

B. 质量保证体系与质量保证系统

“质量保证体系”是欧盟委员会在第 2003/94/EC 号法令中提出的并由此写入欧盟 GMP，要求各成员国的制药企业建立“必须包括管理层在内的、管理者主动参与的质量保证体系”。提示读者关注的是，欧盟在 2013 年施行的新版 GMP 中已将“质量保证体系”修订为“药品质量体系”，意在理念和文字表达上与 ICH《Q10 药品质量体系》保持一致。（参见 2.2.1“C. 质量体系”相关内容）

GMP 在“第二章 质量管理”“第二节 质量保证”第八条中规定：“质量保证是质量管理体系的一部分。企业必须建立质量保证系统。”

第九条 质量保证系统应当确保：

（一）药品的设计与研发体现本规范的要求；

（二）生产管理和质量控制活动符合本规范的要求；

（三）管理职责明确；

（四）采购和使用的原辅料和包装材料正确无误；

（五）中间产品得到有效控制；

（六）确认、验证的实施；

（七）严格按照规程进行生产、检查、检验和复核；

（八）每批产品经质量受权人批准后方可放行；

（九）在贮存、发运和随后的各种操作过程中有保证药品质量的适当措施；

（十）按照自检操作规程，定期检查评估质量保证系统的有效性和适用性。

C. 质量体系

“质量体系”模型是美国FDA在2006年9月发布的《行业质量体系与药品cGMP法规指南》中提出的，这一模型将ISO基于科学和风险管理原则用于指导产品质量标准的建立，生产过程偏差的调查、CAPA尺度的把控等药品cGMP生产活动，以帮助药品生产企业实现“将质量建立于产品之中”的cGMP要求。

美国FDA将其“质量体系”模型概括为六大体系和四个方面。

六大体系

包括：质量体系，厂房设施与设备体系，实验室控制体系，物料体系，包装和标签体系和生产体系（图2-2）。

四个方面

（1）管理层职责。建立有效的管理机制和符合自身需求的质量体系；制定质量方针和相应的质量目标和计划；定期评估和提升体系的有效性。

（2）资源配置。合理配置厂房、设备和人力资源；持续关注对员工质量意识和职业技能的培养；把控与外部合作的合规性。

（3）生产运行。设计、记录和优化产品和工艺建立的过程，监测工艺表现和关注物料对生产过程的影响；科学、合理、及时地完成偏差处理。

（4）分析评估。收集、分析产品和生产数据、产品质量和工艺变化趋势；建立有效的内部审查机制，及时发现问题，运用风险管理的方法解决问题；制定有效的预防措施，最大可能地避免重大隐患的发生；坚持持续性改进和优化。

图 2-2　美国 FDA 质量体系模型

D. 药品质量体系

“药品质量体系”模型（图 2-3）是 ICH 在 2008 年发布的第十个制药行业质量指南《Q10 药品质量体系》中提出的。ICH Q10 吸收了 ISO 质量管理体系的理念，融合了 GMP 法规和 ICH《Q8 药品研发》与《Q9 质量风险管理》的相关内容，尤其是将 ICH Q9 中提出的“药品生命周期”的理念细化为药品研发、技术转移、商业化生产、产品终止四个阶段，强调药品生产质量对研发知识的依赖性和持续性创新与改进的重要性。ICH Q10 突出了管理层对质量承诺的要求和保证药品质量体系运行有效性所负有的职责；提出工艺表现和产品质量监控、纠正和预防措施、变更管理和管理评审为构成药品质量体系的四大要素；确立了知识和质量风险管理是药品质量体系得以落地和实施的两个必要的支撑条件。

2.2.2 相互关系

A. 指南的共同指导原则与不同的关注点

从以上指南的介绍中不难看出，国际组织和药品监管机构发布指南的目的在于指导制药企业通过加强人员和药品生产从源头开始的系统性管理，保证药品质量，最终达到保证患者用药安全和有效的目的。在各个指南中都突出强调：企业管理层尤其是高层管理者对药品质量起着至关重要的作用；保证药品质量的关键是企业对

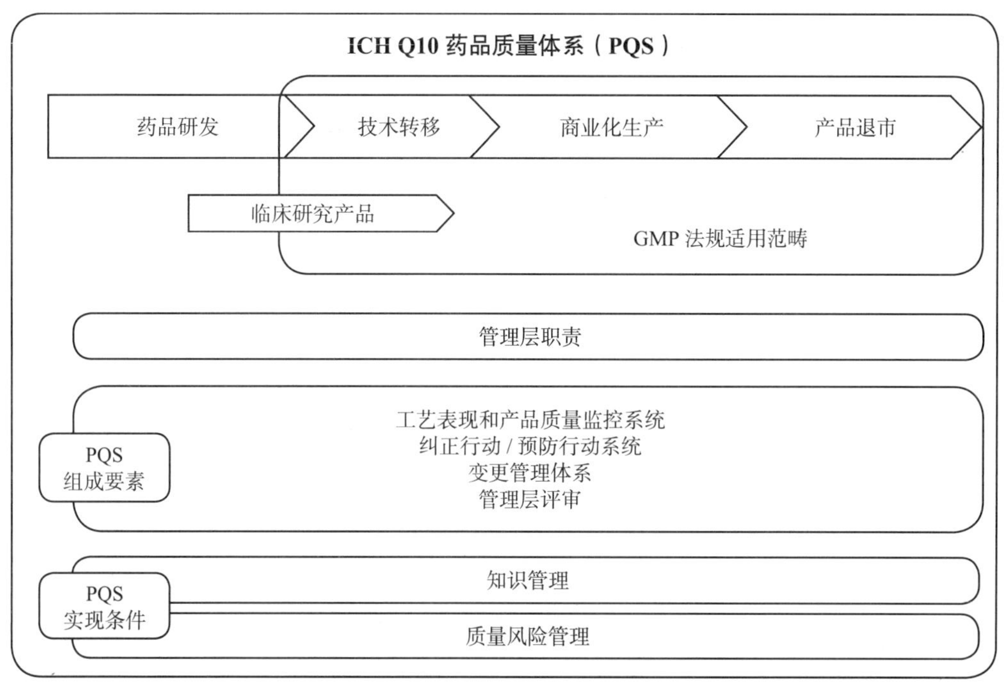

图 2-3 ICH Q10 药品质量体系模型

产品的科学认知，依据质量的需求对药品质量标准的科学定位，药品生产风险的科学合理评判，管理流程的合理制定和严格执行；以及各级管理层对知识更新的重视并以此为基础实现对产品质量和质量管理水平的持续改进。

然而，在如何实现产品质量管理的问题上，国际组织和药品监管机构依据各自不同的关注点提出了可供制药企业参考的不同管理模式。图 2-1、图 2-2、图 2-3 为 ISO“PDCA”管理模型、美国 FDA 质量体系模型和 ICH Q10 药品质量体系模型。

图 2-1 清晰显现了 ISO“PDCA”模型以“顾客要求”为输入、“顾客满意”为输出反馈的、“顾客为中心”的理念，和以此为持续性改进的源动力。但对于药品这样一个特殊商品，许多使用药品的患者并不十分了解自己所患疾病的需求，在某种程度上或一段时期内也无法准确判断药品质量的影响，因此药品生产企业在保证产品质量方面面临着比其他行业更大的挑战。

美国 FDA 质量体系模型（图 2-2）紧扣药品 GMP 主题，六大体系的划分强调了以质量体系为基础和支撑，与其他五大体系既相对独立存在又彼此依赖互补这样一个具有监管科学性、企业管理系统性、GMP 法规符合性的有机集合体。

与美国 FDA 的质量体系模型相比，ICH Q10 药品质量体系模型（图 2-3）更突出了宏观整体思维（药品全生命周期）、顶层结构设计（管理层职责和四大体系要素）和科学支撑基础（知识和风险管理）。

B. 指南与 GMP 不同的法律效力

我国《药品管理法》规定，从事药品生产活动，应当遵守药品生产质量管理规范，建立健全药品生产质量管理体系，保证药品生产全过程持续符合法定要求。因此，我国药品 GMP 是法律要求强制实施的，具有法律效力。

美国 FDA 发布的质量体系指南和美国 FDA 采纳的 ICH《Q10 药品质量体系》，“仅代表监管机构（美国 FDA）目前对于指南涉及内容的思考方向”，对美国药品生产企业“不具有法律效力”。

在 2008 年 7 月采纳 ICH《Q10 药品质量体系》指南后，欧盟修订了欧盟 GMP，并将原依据第 2003/94/EC 号令中第 6 条款命名的欧盟 GMP 第一章节的标题“质量保证体系”改写为“药品质量体系”，“意在理念和文字表达上与 ICH Q10 药品质量体系指南保持一致。”依照欧盟法律的要求，欧盟各成员国至 2013 年 1 月 31 日截止完成了对本国 GMP 的相应修订。因此，建立“药品质量体系”最终是欧盟各成员国 GMP 法规的要求。

2.3 药品全生命周期的质量管理

对药品全生命周期过程中药品质量的系统化管理，就是以产品为主线，对从产品研发、技术转移、商业化生产至产品终止（包括药品退市或转型）这四个阶段中的每一过程、环节、关键节点，依据风险、全方位流程化系统性有效衔接的管理；是以科学为基础，对各个环节中可能出现的风险预判、监测和把控的管理；是对自研发阶段积累的药品科学认知和药品生产实践中不断丰富的经验的管理。表 2-1 是药品全生命周期四个阶段中各个阶段所涉及的主要活动的简要概括。

全生命周期的质量管理理念还应体现在对日常活动的管理中，例如：

- **对知识和经验作为持续性改进驱动力的管理** 药品的科学认知是一个在产品生命周期中获取、证明、更新或被修正取代的过程。这就要求制药企业建立一个有效的文档管理体系，包括研发试验、偏差调查、变更处理等活动生成的原始记录、数据科学分析后形成的决策性报告。以此作为持续性改进的驱动力和企业质量目标制定的基础。（参见本分册“6 文件管理”）

- **对厂房设施与设备生命周期的管理** 厂房设施与设备的生命周期包括自厂房设施设备的设计、建造、验收投入生产，使用期间的维护、部件的更换，至后期的升级改造或拆除。企业需要基于科学和对风险的评判，配备相应的资源，制定出一个

表 2-1 药品生命周期各阶段涉及的主要活动

产品研发	技术转移	商业化生产	产品终止
• 研发项目管理 • 原料药开发 • 给药途径开发 • 试验用药开发 • 制剂开发 • 物料供应商选择 • 生产工艺开发和中试规模放大 • 分析方法开发、确认或验证 • 包装、标签开发 • 研发知识、相关文件管理	• 技术转移项目管理和资源配置 • 研发产品场地间转移和工艺确认 • 研发向生产场地转移 / 商业化规模放大和工艺验证确认 • 不同生产场地间的产品转移和工艺验证确认 • 设备清洁方法转移、确认或验证 • 不同实验室间的分析方法转移、确认或验证 • 研发、技术转移相关知识、文件的转移和管理	• 人员资质确认和岗位培训 • 物料供应 • 厂房设施设备配备、确认、维护和更新 • 产品生产、包装和标签管理 • 生产工艺、环境监控 • 产品取 / 留样、检验、稳定性研究 • 产品储存、放行、运输 • 知识、文件管理 • 客户、患者、市场、监管机构相关需求管理 • 持续性改进	• 产品终止项目管理 • 厂房设施设备的处置 • 稳定性研究的完成 • 产品留样的处理 • 产品回顾性评估、报告的完成 • 相关文件存档管理 • 市场、监管机构相关要求的完成

高效率、低成本、合理合规的质量部门前期参与、中期监督、后期引领的质量管理策略和行之有效的日常维护、防止产品污染的计划与流程。（参见本分册“3.3 厂房设施和设备”及本丛书《厂房设施与设备》分册）

- **对药品生产工艺生命周期的管理** 新的药品生产，除采用一套全新的生产技术外，往往是依照产品的特性和原辅料的不同，对现有的技术平台重新组合和（或）将新技术巧妙引入而实现的。因此，产品生产工艺的生命周期不一定等同于产品的生命周期。这就要求产品生产工艺的设计者不但善于从常规的实验室小试工艺开始，更具备从现有商业化规模生产的产品工艺历史中获取经验和知识的能力，在新产品生产工艺开发阶段就开始对工艺设计的优化，使每一个新的生产工艺从一诞生就更趋于设计合理、操作安全、运行可靠和高效降本。（参见本丛书《无菌制剂》《口服固体制剂与非无菌吸入制剂》《原料药》分册）

- **对检验检测方法的生命周期的管理** 检验检测分析方法伴随着产品的研发、生产规模放大、技术转移、商业化生产，经历了一个从方法开发、转移、例行批次检验至因检测仪器更新和（或）物料、工艺的改变而被新的方法所取代的生命周期。因此，分析方法的生命周期可能会短于产品的生命周期。（参见本丛书《质量控制实验室与物料系统》分册）

2.4 制药企业质量管理体系的构建和优化

法规要求

药品生产质量管理规范（2010 年修订）

第二条 企业应当建立药品质量管理体系。该体系应当涵盖影响药品质量的所有因素，包括确保药品质量符合预定用途的有组织、有计划的全部活动。

第五条 企业应当建立符合药品质量管理要求的质量目标，将药品注册的有关安全、有效和质量可控的所有要求，系统地贯彻到药品生产、控制及产品放行、贮存、发运的全过程中，确保所生产的药品符合预定用途和注册要求。

第六条 企业高层管理人员应当确保实现既定的质量目标，不同层次的人员以及供应商、经销商应当共同参与并承担各自的责任。

实施指导

按照 GMP“企业应当建立药品质量管理体系”的要求结合图 2-1~ 图 2-3 所示的 ISO“PDCA”质量管理体系、美国 FDA 质量体系和 ICH Q10 药品质量体系模型，本节为读者提供了一个可供参考的“顶层设计、中层搭建、底层支撑”的制药企业质量管理体系模型。

A. 顶层设计

由企业高层管理者主持制定的企业质量管理总体纲领性文件。文件的内容包括但不应局限于：

- 企业质量方针和保证质量方针落地的质量目标；（参见本分册“3.1 管理层职责”）
- 高层管理者和各级管理层在质量管理体系中的作用、职责和职权范围；
- 企业组织架构和质量管理部门的定位和职责；
- 企业质量管理体系范围和依据企业特点在药品生命周期不同阶段的管理模式；

- 质量管理体系的架构搭建，包括子体系和（或）职能部门管理模块，以及彼此间相对的独立性、依赖性和有效衔接节点的设置；
- 企业与外部合作（如供应商、委托方 / 受托方等）质量管理的机制；
- 信息流动、知识和风险管理、工艺和产品质量 / 内外部检查问题告知高层管理者的机制；
- 质量管理体系包括工艺表现和产品质量控制策略，偏差、变更、CAPA 管理评估标准，持续性改进的质量目标与计划制定和管理有效性监督机制；
- 高层管理者和各级管理层参加的定期管理评审制度。

经过机制、制度的方式固化后，企业质量管理总体纲领性文件就不仅是作为文字版本的形式存在。

B. 中层搭建

质量部门和各相关职能部门管理者，依照企业规划的企业质量管理体系模式和指导原则，共同搭建药品质量管理体系中各子体系和（或）职能部门管理模块以及各子体系、模块间彼此相互依赖的管理机制和流程，在此基础上制定出切实可行的质量实施计划。

- 子体系和（或）职能部门模块的划分：可依据 GMP 相应章节设置；或在满足国家 GMP 法规要求的基础上，参考本丛书其他分册中的建设性意见和 ISO、美国 FDA、ICH 指南和体系模型（图 2-1~ 图 2-3）。
- 企业与下属生产基地质量管理体系的跨越搭建：对拥有多个生产厂区的大型制药企业，为提高体系管理的有效性和减少同一文件在不同厂区的复制或重复生成所造成的人力资源浪费，尤其是避免由于重复生成而出现的人为错误，建议参考 ICH《Q10 药品质量体系》[第二章第 F 节第（c）项] 的建议：在建立新的药品质量体系或优化现有的药品质量体系时，应当考虑到企业规模与商业活动的复杂性。因此，药品质量体系可以部分搭建在企业的公司层面，适用于所有的厂区；而对具有特殊需求的厂区，该特定部分则建立在厂区的质量体系中。但不论药品质量体系建立在企业或厂区层面，体系运行的整体有效性是依据厂区管理现状而决定的。
- 流程合理性设计：应当考虑到药品的科学认知是一个从无到有、在药品开发和研制实践中逐步积累的过程，这与商业化生产中产品质量的波动或由于某些特殊原因造成的偶然偏移有着性质上的区别。因此，药品质量管理体系的建立应针对药品研发与生产不同阶段的特点，制定出与其相适应的、合理的管理流程。（药品研发阶段的质量管理体系的建立建议参考本分册“7 质量体系在研发管理中的应用”）

C. 底层支撑

质量和职能部门按照各子体系和（或）职能部门管理模块的管理机制和职责，组织相关资质人员制订具体的、详尽的、包括全部质量活动的管理操作流程。在制定具体流程中提示读者注意。

1. 流程建立的逻辑性

流程的建立应避免和防止重复定义和重叠管理。例如，企业因某一特定原因，将在一定时期内暂时不能按照质量计划完成某一质量活动。若企业在变更和偏差流程中同时规定允许临时变更和临时偏差的存在，则当上述事件发生时不同的执行者会按照不同的流程管理，造成流程管理和执行层面的困惑和不一致。但如果企业在流程制定时，考虑到事件发生的时间和人与事件的主动与被动的逻辑关系，即变更为人为主动、有计划的、在改变现有流程后、将要发生的事件；而偏差则是被动的、非计划内、偏离现有流程或预期结果的已发生事件，并往往会产生一定程度的负面影响。同时考虑到“临时”是相对“永久”而言，企业不应允许“永久偏差”的存在，因此，也就不存在“临时偏差”。这样就避免了“临时变更”和“临时偏差”重复定义和由此造成执行不一致情况的发生。

2. 流程编写的标准化

流程编写标准化的目的是保证流程编写的质量、效率和使用的实操性。因此，在编写具体流程时，建议企业首先完成对“流程编写”程序的制定，其内容包括但不限于：对各类流程的分类和编号、文件版本号、变更历史的规定，流程应包括的内容和书写格式，流程生成、审议、批准、存档、修订和销毁的管理机制，以及流程编写中需要注意的事项。（参见本分册“6 文件管理”）

3. 流程审核批准的职责化

流程的审核和批准应注意实效性，不同职能部门在同一流程中，同一职能部门在不同流程中可能承担不同的职责。因此，企业既应保证审核和批准人明确的职责，也要避免冗长的文件审核批准人员名单。原则上，质量部门应批准与产品质量相关活动的流程和文件，已批准的文件如因故发生变更或修订后，应经原批准人重新批准。（参见本分册“6 文件管理”）

3 产品质量实现要素

制药生产企业一般将影响产品质量的因素归纳为人（人员）、机（设施设备）、料（物料）、法（方法）、环（环境）、测（检测）六大要素，希望通过对这些要素所涉及的质量活动制定相应的管理程序和标准，使众多的质量活动得到有效管理并处于受控状态，最终使生产出来的产品达到预定的标准，实现产品质量的目标。

然而，药品生产是一个动态的过程，需要不断运用从生产实践中获得的新的知识和经验来优化管理流程，对发现的问题、偏离正常操作程序的行为和异常的检测结果进行及时、科学地调查和有效地处置。因此，在第 2 章介绍了药品质量管理体系的理念和企业体系搭建模型的基础上，本章着重讨论药品质量管理体系中“不直接构成产品组成”，但直接影响产品质量实现的重要因素。

产品质量实现要素包括管理层、机构与人员、厂房设施设备、工艺（产品生产工艺及检验方法）、物料、确认与验证等方面。

3.1 管理层职责

企业各级管理者的领导力是保证质量管理体系有效运行的关键，企业的高层管理者更是对患者用药安全有效、企业药品生产合规的质量承诺承担决定性的责任。

通常企业高层管理者可以被理解为董事会下的最高一级管理者，但依据企业的特点，对一些大型企业来说，高层管理者也可以包括董事会下数层级的管理人员。

实施指导

制药企业高层管理者对企业药品质量管理、质量管理体系的建立、体系运行有效性的监督和改进承担直接和重要的责任。如在第 2 章 2.4 节中所示，GMP 第六条要求：“企业高层管理人员应当确保实现既定的质量目标。”第二十一条中还明确规定："企业负责人是药品质量的主要责任人。"这就要求制药企业高层管理者应具备把控企业药品全生命周期过程管理的能力、视角和资源配置的决定权，制定出一个企业自上而下逐级落实对产品质量承诺实现的完整的管理、监督和改进机制，包括但不限于以下内容：

A. 管理层承诺

• 高层管理者不仅承担实现企业质量目标，保证药品质量管理体系在整个企业范围内有效实施的主体责任，同时需要通过企业的信息交流平台使员工清楚地了解高层管理层对质量的承诺和在管理体系中的作用、职责和职权。

• 各级管理层在质量管理体系中的作用包括但不限于：

➢ 参与药品质量管理体系的设计、制定、实施、监督、维护和改进全过程，并应以表率行动支持质量管理体系在本部门的落地和执行；

➢ 规范质量管理体系中个人和职能部门的作用、职责和职权，明确各部门和各层级责任人间的相互关系和职责，尤其是依照 GMP 的要求，保证质量部门作为一个独立的组织机构履行职责；

➢ 合理配置人力和所需资源，保证质量管理体系每一子体系或模块的正常运行和子体系或模块间的有效衔接；

➢ 建立一个有效的信息沟通和传递机制，保证相关决策层及时掌握产品质量信息、需求和问题；

➢ 有计划地组织管理层对包括质量管理体系的实效性、管理过程运行的有效性和产品质量状况与变化趋势的评审；

➢ 大力提倡和关注对质量管理能力和实效性的改进。

B. 质量方针的制定

• 企业的高级管理者应主持、制定企业的质量方针。质量方针应与企业使命和发展方向相融合，包括企业对保证产品质量和法规符合性，和基于科学和风险管理持续改进的承诺；

• 企业质量方针的制定应根据企业不同发展阶段的特点和需求、外部环境的变化进行必要调整和修订；

• 质量方针的表述应简洁、易懂，避免内容空洞，便于与企业全体员工的沟通，有助于员工了解质量方针的意义并能够主动将企业对产品质量、合规行为的承诺在日常工作中兑现。

C. 质量目标和质量计划制定与实施

● 高层管理者应保证各级管理层依据企业质量方针确立明确的质量目标和为实现质量目标而制定的具体行动计划，以确保质量方针的落地；

● 质量目标应与企业的总体发展战略相一致，并得到企业全体员工的支持；

● 质量计划中应明确考察内容和衡量标准，各级管理层应为质量计划的实施配备合理的资源和对员工进行必要的培训；

● 管理层应定期公布质量计划执行情况，不断改进管理方法和流程，提高管理体系执行的有效性。

D. 资源合理配置

● 各级管理层应为质量管理体系运行和保证质量目标的实现提供必要的厂房、设施、设备、技术和人员的支持，对员工进行必要的职业道德、质量风险意识和业务专业技能的培训；

● 管理层还应考虑产品、工艺、厂区和地理环境等的不同特点，对特殊需求的资源予以及时和合理的配置。

E. 信息流通机制建立

● 各级管理层应在企业范围内建立一个有效的内部信息流通机制，并保证机制的正常运行；

● 信息流通机制的设置帮助各级管理层履职尽责，保证产品质量、管理体系的问题能够及时、准确无误地被传递到相应的职能部门和责任人。

F. 管理评审

（1）管理评审是企业高层管理者对质量保证承诺兑现的一个具体表现形式和方法。管理评审的目的是定期和当重大机遇或危机出现时管理者及时了解生产、产品质量和体系运行的现状、问题和趋势，捕捉机遇和防止隐患。

（2）高层管理者可根据企业的规模和产品的特点，规定评审的方式、内容、时间和频率，合理的分层级和分阶段地进行。

（3）评审内容，包括但不限于：

①检查质量计划完成的情况

● 产品质量满足患者和使用者及监管机构的需求，与设定 / 批准的质量标准符合的程度；

● 客户和患者对产品质量投诉的原因、发生频率和趋势；

● 企业采取的产品召回行动。

②生产、管理运行的受控状态

● 工艺表现和产品质量监控的结果和变化趋势；

● 偏差、变更、纠正预防措施实施、管理的有效性；

● 外部的合作、问题的反馈和管控的经验。

③发现和需要解决的问题

● 上述质量计划执行中和现行生产、运行管理出现的问题；

● 上一质量评审跟踪事项中的难点和新的需求；

● 企业内部审计、客户审计、监管机构检查结果和尚未完成的对监管机构的承诺。

④确立改进的行动和任务

● 评审中发现的上述问题的解决方案和责任人确定；

● 评审中发现的产品质量、生产和管理体系在产品生命周期不同阶段具有普遍性和（或）存在较高潜在风险问题的解决措施；

● 药品上市许可持有人（MAH）变更过程中对产品质量风险管理的特殊需求；

● 新技术的使用和新指南 / 法规的发布对管理体系提出的新的要求；

● 企业业务发展、外界环境的变化需要对管理体系所做的相应调整。

⑤评审结果的输出

● 对质量方针、质量目标和质量计划所需做出的必要调整；

● 对提出问题的解决方案、采取措施、资源配置和负责人员的确认；

● 对评审中确定的改进方向和任务的部署和落实，包括增加必要的人员培训、知识和经验的分享和资源配置的优化等；

● 评审书面记录的发送和存档，按照管理评审流程及时将评审结果与行动要求传递和落实到相关的部门和责任人。

G. 外部合作与供应商管理

● 企业对外部供应商、合作方可能对产品质量的影响承担最终的责任；

● 企业应当根据需求和供应链安全的风险，制定合理、有效的外部合作和供应商管理流程。对有特殊需求的供应商，应细化内部管理的具体要求；

● 对于高风险的外包生产，企业应与受托方以书面的形式明确规定各自为保证产品和服务质量所承担的职责、双方定期和质量突发事件沟通的机制以及协议修改的变更程序等；

- 企业应依据风险，对供应商和外部合作伙伴进行筛选和定期的评估。评估的内容：如对拟供应商或合作伙伴的服务历史和产品质量信誉程度的调查，对供应商的现场审计，样品测试，考察对方的生产或服务能力是否可以满足企业需求等。

H. 产品所有权变更管理

在药品的全生命周期中，产品所有权的变更是不可避免的。因此，最大限度地降低因产品所有权发生变化时可能对患者的负面影响是 MAH 的重要职责之一。建议读者参考本分册“附录 药品上市许可持有人和 GMP 的管理要求”，深入理解新修订的《药品管理法》中对 MAH 职责的规定。

3.2 机构与人员

机构是企业为实现共同目标而设置的互相协作的团体，而质量目标是企业建立组织机构需要考虑的最重要的目标之一。机构是企业进行质量管理的基本单位。人员是组织机构建立和运行的基础。机构和人员是建立和实施质量体系的重要资源。

背景介绍

《药品管理法》和《药品生产监督管理办法》规定：“药品上市许可持有人应当建立药品质量保证体系，配备专门人员独立负责药品质量管理”，并对从事药品生产活动，应当具备条件做出规定，条件之一为“有能对所生产药品进行质量管理和质量检验的机构、人员”。GMP 规定“企业应当建立与药品生产相适应的管理机构，并有组织机构图”，并强调“企业应当设立独立的质量管理部门”。欧盟 GMP（第 2.2 条）、WHO GMP（第 9.3 条）和 PIC/S GMP 指南（第 2.2 条）也提出了企业要有组织机构图清楚显示隶属关系和管理层级的要求。企业组织机构的设置没有固定的模式，企业需要根据自身的特点，如企业规模、质量目标、职责分配等，建立合适的组织机构，以确保质量体系的有效运行。

《药品管理法》和《药品生产监督管理办法》明确，“有依法经过资格认定的药学技术人员、工程技术人员及相应的技术工人”，并对关键人员如法定代表人、主要负责人的资质、职责、变更进行规定。GMP 也对人员的要求做出规定，主要要求可以概括如下：制药企业的人员要有适当的资质、明确的职责、接受必要的培训和受控的人员变更。欧盟 GMP 在第二章人员的原则部分明确指出人员对于质量体系的运行以及产品质量的保证都是至关重要的。“建立、保持良好的质量体系，正确生产药品都取决于人，因此，应配备足够数量并具有适当资质的人员去完成各项操作”。

本节将从“人员资质、人员职责、人员培训和人员变更”这四个方面论述 GMP 对人员的要求。

3.2.1 机构

企业管理者负责建立适合的组织架构、赋予质量管理体系发挥职能的领导权，并明确相应的人员职责和授权，为生产出合格产品所需的生产质量管理提供保障。企业建立的组织架构必须保证质量管理部门能够独立地履行质量管理的职责，并避免任何对质量管理工作的干扰。

实施指导

组织架构包括各级职能机构、机构间的隶属和工作报告关系，组织架构一般由生产、设备工程、技术研发、质量、销售等机构组成。应将组织架构形成书面文件，一般列出组织机构示意图。图 3–1 是四种不同类型或规模的企业组织机构图示例。

对药品上市许可持有人（委托生产）需建立质量保证体系，如图 3–1A 所示。

对小规模的药品上市许可持有人（自行生产）需建立质量管理体系，需有独立的质量管理部门，一般包含质量保证和质量控制部门，以及其他生产、工程等部门，如图 3–1B 所示。

对大规模或集团型药品上市许可持有人（自行生产），需建立质量管理体系，需有独立的质量管理部门，如图 3–1C、D 所示。

3.2.2 人员资质

GMP 对企业的管理人员和操作人员都提出了资质的要求，即企业应当配备足够数量并具有适当资质的管理和操作人员。人员资质一般包含三个方面的内容：教育背景（education）、工作经验（experience）、所接受的培训（training）。

《药品管理法》《药品生产监督管理办法》和 GMP 第二十二条、第二十三条、第

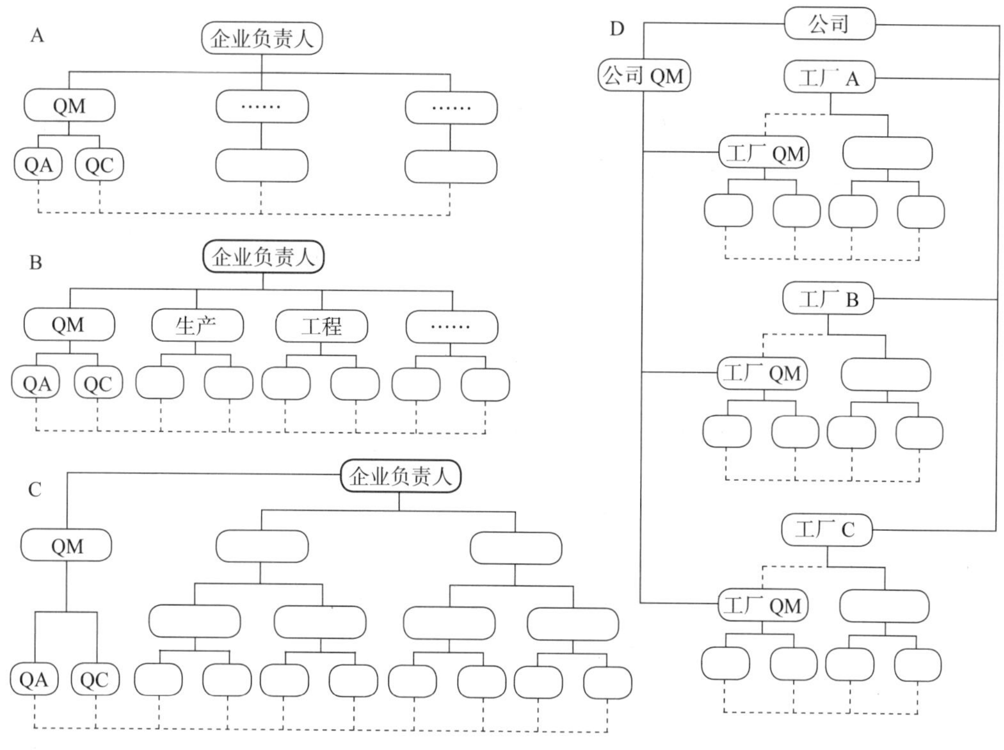

图 3-1 企业组织机构图示例

QM. 质量管理；QA. 质量保证；QC. 质量控制

（质量管理部门可以分别设立质量保证和质量控制部门）

二十五条对关键人员（法定代表人、企业负责人、质量管理负责人、生产管理负责人、质量受权人）和其他人员的资质有明确的规定。药品上市许可持有人的法定代表人、企业负责人是依据法律或者规章，代表法人或者企业行使职权的人，对药品质量全面负责。当企业出现严重违法行为时，法定代表人、企业负责人应当承担相应责任。企业负责人应为企业全职人员，对药品质量全面负责。药品上市许可持有人的关键人员（质量管理负责人、生产管理负责人、质量受权人）的资质应按 GMP 规定，并根据药品上市许可持有人的业务情况规定其相应的个人学历、工作经验和培训的要求，确保能有效履行职责；对其他人员的资质规定，药品上市许可持有人应当根据其工作内容和职责规定相应的个人学历、工作经验和培训的要求，确保能有效履行职责。

《药品管理法》《药品生产监督管理办法》和 GMP 对关键人员（法定代表人、企业负责人、质量管理负责人、生产管理负责人、质量受权人）资质要求如下：

质量管理负责人应为企业全职人员，需具备以下资质：应当至少具有药学或相关专业本科学历（或中级专业技术职称或执业药师资格），具有至少五年从事药品生产和质量管理的实践经验，其中至少一年的药品质量管理经验，接受过与所生产产品相关的专业知识培训。

质量受权人应为企业全职人员，需具备以下资质：应当至少具有药学或相关专业本科学历（或中级专业技术职称或执业药师资格），具有至少五年从事药品生产和质量管理的实践经验，从事过药品生产过程控制和质量检验工作；应当具有必要的专业理论知识，并经过与产品放行有关的培训，方能独立履行其职责。

生产管理负责人应为企业全职人员，需具备以下资质：应当至少具有药学或相关专业本科学历（或中级专业技术职称或执业药师资格），具有至少三年从事药品生产和质量管理的实践经验，其中至少有一年的药品生产管理经验，接受过与所生产产品相关的专业知识培训。

特殊产品如生物制品、血液制品、中药制品、放射性药品、中药饮片、生化药品、临床试验用药品的关键人员（质量管理负责人、生产管理负责人、质量受权人）和其他人员的资质还应满足相应 GMP 附录的要求。

GMP、欧盟 GMP 和美国 cGMP 均对需培训人员范围和培训内容作出了类似的规定，具体见表 3-1。

表 3-1 各国和地区 GMP 的培训要求

	GMP	欧盟 GMP	美国 cGMP
培训范围	与药品生产、质量有关的所有人员（第二十七条）	所有因工作需要进入生产区、质量控制实验室的人员，以及可能影响产品质量的其他人员（2.10 条）	所有从事和监管药品生产、加工、包装或贮存的人员［211.25（a）/211.25（b）］
培训内容	GMP 理论和实践、相关法规、岗位的职责和技能（第二十七条） 高污染风险区的专门培训（第二十八条）	GMP 理论和实践、岗位的职责（2.11 条） 高污染风险区的专门培训（2.12 条）	与员工操作相关的 cGMP 的内容［211.25（a）］

3.2.3 人员职责

人员职责一般包含三个方面的内容：职责的建立、职责的授权和职能的授权与委托。

3.2.3.1 职责的建立

实施指导

管理者应制定部门和员工的职责，确保各级部门和人员明确在质量管理体系内相互之间的关系，保证质量管理体系在企业组织的各个层面得以实施，制定职责时需注意以下几点：

- 避免不同岗位间的职责重叠，或者相关领域的职责空缺；
- 避免因为人员不足和职责太多而造成的职责不能充分履行，从而导致质量风险；
- 职责描述应采用书面形式，表述应清晰明确，便于员工准确理解。

职责描述可以针对某部门、某功能或某职位的职责进行详细描述，具体内容应包括但不限于：

- 企业名称 / 地址。
- 部门 / 功能 / 职位名称。
- 职位描述：部门结构 / 上下级组织机构图 / 部门人数。
- 职能描述：详细列出每项职责，包括全面负责完成的职责，例如：建立程序、批准执行、监督实施、放行产品等；与其他部门关联的职责，例如：为其他部门提供支持、审核程序等。
- 资质要求：承担上述职责所应具备的资质包括受教育程度、以往相关工作经历和接受的培训、应掌握的技能等。

当出现组织架构和工作内容变动时，应通过变更控制管理相关变化，职责描述应进行相应的更新；也可根据企业的实际发展情况定期调整和更新。

企业可以根据实际情况将质量管理体系要求的具体任务分配给相关负责部门或负责人，并在相关标准岗位操作规程（SOP）中明确职责。相关负责部门或负责人承担相应的职责，其中《药品管理法》《药品生产监督管理办法》和 GMP 中规定的关键人员如法定代表人、企业负责人、质量管理负责人、生产管理负责人、质量受权人应当明确其职责分配。可以选择使用质量管理体系任务矩阵图来表达各部门和人员的职责分配以及联系，表 3-2 为药品生产企业供应商管理任务分配的示例（内容供参考），企业可视具体情况进行调整。

表 3-2　供应商管理任务与人员职责分配示例

职责	部门						关键人员				
	QA	QC	生产	工程	采购	……	企业负责人	生产负责人	质量负责人	质量受权人	……
供应商新增	负责	负责	负责		负责		批准	批准	批准	批准	
供应商审计	负责	咨询	咨询		咨询				批准	批准	
供应商考核	负责	咨询	负责	通知	负责		批准	批准	批准	批准	
供应商退出	负责	咨询	通知		负责		批准		批准	批准	

质量管理体系的任务是企业所有部门的共同职责，需质量管理部门和相关部门共同完成，企业所有人员对确保质量管理体系正常运行、确保产品质量承担相应的责任。

关键人员是指对企业的生产质量管理起关键作用、承担主要责任的人员，其主要职责及其相互关系在《药品管理法》《药品生产监督管理办法》和 GMP 中也有明确规定。企业可以在《药品管理法》《药品生产监督管理办法》和 GMP 的基本要求基础上，根据企业的实际架构和工作范围对关键人员的职责加以扩展并具体化。总之，职责描述应具体、明确；相关联的职责连贯、不冲突；关键职责不得有空缺；每个人所承担的职责不应过多，以免导致质量风险。

《药品管理法》《药品生产监督管理办法》和 GMP 对法定代表人、企业负责人、生产管理负责人、质量管理负责人和质量受权人的资质和相关职责做出明确规定。法定代表人、企业负责人对药品质量全面负责，生产管理负责人、质量管理负责人和质量受权人需履行相应的职责。

对于药品上市许可持有人自行生产时，对生产环节质量管理的相关关键人员责任和资质要求，在表 3-3 中总结了各关键人员的基本职责以及由生产管理负责人和质量管理负责人共同承担的职责示例，可以帮助理解在完成同一质量任务时，不同的关键人员所承担的职责的关联（此处主要包括了 MAH 在自行生产环节质量管理的相关职责，并非 MAH 的所有质量管理职责）。

表 3-3 MAH 自行生产关键人员职责示例

职责		关键人员		
分类	责任	生产管理负责人	质量管理负责人	质量受权人
质量管理体系	监督 GMP 执行	监督执行	监督执行	参与
	质量有关变更	监控、确保规范执行	审核和批准	审核
	偏差和 OOS	监控、确保规范执行	确保调查 / 及时处理审核和批准	审核
	物料供应商	监控并参与	评估和批准	参与
	质量回顾	参与并执行	监督、审核和批准	参与
	投诉	参与并执行	组织、审核和批准	参与
	产品放行		批记录审核	负责 / 放行审核记录
	持续完善质量管理体系	负责	负责	参与
人员培训	岗前培训、继续培训	确保生产相关人员培训	确保质量相关人员培训	
厂房设施与设备	厂房设施和设备设计、安装与维护	参与、评估、监督、确保运行状态良好	监督、确保运行状态良好	
	厂区卫生	监督卫生符合要求	监督卫生符合要求	
物料产品管理	物料和产品符合注册要求和质量标准	确保按规范使用	确保符合	
	物料和产品贮存条件	确定和监控	确定和监控	
	异常情况	调查、评估和审核	评估、审核和批准	
确认与验证	确认与验证工作	确保完成确认或验证工作，审核并监督执行	确保完成确认或验证工作，审核、批准并监督执行	参与
文件管理	质量标准、取样方法、检验方法等质量管理操作规程		批准	
	工艺规程、操作规程等文件	组织建立、审核批准并监督执行	审核、批准并监督执行	
	批记录	审核、批准	审核和批准	
	记录	组织人员按照要求保存、确保追溯	组织人员按照要求保存、确保追溯	
生产管控	生产操作	确保严格执行		

续表

职责		关键人员		
分类	责任	生产管理负责人	质量管理负责人	质量受权人
质量控制	物料、产品检验		确保按照标准检验并记录	
委托生产与委托检验	委托生产与委托检验事宜	监督规范执行	审核、批准与监督	
相关方审核	对相关方质量体系审核	参与并监督	组织审核、审计、监督符合性	参与
自检	自检	参与、组织与整改	审核、批准、监督实施	参与

对于药品上市许可持有人委托生产的相关关键人员责任和资质要求，表 3-4 总结了各关键人员的基本职责以及由生产管理负责人和质量管理负责人在生产质量管理方面共同承担的职责示例，可以帮助理解在完成同一质量任务时，不同的关键人员所承担的职责的关联（此处主要涵盖了 MAH 在委托生产环节质量管理的相关职责，并非 MAH 的所有质量管理职责）。

表 3-4　MAH 委托生产关键人员职责示例

职责		关键人员		
分类	责任	生产管理负责人	质量管理负责人	质量受权人
质量保证体系	监督 GMP 执行	监督执行	监督执行	参与
	质量有关变更	监控并审核	审核和批准	审核
	偏差和 OOS	监控并审核	确保调查 / 及时处理审核和批准	审核
	物料供应商	监控并审核	评估和批准	参与
	质量回顾	监控并审核	监督、审核和批准	参与
	投诉	监控并审核	组织、审核和批准	参与
	产品放行		确保上市放行前批记录审核	负责上市放行
	持续完善质量保证体系	协助完善 确保与受托方紧密衔接	负责与受托方共同构建完善	参与

续表

职责		关键人员		
分类	责任	生产管理负责人	质量管理负责人	质量受权人
人员培训	岗前培训、继续培训	确保本单位生产相关人员培训，审核监督受托方	确保质量相关人员培训	
厂房设施与设备	厂房设施和设备设计、安装与维护	审核	监督、审核	
	厂区卫生	监督卫生符合要求	监督卫生符合要求	
物料产品管理	物料和产品符合注册要求和质量标准	审核	确保符合	
	物料和产品贮存条件	审核	确定和监控	
	异常情况	审核	评估、审核和批准	
确认与验证	确认与验证工作	审核工艺、清洁验证	确保完成确认或验证工作，审核、批准并监督执行	参与
文件管理	质量标准、取样方法、检验方法等质量管理操作规程		审核、批准并监督执行	
	工艺规程、操作规程等文件	组织建立、审核批准并监督执行	审核、批准并监督执行	
	技术资料		提供相关技术资料并依职责审核批准	
	批记录	审核、批准	审核和批准	
	记录	组织人员按照要求保存、确保追溯	组织人员按照要求保存、确保追溯	
生产管控	生产操作	确保严格执行		
质量控制	物料、产品检验		确保按照标准检验并记录	
委托生产与委托检验	委托生产与委托检验	监督规范执行	审核、批准与监督	参与
相关方审核	对相关方质量体系审核	参与并监督	组织审核、审计、监督符合性	参与
自检	自检	参与、组织与整改	审核、批准、监督实施	参与

3.2.3.2 职责的授权

职责授权是企业与员工之间对所建立的职责进行沟通和书面确认的过程，为了使员工清楚地理解其职责，进而保证所有人员能够及时、准确地履行其职责，最终保证质量管理体系顺利运行。包括以下步骤：

- 职责描述的内容应经过授权方和被授权方充分沟通，一致理解职责范围和具体内容；
- 通过双方签字，确认职责授权。

3.2.3.3 职能的授权与委托

实施指导

"职能可以委托，但是责任不能委托"，职能的委托需要满足限定的条件。

- "质量管理部门人员不得将职责委托给其他部门的人员"。
- "接受委托的代理人要有相应的资质"。

职能的授权与委托需形成正式文件。

在一些大型集团内部往往设有一些集团共享的职能部门，为集团内各 MAH 提供专业化管理，更有效落实 MAH 主体责任，如：注册部门、药物警戒管理部门、质量审计部门等，它们可能独立于集团内作为 MAH 的子公司，为有效运用集团职能部门的资源，避免重复建设，MAH 子公司有时会委托这些部门承担 MAH 的部分职能，如上市后变更申报、药物警戒管理和监控、供应商质量审计、药品追溯管理等，然而 MAH 依然对这些工作承担主体责任。在该集团化管理模式下，各个共享服务部门可分布在集团内不同的法律实体下，集团内部可以通过服务协议或相应岗位职责的授权书，通过操作规程来清晰落实所委托的职能，而不能简单以员工劳动合同签署的法律实体来界定其服务范围。

实例分析

质量受权人

早在 2007 年 7 月，原国家食品药品监督管理局引入质量受权人机制并在多省试行《药品生产质量受权人管理办法》，在 GMP 引入此概念。质量受权人通过对企业 GMP 管理体系及其运行进行审核，判断药品质量与质量安全水平，决定药品是否放行。

《药品管理法》（2019 年 12 月 1 日起施行）第三十三条规定：“药品上市许可持有人应当建立药品上市放行规程，对药品生产企业出厂放行的药品进行审核，经质量受权人签字后方可放行。不符合国家药品标准的，不得放行。”第四十七条规定：“药品生产企业应当建立药品出厂放行规程，明确出厂放行的标准、条件。符合标准、条件的，经质量受权人签字后方可放行。”明确了质量受权人的法律地位。并在药品上市许可持有人和药品生产章节进一步明确质量受权人的放行职责。

《药品生产监督管理办法》（2020 年 7 月 1 日起施行）第六条规定：“从事药品生产，应当符合以下条件：（一）有依法经过资格认定的药学技术人员、工程技术人员及相应的技术工人，法定代表人、企业负责人、生产管理负责人（以下称生产负责人）、质量管理负责人（以下称质量负责人）、质量受权人及其他相关人员符合《药品管理法》《疫苗管理法》规定的条件”；第十四条规定：“药品生产许可证应当载明许可证编号、分类码、企业名称、统一社会信用代码、住所（经营场所）、法定代表人、企业负责人、生产负责人、质量负责人、质量受权人、生产地址和生产范围、发证机关、发证日期、有效期限等项目”；第二十八条第二款规定：药品上市许可持有人需“配备专门质量受权人独立履行药品上市放行责任”；第二十九条第二款规定：药品生产企业需“配备专门质量受权人履行药品出厂放行责任”；第三十七条规定：“药品生产企业应当建立药品出厂放行规程，明确出厂放行的标准、条件，并对药品质量检验结果、关键生产记录和偏差控制情况进行审核，对药品进行质量检验。符合标准、条件的，经质量受权人签字后方可出厂放行。药品上市许可持有人应当建立药品上市放行规程，对药品生产企业出厂放行的药品检验结果和放行文件进行审核，经质量受权人签字后方可上市放行。”第四十五条规定：“药品上市许可持有人、药品生产企业的质量管理体系相关的组织机构、企业负责人、生产负责人、质量负责人、质量受权人发生变更的，应当自发生变更之日起三十日内，完成登记手续。疫苗上市许可持有人应当自发生变更之日起十五日内，向所在地省、自治区、直辖市药品监督管理部门报告生产负责人、质量负责人、质量受权人等关键岗位人员的变更情况。”进一步明确了质量受权人作为药品上市许可持有人和药品生产企业的关键人员，在人员资质、生产许可管理、主要职责、产品放行及人员变更管理等方面的要求。

在 GMP 中，质量受权人的基本职责规定如下：

1. 资质

质量受权人应当至少具有药学或相关专业本科学历（或中级专业技术职称或执业药师资格），具有至少五年从事药品生产和质量管理的实践经验，从事过药品生产过程控制和质量检验工作。

质量受权人应具有必要的专业理论知识，并经过与产品放行有关的培训，方能独立履行其职责。

2. 主要职责

参与企业质量体系建立、内部自检、外部质量审计、验证以及药品不良反应报告、产品召回等质量管理活动；

承担产品放行的职责，确保每批已放行产品的生产、检验均符合相关法规、药品注册要求和质量标准；

在产品放行前，质量受权人必须按上述第 2 项的要求出具产品放行审核记录，并纳入批记录。

3. 其他相关职责

（1）质量受权人应当了解持续稳定性考察的结果；

（2）纠正和预防措施相关的信息应当传递到质量受权人；

（3）所有投诉、调查的信息应当向质量受权人通报；

（4）委托生产的合同应当详细规定质量受权人批准放行每批药品的程序；

（5）应当向质量受权人通报召回处理情况。

欧盟有关质量受权人的法规自 1975 年开始执行，对质量受权人（qualified person，QP）的资质、职责有明确要求，而且欧盟 GMP 全面引述了相关的规定，2015 年 10 月欧盟发布 GMP 附录 16 药品质量受权人签发证书和放行批产品，进一步明确了质量受权人认证以及批放行的指导原则；WHO 关于质量受权人（authorized person，AP）的规定与欧盟基本一致。美国 FDA 没有相关规定，但其职责被包含在质量管理部门和质量负责人的职责中。

表 3–5 简述了欧盟 GMP 对质量受权人相关规定。

在一些大规模企业中，为更好地保证药品质量，执行药品质量转受权人制度。药品质量转受权人是指药品质量受权人将全部或部分企业授予的药品质量管理权利、职责委托其他质量管理人员，按照转授权的形式履行相应职责，但转权不转责。质量转受权人应当至少具备以下条件：

（1）具备良好职业操守，具有遵纪守法、坚持原则、实事求是、诚实守信的工作作风和工作态度；

表 3-5 欧盟 GMP 对质量受权人相关规定

背景	1975 年开始执行，欧盟的成员国必须保证每个 MAH 至少拥有 1 个质量受权人
适用范围	人用药和兽药
资质要求	• 不一定是公司雇员，可以自由地与公司签订聘用协议 • 至少应具有大学本科或同等的证书 • 要求：专业和大学基础课程 • 具备：药品管理的法律、质量受权人的职责、质量流量管理体系的基础知识 • 应在药品生产企业、从事药品的定性分析、活性物质的定量分析以及为保证药品质量而进行必要的检验和检查活动中，具有至少两年以上的实际经验
授权 / 注册过程	注册过程 • 申请人申请准备 • 申请人递交申请给职业协会 • 职业协会初步评估，合格：要求面试；不合格：通知申请人 • 面试合格：注册成功并发给证书；不合格：书面通知申请人
具体职责	• 欧盟 GMP 第 2.6 节、附录 16 和欧盟指南 2001/83/EC 第 51 条
法律责任	• 生产许可证持有人及受权人员具有额外的法律责任 • 对于可能的受权人违规情况，采取如下处罚措施 • 职业协会予以除名 • 监管部门将其名字从生产许可证上面删除

（2）熟悉和掌握并正确执行国家相关法律、法规，正确理解和掌握实施药品 GMP 的有关规定；

（3）至少具有药学或相关专业（如医学、化学、药物化学、药物分析、制剂学、生物学、生物化学、中药学等）大学本科以上学历（或中级以上技术职称或执业药师资格），具有至少 5 年以上从事药品生产质量管理实践经验，从事过药品生产过程控制和质量检验工作；

（4）熟悉和了解企业公司产品生产工艺和质量标准，以保证能独立履行职责；

（5）熟悉药品生产质量管理工作，具备指导或监督企业各部门按规定实施药品 GMP 的专业技能和解决实际问题的能力；

（6）有能力对药品生产和质量管理中的实际问题作出正确分析、判断和处理，具有良好的组织、沟通和协调能力以及语言文字表达能力。

因工作需要，质量受权人可以向企业法定代表人书面申请授权委托。经法定代表人批准，同时根据国家相关法律、法规及各地方省市相关管理规定，按照相应程序执行备案或审批工作后，受权人可将全部或部分质量管理职责在一定时期内委托给相关专业人员，并对接受其转授权的人员的相应药品质量管理行为承担责任，接受受权人全部职责委托的转受权人资质，应与质量受权人应具备的条件相同。授权、委托授权有关记录应妥善存档保管。质量受权人或转受权人履行职责时，其相应的质量管理活动应记录在案，做到真实、完整，具有可追溯性。质量转受权人应该和质量受权人等同履行定期培训等义务，并有相应的考核和记录，不断提高履职能力。质量转受权人应当保持相对稳定，确因需要变更的按照所属地方监管部门管理规定执行，并按照企业内部规定执行相关变更程序并记录。

3.2.4 人员培训

背景介绍

为确保稳定生产出符合质量标准和预期用途的药品，制药企业要基于岗位职责所需的培训内容有组织、有计划的对员工进行培训。目前是一个知识更新十分迅速的时代，制药企业员工所需掌握的知识和技能也处于快速的变化中，例如：法规更新带来的规章制度的变化，设备更新带来的操作变化，以及新的技术和新的系统应用带来的观念、操作和要求上的变化等。因此，为了保证员工的知识和技能能够适合环境的变化，在 GMP 中提出了继续培训的要求——“所有人员应明确并理解自己的职责，熟悉与其职责相关的要求，并接受必要的培训，包括上岗前培训和继续培训”。同样的，欧盟 GMP 也将培训分为上岗前培训和继续培训。员工要接受上岗前培训，意味着员工必须通过培训才可以获得上岗或独立操作的资格；员工要接受继续培训，意味着企业对员工的培训应该是长期的和有计划的工作，而不是一次性或临时性的工作。

实施指导

制药企业的人员培训必须满足 GMP 的要求，因此，对 GMP 关于人员培训的要求进行归纳，可以得到实施培训时需要关注的重要因素如下。

（1）培训管理　培训要有具体的管理程序，并有明确的人员或部门进行管理。

（2）培训范围　培训要涵盖所有与产品生产和质量相关的人员。

（3）培训内容　要针对质量体系中不同的组织或岗位实施针对性的培训，也就是说，培训的内容要和组织或岗位的职责和操作相适应。

（4）培训计划　培训要有经过批准的计划或方案。

（5）培训结果　培训的效果要定期评估。

（6）培训文件　培训要有相关的文件和记录。

制药企业可以建立一个涵盖上述因素的培训流程来保证对培训的管理，另外，制药企业还需要明确各部门在培训流程中的职责以保证培训流程顺利执行。

3.2.4.1 培训职责

根据 GMP 的要求。

“企业应当指定部门或专人负责培训管理的工作，应当有经生产管理负责人或质量管理负责人审核或批准的培训方案或计划，培训记录应当予以保存。”

生产管理负责人要“确保生产相关人员经过必要的上岗前培训和继续培训，并根据实际需要调整培训内容。”

质量管理负责人要“确保质量控制和质量保证人员都已经过必要的上岗前培训和继续培训，并根据实际需要调整培训内容。”

实施指导

制药企业要有专门的人员或部门承担培训的管理职责和履行培训的实施职能；生产管理负责人或质量管理负责人承担培训计划审批以及调整本部门培训内容和保证本部门员工参与必要的培训的职责。另外，培训又是一个全员参与的工作，培训的要求、内容和执行会涉及各个不同的岗位和部门，也就是说，顺利的良好的培训实施需要各部门的参与和支持。这一点和质量管理体系的要求一致，即质量保证不仅是依靠质量部门的职责，也是质量保证体系中其他所有部门的共同职责。因此，除了 GMP 中所规定的培训负责人或部门，以及生产管理负责人或质量管理负责人的培训职责外，明确其他人员或部门在培训活动中的责任也是十分必要的。例如：所有与产品生产和质量相关的人员有责任参与企业组织的培训并按照培训计划完成培训。部门负责人有责任确认本部门员工的培训需求并保证本部门员工参与相应的培训。

3.2.4.2 培训流程

培训流程可以定义在企业的培训管理程序中。制药企业可以根据自己的实际情况定义适合的培训流程。一般来说，培训流程至少要包含培训范围、培训内容、培训计划、培训结果、培训文件等重要 GMP 培训因素。最基本的培训流程可以参考图 3-2。

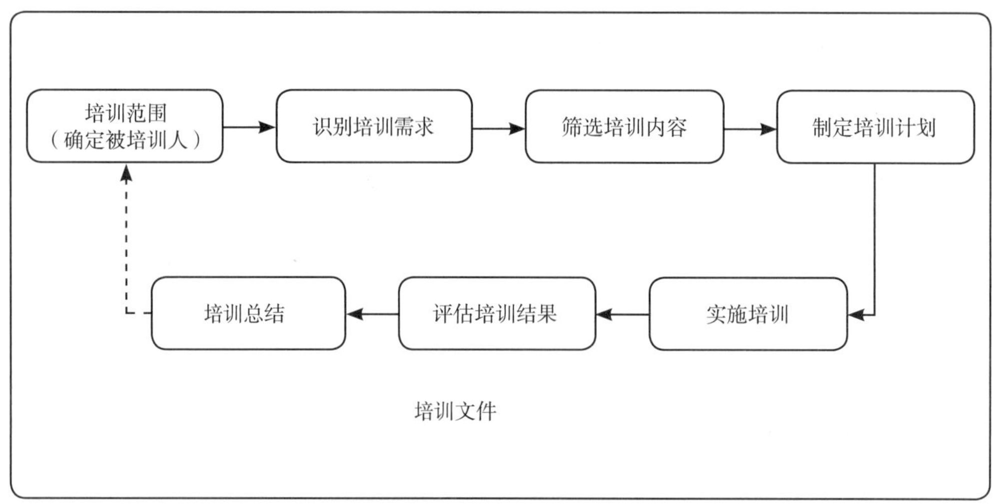

图 3-2　基本培训流程图

3.2.4.3 培训流程和职责示例

基本培训流程和职责示例见表 3-6。

3.2.4.4 培训范围

“与药品生产、质量有关的所有人员都应经过培训”。GMP 已经明确企业内部哪些人员需要接受 GMP 相关的培训。因此，实施培训时，首先要按照上述 GMP 的要求来明确企业内必须参与培训的人员。

表 3-6　培训流程和职责示例

流程	培训责任人、部门职责	其他部门职责
培训范围	按 GMP 要求识别需培训人员	
培训需求	按 GMP 要求确认被培训人员需要接受哪些培训	
培训内容	按照培训需求从所有培训材料中筛选适用的培训材料	审核筛选后的培训材料
培训计划	制定培训计划	制定针对性培训计划 审核、批准培训计划（生产管理负责人或质量管理负责人审核或批准的培训计划）
培训执行	组织和督促培训的实施	组织培训和保证部门员工参与培训
培训评估	对培训效果进行评估	
培训总结	对企业的培训情况进行回顾总结	对部门员工的培训完成情况进行回顾总结

3.2.4.5 培训需求

背景介绍

在制药企业中，不同的岗位和职务所要求掌握的GMP知识和技能可能会不同。例如：生产操作人员需要掌握生产设备的操作技能，实验室化验员需要掌握分析仪器的使用以及相应的分析方法等，而其他部门的人员可能就不要求有这些方面的知识和技能。因此，GMP要求“培训的内容应当与岗位的要求相适应”。制药企业要能够准确识别各个岗位的培训需求，从而提供适合的培训，采取有针对性的培训，以保证培训的效果。

实施指导

制药企业各岗位的培训需求，包括一般性的GMP相关的培训需求和专业性的岗位技能的培训需求。可以根据GMP、企业制度或岗位职责的规定和要求，由部门或岗位负责人及企业的培训责任人共同判断确定。

确定培训需求时，企业还可以考虑采用划分培训目标组的方法来优化培训的管理。因为，如果企业的岗位太多，以岗位为单元管理培训就会过于复杂，所以，企业可以按照培训需求的近似程度对岗位进行分组，培训需求相同或相近的岗位归入同一组。这样的一个有着相同培训需求的组，就成为培训系统中最基础的培训单元，称之为培训目标组。整个培训系统的结构就是由许多个这样的培训目标组搭建而成。

同一培训目标组中的员工可以赋予相同的培训内容，也可以进行更进一步的细分。

（1）依据其工作内容赋予倾向性更强的培训内容　例如：除了本培训目标组基础必要的培训内容外，基层人员增加侧重具体操作层面的培训内容，中层管理者增加侧重组织和管理层面的培训，高层管理者增加侧重战略、系统和行业方向层面的培训。

（2）依据入职培训和继续培训赋予不同的培训内容　入职培训会包含更多的一般性内容，例如：企业概况、部门介绍、工作职责等培训内容。继续培训则会包含更多的岗位偏差分析及预防措施、法规规范的变化等培训内容。

一个培训目标组划分的简单示例见表3-7。

表 3-7　培训目标组划分示例

部门	生产部				质量部					……
岗位	称量	制粒	……	包装	QA	原料检验	成品检验	……	微生物检验	……
高级管理层	目标组 1–1			目标组 2–1	目标组 3–1	目标组 4–1			目标组 5–1	……
中级管理层	目标组 1–2			目标组 2–2	目标组 3–2	目标组 4–2			目标组 5–2	……
操作者	目标组 1–3			目标组 2–3	目标组 3–3	目标组 4–3			目标组 5–3	……

企业可以根据组织架构的实际情况，来划分适合的培训目标组。划分培训目标组时需要注意，培训目标组划分的越细，则培训的针对性越强，同时，培训计划的制定和培训的执行越复杂。

3.2.4.6 培训内容的筛选

实施指导

制药企业可以将培训内容分为两类：基础培训内容和针对性培训内容。

基础培训内容是一般性的 GMP 要求、法律法规和企业自身的基本信息，是制药企业员工应知应会的基础知识，适用于企业所有员工。基础培训内容可以由熟悉 GMP、法律法规和企业情况的培训师来进行培训。

针对性培训内容是具体的专业操作、专业知识和特殊工种的资质培训，适用于进行相关操作的员工培训。针对性培训需要由相关方面的专家（包括来自企业内部和外部的专家）或有资质的培训机构来进行培训。

负责培训的培训师应能胜任其负责的培训工作。

制药企业的培训内容见表 3-8。

表 3-8 制药企业培训内容示例

分类	培训内容	具体信息	培训对象	培训师
基础培训内容	企业介绍	企业历史、企业架构、企业产品、各部门职责及负责人及其他企业相关的信息和数据等	企业所有员工	企业内部培训员工
	法律法规	药品管理法、实施条例及 GMP 等	企业所有员工	企业内部培训员工
	质量管理	企业质量系统、质量方针、质量目标、工作职责	企业所有员工	企业内部培训员工
	文件	文件系统架构、管理、记录的填写等	企业所有员工	企业内部培训员工
	卫生	一般卫生要求	企业所有员工	企业内部培训员工
	变更管理	变更的定义、分类、申请、批准等	企业所有员工	企业内部培训员工或相关方面的专家
	偏差管理	偏差的定义、分类、处理程序等	企业所有员工	企业内部培训员工或相关方面的专家
	安全	安全责任制、安全生产和消防安全等	企业所有员工	企业内部培训员工或相关方面的专家
	设备操作规程	—	操作员工	相关方面的专家
针对性培训内容	生产工艺	—	生产操作和过程监管相关的员工	相关方面的专家
	投诉和召回	投诉和召回的定义、分类和管理流程	生产、质量、仓库等相关员工	相关方面的专家
	分析方法分析仪器操作	—	实验室员工	相关方面的专家
	自检管理	自检的准备、实施和后续整改的管理流程	相关员工	相关方面的专家
	特种作业	叉车、压力容器、电工和焊工等	相关员工	有资质的国家培训机构
	微生物知识	—	进出洁净区的员工（基础培训）微生物实验室员工（专业培训）	相关方面的专家
	……	……	……	……

以上列举的是一些基础的培训内容，企业可以根据自身的实际需要和剂型特点来确定具体培训内容。具体可以参见相应的制剂指南有关人员培训的内容。

具体实施培训时，企业可以把选定的培训内容做成培训教材。培训教材一般包括以下几种：

（1）国家颁布的法律、法规或已经经过审批的企业制度和 SOP，可以使用原文直接作为培训教材。

（2）企业自行编写的培训教材。例如：企业为了让员工更好地理解变更管理的要求和流程，会依据 GMP 的规定和企业关于变更管理的管理文件以及一些实际案例来编写一个变更管理的培训教材。注意企业自行编写的培训教材，只有在企业内部实施审批程序批准后，才可以用于培训。

（3）企业外部的社会培训机构编写的培训教材或培训软件，最好在企业内部组织相关领域的专家依据企业的实际情况进行确认。经确认后的培训教材或培训软件才可以用于培训。

3.2.4.7 培训计划

GMP 要求“企业应有经生产管理负责人或质量管理负责人审核或批准的培训方案或计划”。培训计划是企业实施培训的一个重要工具。按培训计划实施培训的目的就是保证员工（培训对象）持续地（培训周期）获得需要的培训（培训内容）。因此，一般来说，培训计划需要包含三个重要的因素：培训对象（培训目标组）、培训课程（培训内容）、培训周期。

技术要求

培训目标组的划分和培训内容的筛选已经在前面的章节中进行了详细介绍。关于培训周期，GMP 中并没有具体的规定，欧盟 GMP 和美国 cGMP 中也没有相应的规定。但是，GMP 和欧盟 GMP 都要求对员工进行继续培训。继续培训可以理解为：员工未接受的培训，无论因为何种原因和员工的职责发生了重叠，则员工需要接受此类的培训；员工已接受的培训，如培训内容发生变化则需要对员工进行再次的培训；员工已接受的培训，即使内容没有变化也需要对员工进行定期的重复培训。因此，企业需要设置涵盖所有培训内容的培训周期。这样循环的周期培训可以保证员工得到持续的培训。培训周期可根据企业的实际需要设置，但是培训周期需要有明确的文件规定。需要注意的是，如果设置的培训周期较长，以 3 年为例，那么一些重要的内容需要在该周期内多次重复培训，并在年度培训总结中评价培训的有效性，如有必要，根据培训总结做出适当的调整。

实施指导

例如：一个培训目标组总共有 18 个培训内容，设置的培训周期是 3 年，但是其中有 6 个培训内容是比较重要的，需要每年培训。那么，对该培训目标组的培训安排可以为 6 个重要培训内容在 3 年培训周期内培训 3 次，培训的年份可以为每年；其余 12 个培训内容培训在 3 年培训周期内只培训 1 次，培训的年份可以在 3 年中的任一年。

将所有的培训目标组、培训内容、培训周期组合在一起就构成了企业的周期培训计划。

如果培训周期大于 1 年，则根据企业总的培训计划编制每年的年度培训计划。为了让员工知悉自己当年需要接受的培训，最好为每个员工出具个人的年度培训计划。培训计划的形式及相互关系见表 3–9。

表 3–9　培训计划与类别相互关系

<table>
<tr><th rowspan="3">培训计划 / 培训类别</th><th rowspan="3">周期培训计划</th><th colspan="2"></th></tr>
<tr><th rowspan="2">年度培训计划</th><th></th></tr>
<tr><th>年度个人培训计划</th></tr>
<tr><td>老员工（继续培训）</td><td>目标组、培训内容、培训周期</td><td>目标组、培训内容</td><td>培训内容</td></tr>
<tr><td>新员工（上岗培训）</td><td>目标组、培训内容</td><td>目标组、培训内容</td><td>培训内容</td></tr>
</table>

周期培训计划的实例如下。

上岗培训周期培训计划见表 3–10。

继续周期培训计划（培训周期为 3 年）见表 3–11。

需要注意的是，在培训计划之外还可能有一些随机产生的培训需求，如因偏差、变更、法规的变化等产生的培训需求。这些培训也需要及时组织和做培训记录，并考虑是否需要加入来年的培训计划中。

3.2.4.8 培训执行和保证

为了保证培训的效果，制药企业可以根据培训的内容，采取不同的培训方式来实施培训。培训的方式一般如下：

表 3-10　上岗培训周期培训计划表示例

部门	生产部						质量部									其他
目标组	目标组1-1	目标组1-2	目标组1-3	目标组2-1	目标组2-2	目标组2-3	目标组3-1	目标组3-2	目标组3-3	目标组4-1	目标组4-2	目标组4-3	目标组5-1	目标组5-2	目标组5-3	……
企业介绍	Y	Y	Y	Y	Y	Y	Y	Y	Y	Y	Y	Y	Y	Y	Y	……
法律法规	Y	Y	Y	Y	Y	Y	Y	Y	Y	Y	Y	Y	Y	Y	Y	……
安全	Y	Y	Y	Y	Y	Y	Y	Y	Y	Y	Y	Y	Y	Y	Y	……
生产工艺	Y	Y	Y	Y	Y	Y	Y	Y	Y	N	N	N	N	N	N	……
分析方法分析仪器操作	N	N	N	N	N	N	N	N	N	Y	Y	Y	Y	Y	Y	……
……	……	……	……	……	……	……	……	……	……	……	……	……	……	……	……	……

注：Y. 上岗培训包含此内容；N. 上岗培训不包含此内容

（1）课堂学习　培训者讲解，被培训者学习的培训形式。适用于一般性的 GMP 培训。

（2）岗位实际操作学习　培训者讲解、演示，被培训者模仿、完成操作的培训形式。适用于需要深度学习的专业操作和技能。

（3）团队学习　以小组讨论的形式来完成培训。适用于对新法规、新动态的团队谈论形式的学习和交流。

（4）自学　员工自行完成相应的培训内容。适用于简单的培训内容和有自学能力的员工。

（5）专业机构的专项培训　外部专业公司或培训公司组织的培训。对于有法规规定的特种作业，例如：电工、焊接、压力容器的操作等，必须经有资质的培训机构的培训并获得相应的资质证书。

（6）其他形式　例如通过 GMP 培训软件，使员工以有趣、互动的形式学习 GMP 相关的知识，或者通过视频教材来学习有关操作的内容。

表 3-11　继续周期培训计划示例

部门	生产部						质量部									其他
目标组	目标组 1-1	目标组 1-2	目标组 1-3	目标组 2-1	目标组 2-2	目标组 2-3	目标组 3-1	目标组 3-2	目标组 3-3	目标组 4-1	目标组 4-2	目标组 4-3	目标组 5-1	目标组 5-2	目标组 5-3	……
法律法规	1 2 3	1 2 3	1 2 3	1 2 3	1 2 3	1 2 3	1 2 3	1 2 3	1 2 3	1 2 3	1 2 3	1 2 3	1 2 3	1 2 3	1 2 3	……
变更管理	1	1	1	1	1	1	1	1	1	1	1	1	1	1	1	……
偏差管理	2	2	2	2	2	2	2	2	2	2	2	2	2	2	2	……
安全	1 2 3	1 2 3	1 2 3	1 2 3	1 2 3	1 2 3	1 2 3	1 2 3	1 2 3	1 2 3	1 2 3	1 2 3	1 2 3	1 2 3	1 2 3	……
生产工艺	3	3	3	3	3	3	3	3	3	N	N	N	N	N	N	……
……	……	……	……	……	……	……	……	……	……	……	……	……	……	……	……	……

注：1. 在 3 年培训周期的第一年实施该培训
2. 在 3 年培训周期的第二年实施该培训
3. 在 3 年培训周期的第三年实施该培训
N. 不包含此培训内容

3.2.4.9 培训评估和总结

GMP 规定“定期评估培训的实际效果”。所以，制药企业需要对员工的培训进行评估，以保证员工的培训达到了相应的效果。培训的评估可以针对每次的具体培训，也可以针对全员的 GMP 素质。例如，通过每次培训时的提问或测验来评估员工对培训内容的掌握情况。或者通过组织全员性的 GMP 考试，来评估企业员工的 GMP 素质。评估可以划分相应的级别，例如通过或不合格等，也可以采用具体的分值，例如百分制或十分制。无论采取何种评估方式，都需要明确员工是否达到了相应的培训效果，是否需要再次培训。

员工的培训情况需要每年进行总结。总结应至少包括培训完成情况和培训结果的评估情况。以确定员工是否按照培训计划完成了相应的培训，并且是否所有的培训均达到了相应的效果。

3.2.4.10 培训文件

培训的整个流程都需要有文件记录。培训的文件一般包括：培训教材、培训计划、培训方案、培训记录、测试卷、培训总结等。

培训教材：依据具体的培训内容编制的文件。要通过相应的审批程序来保证其正确和适用。当培训内容改变时，培训教材也需进行相应的变更。

培训计划：反映企业的具体培训安排，要经过相应的审批。

培训方案：员工的具体培训要求的设置，要经过相应的审批。

培训记录：记录员工参与培训情况的记录（培训日期、培训内容、培训时间、培训人、被培训人、培训结果）。

测试卷：员工的考试卷作为反应员工培训效果的记录，也需作为培训文件予以保存。

培训总结：员工和企业每年培训完成情况和培训效果的回顾。

以上内容适用于药品生产企业的 GMP 培训要求，MAH 的培训要求参见本分册“附录 药品上市许可持有人和 GMP 的管理要求”。

3.2.5 机构与人员变更

法规要求

药品生产监督管理办法

第四十五条 药品上市许可持有人、药品生产企业的质量管理体系相关的组织机构、企业负责人、生产负责人、质量负责人、质量受权人发生变更的，应当自发生变更之日起三十日内，完成登记手续。

疫苗上市许可持有人应当自发生变更之日起十五日内，向所在地省、自治区、直辖市药品监督管理部门报告生产负责人、质量负责人、质量受权人等关键岗位人员的变更情况。

实施指导

企业除了依据《药品生产监督管理办法》和 GMP 按时完成企业负责人、生产负责人、质量负责人、质量受权人的登记和报告变更情况，还需依据对产品的生产和质量的影响程度，对组织机构和人员变更进行有效控制，建立相应的组织机构变更和人员变更控制管理程序，组织机构和人员变更的等级应与对产品安全、有效、质量可控的影响级别相对应。对于大规模或集团型企业，由于组织机构复杂，一般总部或集团层面的组织机构或人员变更由总部或集团层面人力资源（HR）部门负责，质量部门负责批准；厂区或公司层面的组织机构或人员变更由厂区层面 HR 部门负责，质量部门负责批准。

组织机构变更时，需充分评估对管理流程、岗位职责的影响，评价是否存在管理流程不健全或不清晰、职责不清楚、遗漏或重叠等情况，确保职责清晰、健全、流程健全，及时更新管理流程、岗位职责描述，做好培训和落实工作。人员变更时应充分评估人员上岗或转岗时，是否具备新岗位的资质要求，是否完成上岗前培训，培训效果是否满足上岗需求等；人员离岗时，应充分评估对原岗位产生影响以及应对措施。

3.3 厂房设施和设备

3.3.1 厂房设施

背景介绍

厂房设施作为药品生产的基础硬件，是质量系统的重要组成要素。它们的选址、设计、施工、使用和维护情况等都会对药品质量产生显著的影响。厂房设施的合理布局、高质量的施工以及必要的维护活动能够为药品的生产和贮存等提供可靠的保障（例如洁净环境、适宜的温湿度等）；可以最大限度降低影响产品质量的风险（例如交叉污染等）；同时能够确保员工健康和生产安全并对环境提供必要的保护。

本章节所提到的厂房和设施主要指药品生产、检测和贮存所需的建筑物以及配套的公用工程系统如空调系统、压缩空气系统、氮气系统、真空系统等。

实施指导

GMP 第四章对厂房与设施的要求进行了详细规定，其中重点关注以下内容：

1. 通用原则

- 厂房设施的设计、选址和布局
- 必要的清洁、消毒、维护等规程

- 照明、温湿度、通风等条件
- 虫害控制
- 人员进入的授权控制
- 图纸的管理

2. 生产区

- 防止污染和交叉污染的措施
- 针对不同产品的环境要求
- 避免混淆的要求
- 特殊操作区和中间控制区

3. 仓储区

- 空间和仓储条件
- 接收和发放、发运区域
- 物料和产品的隔离存放
- 取样区

4. 质量控制区

- 实验室的设计和布局
- 仪器室和实验动物房
- 处理生物样品和放射性样品的实验室

5. 辅助区

- 休息室、更衣室、盥洗室和维修间

厂房设施的生命周期运行模式有如下阶段：概念设计，新设施起步运行，稳定运行阶段，升级换代阶段，老化设施差错，退役阶段。在此过程中，厂房的选址、设计、布局、建造、改造和维护必须符合药品生产要求，应当能够最大限度避免污染、交叉污染、混淆和差错，便于清洁、操作和维护。质量部门应参与到厂房设施生命周期的全过程中，确保厂房设施按照设计建设、运行、变更和维护。

此外，为降低污染和交叉污染的风险，厂房、生产设施和设备应当根据所生产药品的特性、工艺流程及相应洁净度级别要求合理设计、布局和使用。应当综合考虑药品的特性、工艺和预定用途等因素，确定厂房、生产设施和设备多产品共用的可行性，并有相应的评估报告。

对于厂房设施与设备的具体要求和实施指导请详见本丛书《厂房设施与设备》分册。

要点备忘

厂房设施的设计、建造和施工通常伴随药厂的新建或改扩建项目进行。为了最大限度地降低可能影响产品质量的风险，应在项目的不同阶段对下列与产品生产加工相关的内容进行重点关注和评估：

（1）项目的最初计划阶段，即具体设计工作开始之前的阶段，其中应关注：

- 项目的范围 / 用户需求说明（草稿）
- 产品的类型（例如：注射剂或口服制剂；高活性产品、无菌产品或有毒性产品等）
- 工艺流程
- 确定需按照 GMP 要求进行操作的工艺步骤
- 洁净级别
- 交叉污染的风险
- 使用专用设备还是非专用设备
- 与其他系统的连接
- 物流和人流的初步设计
- 所用物料和废弃物处理的要求
- 对内外部客户的影响

（2）项目的详细设计阶段，通常指基础设计和项目计划完成之后的设计阶段，其中应关注：

- 确定项目范围 / 批准用户需求说明
- 起草项目的验证总计划
- 确定工艺流程
- 确定关键工艺步骤和参数限度，以保证关键质量属性（CQA）的实现
- 识别关键工艺参数（CPP）的关键方面（CA），确定关键设计元素（CDE）
- 确定与工艺相关的步骤和参数（例如：能力、效率、产能等）限度
- 确定洁净级别
- 确定物流和人流方式
- 进行厂房、设施等对产品质量影响的评估（风险评估）
- 清洁的方式

（3）项目设计的最终评审阶段，通常指总体设计已经完成，但还未开始采购和施工的阶段，其中应关注：

- 已批准的项目验证总计划或更新的验证总计划
- 正式的厂房设施对产品质量影响的风险评估
- 对关键工艺参数和限度的最终评估
- 厂房设施的设计标准
- 材质和表面的要求
- 清洁的要求
- 对建筑和房间的详细说明

在这一阶段进行的评审活动构成了厂房设施的设计确认，确保厂房设施的详细设计符合 GMP 的要求以及预期的使用目的。因此，只有详细的设计批准之后，才能开始采购和施工。

（4）项目竣工阶段，通常是指厂房设施的调试和确认已经完成，但还未开始工艺验证或商业生产的阶段，其中应关注：

- 验证总计划的执行情况
- 确认报告的完成
- 与操作、清洁、卫生、维护、校准等相关的 SOP 的准备情况
- 相关人员的培训情况
- 文件要求（如竣工图纸等）
- 与其他系统的连接及相互影响
- 是否需要更新相关的注册文件或客户合同等

以上列出了厂房设施新建或改扩建过程中应重点关注的 GMP 要点，通过对这些 GMP 要点的审核和评估，可以基本保证厂房设施从设计到投入使用的全过程受控，以满足 GMP 的要求和预期用途。

3.3.2 环境控制

根据 GMP 的要求，制药企业要对药品的生产环境进行必要的控制，以避免环境对药品的污染。制药企业对药品生产环境的控制主要体现在以下四个方面：

（1）厂房设备　包括厂房设备的设计、选型、安装、改造、操作、清洁和维护等要求。（具体要求参见本丛书《厂房设施与设备》分册）

（2）空气　包括洁净级别、通风、温湿度和压差等要求。（具体要求参见本丛书《厂房设施与设备》分册空调净化系统部分）

（3）人员　包括人员的健康、培训、卫生、更衣、洁净区行为和操作规范等的要求。

（4）物料　包括物料的清洁、消毒、贮存、包装材料和防止交叉污染等要求。（具体要求参见本丛书《质量控制实验室与物料系统》分册物料系统部分）

本章节将主要针对其中 GMP 关于洁净级别、洁净区监测以及监测结果的趋势分析进行描述。

3.3.2.1 洁净级别的划分

技术要求

GMP 将洁净级别划分为 A、B、C、D 四个级别。在洁净级别的划分方面和欧盟 GMP 基本一致。另外，国外还有两个非常重要的洁净级别划分标准：FDA Guidance for Industry 和 ISO 14644，这些规范所划分的洁净级别及其限度标准，对比如下：

1. 悬浮粒子的限度标准（表 3-12）

表 3-12　悬浮粒子限度标准

悬浮粒子最大允许数 / 立方米										
GMP					FDA Guidance for Industry			ISO 14644		
	静态		动态			动态				
洁净级别	0.5μm	5.0μm	0.5μm	5.0μm	洁净级别	0.5μm	5.0μm	洁净级别	0.5μm	5.0μm
A[a]	3520	20[b]	3520	20[b]	–	–	–	4.8	–	–
B	3520	29[b]	352000	2900	100	3520	–	5	3520	d），e）
–	–	–	–	–	1000	35200	–	6	35200	293
C	352000	2900	3520000	29000	10000	352000	–	7	352000	2930
D	3520000	29000	–	–	100000	3520000	–	8	3520000	29300

注：a）A 级洁净级别以≥ 5.0μm 的粒子限度为标准，该标准等同于 ISO 4.8。

b）欧盟 GMP 附录 1《无菌产品生产》中，在级别确认时可以不考虑 A 级和 B 级（静态）的 5μm 粒子要求。

d）由于粒子取样和统计学的局限性，在粒子浓度较低时会造成分级不当。

e）由于取样系统中可能存在粒子损失，对粒子浓度较低和大于 1μm 粒子的样品收集均有一定局限性，因此在该粒径尺寸下进行分级是不恰当的

2. 微生物限度的动态标准（表 3–13）

表 3–13　微生物限度动态标准

洁净区微生物检测限度									
GMP 和欧盟 GMP					FDA Guidance for Industry			USP<1116 >	
洁净级别	浮游菌 cfu/m^3	沉降菌（φ90mm）cfu/4 小时	表面微生物		洁净级别	浮游菌 cfu/m^3	沉降菌（φ90mm）cfu/4 小时	表面微生物	
			接触碟（φ55mm）cfu/ 碟	五指手套 cfu/ 手套				接触碟（φ55mm）cfu/ 碟	衣服手套 cfu/ 碟
A	＜1	＜1	＜1	＜1	100	1	1	3 含地面	3 手套 5 衣服
–	–	–	–	–	1000	7	3	–	–
B	10	5	5	5	10000	10	5	5 10 地面	10 手套 20 衣服
C	100	50	25	–	100000	100	50	–	–
D	200	100	50	–	–	–		–	–

注：1. ISO 14644 无微生物限度的标准。

2. FDA Guidance for Industry 中提及应进行表面微生物的监测，但是并未给出具体限度，在此列出 USP<1116 >的限度供参考

3.3.2.2 产品、生产工序及相应的洁净级别

实施指导

洁净室的洁净级别的设置，主要取决于以下因素：

1. 产品的类别

例如：无菌产品、口服制剂、局部用药的生产区洁净级别不同。

2. 生产工序

例如：同一产品的不同工序，配制、混合、过滤、灌装、包装等，其洁净级别通常也不同。

3. 生产过程的特征

例如：生产设备是密闭系统或开放系统，则其生产区的洁净级别也不同。

4. 工序被污染的风险程度

例如：产品操作是否会暴露在环境中，高污染风险的工序一般会设置较高的洁净级别。

5. 部分剂型及其生产工序适用洁净级别

见表 3–14~ 表 3–17。

6. 最终灭菌产品（表 3–14）

表 3–14 最终灭菌产品生产工序适用洁净度级别

洁净度级别	最终灭菌产品生产操作示例
C 级背景下的局部 A 级	• 高污染风险[(1)]的产品灌装（或灌封）
C 级	• 产品灌装（或灌封）; • 高污染风险[(2)]产品的配制和过滤; • 眼用制剂、无菌软膏剂、无菌混悬剂等的配制、灌装（或灌封）; • 直接接触药品的包装材料和器具最终清洗后的处理
D 级	• 轧盖; • 灌装前物料的准备; • 产品配制（指浓配或采用密闭系统的配制）和过滤; • 直接接触药品的包装材料和器具的最终清洗

注：（1）此处的高污染风险是指产品容易长菌、灌装速度慢、灌装用容器为广口瓶、容器须暴露数秒后方可密封等状况；

（2）此处的高污染风险是指产品容易长菌、配制后需等待较长时间方可灭菌或不在密闭系统中配制等状况

7. 非最终灭菌产品的无菌生产（表 3–15）

表 3–15 非最终灭菌产品的无菌生产适用洁净度级别对比

洁净度级别	非最终灭菌产品的无菌生产操作示例
A 级 （B 级背景）	• 处于未完全密封[(1)]状态下产品的操作和转运，如产品灌装（或灌封）、分装、压塞、轧盖[(2)]等; • 灌装前无法除菌过滤的药液或产品的配制; • 直接接触药品的包装材料、器具灭菌后的装配以及处于未完全密封状态下的转运和存放
B 级	• 处于未完全密封[(1)]状态下的产品置于完全密封容器内的转运; • 直接接触药品的包装材料、器具灭菌后处于密闭容器内的转运和存放
C 级	• 灌装前可除菌过滤的药液或产品的配制; • 产品的过滤
D 级	• 直接接触药品的包装材料、器具的最终清洗、装配或包装、灭菌

注：（1）轧盖前产品视为处于未完全密封状态。

（2）根据已压塞产品的密封性、轧盖设备的设计、铝盖的特性等因素，轧盖操作可选择在 C 级或 D 级背景下的 A 级送风环境中进行。A 级送风环境应当至少符合 A 级区的静态要求

8. 非无菌产品（表 3-16）

表 3-16 非无菌产品的生产工序适用洁净度级别

洁净度级别	非灭菌产品的生产操作示例
D 级	• 口服液体药品的暴露工序； • 口服固体药品的暴露工序； • 表皮外用药品的暴露工序； • 腔道用药（含直肠用药）的暴露工序； • 直接接触以上药品的包装材料、器具的最终清洗、装配或包装、灭菌

9. 原料药（表 3-17）

表 3-17 原料药生产工序适用洁净度级别

洁净度级别	无菌原料药	非无菌原料药
A 级（B 级背景）	• 无菌原料药的粉碎、过筛、混合、分装； • 直接接触药品的包装材料、器具灭菌后的装配	–
B 级	• 直接接触药品的包装材料、器具灭菌后处于密闭容器内的转运和存放	–
D 级	• 直接接触药品的包装材料、器具的最终清洗、装配或包装、灭菌	• 精制、干燥、粉碎、包装的暴露工序； • 直接接触药品的包装材料、器具的清洗、装配或包装

3.3.2.3 洁净区的监测

洁净区需要通过监测来证明其是否符合 GMP 的相关要求。监测的项目主要包括：温湿度、压差、悬浮粒子、微生物等。

GMP 关于监测的内容见表 3-18。

监测的具体要求参见本丛书《厂房设施与设备》分册空调净化系统部分。

3.3.2.4 监测结果的趋势分析

趋势分析是指依据观测得到的数据资料，进行统计计算，找出内在规律和发展趋势。GMP 在质量管理的多个方面都提及了趋势分析的要求，其中包括对环境监测数据进行趋势分析的要求。

表 3-18　洁净区监测要求

项目	GMP	其他
尘埃粒子	静态和动态：0.5μm 和 5.0μm	–
微生物	动态：沉降菌、浮游菌和表面微生物	–
压差	洁净区与非洁净区之间、不同级别洁净区之间的压差应当不低于 10Pa。必要时，相同洁净度级别的不同功能区域（操作间）之间也应当保持适当的压差梯度	–
温湿度	环境的温湿度应当保证操作人员的舒适性； 应当根据产品及操作的性质制定温度、相对湿度等参数，这些参数不应对规定的洁净度造成不良影响	药品生产工艺及产品对温度和湿度无特殊要求时，空气洁净度 A 级、B 级、C 级的医药洁净室温度应为 20℃~24℃，相对湿度应为 45%~60%；空气洁净度 D 级的医药洁净室温度应为 18℃~26℃，相对湿度应为 45%~65%*
照度	医药洁净室的照明应根据生产要求设置	主要工作室一般照明的照度值宜为 300lx（离地面 0.75m）； 辅助工作室、走廊、气锁、人员净化和物料净化用室的照度值宜为 200lx（地面）； 对照度有特殊要求的生产岗位可根据需要局部调整 *

注：* 来源于 GB50457—2019 医药工业洁净厂房设计标准

实施指导

企业应建立趋势分析的操作规程，规程的主要内容包括：

（1）趋势分析所涵盖的数据范围，例如：环境监测数据、公用工程系统（水系统、压缩空气系统等）的监测数据、生产中间过程控制数据等。

（2）趋势分析的频次，例如：每月、每年或完成固定的监测次数后。

（3）趋势分析所采取的分析和评估方法，例如：直方图、控制图等。

（4）对超常趋势结果的处理，例如：任何的不良趋势都应该及时报告。超常趋势结果报告后，应当启动相应的调查和风险评估。超常趋势结果的调查处理如涉及纠正和预防措施、偏差的，应该和 CAPA 系统、偏差管理系统相连接，并采取相应的措施。对于重大不良趋势，企业应当考虑是否可能对已上市药品造成影响，必要时应当实施召回。

环境监测数据趋势分析的具体要求参见本丛书《质量控制实验室与物料系统》分册“质量控制实验室”部分。

3.3.3 设备

本章节所提到的设备主要涉及以下内容：

- 生产设备：用于产品生产、加工、包装的机器、设备、工具等。
- 检验设备：用于产品检测、分析、控制的设备、仪器等。
- 其他公用设施：制药用水系统、纯蒸汽系统、洁净氮气系统等。

设备是药品生产所必需的硬件，是确保产品质量的基础。因此，制药企业的质量体系中应具备相应的系统对这些“硬件”进行控制和管理，确保它们始终处于一种稳定的受控状态，从而保证产品的质量。

参照 ISPE 文件，根据系统影响产品质量的能力将系统分为直接影响系统、非直接影响系统和无影响系统三类。

本章节主要对质量系统中针对设备的管理要素进行说明，而对于它们的具体要求请详见相关的配套指南。

3.3.3.1 生命周期

设备从设计选型开始，经过采购、建造加工、测试、操作、维护、变更直至退役的全过程，构成了它们的生命周期。图 3-3（参考 ISPE 文件）展示了设备生命周期的主要过程以及供应商和用户的各自工作范围。

3.3.3.2 设备供应商管理

在设备生命周期中，需要用户和供应商协作，基于风险的方法涵盖设备的技术标准、设计、制造、安装、调试、校准、操作和维护的整个生命周期。

按照供应商提供服务类型的不同，一般将设备供应商分为以下三类。

- 设备制造商（equipment manufacturers）：主要的供应商。在设备的技术标准制定、设计、制造、安装、调试、运行及持续改善中提供持续服务，与用户有密切的合作。需从产品的质量需求、运行及环境安全、商业等方面综合考量制造商能力，保证提供持续、稳定、可靠的设备及服务。

- 合同服务商（service contract management）：为高度专业化设备提供维护和维修服务等，通过签订服务合同提供相关服务。如制造商或者第三方技术单位提供的维护保养、定期检修等服务。

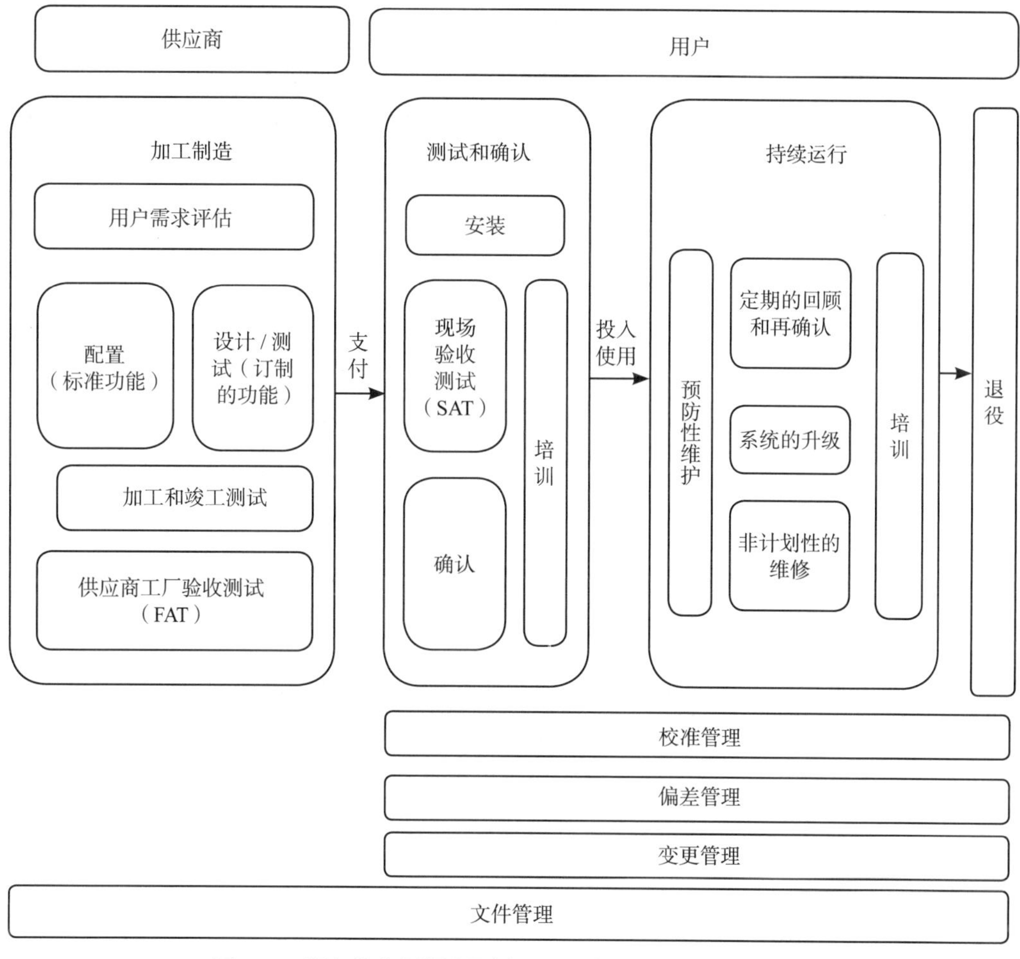

图 3-3　设备生命周期主要过程及用户和供应商工作范围

- 外部顾问（equipment reliability consultants）：为企业的 GxP、数据可靠性、确认和验证等工作提供协助。

在设备供应商的管理中，应该运用风险评估，根据提供产品及服务内容，对部分供应商进行必要的审计，对其质量保证系统进行评估，保证产品符合企业需求。

3.3.3.3 生命周期的管理要素

设备的生命周期包括 4 个主要阶段：加工制造阶段、测试阶段、操作阶段以及退役阶段。本章节对质量系统中的重要管理要素进行了说明，其中包括用户需求、调试、确认、校准管理、维护管理、使用和清洁、退役管理等内容。

A. 用户需求

用户需求（user requirement）文件是对设备进行设计加工以及后续测试的依据，

企业应对用户需求给予足够的重视。在制订用户需求文件时应考虑以下几个重要方面：法规方面的要求（GMP 要求、环保要求等），安装方面的要求和限制（尺寸、材质、动力类型、洁净级别等），功能方面的要求，文件方面的要求，同时应考虑药品本身的特点以及工艺方面的要求。（具体的要求和内容介绍请参见本分册“3.6 确认与验证”项下的“A. 设计确认”部分）

法规要求

药品生产质量管理规范（2010 年修订）

第七十一条 设备的设计、选型、安装、改造和维护必须符合预定用途，应当尽可能降低产生污染、交叉污染、混淆和差错的风险，便于操作、清洁、维护，以及必要时进行的消毒或灭菌。

第七十四条 生产设备不得对药品质量产生任何不利影响。与药品直接接触的生产设备表面应当平整、光洁、易清洗或消毒、耐腐蚀，不得与药品发生化学反应、吸附药品或向药品中释放物质。

B. 调试

调试（commissioning）是一种工程学方法，它通过充分的计划、文件记录以及控制管理将设备启动并移交至终端用户，并确保它们符合设计标准以及用户的需求。可以这样理解，在完成了调试之后，设备从机械和工程角度已经具备了使用条件。

实施指导

调试中包括了验收阶段经常涉及的供应商工厂的验收测试（factory acceptance test，FAT）和用户工厂的验收测试（site acceptance test，SAT），常见的检测项目如下。

（1）对于安装和文件的检查

- 到货和完整性以及供应商提供的文件；
- 电气安装（测量仪器、传动装置、过程控制系统、安全装置、报警装置等）；
- 机械安装（部件的标识、尺寸、安装和调整、配置、紧固度、排空能力、焊接材料、管路斜度等），包括根据用户需求说明（URS）检查可清洁度。

（2）校准

- 确定关键仪表或仪表回路，以及校准的范围和允许的最大误差范围。

（3）建立必要的规程（如维护的规程）。

（4）功能测试

- 每个单独组成部分的功能（如果适用）；
- 根据功能标准（functional specification）检查完整系统的功能（包括过程控制系统、数据采集和监控系统、可编程的逻辑控制器等）；
- 检查操作的技术范围和限度。

（5）根据用户需求检查系统的性能

调试主要是针对工程和机械方面的检查和测试，其应由供应商和用户的工程技术人员完成。（调试和确认的关系请参见本分册“3.6 确认与验证”）

C. 确认

确认（qualification）贯穿了设备完整的生命周期，是质量管理体系中针对设备最重要的因素。（具体内容请参见本分册“3.6 确认与验证”）

D. 校准管理

根据GMP中的定义，校准（calibration）是在规定条件下，确定测量、记录、控制仪器或系统的示值（尤指称量）或实物量具所代表的量值，与对应的参照标准量值之间关系的一系列活动。即用高精确度的设备或标准仪器测出实际读数与标称读数之间的偏差，并记录在案。

GMP第五章的第五节对设备校准的一般要求、校准计划、校准的量程范围、校准使用的标准器具、校准的标识、校准记录以及对不符合校准要求设备的控制等方面做了较为具体的规定。

根据法规要求，制药企业的质量体系中应具备校准系统，以确保所有对产品质量可能产生影响的测量、控制、分析用的仪器、仪表、设备的准确性。校准应按照批准的书面规程（如校准计划、校准方法等）执行，校准计划以及校准方法等应经过必要的审核和批准。

实施指导

企业在制定校准文件以及执行校准活动时应重点关注以下内容：

1. 校准计划和规程

- 所有新的测量、控制、分析用的仪器、仪表、设备等或当它们发生变更时都应进行必要的评估，并根据评估的结果制定或更新校准计划，校准计划应经过质量部门的审核和批准；
- 校准的规程中应规定校准的周期（频率）、测量仪器、操作范围、测量范围、允许的误差等；
- 应定期对校准规程进行回顾并评估，任何内容上的调整（如增加或删除设备、调整校准方法，改变校准频率等）都需要经过批准。

2. 校准的周期（频率）

校准周期（频率）的设定应基于风险评估的结果以及仪表等的分类，同时考虑以下内容：

- 相关的标准或法规；
- 仪表的使用频率；
- 经验；
- 风险分析；
- 供应商的建议。

3. 测试设备

- 校准时所使用的标准测量仪表应比待校准的仪表具有更高的精密度、准确度以及重现性。所使用的标准计量器具应可以溯源至国际或国家标准器具的计量测试报告。

4. 校准的程序

- 负责校准实施的部门或人员应根据批准的书面校准规程实施校准活动；
- 校准规程中应包括关键的衡器、量具、仪表、记录和控制的设备以及仪器的校准范围以及可接受的最大误差；
- 校准时所选用的测试范围应涵盖仪表等全部的使用范围。

当校准测试中出现误差超出范围的情况时，应按照偏差管理程序进行充分的调查，并且评估对于产品质量的影响。所评估的产品应包括自上次合格的校准测试之后生产加工的所有产品和批次。出现偏差的仪表可能需要进行相应的调整并再次校准。

所有的校准活动都必须进行适当的记录，记录应按照 GMP 文件的要求进行管理和存档。

校准活动可由企业的工程技术人员、法定的计量检定机构或有资质的第三方执行。外部的校准文件（如校准报告、证书等）均应经过企业的专业技术人员审核和评估。

仪表等的校准状态应通过标识（如标签）清晰显示以便于操作人员检查，标签中可包括仪表的名称、编号、下次校准日期等信息。

E. 维护和维修管理

法规要求

药品生产质量管理规范（2010年修订）

第七十九条 设备的维护和维修不得影响产品质量。

第八十条 应当制定设备的预防性维护计划和操作规程，设备的维护和维修应当有相应的记录。

第八十一条 经改造或重大维修的设备应当进行再确认，符合要求后方可用于生产。

实施指导

基于以上的法规要求，制药企业应具备维护（maintenance）系统，确保设备处于一种受控的良好状态。所有的维护活动都应按照批准的书面规程执行，不能对产品质量产生不良影响。

这里提到的维护主要包括两个方面：预防性维护（preventive maintenance）和维修（repair）。

1. 预防性维护

根据批准的书面规程（如批准的维护计划或设备相关的SOP），在设备操作阶段定期进行的保养、检查等活动。目的是减少故障发生的可能性。

预防性维护计划

新的设备或当它们发生变更时都应进行适当的评估，并根据评估结果制订或修改预防性维护计划。设备的预防性维护计划中应包括下列基本内容：

- 设备名称；
- 设备编号；
- 负责部门或人员；
- 具体的维护内容；

- 每项维护的时间周期（频率）。

预防性维护计划应由工程技术部门制定，并且经过质量部门的批准。

应定期对预防性维护计划进行回顾及评估，任何针对预防性维护内容的调整（如增加或删除设备、调整维护的内容，改变维护频率等）都需要经过批准。

预防性维护的频率应根据以下内容进行风险分析而定：

- 用途（相同的设备由于用途不同，可能需要设定不同的维护频率）；
- 经验；
- 供应商的建议。

当出现未按照批准的预防性维护计划执行的情况时，应根据偏差或异常事件的处理流程进行适当的调查、评估并在必要时采取适当的纠正或预防措施。

2. 维修

当设备等出现故障或发现存在故障的隐患时所采取的纠正性措施主要包括维修以及部件更换等活动。

所有的维修操作都应当事先得到批准。维修之后，应当对设备的“确认”状态进行评估，在评估完成之前应禁止设备使用。必要时应进行再确认。

对设备的维护和维修活动完成之后，应进行必要的清洁（或灭菌），确保维护活动不会对后续的生产操作以及产品质量造成影响（如清除润滑油等残留物、微生物污染等）。

所有的维护和维修活动都必须进行适当的记录，记录应按照 GMP 文件的要求进行管理和存档。

F. 使用和清洁

法规要求

药品生产质量管理规范（2010 年修订）

第八十二条 主要生产和检验设备都应当有明确的操作规程。

第八十三条 生产设备应当在确认的参数范围内使用。

第八十四条 应当按照详细规定的操作规程清洁生产设备。

生产设备清洁的操作规程应当规定具体而完整的清洁方法、清洁用设备或工具、清洁剂的名称和配制方法、去除前一批次标识的方法、保护已清洁设备在使用前免受污染的方法、已清洁设备最长的保存时限、使用前检查设备清洁状况的方法，使操作者能以可重现的、有效的方式对各类设备进行清洁。

如需拆装设备，还应当规定设备拆装的顺序和方法；如需对设备消毒或灭菌，还应当规定消毒或灭菌的具体方法、消毒剂的名称和配制方法。必要时，还应当规定设备生产结束至清洁前所允许的最长间隔时限。

第八十五条 已清洁的生产设备应当在清洁、干燥的条件下存放。

第八十六条 用于药品生产或检验的设备和仪器，应当有使用日志，记录内容包括使用、清洁、维护和维修情况以及日期、时间、所生产及检验的药品名称、规格和批号等。

第八十七条 生产设备应当有明显的状态标识，标明设备编号和内容物（如名称、规格、批号）；没有内容物的应当标明清洁状态。

第八十八条 不合格的设备如有可能应当搬出生产和质量控制区，未搬出前，应当有醒目的状态标识。

第八十九条 主要固定管道应当标明内容物名称和流向。

实施指导

基于以上法规要求，对设备的使用、清洁和状态标识进行管理，确保规范的使用、管理设备。

1. 使用

建立设备操作标准程序，包含以下内容：

- 设备的名称、涉及部件、用途、基本结构、工作原理做出描述；
- 对设备操作涉及各类屏、盘、键、钮等功能做详细描述；
- 对操作步骤和内容做细化描述，并明确每一步作业应达到的状态；
- 操作注意事项，如参数设置点、劳动保护、安全事项等。

2. 清洁

建立设备清洁规程，包含以下内容：

- 清洁消毒剂的选择及使用要求；
- 上一批次标识、印记残留的去除；
- 预冲洗方式；

- 清洗及消毒方法的详细描述；
- 干燥方式；
- 存放条件及期限。

G. 退役管理

应有书面的规程确保设备在退役（retirement）之前经过必要的回顾和评估，以保证在“停止服役”这一时间点之前的“确认”状态。其中包括安装状态、关键功能、维护、校准等。

设备退役时应重点关注相关的GMP文件和记录的保存，尤其是电子化的记录。应确保在文件的存档周期内记录仍然可读（保留相关的读取设备以及必要的软件等）。

H. 其他管理要素

当设备出现故障或异常情况可能对产品质量产生影响时，应立即停止使用并加贴明显的“停用”标识，根据偏差管理程序进行处理。（具体管理程序请参见本分册“4.2 偏差管理”章节）

对产品质量可能产生影响的设备应通过变更管理系统的控制。所有的变更（如改造、系统升级等）都应经过必要的评估和批准。（具体管理程序请参见本分册“4.1 变更管理”章节）

3.3.3.4 设备文件管理

法规要求

药品生产质量管理规范（2010年修订）

第七十二条 应当建立设备使用、清洁、维护和维修的操作规程，并保存相应的操作记录。

第七十三条 应当建立并保存设备采购、安装、确认的文件和记录。

第八十六条 用于药品生产或检验的设备和仪器，应当有使用日志，记录内容包括使用、清洁、维护和维修情况以及日期、时间、所生产及检验的药品名称、规格和批号等。

实施指导

以下为一些设备相关文件的实例：

- 技术标准；（参见本分册“3.6 确认与验证”）
- 操作规程；
- 图纸（线路、管路、平面布置图等）；
- 测试方案和报告（调试、确认等）；
- 维护、清洁、灭菌规程；
- 校准文件；
- 维护手册。

设备文件应按照 GMP 文件的要求进行管理和存档，并且应定期回顾以确保更新的状态。

- 使用日志

根据法规的要求，关键的设备应具备使用日志（logbook），用于记录所有的操作活动，例如确认、验证、变更、校准、维护、清洁、维修等。记录中应包括操作日期和操作人员。通常，企业中的维护、校准等活动都有专门的文件进行详细记录，而使用日志是一个简要的概况性文件，其中只需简要记录所执行的活动以及参考文件编号即可，不需重复记录详细内容。但应确保可以通过使用日志的记录追溯到相关的文件或记录。

使用日志应放置在设备的现场，按时间顺序进行记录。使用日志应被定期审核，通过审核确定记录的正确性和完整性，并且对设备的运行状态进行评估。

使用日志是设备最重要的记录文件之一，应在生命周期内以及退役后的一段时间之内妥善保存，这与其他 GMP 文件的保存要求一致。

3.4 工艺和生产管理

药品的生产工艺控制和管理贯穿于药品生命周期的过程中。药品的生产工艺过程是在药品研发过程中建立起来的，通过技术转移在药品生产企业实现生产，并在药品生产过程中通过对产品工艺过程进行有效的监控保证工艺过程的稳定性。本节重点对技术转移、生产过程中质量管理的难点及重点内容（如何防止差错和混淆，如何控制污染和交叉污染）进行介绍。针对不同产品的特性，原料药、口服固体制剂、无菌药品的生产过程质量管理的具体要求及实施指导可参见本丛书《原料药》

《口服固体制剂与非无菌吸入制剂》《无菌制剂》分册中的相关内容。

GMP 及其附录中，有关生产管理的要求集中体现在表 3-19 所列章节。

表 3-19　GMP 有关生产管理的章节

GMP 正文	第一章　总则　第三条
	第九章　生产管理
	第十一章　委托生产与委托检验
无菌药品附录	第十章　生产管理 第十一章　灭菌工艺 第十二章　灭菌方法
原料药附录	第七章　生产管理
生物制品附录	第六章　生产管理
血液制品附录	第六章　生产和质量控制
中药制剂附录	第七章　生产管理
中药饮片附录	第九章　生产管理
医用氧附录	第六章　生产管理

2019 年 12 月 1 日起实施的《中华人民共和国药品管理法》第四章药品生产。

2020 年 7 月 1 日起实施的《药品生产监督管理办法》第三章生产管理。

背景介绍

2019 年 12 月 1 日，新修订的《药品管理法》正式实施。新修订《药品注册管理办法》强化了覆盖药品研制、注册和上市后监管的全生命周期管理要求，严格规范药品注册行为，实行基于风险的审评、核查和检验模式。新修订《药品生产监督管理办法》“生产管理”专章强调了药品生产企业主体责任，并大幅增加监督检查相关内容，体现了监管的趋势。上述两个办法同步修订和实施，体现了注册与上市后监管的协调性，在推动新药研发的同时，强化了药品全生命周期监管。

药物开发阶段的目标是生成工艺及产品知识，通过研发过程中对工艺和产品的监测，理解产品的关键质量属性（CQA）、识别并确定关键工艺参数并提出控制策略。

技术转移阶段是将药物生产工艺从开发阶段转移到生产阶段，或者从一个生产场地向另一个生产场地进行转移。在技术转移过程中获得的知识是商业生产过程中建立控制策略和持续改进的基础。

对已上市药品的生产工艺过程进行有效的监控并推动持续改进。有效的中间控制策略应能够保证按照既定的生产工艺过程所生产的产品达到预期的质量标准，同时应不断确定和评估改进机会，使得药品生产工艺过程持续保持稳定的状态。

产品工艺管理应遵循质量风险管理和生命周期模式，图 3-4 为生产工艺过程管理生命周期模式示例。

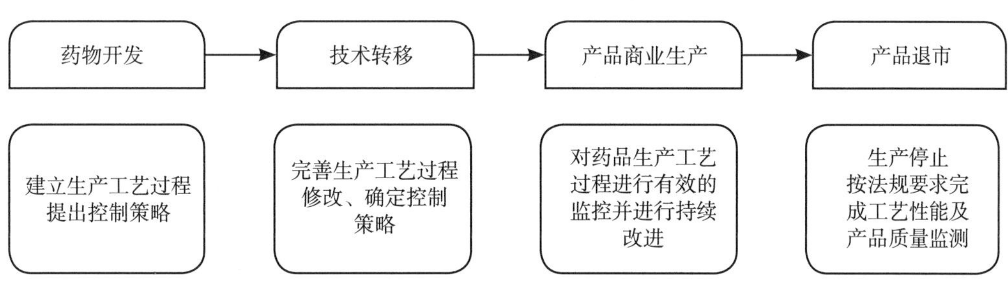

图 3-4　生产工艺过程管理生命周期模式示例

新修订的《药品管理法》第一章总则第六条指出：国家对药品管理实行药品上市许可持有人制度。药品上市许可持有人依法对药品研制、生产、经营、使用全过程中药品的安全性、有效性和质量可控性负责。第三章药品上市许可持有人中明确了药品委托生产及委托检验是 MAH 的职责。结合 MAH 这一显著变化，在本分册单独设置“附录　药品上市许可持有人和 GMP 的管理要求”进行详细介绍，因此本节生产管理项下不再讨论委托生产及委托检验的相关内容。本分册“7 质量体系在研发管理中的应用”对研发阶段的质量管理进行了详细介绍。

要点备忘

药品质量源于设计，但实现于制造过程，研发实验室和商业生产之间技术转移或不同商业生产场地间的技术转移是药品实现商业化生产的必要步骤。药品生产管理的目的就是采取有效措施，最大限度地降低药品生产过程中污染、交叉污染以及混淆和差错等风险，生产管理是保证药品质量形成的关键过程。

3.4.1 技术转移

背景介绍

技术转移可发生在产品生命周期的各个阶段。不同工厂或实验室之间生产工艺和分析方法的技术转移是药物研发和商业化生产的必要部分。新修订《药品管理法》中强调药品全生命周期的质量管理，ICH《Q10 药品质量体系》中系统介绍了药品生命周期管理的具体要求，其中对技术转移相关活动叙述如下：

- 新产品从开发到生产的转移；
- 已上市产品在生产和检测场地内或场地间的技术转移。

ICH Q10 药品全生命周期的质量管理强调：知识管理、风险管理、药品生命周期中 CAPA 系统的应用，药品生命周期中变更系统的应用以及药品生命周期中对工艺性能和产品质量的管理评审的应用。这些关键要素的要求在技术转移活动中同样适用。

实施指导

药品技术转移是指将药品的知识、技术及相关联的产品和工艺过程从研发方或持有方转移至转入方 / 接收方的过程。通常包含分析方法转移和工艺转移，但针对项目不同，转移活动可能发生在不同阶段。技术转移可能发生在药品上市申请之前，也可能发生在药品获批上市以后，可能是公司内部的转移，也可能是委托研发、委托生产或受托生产过程。

《药品注册核查要点与判定原则（药学研制和生产现场）（试行）》研制现场核查要点第六点对技术转移提出了检查的要求：

从药品研制到生产阶段的技术转移是一个系统工程，其目的是将在研制过程中所获取的产品知识和经验转移给生产企业。接受技术转移的生产企业应当有能力实施被转移的技术，生产出符合注册要求的药品。

1. 技术转移应当完成技术文件的转移，并有相应关键文件和记录。

2. 应当对技术转移过程涉及的人员、设备、工艺、物料等因素进行评估，并在技术转移过程中采取相应措施，降低风险。

3. 技术转移或工艺放大后应当完成商业规模生产工艺验证，验证数据应当能支持商业化批量生产的关键工艺参数。

4. 分析方法的转移应当经过确认，并有记录和报告。

技术转移通常是一个复杂的过程，一般按照项目管理的方式进行。技术转移应基于有效的质量风险管理和知识管理，对产品和工艺的充分理解对成功实施技术转移至关重要。质量管理相关工具，如变更管理、质量风险管理、偏差管理、纠正和预防措施伴随技术转移项目的整个进程。WHO、ISPE、PDA 均出版了关于技术转移的专业指导文件，企业可结合实际情况进行参考。

本章节内容旨在为业界提供一个技术转移的基本流程及各阶段相关活动的参考，不同类型的技术转移应采取同转移类型和规模相适应的活动。技术转移流程图示例见 3–5。

3.4.1.1 技术转移活动关键要素

1. 技术转移的相关方

在技术转移项目开始前，由公司决定立项，确认转移项目。应建立正式的技术转移团队，明确团队的构架，角色和职责。技术转移团队通常包含：

- 转出方 / 转移方；
- 转入方 / 接收方。

通常转入方 / 接收方负责统筹整个项目技术转移实施进展，沟通组织协调相关资源，确保技术转移按计划执行，推动各个部门板块的任务，调配资源，定期回顾进展。相关部门对应负责人，负责完成部门内对应的职责，提出资源需求，解决遇到的问题，确保所负责的板块符合预期要求。

技术转移，尤其是不同公司之间的技术转移，具有法律和经济影响，其中可能包括知识产权、版税、定价、利益冲突和保密协议。因此，应在规划和实施转移之前和期间解决此类问题。

2. 技术转移过程

- 分析方法转移；
- 工艺转移（包括生产工艺及包装操作）。

双方需书面约定各项工作完成时限、验收标准等内容。

3. 技术转移应用的范围

- 产品从研发阶段转入生产阶段；
- 分析方法从研发实验室转移至企业产品放行实验室等；
- 已上市产品在不同企业间 / 不同生产场地间的互相转移。

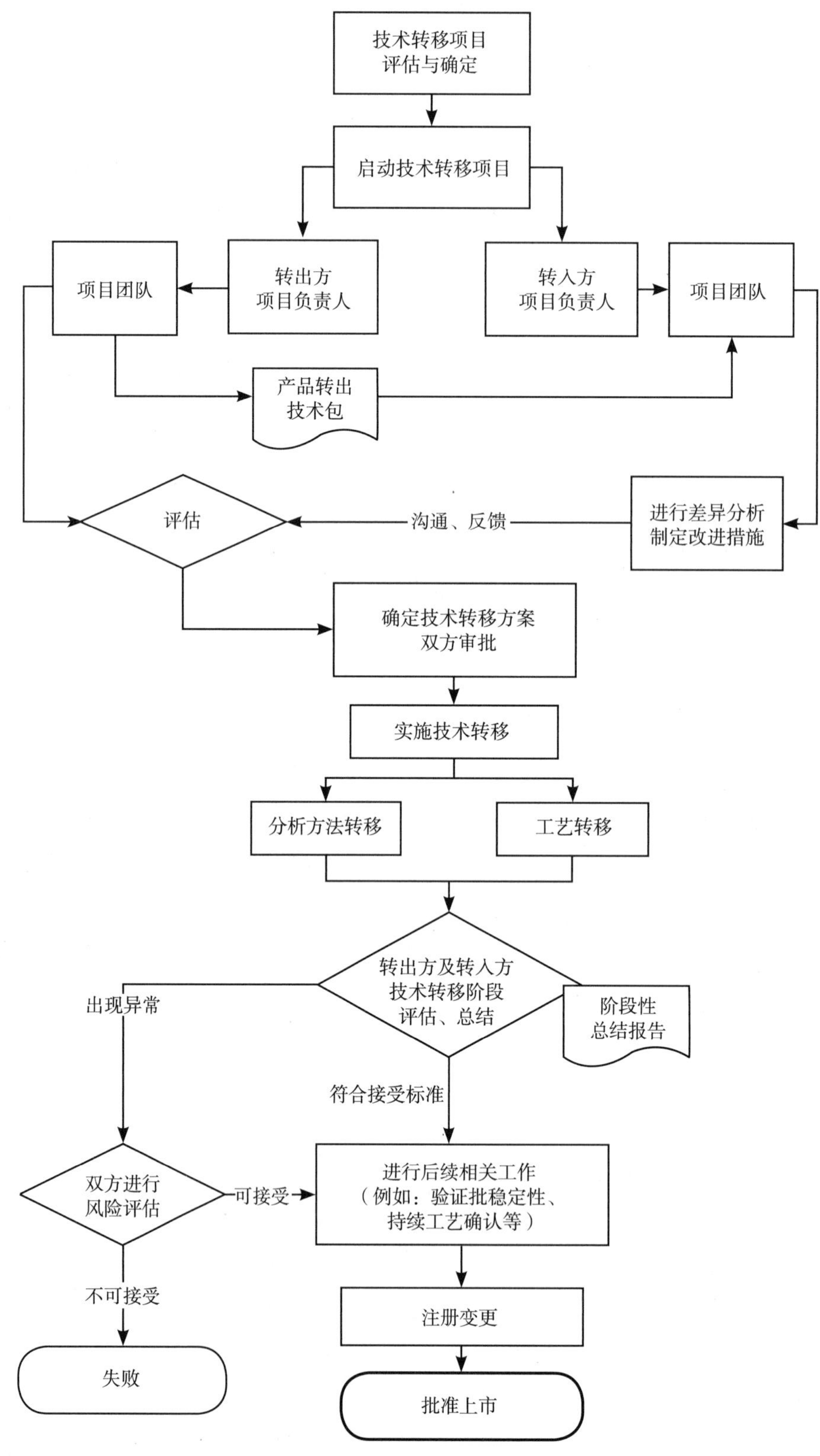

图 3-5　技术转移流程图示例

4. 技术转移过程中风险管理工具的应用

- 技术转移实施前进行差距分析时；
- 技术转移过程中出现异常时。

应形成书面文件，转出方和接收方共同审核、批准。

5. 技术转移过程中偏差、变更及 CAPA 系统的应用

- 技术转移过程中的偏差和变更应进行记录、能追踪；
- 针对技术转移的不同阶段，偏差和变更处理流程及文件正式程度可有所不同。

3.4.1.2 技术转移活动步骤

技术转移项目确定前，项目转移相关方需进行项目可行性评估。

确定技术转移项目后，技术转移活动步骤通常包含三个阶段：技术转移准备、技术转移实施及技术转移审核和总结。在技术转移不同阶段，转出方和转入方的相应职责示例见表 3–20。

表 3–20 技术转移不同阶段转出方与转入方职责

项目阶段	转出方（SU）[1]	转入方（RU）
技术转移准备	• 启动技术转移项目、组建项目组，明确时间表； • 同 RU 共同制定技术转移方案； • 知识转移：准备技术转移文件包，提供给 RU； • 在技术转移实施前对 RU 的准备程度进行评估，包括人员、设施、设备、公用系统、物料、确认 / 验证等； • 对 RU 提供必要的培训（生产工艺、EHS、特殊注意事项等）、现场指导	• 启动技术转移项目、组建项目组，明确时间表； • 同 SU 共同制定技术转移方案； • 确定技术转移策略； • 知识转移：评估并落实 SU 提供的技术转移文件包的内容；进行差异评估 / 差异分析[2]并制定行动项； • 对人员进行培训
技术转移实施	• 在技术转移过程中对 RU 的活动给予支持； • 在转移活动中出现失败后进行分析和评估； • 对 RU 进行的改进和提高给予支持	• 进行转移活动，评估结果； • 解决转移活动中出现的失败或偏差； • 初次生产评估后进行潜在改进项目的确认
技术转移审核和总结	• 同 RU 对技术转移结果进行评估； • 对 RU 确定的后续工作给予支持	• 同 SU 对技术转移结果进行评估； • 建立改进计划，持续确认

注：1. 商业生产过程中，如果转出方不是 MAH，在制定项目转移计划时应明确 MAH 的职责，MAH 应负责技术转移项目相关方之间工作的协调。

2. 差异评估的过程是采用风险管理工具进行风险评估的过程，这一过程中同时还结合了质量管理工具，如变更控制、CAPA 管理等

A. 阶段一：技术转移准备阶段

技术转移准备阶段目的在于正式启动项目，进行知识转移并完成差异评估，确保潜在风险被有效识别并建立合理的行动项以降低风险至可接受水平。

1. 启动技术转移项目、组建项目组

应由转出方（研发单位或部门 / 原生产商）和接收方共同组建药品技术转移项目组。通常转出方和转入方分别组建项目技术转移团队，并指定项目负责人。团队成员应包括但不限于下列方面。

- 研发部门 / 技术部门（转出方）；
- 生产部门（转出方 / 转入方）；
- 质量部门（转出方 / 转入方）；
- 物资管理部门（转出方 / 转入方）；
- 工程设备部门（转出方 / 转入方）；
- EHS 部门；
- 财务部门；
- 法规注册部门；
- 法务部门（如需要）；
- 项目管理部门（如需要）。

2. 建立技术转移方案

- 明确转出方的场地和转入方的场地；
- 技术转移项目的范围；
- 技术转移的目标和判断项目成功的标准；
- 确定双方项目负责人、明确双方权责；
- 技术转移团队的各部门具体责任人及联系方式；
- 确定决策权和上报路径；
- 项目层面的技术转移计划
  - 项目时间表和资源要求；
  - 确定转移技术包的内容；
  - 确定双方的沟通交流机制，如沟通方式、频次、沟通内容等；
  - 交付文件的期望和要求；
  - 确认和验证的策略；
  - 确定转移活动各步骤的接受标准。

- 技术转移项目注册申报策略；
- 项目层面的变更流程；
- 双方审批确认；
- 双方签订相关协议（如需要）。

3. 技术文件准备和传递（知识转移）

在技术转移开始前，转出方应确定可用于技术转移的生产工艺，并准备用于技术转移的技术包。技术转移技术包应进行良好的组织，以便于转入方能方便的获取必要的信息。技术转移技术包的内容应该全面，能够帮助转入方有效的组织生产或检测分析。

（1）转出方提供的转移技术包

转移技术包涉及物料、设备、生产工艺、分析方法、质量标准、EHS 相关信息等方面的内容，可包含但不仅限于下列内容：

- 物料清单及质量标准、供应商信息，包含原辅包、关键工艺助剂、辅助用物料等；
- 设备清单，包含设备型号、设备生产能力、生产商等信息；
- 工艺文件，至少应包含：批量、产品处方信息、生产工艺描述、流程图，产品质量目标概况（QTPP），关键质量属性（CQA），关键工艺参数（CPP），中间控制，成品质量标准，历史批次数据等；如必要，还需包含产品设计空间，工艺开发报告等。

如果是商业生产产品不同场地间的转移，除产品生产控制部分的文件外，还应包括产品包装信息，如批准的标签、说明书、包装样稿等。

- 如有，产品生产相关的一些特定操作法、已有经验等；
- 每个阶段的风险点及控制策略；
- 原辅料、中间产品、成品检测用仪器清单，包含仪器型号及供应商信息；
- 分析方法验证 / 确认，方法变更历史等；
- EHS 相关信息等。

技术转移团队应审核完整的转移技术包，确保转入方的技术专家能够理解获得的知识以及得到必要的说明。转移技术包的信息应被团队成员用于制定详细的工艺描述文件 / 工艺规程文件和转入方执行工艺的要求清单，如转入方的工艺描述 / 工艺规程中应包含工艺放大或工艺扩展的相关信息；技术转移团队将此清单作为风险分析和差异分析的一部分，以识别和提出减小差距的措施。

（2）差异评估

技术转移准备过程中的差异评估是技术转移活动中的关键一环：差异评估是对产品在转出方的生产要求与转入方目前状态间的能力评估，是技术转移风险评估的过程；在评估过程中应运用风险管理工具并结合公司质量管理系统的相关要求。转入方引入新产品的风险评估，通常可主要包含法规符合性和产品评估两方面的内容：

①法规符合性

- 评估新引入的产品是否适合在转入方现有厂房内生产；如涉及传染病阳性样品生产，需确认厂房生物安全等级，并对阳性样品的接收、存储、检测等进行相应的差距分析和风险评估。
- EHS 评估；
- 药政注册评估。

②产品评估

包括但不限于设施设备适用性分析，工艺差距分析：

- 评估新产品引入对现有厂房产品的影响；
- 新产品引入后是否具备生产条件，能否在现有厂房内完成生产；
- 在现有厂房内生产的产品能否满足产品放行的要求。

产品的工艺差距分析包括但不限于生产工艺流程简介、生产流程示意图、原材料（试剂、耗材、包材）差距分析、生产所用设备差距分析、工艺生产流程中具体操作步骤差距分析、过程控制参数差距分析、生产中间品保持时间、过程监控及中间品检测指标、成品质量标准等、生产车间环境分析（包括每一生产步骤）、原料/成品运输条件分析、产品在终端使用分析（如适用）。如涉及传染病阳性样品生产，需确认厂房生物安全等级，并对阳性样品的接收、存储、检测等进行相应的差距分析和风险评估。差距分析的目的是针对评价的内容，选择适用的风险评估工具，识别风险、进行风险分析并制定改进措施/行动项。这一过程的实施，企业需要考虑变更控制程序的相关要求。

在完成差异评估后，应针对识别出的差距进行风险评估，依据风险评估的结果进行风险控制（如降低和消除风险，或在降低风险的基础上接受风险）。作为技术转移的一部分，质量风险管理是转移双方之间的差距能够被分析和识别并管理的书面流程，风险评估是对这些差距的关键性进行定性或定量评估，并确定优先级的过程。一旦确定了关键差距，就应对每个风险项目制定具体的行动计划并作为技术转移的一部分被执行。

质量风险管理的目的是将风险降低到可接受水平。当无法实现风险消除时，需将风险上报给相关决策者以获得在“有风险”前提下继续开展工作直至工艺确认阶段的批准。转移双方的任何差距均可能增加转入方产品实现的风险，引起延误、增加转移成本并可能造成业务负面影响。技术转移前应有充分的时间来识别、分析和处理差距。

差异评估中可包含的评估内容示例见表 3-21，各企业应根据转移项目的实际情况具体分析。

表 3-21 差异评估内容示例

评估类别	评估内容示例	实施技术转移需考虑要素	转入方状态	影响分析	行动项	时限 / 责任人
人员	• 人员计划：同技术转移活动匹配性； • 人员资质确认（如需要）	• 人员配置满足要求； • 完成人员培训 / 资质确认，如生产工艺控制，特殊事项（如需要），人员防护等				
设施	现有设施是否满足转移产品技术要求，如： • 厂房布局（人、物流）、洁净区设计、环境确认、环境监测； • HVAC、工艺用水、工艺用气、纯蒸汽等公用系统	• 符合申报市场 EHS，GMP 等政府及行业规章（安全、环保、生产、检验等方面）； • 按要求完成系统调试和确认； • 支持进行转移产品生产				
设备	• 结合转移产品，按工序进行评估： • 现有设备是否满足技术转移要求（材质、型号、工作原理、生产商等）	• 设备材质、型号、功能原理、生产商、设备产能； • 完成设备调试和确认（IQ/OQ）； • 是否需要新购置或改造现有设备； • 对购置或改造的设备进行系统或单元评估； • 支持进行转移产品生产				
物料	原料、辅料、包材： • 质量标准、分析方法； • 供应商信息、物料 MSDS； • 稳定性、储存条件等	• 质量标准、供应商管理体系、供应商确认； • 质量标准满足申报市场要求； • 建立物料管理流程（物料接收—取样—测试—放行）				
	关键工艺助剂、辅助性物料等的质量标准、供应商					

续表

评估类别	评估内容示例	实施技术转移需考虑要素	转入方状态	影响分析	行动项	时限/责任人
分析方法	• 化学检验； • 微生物/无菌检验； • 其他特殊检测项目	• 配备满足转移产品检测的仪器（如物料、中间产品、成品检测、工艺用水、工艺用气检测等）； • 是否需要新购置检测仪器，如有新购仪器进行评估； • 中控，批放行，清洁验证，稳定性及其他研究测试所需方法完成验证和（或）确认，建立检验操作规程				
生产工艺（含包装）	• 处方、工艺、生产规模、关键工艺参数、中间控制、成品质量标准； • 工艺开发报告； • 工艺验证； • 生产过程中预防污染及交叉污染控制措施	• 已批准的工艺流程文件，控制策略，制剂质量标准满足申报市场要求，制定生产过程中避免污染和交叉污染措施； • 如需要，完成灭菌工艺验证、建立无菌操作程序、培养基模拟灌装				
清洁	• 清洁验证策略； • 清洁程序开发报告； • 清洁程序、清洁分析方法验证报告等	• 完成清洁验证、分析方法验证，建立清洁程序； • 消毒剂消毒效果验证，建立消毒操作规程等				
药政注册	注册申报：首次申报或批准后变更	根据上述各方面评估结果，确认注册申报类型，按要求申报				

（3）双方确定技术转移实施计划

技术转移计划应包括：

①技术转移的目的与范围；

②技术转移团队基本信息及职责；

③转移产品概述；

④资源和预算

- 人：技术专家和其他支持技术转移实施的相关人员等
- 财：费用预算
- 物：物料、设备、设施等

⑤基于差异评估结果的风险降低计划，用于解决风险和差异评估中所识别的具体项目；

⑥技术转移策略（如物料采购与准备、生产工艺、生产规模、中间控制策略、分析方法转移、工艺转移、工艺验证、注册申报等）；

- 详细的设备、原辅料、物料以及内外包材等清单；
- 技术转移的工作计划和目标
  - 如厂房设施的建设或改造（如需），设备安装调试，设备确认；
  - 物料的准备，应考虑特殊物料的运输条件，如冷链运输；
  - 确定不同生产阶段的中间控制策略；
  - 小试规模或中试规模的试生产（如需）；
  - 转入方需进行的工艺变更（如需）；
  - 设备性能研究（如需）；
  - 分析方法转移 / 确认（如需）；
  - 首次完整批量试生产以及同步研究；
  - 工程批的生产以及同步研究；
  - 工艺性能确认批次的生产以及同步研究；
- 根据转移过程中发生的变更评估确定注册申报策略；

⑦里程碑事项及时间表

- 涉及的各职能 / 专业板块，可建立子项目计划，分解追踪各项工作任务；

⑧交付成果及验收标准、文件要求。

4. 技术转移准备

根据差异评估结果及改进措施 / 行动项的实施，进行技术转移活动前需完成的活动，通常需形成一个审核确认表，以评估转入方是否已经具备了进行技术转移的状态，可能包括但不限于以下内容：厂房设施设备的调试和确认、物料的评估或替换、工艺控制策略的调整、分析方法的调整、生产流程的调整等。

- 设备、设施、检验仪器等满足转移要求
  - 设备、设施、公用系统能力、检验用仪器 / 设备符合产品要求；
  - 验证 / 确认状态满足转移产品的工艺要求；
  - 建立设备、仪器等的操作规程。
- 建立文件制度、记录
  - 供应商管理制度，物料验收、取样、检测、放行管理制度，风险管理制度，偏差管理制度，变更控制管理制度，CAPA 管理制度等质量管理制度；

 - ➢ 产品工艺规程、相关岗位操作规程、清洁规程、批生产 / 包装记录及相关支持性记录；
 - ➢ 建立物料、中间产品、成品质量标准及分析方法、检验操作规程。

- 确定验证策略、制定验证计划

  建立了验证主计划及相关的验证方案，如分析方法验证、清洁验证、工艺验证等。

- 建立了产品稳定性研究方案
- 培训

此阶段的培训需根据转入方现有的经验进行评估，必要时，转出方应该提供工艺中特定步骤具体操作的培训。

 - ➢ 培训可在转出方设施也可在转入方设施进行；
 - ➢ 培训的类型和培训量根据转移工艺的复杂性和转入方人员在特定工序步骤的操作经验而不同；
 - ➢ 对参与技术转移项目的相关人员进行相关培训，培训内容要确保每个人熟知个人职责，技术转移项目关键注意事项、合格接收标准等；
 - ➢ 操作、检验过程中操作控制要点、人员防护要求；
 - ➢ 转出方对转入方的培训进行指导，必要时需实施培训。

B. 阶段二：实施技术转移

实施技术转移阶段是知识转移持续进行及应用阶段。技术转移通常包含分析方法转移和工艺转移，技术转移相关方按照技术转移计划中拟定里程碑活动实施，并为产品在转入方后续生命周期的持续工艺确认提供指导。

上述“4 技术转移准备”阶段中列出的各项工作，根据项目复杂程度及风险评估结果，达到可以实施技术转移标准后，可实施技术转移，转出方应进行技术转移的指导。

- 转移活动应按照审批的分析方法转移、工艺转移方案实施；如需要，在进行正式的工艺验证批次前可以先进行试验批次 / 工艺摸索批次的生产；各公司可根据项目的计划和安排确定研究批次的数量；
- 实施过程中的活动应按照要求进行记录，包括发生的任何偏差；
- 实施过程中如出现变更，应按照变更控制程序规定执行；
- 按照确定的验收标准进行评价，如未达到接收标准，双方应进行评估以确定后续行动，评估时采用风险管理工具。

1. 分析方法转移

分析方法转移的目的是证明方法接收实验室（转入方试验室）在采用方法建立实验室（转出方试验室）建立并经过验证的非法定分析方法检测样品时，接收实验室有能力成功操作该方法，检测结果与方法建立实验室检测结果一致。

相关参考文件

- 《中华人民共和国药典》（以下简称《中国药典》）四部 9100 分析方法转移指导原则
- USP43 <1224 > Transfer of Analytical Procedures

（1）转移类型

分析方法转移实验、转移范围和执行策略制定要依据转入方经验和知识、样品复杂性和特殊性以及分析过程的风险评估。最常用的分析方法转移包括以下几类：

- 比对试验：比对试验是分析方法转移时最常用的方法，需要转入方和转出方共同对预先确定数量的同一批次样品进行分析。也可以采用其他方法，如在样品中加入某个杂质的回收率试验，转入方能够达到预先制定的可接受标准。
- 两个或多个实验室间共同验证：执行分析方法验证的实验室要具备实施该分析方法的资格。转出方可与转入方一起进行实验室间的共同验证工作，包括转入方可作为转移方分析方法验证团队的一部分，从而获得重现性评价数据。
- 再验证或部分验证：再验证或部分验证时需根据分析方法，对转移过程中可能受到影响的验证指标进行说明和验证。
- 转移豁免：在某些特定情况下，常规的分析方法转移可豁免。此时转入方实验室不需要对比实验室数据，转移豁免情况如下。若符合转移豁免，转入方也应根据豁免理由形成文件。
  - 新的待测定样品的组成与已有样品的组成类似，和（或）活性组分的浓度与已有样品的浓度类似，并且转入方有使用该分析方法的经验。
  - 被转移的分析方法收载在《中国药典》中，并无改变，此时应采用分析方法确认。
  - 被转移的分析方法与已使用方法相同或相似。
  - 转移方负责方法开发、验证或日常分析的人员调转到转入方。

（2）转移前要素

在分析方法正式转移前需确保转入方需具备：具有资质或经适当培训的检验人员、符合实验要求的仪器或设施、充足的实验用试剂或材料、合适的实验室环境。若适用，转出方需提供转移相关文件至转入方，如方法 SOP 或验证文件等。

● 在分析方法转移前，转移方需对转入方进行培训，确保转入方可提供具有资质或适当培训的检验人员，培训的形式可以是技术文件类培训也可以是实操类培训并完成培训记录。参与分析方法转移双方检验人员需要完成并通过分析方法转移方案的培训后方可执行分析方法转移。

● 在分析方法转移前，转入方需确保设施及仪器根据需要被正确校正或确认并符合要求，确保有充足的实验用试剂或材料进行转移工作。方法转移可选择一个批次样品。

● 在分析方法转移前，转入方需确认实验室体系与执行法规和实验室内部管理规程相一致。

● 在分析方法转移前，需制定分析方法转移主计划，明确转移类型，对相关转移要素进行描述或规定，可通过预实验或差异分析等方式发现可能需要解决的问题或对可能存在的问题进行评估。若需要则形成相应缓解措施。

（3）分析方法转移方案及报告

● 分析方法转移方案

在分析方法转移前，由双方通过讨论达成共识并制定文件，在参与双方的审阅签批后方可执行。需包括但不限于以下内容：

- 转移目的及范围；
- 转出方及转入方责任；
- 使用的材料及仪器；
- 分析方法；
- 转移的试验设计，例如试验的重复次数或转移的待验证指标等；
- 可接受标准及可允许的偏差，标准的设立可根据方法的完整或部分验证数据或方法的历史检测数据。

● 分析方法转移报告

- 按照批准的分析方法转移方案实施各项活动的书面证明文件；
- 通常由方法接收实验室方负责起草方法转移报告；
- 报告应提供与可接受标准相关的实验结果，确认转入方已具备使用所转移分析方法的资格。
- 如果实验结果符合制订的可接受标准，则分析方法转移成功，并且转入方具备实施该方法的资质。否则不能认为分析方法转移已完成，此时应采取有效的补救措施使其符合分析方法转移的可接受标准；
- 参与分析方法转移的各方均需对分析方法转移报告进行审批。

分析方法转移流程图示例见图 3-6。

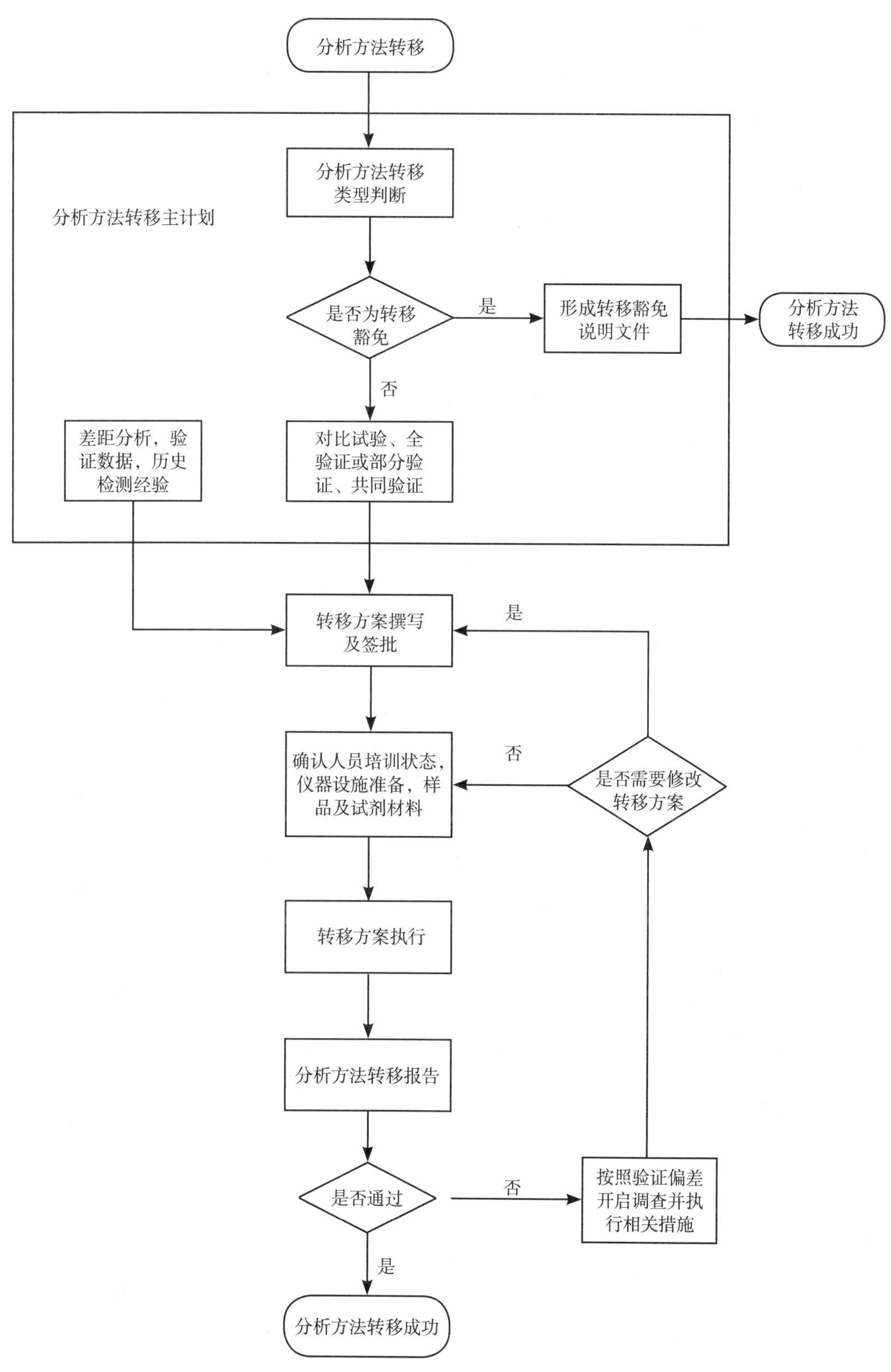

图 3-6　分析方法转移流程图示例

2. 工艺转移

技术转移实施最主要的执行方式是通过一系列的研究批次来确认按照既定的工艺和方法能够产出符合预设质量标准的产品。

工艺性能确认（process performance qualification，PPQ）即首次工艺验证可作为判断技术转移成功的一个行动项，一个成功的工艺验证可视为对技术转移是否成功的一个判断依据。工艺验证批次的执行参考工艺验证部分。

在技术转移过程中，工艺验证批次的相关要求包括：

- 转入方人员资质确认，完成相关培训，符合 GMP 要求；
- 技术转移涉及的设备经过确认，符合生产要求，计量 / 验证等在效期内；
- 生产所用的物料需符合 GMP 的要求，需检测合格才放行；转入方确认所使用的物料和工艺转移预定的材料一致；
- 所有涉及的文件需完成审核批准；
- 生产环境确认合格，符合 GMP 对生产环节洁净级别要求；
- 适用的分析方法已开发且已完成方法验证，或已完成方法确认且用工艺性能确认样本完成最终的方法验证；
- 在工艺验证批次生产前需建立技术转移实施前的审核确认表，确认是否达到了实施技术转移的必要条件；
- 生产过程中，若有任何变动，需判断是否为影响工艺的重大变更，如是，则需按照变更流程进行控制；如不是，仅为操作层面的调整，需要与工艺技术转移团队负责人沟通确认，得到许可后可以进行调整，且在相应文件中详细记录调整的内容，并由文件签批人签批；
- 如发生偏差，应按偏差流程处理，并评估对申报用途的影响；
- 工艺性能确认批次完成后应总结报告；出具阶段性技术转移报告，如有，需提出改进计划，用于临床阶段的工艺改进；后续生产批次，需对生产过程进行持续跟踪监控，包括批生产记录、过程监控、参数控制、中间品检测结果、成品检测结果等，是否达到工艺转移的目的，根据实际需要制定持续改进计划，更新工艺规程和批生产记录；
- 确定适合商业化生产的产品控制策略；
- 撰写工艺性能确认报告，证明生产可重复性；
- 需建立持续的工艺性能确认计划，确保对产品工艺的持续跟踪，确保产品持续符合质量标准。

C. 阶段三：技术转移总结

技术转移活动结束后，转出方和转入方应共同进行总结及审核，形成书面报告并进行审批，内容可包含：

- 转移活动总结，包含技术转移方案中的各个方面；
- 总结项目进行的主要任务和里程碑，完成工艺技术转移最终报告；
- 技术转移结果评估
  - 技术转移是否成功的评价标准

可比性研究可作为判断技术转移成功的一个行动项，一个成功的可比性研究可视为对技术转移是否成功的一个判断依据。本分册可比性研究仅限药学可比性研究，不包括非临床和临床的可比性研究。如在药学可比性研究时无法证明药学可比，应考虑非临床和临床的可比性研究。

  - 在 IND 申报前，产品还未投入到临床试验，此时，可能以成功完成 IND 申报批次作为技术转移的成功标准；
  - 在 IND 申报后，关键临床前，如果发生了技术转移，则应评估产品质量的影响，应进行可比性研究（药学）来证明产品质量的可比性，并评价对已进行的非临床和临床研究的影响；
  - 在关键临床后，如果发生了技术转移，则应评估产品质量的影响，应进行可比性研究（药学）和（或）工艺性能确认，来证明产品质量的可比性，并评价对已进行的非临床和临床研究的影响；
  - 在产品上市后如果发生了技术转移，则应依据上市后变更的指导原则，如必要，进行相应的可比性研究（药学）和（或）工艺性能确认来证明产品质量的可比性，并评价对已进行的非临床和临床研究的影响。
  - 转移出现异常
  - 双方应进行风险评估，确定结果是否可接受；
  - 双方需确定采取的行动措施。
- 技术转移活动的成功经验及需改进的方面；
- 后续双方需继续采取的活动，明确责任人及时限。

实例分析

某公司胰岛素混悬液技术转移示例

1. 案例背景

技术转移是药品上市的重要过程，可以发生在产品生命周期的多个阶段。根据ICH Q10 3.1.2 的定义：技术转移的目标是在研发和生产之间以及生产厂内部或之间转移产品和工艺知识来获得符合要求的产品。这些知识是构成生产工艺、控制策略、工艺验证方法以及在此过程中持续改进的基础。

本案例属于同一公司内部已上市产品商业化生产场地 A（转出方）到商业化生产场地 B（转入方）的技术转移类型。本案例的技术转移以转入方为主导方及注册申报主体。技术转移主导方的选择无强制要求，可依情况不同一事一议，确定原则通常包括两种：责任原则和能力原则，哪一方对产品的最终质量负责哪一方便主导，或哪一方更有知识和能力完成转移哪一方便主导，因涉及大量资源投入，需明确权责，最终目标都是高效高质量地完成转移。

本案例的讨论将围绕某已在境内上市多年的“胰岛素混悬液”的技术转移展开。本案例中的技术转移涉及制剂产品由境外生产场地转移至境内，不涉及境外生产的药用物质。在 ICH 成员的行业实践中，部分生产工序的技术转移广泛存在，同时，其产品也可在我国批准上市。成功的技术转移需要扎实的工艺产品知识及有力的项目管理领导，核心是知识管理和质量风险管理。无论技术转移的是全部或部分生产工序，跨境或不跨境，化学药品还是生物制品，在技术转移过程中都应依据控制策略进行持续监测，应用风险管理的工具来保证所转移的工艺和产品始终处于受控状态，并能识别持续改进的机会。

2. 项目管理

根据正文中所述技术转移步骤，将项目整体分为三大步，即准备—实施—总结，各阶段主要活动列于表 3-22 ~ 表 3-24，包括各阶段主要事件、输入及输出成果。

（1）准备阶段

准备阶段目的在于正式启动项目，进行知识转移并完成差异评估，确保潜在风险被有效识别并建立合理的行动项消减风险，活动示例见表 3-22。

该阶段中建立项目管理机制，由批准的技术转移计划和差异评估总领项目进行，对里程碑活动进行审核，评估关键活动是否按预期实施。

表 3-22 技术转移准备阶段主要活动示例

准备阶段	转出方输入	转入方输入	输出
项目启动	提供转出方技术转移人员名单，包括但不限于： • EHS 部门 • 技术部门 • 质量部门 • 生产部门 • 工程部门 • 质量控制实验室 • 注册法规部门 • 供应链部门（如需要）	提供转入方技术转移人员名单，包括但不限于： • EHS 部门 • 技术部门 • 质量部门 • 生产部门 • 工程部门 • 质量控制实验室 • 注册法规部门 • 供应链部门（如需要） 作为项目主导方，预先与各相关方确认议程，包括但不限于： • 项目时间表 • 技术转移策略 • 沟通决策机制	授权项目经理使用双方资源开始技术转移活动； 正式组建技术转移团队，明确时间表； 确认项目沟通上报机制，包括频次、方式及内容
技术转移 – 知识转移	发送产品技术文件包，共同完成差异评估，进行技术转移计划的审核、批准，产品技术文件包涉及物料、设备、确认及验证、产品开发、工艺流程、分析方法、培训等多方面，需将批准后的最新版本发送至转入方，包括但不限于： • 物料清单 • 质量标准（原辅包，关键耗材及制剂） • 产品开发历史报告 • 工艺流程文件 • 设备清单 • 控制策略 • 灭菌及清洁工艺 • 无菌工艺模拟灌装策略 • 分析方法验证 / 确认 • 历史批次数据，包括批放行及稳定性 • 人员培训资料 • 现有注册申报资料 • 年度产品回顾（如适用）	接收技术文件包，起草技术转移计划并审核批准 技术转移计划主要内容包括： • 转移的目的与范围 • 转出方与转入方基本信息 • 技术转移团队职责 • 工艺产品概述 • 技术转移策略（如配方、生产规模、物料、产品控制策略、分析方法、工艺验证、注册申报等） • 拟定里程碑活动 * 及时间表 • 差异评估，确保潜在风险被识别且定义出行动项消减风险	技术转移计划，包括差异评估及所定义的行动项
里程碑活动前审核	协助审核资料的准备	里程碑活动前，以风险评估的视角，对物料、设备、方法、工艺、人员及质量体系完备度进行审核，决定是否实施	完备度评估表，审核结论

注：* 例如模拟产品批、演示批、工艺验证批等

模拟产品批：使用与被验证产品物理性质和化学性质非常相似的物质以达到相关测试目标的批次

演示批：工艺验证批前使用被验证产品进行生产以获得更多工艺知识的批次，包括需要的技术研究等

需强调的是：技术转移阶段的知识转移不止于信息传递，还应包含恰当的理解及灵活的运用。知识转移的程度与差异评估的效果紧密相联，差异评估可作为知识转移效果的检验，越彻底的知识转移，越能帮助合理的差异评估及风险识别。因此在条件允许的情况下，建议安排转入方至转出方生产场地的现场交流、学习和培训计划，强化双方职能部门的沟通，持续积累待转产品的知识与经验。

（2）实施阶段

实施阶段是对技术转移计划中拟定里程碑活动的执行，并为产品在转入方后续生命周期的持续工艺确认提供指导。技术转移团队持续运转，为过程中出现的问题提供及时支持，也是知识转移持续进行及应用阶段，活动示例见表 3-23。

表 3-23　技术转移实施阶段主要活动示例

实施阶段	转出方输入	转入方输入	输出
里程碑活动实施	依据技术转移团队需求，提供技术及操作等支持，必要时现场指导	依据技术转移方案，完成所定义的活动，包括但不限于： • 模拟产品批次运行（如有） • 演示批次生产（如有） • 技术研究（如有） • 可比性研究方案 • 工艺验证批生产	执行方案及报告，完成可比性研究
持续工艺确认	为转入方制定持续工艺确认策略提供相应指导	根据生命周期原则的工艺验证理念，结合已有技术转移数据，制定持续工艺确认策略以监控工艺控制能力	持续工艺确认方案
变更	依据技术转移团队需求，提供相应指导	按照已有变更管理流程记录实施阶段发生的变更事件，充分评估对技术转移活动的影响。技术转移活动本身也需由变更管理	变更
偏差	依据技术转移团队需求，提供相应指导	按照已有偏差管理流程记录实施阶段发生的偏差事件。 通常，技术转移批次方案中将定义出现偏差的处理方式	偏差报告

（3）总结阶段

完成各项里程碑活动后，需对技术转移项目进行总结收尾。一方面从项目管理角度完成项目接收 / 关闭流程，相关文件存档；另一方面从知识管理角度总结项目期间的经验，活动示例见表 3-24。

表 3-24　技术转移总结阶段主要活动示例

总结阶段	转出方输入	转入方输入	输出
项目收尾	审核，批准技术转移总结报告	起草技术转移总结报告	技术转移总结报告批准

3. 工艺介绍

本技术转移案例使用的产品是一种胰岛素混合液，用于治疗糖尿病的可被多次使用的无菌注射剂，由特定比例的胰岛素晶体部分和胰岛素溶液部分组成。因活性成分的温度敏感性，该产品通过无菌工艺进行生产，不适用于终端灭菌。

该产品的关键质量属性（CQA）包括：鉴别，性状，含量，杂质，无菌检查，细菌内毒素，可见异物，装量，含量均一性等。

产品生产工艺流程主要包括：称量，配液（包括溶液配制，除菌过滤，结晶），无菌灌装，灯检（图 3–7）。

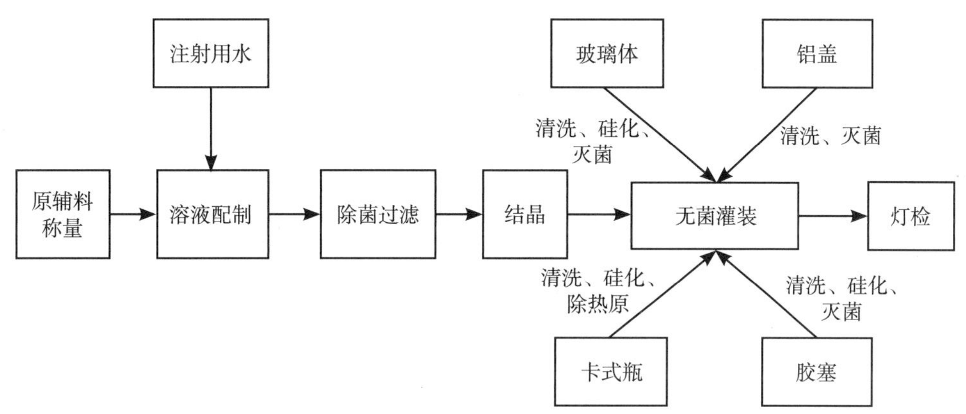

图 3–7　产品工艺流程概述

4. 技术转移核心要素

（1）技术转移策略考量

制定合理的技术转移策略是技术转移项目成功的关键之一，需在项目启动会 / 技术转移计划中明确本次技术转移的变更及对应的注册申报策略。技术转移过程中，除了已知变更，还可能出现其他潜在变更机会（如物料、设备、生产规模等），需从质量管理风险、注册申报复杂性、药品上市时间等多方面考虑，最终确认符合双方预期的技术转移策略。

（2）差异评估

本案例中，已知的变更包括场地变化，但出于产品市场需求的预判及场地设施状态，实际变更还包括批量变化和设备变化。遵循 ICH Q5E 的原则，通过差异评估系统性的明确变更影响并合理评估风险，以说明生产工艺、生产主要设备、生产中质量控制方法与转出方的一致性及与生产规模的匹配性，并完成变更前后可比性研究。

差异评估是对产品在转出方的商业化生产要求与转入方目前状态间的能力评估，可从物料、设备设施、方法、工艺（产品及无菌）及人员出发，记录差异，评估影响，设立行动项。表 3-25 为差异评估示例，可根据转入方设施状态调整“商业化生产要求考虑要素”的程度，对于尚未被批准进行商业化生产的转入方，考虑要素需更细化。而已被批准有商业化生产能力的转入方，工厂硬件及质量体系已建立，可针对实际转移的变化进行定点分析，并落实行动项至具体时间点及责任人。

表 3-25　差异评估表示例（商业化生产要求同转入方状态对比）

分类	评估区域示例	商业化生产要求考虑要素示例	转入方状态	影响分析，行动项（如适用）	完成时间	责任人
物料	• API • 辅料 • 内包材	• 提供物料清单； • 供应商管理体系建立，完成供应商确认； • 质量标准满足申报市场要求； • 物料管理流程建立（物料接收－取样－测试－放行）	用于混悬液生产的原料药 X 尚未是合格供应商	• 完成原料药 X 的引入并建立质量标准； • 识别出原料药 X 供应的差异，详细分析详见①		
厂房设施	• HVAC • 人流 / 物流设计 • WFI，洁净蒸汽和压缩空气 • 三废处理 • 其他支持系统等	• 符合申报市场 EHS，GMP、注册等政府及行业规章，并按要求完成系统调试和确认； • 支持进行无菌药品生产	现有设备设施已满足商业化生产要求	满足要求		
设备	• 称量 • 配液 • 灌装 • 灯检	• 提供所用设备型号 / 材料； • 完成设备调试和确认（IQ，OQ）； • 使用隔离器	• 各区域设备型号与转出方一致； • 灯检设备尚未执行新产品配方确认； • 使用限制隔离进出系统	• 完成灯检机对新产品的配方确认； • 识别出灌装隔离系统差异，详细分析详见③		
分析方法	• 化学实验室 • 微生物实验室	中控，批放行，清洁验证，稳定性及其他研究测试所需方法已完成验证和（或）确认	混悬液批放行方法 Y 及 Z 尚未转移	• 识别出分析方法 Y 及 Z 状态的差异，需实施方法验证和（或）确认，分析详见②		

续表

分类	评估区域示例	商业化生产要求考虑要素示例	转入方状态	影响分析，行动项（如适用）	完成时间	责任人
产品/工艺	• 制剂处方 • 生产规模 • 工艺流程和控制 • 制剂质量标准	• 已批准的工艺流程文件； • 控制策略； • 制剂质量标准满足申报市场要求； • 避免共线交叉污染	• 尚无新产品生产工艺； • 新产品引入的风险评估尚未进行； • 根据市场需求预测，生产规模定为转出方的2倍	• 建立产品处方、生产流程及控制策略，制剂质量标准与转出方一致，形成批记录； • 完成新产品引入的共线交叉污染评估并完成工艺验证； • 建议执行演示批评估各系统综合性能； • 识别出生产规模差异，分析详见④		
无菌工艺	无菌保障	• 符合各洁净区要求的更衣，清洁和消毒程序； • 清洁验证、灭菌验证，建立无菌操作程序； • 培养基模拟灌装	• 现行更衣、清洁和消毒程序、清洁验证及灭菌验证满足要求； • 新产品无菌工艺尚未验证	完成新产品无菌工艺模拟灌装		
人员	• 人员计划 • 资质确认	• 人员安排满足生产计划（如班次）； • 完成执行GMP活动人员的资质培训	• 人员班次安排满足生产计划要求； • 尚无执行混悬液产品GMP活动的资质	完成混悬液产品GMP活动执行人员的资质确认		

①原料药差异分析

此案例中，转出方A的原料药来自原料药工厂C，转入方B为仅进行制剂生产的场地，无原料药生产计划与能力，考虑从转出方同一原料药供应商进口符合同一质量标准的原料药以满足制剂转移的质量要求。从差异评估的角度，原料药工厂C供应转出方A与转入方B的评估考量点需包括原料药生产及原料药运输两部分，具体见表3-26。

表 3-26　原料药质量与运输评估总结示例

分类	评估区域	转出方	转入方状态	评估
原料药生产	质量管理	• 原料药工厂C为同一公司的国外原料药专门工厂，以公司内部供应商流程管理，签署质量协议 • 原料药按照原料药工厂C现有工艺规程及质量控制手段完成原料药的生产和放行	已建立供应商管理流程。因原料药尚未引入，原料药工厂C尚不是转入方供应商	• 对于转入方B，供应商管理流程适用于将原料药工厂C纳入转入方供应链体系的情形 • 为达成制剂的可比性转移，由与转出方A一致的供应商提供原料药能最大限度减少未知变异性，原料药工厂C以同样的质量标准和控制手段完成生产和放行，风险可控
原料药运输	运输验证	已完成原料药工厂C至制剂转出方A的运输验证，涵盖内容包括但不限于： • 原料药容器密闭性确认 • 保温箱确认（对温度敏感产品） • 运输路径确认，考虑实际运输条件	运输路径尚未建立，暂无运输验证数据	完成本技术转移后，运输过程将增加原料药工厂C至制剂转入方B的路径。需考虑将原料药从原料药工厂C运输至转入方B的全流程能否持续保证原料药关键质量属性不受影响。评估内容包括但不限于： • 定义原料药工厂C至转入方B地的运输需求及条件，如温控要求、保温箱类型、装载数量及保温时长等 • 确认现有数据能否支持原料药工厂C至转入方B地的运输，包括清关等进出口流程 • 本案例中，现有数据不足以支持原料药工厂C至转入方B线路运输条件，执行运输验证完成确认

小结：根据上述差异评估具体分析，由原料药工厂C供应转入方B的方案风险可控。将启动供应商管理流程引入原料药工厂C并要求按照同一工艺完成生产并按照同一质量标准放行，再执行运输验证完成路径确认与进口流程。有效的供应商管理与运输验证数据将为制剂产品的转移提供强有力的支持，实现最终产品的一致与可比。

②分析方法转移差异分析

根据GMP第一百四十二条规定，“当影响产品质量的主要因素，如原辅料、与药品直接接触的包装材料、生产设备、生产环境（或厂房）、生产工艺、检验方法等发生变更时，应当进行确认或验证。”对于技术转移项目，往往伴随分析方法的转移。分析方法转移方式包括分析方法验证、分析方法确认和比对测试。

需进行检验方法验证的情形包含但不限于：采用新的检验方法；检验方法需变更的；采用《中国药典》及其他法定标准未收载的检验方法；法规规定的其他需要验证的检验方法。

对不需要进行验证的检验方法，如《中国药典》收载的检验方法和其他法定方法，应当对检验方法进行确认，以确保检验数据准确、可靠。

通常情况下，所需转移的方法在转出方实验室已经完成了方法验证，对于转入方来说，可以采取比对测试的方式进行方法转移。

根据具体情况，实验室方法可采取不同的方法转移方式，并保持持续的验证状态。表 3–27 为方法转移策略的示例。

表 3–27　分析方法转移评估总结示例

<table>
<tr><th>方法号</th><th>方法描述</th><th>方法转移方式</th><th>理由</th><th>接受标准</th></tr>
<tr><td>Y</td><td>含量均一性</td><td>比对测试</td><td>该方法在转出方实验室已验证</td><td rowspan="2">例如：精度，结果可接受范围或定量限等（通常在独立的方法转移方案中详细说明）</td></tr>
<tr><td>Z</td><td>无菌检查</td><td>《中国药典》收载方法确认</td><td>《中国药典》收载的检验方法</td></tr>
</table>

小结：经评估，本案例中含量均一性的检验方法在转出方实验室已经完成验证，转入方将采用比对测试的方式进行转移，无菌检查法按照《中国药典》方法将采用方法确认进行转移。

③隔离屏障系统差异分析

表 3–28 设备功能和无菌工艺评估总结示例中，转出方使用隔离器对产品进行灌装，转入方将使用限制进出隔离系统（RABS）对产品进行灌装。两种系统均为制药行业内广泛使用的灌装机无菌隔离系统，均提供单向层流的和人机分离的 A 级灌装环境。

无菌隔离器是将生产区域和操作人员完全隔离的系统。无菌隔离器配置的自动灭菌系统，采用 VHP 灭菌。完全隔离的舱体屏障对药品以及操作人员提供了安全有效的防护。

限制进出隔离系统 RABS 在生产区域和操作人员环境之间提供了物理屏障，专注于灵活处理的解决方案。RABS 通常必须手动清洁和消毒；如果作为一个集成系统并正确运行，RABS 技术也可以满足所需的微生物控制水平。

本案例中，转出方的灌装系统是同包材组件灭菌设备相连的隔离器系统，在 C 级洁净环境背景运作；转入方的灌装系统是开放式限制进出隔离系统（oRABS），在 B 级洁净环境背景运作。相关的评估可从设备运行角度和无菌保证角度进行。例如：

● 现有设备是否达到支持该产品灌装的硬件要求？是否需要安装新的在线工具 / 系统？

● 从无菌保证角度，基于限制进出隔离系统与隔离器系统对环境控制的要求不同，评估限制进出隔离系统所需的环境控制以达到相同的产品灌装无菌条件。

表 3-28　设备功能和无菌工艺评估总结示例

分类	评估区域	转出方	转入方状态	评估
设备	隔离系统	在灌装过程中使用隔离器进行无菌控制	在灌装过程中使用RABS进行无菌控制	需经过EMPQ及无菌工艺模拟灌装进行验证，以证明无菌环境始终得到保护
	灌装设备	灌装机包括卡式瓶进料工位，胶塞工位，玻璃珠工位，灌装工位，轧盖工位	灌装机与转出方的灌装机等同，未启用玻璃珠工位	需启用玻璃珠工位，建议执行设备试运行和模拟产品批次运行以进一步了解玻璃珠工位以及整体灌装机的设备能力，并评估相应的行动项； 需建立玻璃珠工位相关的无菌操作和干预并进行操作人员培训和资质确认
无菌工艺	物料和包材准备	清洗后高压蒸汽灭菌，已清洗灭菌的包材通过与隔离器连接的组件处理系统进行无菌投料	清洗后高压蒸汽灭菌，由无菌操作人员通过物料转移并使用无菌技巧，将已清洗灭菌的包材与内包装袋一起转移至RABS内进行无菌投料	操作人员在灌装过程中会介入设备，需对无菌操作人员进行培训和资质确认，确保其操作和干预能够保证物料和包材以及产品的无菌性。物料转移、设定和操作、干预及整个灌装过程中，均有环境监测和适当的人员任务相关监测
	灌装机设定和操作	在C级环境中，开门设定灌装机和工具。完成后关闭隔离器并采用VPH对灌装线进行灭菌使其达到A级环境	在设定前，对灌装线进行消毒使其达到A级环境，然后通过适当的无菌技术以及验证过的开关门组合顺序，将已清洗和高压蒸汽灭菌后的无菌部件组装至灌装线	
	灌装过程中干预	使用隔离器手套，关门状态下执行干预	根据干预风险，选择RABS手套或者开门执行干预	

小结：经上述评估，使用RABS进行无菌工艺灌装的方案风险可控。将启用一个新工位并且制定相应的设备控制和无菌操作、无菌干预流程，通过设备试运行和模拟产品批次运行确认设备能力、确认无菌操作/干预流程和进行人员培训，并经过EMPQ及无菌工艺模拟灌装证明无菌保障能力。

④生产规模差异分析

通常情况下，技术转移可基于充分的风险评估并结合研发数据对放大参数进一步核实确认后，在技术转移/产地变更的同时，执行批量放大的关联变更。

本案例中，转出方和转入方使用了相同的配液罐、无菌过滤线和无菌贮罐。现有的配液平台能否支持批量放大的目标是技术转移关联工艺放大过程中评估的重点和难点。相关的评估要素可参考以下几点：

- 现有设备的最大容量是否满足批量放大的需求？是否需要引入新的贮罐；
- 设备的清洁、灭菌工艺重新研究和验证；
- 对除菌过滤工艺的过滤时间和过滤压力的评估和验证；
- 批量放大带来的无菌灌装时间的增加，必要时需要无菌工艺模拟的再验证；
- 设备对批量放大后工艺参数的控制水平和控制能力的评估。如需重点评估制剂混合工艺的有效性，即能否实现对混悬均一性的持续保证等。

在以上充分的风险评估后，技术转移过程中，设计相应的工艺放大的研发、确认和验证工作。

此案例中，在前期的评估中识别出了对制剂混悬均一性的研究重点。

第一步：构建工艺放大模型。基于对设备设计、搅拌原理的理解（期间需要与设备厂商充分沟通），针对新设定的目标体积通过理论计算的方式，得到搅拌速度和搅拌时间的理论值。

第二步：对工艺放大模型进一步的研究确认。设计相应的研究实验，通过真实物料或与真实物料相当的演示物料，进行搅拌均一性的确认。实验过程中，需要评估罐体内在时间、空间两个维度上的混悬均一性情况：通过取样，了解罐体内上、中、下空间上的混悬均一性，同时也需对灌装的前、中、后进行时间维度上均一性确认，或通过在线监测系统实时检测灌装过程中的混悬均一性情况。需要注意的是，较高的搅拌速度可能会带入过多的气泡，搅拌过程中的起泡情况也需持续监测。

第三步：工艺验证。工艺验证过程中，通过增加取样频次，进一步考量产品的空间均一性和批内一致性。

小结：技术转移同时叠加工艺放大变更，需要进行全面的风险评估。针对识别出的研究重点，即制剂的混悬均一性，制定技术转移的行动方案，通过研发、确认和验证工作，评估变更前后工艺、产品的一致性。

（3）可比性研究

可比性研究是包括实验设计、研究实施和数据评估在内的一系列活动，设计研究产品在变更（如技术转移、批量放大等）前后是否具有可比性。可比性研究的目标在于通过设计试验，收集和评估相关数据确定变更是否对产品产生任何不良影响。确保变更后产品的安全性、有效性、质量可控性。

①可比性研究策略

可比性研究一方面是性能的可比（产品质量标准），同时还有控制策略和控制能力的可比。

从性能的可比出发，主要考察批次中控、放行测试数据，分子结构表征和功能数据。但也可包括在技术转移中产生的研发支持性数据，如前期的演示批次和支持产品质量评估的相关实验及测试结果的评估。

稳定性也是可比性研究策略中重要的一环。稳定性研究能够检测出那些通过常规质量分析不能检测到的细微差异，对变更前后的产品开展稳定性可比性分析有助于评价变更对产品质量的影响。本案例中，科学的制定了包括长期、加速和使用稳定性的试验方案，评估了产品变更前后的降解趋势。

从控制策略和控制能力的可比出发，需要对变更前后批次的工艺步骤、工艺参数、过程控制参数和结果进行评估。特别要关注对转移后有变化的参数进行充分的研究。例如：在此转移示例中，通过差异评估确定工艺放大参数是研究重点，通过全面的分析和核实确认，保证新的工艺参数不会影响产品的关键质量属性（产品的均一性）。同时，在一定条件下（足够的历史数据，包括转出方的历史数据和转入方的研究批次数据），可综合运用统计分析的工具，制定相应的控制限度，包括批次放行测试的控制限度和中控的控制限度（如批次灯检的缺陷率）等，进行工艺能力的可比性评估。

工艺验证的前提：充分且可靠的控制策略已经建立完毕。在这个前提下，一般可将工艺验证批作为可比性研究批次，通过加严的取样计划，针对工艺步骤、关键工艺参数、中控测试、额外取样、批次放行和稳定性测试等进行可比性分析，再结合建立的控制限度，从产品性能、工艺控制策略和工艺控制能力进行全方位的可比性研究。

②可比性研究标准的制定

针对工艺的可比性研究标准，一般需要考察在可比性研究批次 / 工艺验证执行过程中，关键参数的表现，是否在既定的控制策略（如警戒限）内稳定运行。

针对中控测试和放行测试的可比性研究标准，一是需要考虑产品的质量标准（最基本要求），二是可比性研究的标准应根据工艺和产品的历史数据，合理运用统计学工具，制定更为严格的可比性研究标准，对工艺能力进行评估。

结合本案例，该产品发给转出方有充分的历史数据，采用容忍区间（tolerance interval，TI）方法来设立可比性研究标准，对工艺验证的数据进行评估以确定其是否落在预设的容忍区间内。95/99 TI（95 是 95% 置信限，99 是涵盖 99% 的参照品的批次）方式通常被用来评估工艺变更可比性。容忍区间法是常用的设立可比性标准的方法之一，除此之外，还有其他统计学工具，如等效性分析法等。在数据量有限的前提下，目视比对或图表的趋势分析也可用来评估变更前后产品的可比性。

③可比性研究结果的评估

工艺验证 / 可比性研究结果（图 3–8）的三种情况如下。

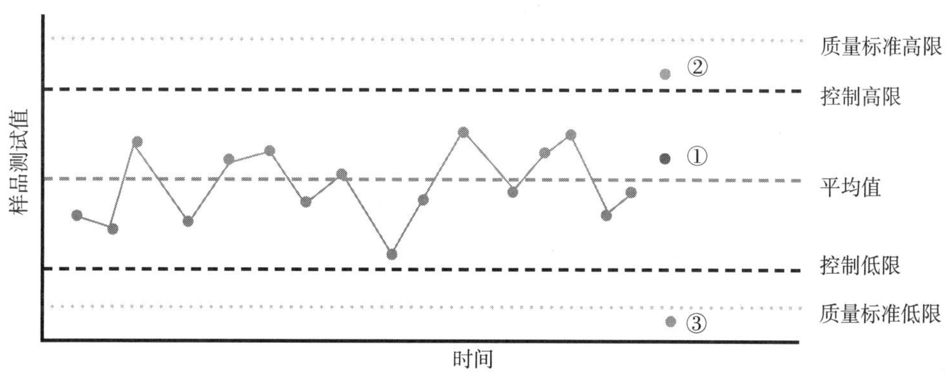

图 3–8　可比性研究结果的三种情况示例

第一种：可比性研究结果落在控制限度以内，和历史数据高度相似，被认为具有可比性。

第二种：可比性研究结果超出控制限度但在质量标准限度以内。该情况，首先需要对分析测试结果和生产工艺过程进行全面调查，判断是否是特殊原因引起的独立事件。其次，评估控制限的合理性，即现有的控制限是否涵盖了充分的变异性，包括原始物料、生产设备和工艺、人员操作和分析方法等的变异性。还可将前期的临床批次和研究批次的变异性纳入考量范围中评估。对变异性的评估是一个持续的过程，产品在生命周期内将不断经历工艺优化和变更，对变异性的认识，核心是应确保这些实验结果观察到的差异不会对产品质量、安全性和有效性产生不良影响。在该前提下，这种情况依然能被认为具有可比性。和工艺验证一样，可比性研究也是一个持续的生命周期的过程，工艺验证建立起了对初次转移产品性能的初步认识，在持续的工艺监控中，能够积累对转入方的物料、工艺、人员、方法等变异性的不断认识，从而制定出更加合理和结合本地实际的控制限。

第三种：可比性研究结果超出控制限和质量标准。该结果无法被认为具有可比性。此情形下，需开启偏差流程以确定原因，并记录产品质量影响。如有产品质量影响，应制定有效的纠正和预防措施。

5. 结论

技术转移应基于有效的质量风险管理和知识管理，并在有力的项目管理（准备—实施—总结）团队带领下进行。可比性研究应分别从生产工艺、厂房设施设备和质量方面考量技术转移前后的差异和潜在风险，并制定行动项。可比性研究的可接受标准应基于对产品和工艺的深刻理解、生产批次数据的分析设定。

本案例证实了在充分的可比性研究和质量风险管理下，考量具体品种特点和技术转移情况，如跨境长途运输对稳定性的影响、运输验证的充分性等，才能完成一个成功的技术转移，也能持续获得质量和工艺可比的产品，满足质量安全有效性的要求。

3.4.2 生产管理

生产管理的目的就是采取有效措施，最大限度地降低药品生产过程中混淆、差错以及污染和交叉污染等风险。药品商业生产阶段质量管理的目的是对药品的工艺性能和产品质量进行监测，确保生产工艺处于一个稳定、可控的状态并持续进行改进。

3.4.2.1 追溯管理

法规要求

药品生产质量管理规范（2010 年修订）

第八十七条 生产设备应当有明显的状态标识，标明设备编号和内容物（如名称、规格、批号）；没有内容物的应当标明清洁状态。

第一百一十九条 中间产品和待包装产品应当有明确的标识，并至少标明下述内容：

（一）产品名称和企业内部的产品代码；

（二）产品批号；

（三）数量或重量（如毛重、净重等）；

（四）生产工序（必要时）；

（五）产品质量状态（必要时，如待验、合格、不合格、已取样）。

第一百二十六条 每批或每次发放的与药品直接接触的包装材料或印刷包装材料，均应当有识别标志，标明所用产品的名称和批号。

第一百八十一条 操作规程的内容应当包括：题目、编号、版本号、颁发部门、生效日期、分发部门以及制定人、审核人、批准人的签名并注明日期，标题、正文及变更历史。

第一百八十二条 厂房、设备、物料、文件和记录应当有编号（或代码），并制定编制编号（或代码）的操作规程，确保编号（或代码）的唯一性。

第一百八十四条 所有药品的生产和包装均应当按照批准的工艺规程和操作规程进行操作并有相关记录，以确保药品达到规定的质量标准，并符合药品生产许可和注册批准的要求。

第一百八十五条 应当建立划分产品生产批次的操作规程，生产批次的划分应当能够确保同一批次产品质量和特性的均一性。

第一百八十六条 应当建立编制药品批号和确定生产日期的操作规程。每批药品均应当编制唯一的批号。除另有法定要求外，生产日期不得迟于产品成型或灌装（封）前经最后混合的操作开始日期，不得以产品包装日期作为生产日期。

第一百九十一条 生产期间使用的所有物料、中间产品或待包装产品的容器及主要设备、必要的操作室应当贴签标识或以其他方式标明生产中的产品或物料名称、规格和批号，如有必要，还应当标明生产工序。

第一百九十二条 容器、设备或设施所用标识应当清晰明了，标识的格式应当经企业相关部门批准。除在标识上使用文字说明外，还可采用不同的颜色区分被标识物的状态（如待验、合格、不合格或已清洁等）。

背景介绍

新修订《药品管理法》中对药品研制、生产、经营、使用活动的信息真实、准确、完整和可追溯提出了明确要求。2020 年 7 月，国家药品监督管理局发布《药品记录与数据管理要求（试行）》，详细阐述了电子记录、纸质记录及数据的管理要求。追溯性成为监管机构监督检查的重点，追溯性检查也是各药监机构检查的一种有效方式。

实施指导

追溯性是一个公司质量管理方式的一种体现形式。从物料进厂至产品出厂的每个环节，物料、中间产品、成品均有唯一的身份标识，以实现产品生命周期内的有效追溯。产品生产过程中追溯性的建立，通常 / 普遍采用的方式是批号管理。

结合制药行业信息化的实施，信息化系统的应用同样也是依赖于生产不同阶段输入物及产出物的唯一身份（条码或批号）标识进行识别及管理。批号的“唯一性”至关重要。

1. 批的划分及批号编制原则

GMP 中对批和批号的定义如下：

（二十七）批

经一个或若干加工过程生产的、具有预期均一质量和特性的一定数量的原辅料、包装材料或成品。为完成某些生产操作步骤，可能有必要将一批产品分成若干亚批，最终合并成为一个均一的批。在连续生产情况下，批必须与生产中具有预期均一特性的确定数量的产品相对应，批量可以是固定数量或固定时间段内生产的产品量。

（二十八）批号

用于识别一个特定批的具有唯一性的数字和（或）字母的组合。

ICH《Q7 原料药的药品生产质量管理规范指南》中关于批的定义：

批　经一个或若干加工过程生产的、具有预期均一质量或特性的一定数量的物料。在连续生产情况下，批必须与生产中具有预期均一特性的确定数量的产品相对应，批量可以是固定数量或固定时间段内生产的产品量。

（1）批的划分及批号编制

- 进厂物料　进厂物料批次划分原则通常按照进厂批次进行划分，一次接收数个批次的物料，应当按批取样、检验、放行。

示例 1：进厂物料批号编制

某公司在一天内到货接收的同一供应商的不同批次的产品，按照公司批号编制原则，每一批物料分别给予不同的批号；该公司在不同天内接收的同一供应商的同一批号，根据批号编制原则，也需给予不同的批号。

- 中间产品　每一工序的中间产品应有产品批号并标明生产工序，便于在生产转运过程中的追踪并能追溯到用于哪批产品。

- 成品

  ➢ GMP 第十四章附则第三百一十二条（二十七）

例如：口服或外用的固体、半固体制剂在成型或分装前使用同一台混合设备一次混合所生产的均质产品为一批；口服或外用的液体制剂以灌装（封）前经最后混合的药液所生产的均质产品为一批。

➢ GMP 原料药附录第三十二条

（一）连续生产的原料药，在一定时间间隔内生产的在规定限度内的均质产品为一批。

（二）间歇生产的原料药，可由一定数量的产品经最后混合所得的在规定限度内的均质产品为一批。

➢ GMP 无菌药品附录第六十条

除另有规定外，无菌药品批次划分的原则：

（一）大（小）容量注射剂以同一配液罐最终一次配制的药液所生产的均质产品为一批；同一批产品如用不同的灭菌设备或同一灭菌设备分次灭菌的，应当可以追溯；

（二）粉针剂以一批无菌原料药在同一连续生产周期内生产的均质产品为一批；

（三）冻干产品以同一批配制的药液使用同一台冻干设备在同一生产周期内生产的均质产品为一批；

（四）眼用制剂、软膏剂、乳剂和混悬剂等以同一配制罐最终一次配制所生产的均质产品为一批。

生物制品的批号编制原则还需满足《中国药典》三部中关于生物制品批号编制要求。

➢ 涉及到几个亚批混合成一个批量较大的商业批次，混合工艺应经过验证，保证批内产品质量均匀；每个亚批应有唯一批号 / 流水号，并在批记录中进行记录，混和记录中应能追溯到每个亚批。

➢ 产品生产过程中，应避免因操作、物料放置等原因使物料分层而导致产品均匀性不符合要求。

对于部分特殊药液，如混悬液，为避免药液在贮存和输送过程中因为沉降而出现含量不均一情况，可对配制结束后仍需保持均一状态所需要的搅拌条件进行研究。设备选择需满足生产工艺要求。

对于口服固体制剂产品，产品生产过程中物料分层的问题尤其应该引起关注。典型的例子是待压片（胶囊填充）的颗粒 / 粉末，在存放期间、转运过程、压片 / 灌装过程中是否会产生物料分层的问题，如何保证产品均匀性。2022 年 2 月 18 日，国家药品监督管理局药品审评中心下发的《化药口服固体制剂混合均匀度和中控剂量单位均匀度研究技术指导原则（试行）》可供业界参考。

● 回收物料 / 回收产品　回收物料 / 回收产品应有明显标识，批号能追溯到物料 / 产品回收前的批号，为便于识别可同常规产品批号进行明显区分。

（2）生产日期

GMP 第一百八十六条

除另有法定要求外，生产日期不得迟于产品成型或灌装（封）前经最后混合的操作开始日期，不得以产品包装日期作为生产日期。

基于上述要求，企业应建立书面操作规程，明确产品生产日期及有效期的确定及计算原则。各企业需结合产品特点进行评估确定，但不能违背 GMP 中规定的原则。产品生产日期的规定示例如下。

● 原料药：可以产品的干燥结束日期为生产日期；涉及到混合的产品，可以混合批中最早生产批次的生产日期为最终混合批次的生产日期。

● 制剂产品（不含生物制剂）：可以预混开始日期为生产日期。

● 生物原液：可以原液最终生物负荷过滤日期为生产日期。

● 生物制剂：可以配制开始日期为生产日期。

● 中药提取物：可以出料日期为生产日期；如提取物需进行干燥，可以本批产品的干燥日期为生产日期。

（3）有效期 / 复验期

复验期：原辅料、包装材料贮存一定时间后，为确保其仍适用于预定用途，由企业确定的需重新检验的日期。

ICH《Q7 原料药的药品生产质量管理规范指南》中对复验期的定义：物料须经再试验以确保仍然适用的日期。

产品有效期应基于注册批准的有效期，如需变更需按照相应产品的变更指导原则实施。

● 产品“有效期至”应表述为 ×××× 年 ×× 月 ×× 日，或 ×××× 年 ×× 月，或直接描述为有效期为 ×× 个月。

● 回收处理后的产品应当按照回收处理中最早批次产品的生产日期确定有效期。

● 对于未规定有效期而规定复验期的物料或原料药，复验期的确定应基于稳定性数据及对产品质量的评估。

（4）批量

● 需按照注册批准的批量进行生产；

● 如需变更批量，需按照相关指导原则进行变更，如需要药监机构批准，需批准后方可执行。

备注：2022 年 11 月 16 日，ICH《Q13 原料药和制剂的连续制造》发布；2023 年 3 月 21 日，国家药品监督管理局药品审评中心发布《化药口服固体制剂连续制造技术指导原则（试行）》的通告（2023 年第 19 号），自发布之日起实施。连续制造在后续的药品生产过程中将不再是一个新概念。

连续制造的生产批量可定义为以下之一：

- 输出物料量；
- 输入物料量；
- 规定的质量流量下的运行时间。

也可以考虑通过其他基于连续制造工艺特征的科学合理的方法来定义批量。批量也可以定义为一个范围。如可以通过定义最小和最大运行时间来确定批量范围。

2. 标识管理

标识是企业建立药品生产过程中追溯性的一种有效方式。生产过程中设备、物料的正确标识也是一种有效降低生产过程中出现差错和混淆的控制手段。

关于标识管理，本节内容着重从物料与产品、设备、设施在生产过程中通常使用的标识进行介绍，各企业可根据本企业的规程制定相应的标识管理要求，通用的标识示例见图 3-9。

需要特别注意的是：清洁标识中，“已清洁”标识卡中需要表明清洁的有效期；“备用”标识表明设备的完好状态。

结合信息化的应用以及连续化生产工艺，企业会配置一些备用设备以及一些交替使用的并联设备。这些类型的设备通过管道、阀门等连接到生产设备链中便于切换，企业应重点关注这些设备的状态标识，避免差错和混淆。

3. 文件和记录的追溯管理

结合新修订《药品管理法》中对数据可靠性的要求以及行业对数据可靠性相关指南文件的陆续出台，文件和记录的可追溯性尤为重要。关于数据可靠性内容的相关介绍可参见本分册“8 数据可靠性的整体策略”，本分册“6 文件管理”中对文件和记录生命周期管理进行了具体阐述，其中“6.3.4 工艺规程”和“6.3.5 批记录”对药品生产工艺规程及批记录的管理要求进行详细介绍。

药品生产过程中各类操作活动的追溯管理，最终的展现形式是同产品生产活动相关的文件和记录（纸质记录或电子记录）。企业应建立药品生产涵盖的质量系统、QC 实验室系统、生产系统、包装贴签系统、设备设施系统以及物料系统中同某一批产品生产相关活动所涉及的文件、记录之间的横向追溯管理。追溯性检查也是监管机构进行审计 / 检查中一种最有效的能发现问题的方式。

建立文件和记录的追溯性，需要企业从管理文件制定、记录设计、员工培训等诸多方面进行考虑。生产过程中文件和记录追溯性可考虑但不限于以下几方面内容。

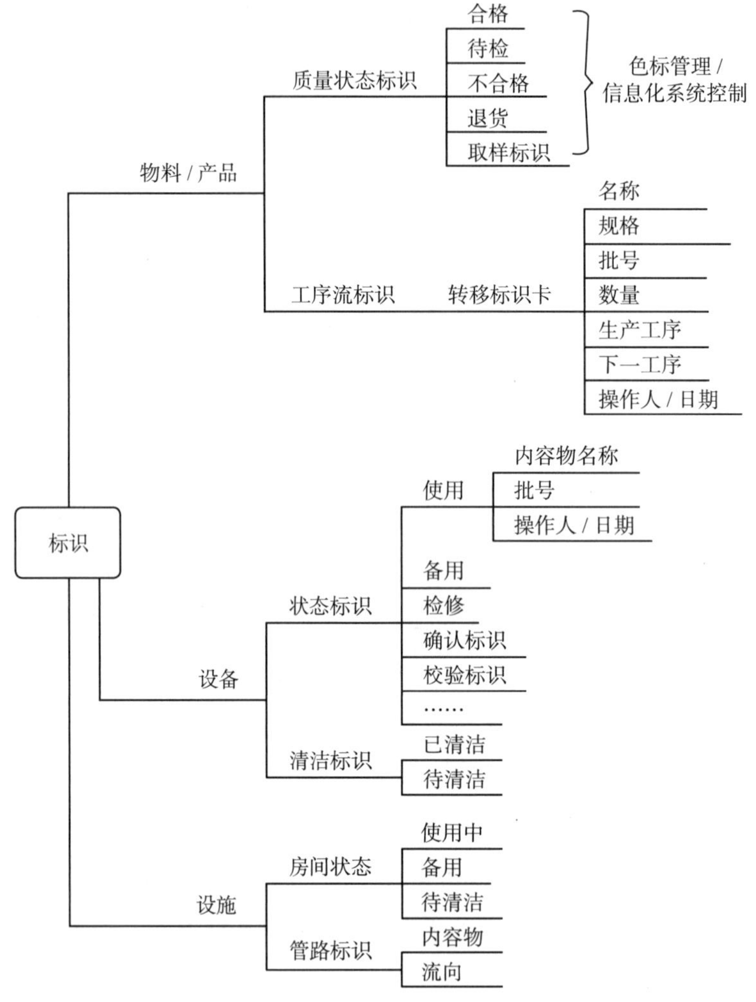

图 3-9　通用标识示例

- 工艺规程、批生产记录、岗位操作 SOP 版本及内容的一致性；
- 一批产品的生产，从物料投料至产品完成包装操作，所用的物料信息是否都有记录，能进行有效追溯；
- 生产直接相关的记录同设备记录及其他辅助记录之间是否能进行有效追溯等。

PIC/S GMP 附录 19 标准品及留样中条款 2.4 规定应当保留样品可追溯的记录，并在监管部门检查时可提供。

3.4.2.2 生产过程控制

本部分从生产过程控制策略、生产过程时限管理、生产过程物料及产品管理和污染控制策略四个方面进行介绍。

法规要求

药品生产质量管理规范（2010年修订）

第一百一十九条 中间产品和待包装产品应当有明确的标识，并至少标明下述内容：

（五）产品质量状态（必要时，如待验、合格、不合格、已取样）。

第一百三十一条 不合格的物料、中间产品、待包装产品和成品的每个包装容器上均应当有清晰醒目的标志，并在隔离区内妥善保存。

第一百三十二条 不合格的物料、中间产品、待包装产品和成品的处理应当经质量管理负责人批准，并有记录。

第一百八十七条 每批产品应当检查产量和物料平衡，确保物料平衡符合设定的限度。如有差异，必须查明原因，确认无潜在质量风险后，方可按照正常产品处理。

第一百八十八条 不得在同一生产操作间同时进行不同品种和规格药品的生产操作，除非没有发生混淆或交叉污染的可能。

第一百八十九条 在生产的每一阶段，应当保护产品和物料免受微生物和其他污染。

第一百九十条 在干燥物料或产品，尤其是高活性、高毒性或高致敏性物料或产品的生产过程中，应当采取特殊措施，防止粉尘的产生和扩散。

第二百条 应当进行中间控制和必要的环境监测，并予以记录。

第二百零二条 包装操作规程应当规定降低污染和交叉污染、混淆或差错风险的措施。

第二百零六条 有数条包装线同时进行包装时，应当采取隔离或其他有效防止污染、交叉污染或混淆的措施。

第二百零七条 待用分装容器在分装前应当保持清洁，避免容器中有玻璃碎屑、金属颗粒等污染物。

第二百一十三条 包装期间，产品的中间控制检查应当至少包括下述内容：

（一）包装外观；

（二）包装是否完整；

（三）产品和包装材料是否正确；

（四）打印信息是否正确；

（五）在线监控装置的功能是否正常。

样品从包装生产线取走后不应当再返还，以防止产品混淆或污染。

第二百一十五条 在物料平衡检查中，发现待包装产品、印刷包装材料以及成品数量有显著差异时，应当进行调查，未得出结论前，成品不得放行。

第二百二十二条 取样应当至少符合以下要求：

8. 取样注意事项，包括为降低取样过程产生的各种风险所采取的预防措施，尤其是无菌或有害物料的取样以及防止取样过程中污染和交叉污染的注意事项。

第二百二十三条 物料和不同生产阶段产品的检验应当至少符合以下要求：

（七）所有中间控制（包括生产人员所进行的中间控制），均应当按照经质量管理部门批准的方法进行，检验应当有记录。

A. 过程控制策略

背景介绍

药品生产过程中建立控制策略的目的是采取相应的措施来保证生产工艺的持续稳定及产品质量可控，并推动持续改进。在此过程中，通常会进行相应的监测 / 检测以评估工艺是否在控制状态。为避免表述上意思的混淆，本分册中针对产品在生产过程中制定的控制策略称为“过程控制”，在此过程中进行的相应监测 / 检测活动称为中间控制（in-process controls，IPC）。

过程控制，指为确保产品符合既定质量标准，在生产过程中对工艺过程加以控制，以及包括为在必要时对关键过程参数进行调节所做的各项检查。对环境或设备的控制可视作中间控制的一部分。

过程控制主要包含两方面内容：一方面对关键工艺过程参数和关键质量属性进行监测确保工艺过程稳定；另一方面根据监控结果对工艺过程进行可控调节来保证工艺过程的稳定。

关键工艺参数（critical process parameter，CPP）：指其波动会影响到产品关键质量属性而应该被监测或控制的工艺参数，以确保能生产出预期质量的产品。

关键质量属性（critical quality attribute，CQA）：指产品的物理、化学、生物或微生物性质或特征，应在适当的限度、范围或分布之内，以确保预期的产品质量。

实时放行检验（real time release testing，RTRT）：指根据工艺数据评价并确保中间产品和（或）成品质量的能力，通常包括已测得物料属性和工艺控制的有效结合。

实施指导

药品生产企业应建立生产工艺过程监控体系，以确保生产过程一直处于受控状态。有效的监控体系应能够保证持续的工艺能力和控制来满足产品质量，同时通过数据的获取与收集确定工艺过程持续改进的机会。

应使用质量风险管理方法建立过程控制策略、检查控制的方法和频率。在产品开发过程中、产品技术转移和工艺放大过程中所获得的对工艺过程和产品知识可以作为建立生产过程控制策略的基础。产品商业化生产过程中生产工艺及中间控制需按照经药监部门注册批准的文件执行。如果在商业化生产过程中，基于对产品工艺的理解以及持续改进，任何同生产工艺、中间控制等相关的产品注册批准后的变更，企业应根据相关产品批准后变更指导原则实施。

- 确定影响工艺性能和产品质量的可变因素，并通过持续改进来减少或控制这些可变因素以提高工艺过程的稳定性；
- 能够及时地对生产工艺过程进行反馈 / 前馈，并根据需要采取适宜的纠正措施和预防措施保证连续的生产过程处于受控状态；
- 包含所确定的工艺参数与产品质量属性的测量与数据分析工具，如数据管理和统计工具。

生产过程中通过检测、记录生产参数来实现质量控制。以口服固体制剂产品为例，中间控制的内容可以包括：

- 生产过程中关键工艺参数（CPP），如温度、速度等；
- 产品的关键质量属性（CQA），如重量、硬度、脆碎度、含量、含量均匀度、有关物质等；
- 对环境的测量数据，如压差、温 / 湿度、尘埃粒子数；
- 中间产品的检测（用经验证 / 确认的检测方法，检查中间产品是否达到既定的质量标准）。

过程控制监测结果同生产工艺持续确认密切相关，如基于统计学有代表性数据分析，生产工艺过程是否需进行调整来确保生产工艺的持续稳定，需要考虑调整方案中 CPP 对 CQA 的影响。必要时启动变更控制、偏差调查、超标管理、纠正和预防措施，确保工艺过程始终处于受控状态。

工艺过程控制通过中间控制实现，如图 3–10。

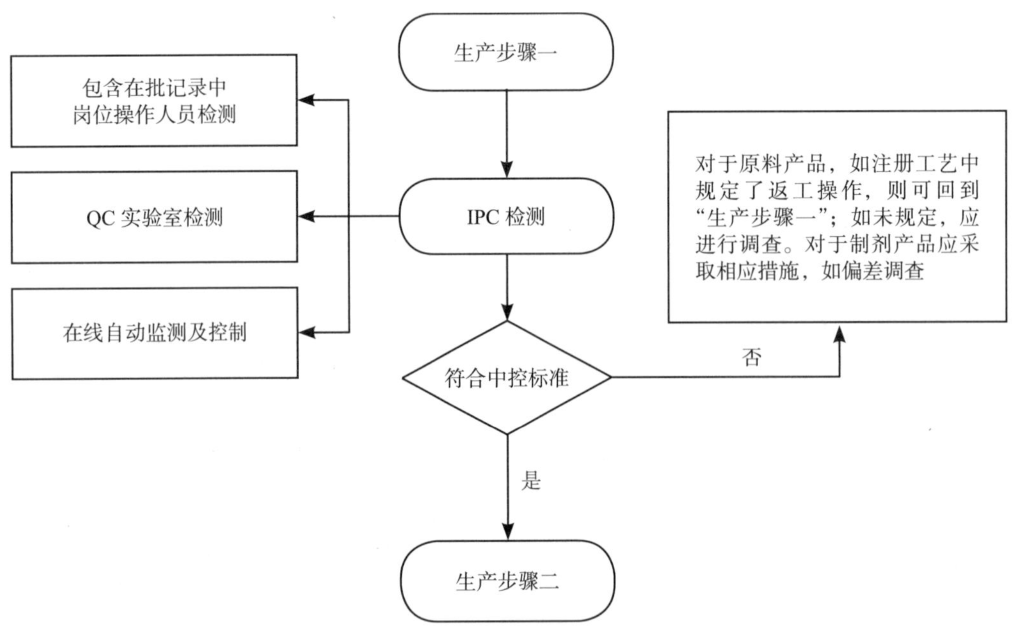

图 3–10 中间控制示意图

在常规生产模式下，在一个关键工艺步骤终点或单元操作结束时，检测部门对中间体关键质量属性进行检测，根据检测结果判定是否符合既定的可接受标准。如果符合要求则按照工艺流程进行到下步工序，如果不符合要求则需要启动调查，根据调查结果确定物料能否用于后续生产。

PIC/S GMP 附录 17 Real Time Release Testing and Parametric Release（《实时放行检测和参数放行》）介绍了在某些特定情况下，经许可，基于对产品知识及工艺的理解，通过生产过程中搜集的信息用于批产品放行，代替最终产品检验放行；采用 RTRT 需提供过程监测和控制信息。参数放行适用于基于关键工艺控制参数的审核而不是要求最终产品无菌测试的终端灭菌产品的放行。不管是 RTRT 还是参数放行，都是基于过程监测及控制结果。

- 包装过程中间控制检查
  - ➢ 包装准确性：主要包括包装所用包装材料的准确性以及包装数量的准确性；
  - ➢ 产品信息准确性：主要包括产品批号、生产日期、有效期等。

为保证包装信息准确性，企业通用的做法是检查首件产品信息准确性；使用在线打印设备的，建议安装在线剔除功能，在包装操作前应进行挑战试验，以保证设备自动剔除功能正常使用；包装过程中如发生异常停机，再次启动后，也应进行挑战试验。企业应根据自身设备情况制定可行的措施并建立书面规程，以保证包装产品信息的准确性。

如果已放行的产品出现产品信息错误，企业需要启动产品召回程序。

- 包装完整性：主要包括包装外观、包装密封性检查。企业应根据自身产品特点，确定检测方法、取样频次并在包装操作过程、产品稳定性研究过程中执行。

根据产品特性，包装密封性的检测需能够满足产品特性的检测要求。国家药品监督管理局药品审评中心（以下简称 CDE）于 2020 年 10 月 21 日发布了《化学药品注射剂包装系统密封性研究技术指南（试行）》，其中提出了包装系统密封性研究验证及生命周期管理的要求。

实例分析

片剂产品过程控制策略示例

表 3–29 以片剂生产为例介绍关键工艺参数及中间控制项目，企业应根据自身工艺过程及产品特性评估确定中控项目和标准。

表 3–29 片剂生产中间控制示例

工艺步骤	关键工艺参数（CPP）	中间控制项目（IPC）	关键质量属性（CQA）
干法制粒	加料速度、辊轮压力、辊轮速度、辊轮间距、粉碎机速度、筛网尺寸	外观、辊压饼材外观、硬度、粒度分布、松密度 / 紧密度、休止角（流动性）	鉴别、含量、含量均匀度、溶出度、有关物质、残留溶剂、微生物
湿法制粒	黏合剂喷液速度、黏合剂用量、搅拌速度、剪切速度、制粒时间	颗粒外观、含量均匀度（如需要）、控制终点（电流、黏度、密度）	
流化床干燥	进风温度、进风风量、物料终点温度、混合转速、混合时间	外观、干燥失重 / 水分、混合均匀度（如需要）、粒度分布	
混合	混合速度、混合时间 / 转数	混合均匀度、粒度分布、比容（如需要）	

续表

工艺步骤	关键工艺参数（CPP）	中间控制项目（IPC）	关键质量属性（CQA）
压片	饲料器转速、压片机速度、压片机主压压力	片径、外观、硬度、厚度、片重、片重差异、平均片重、脆碎度、崩解时限/溶出度、含量、含量均匀度	鉴别、含量、含量均匀度、溶出度、有关物质、残留溶剂、微生物
包衣	进风风量、进风温度、排风温度、喷枪雾化压力、片床温度、锅体转速、干燥时间	药片增重、外观、崩解时限/溶出度、残留溶剂（适用于溶剂包衣）	
打孔	打孔孔径、激光功率	外观、孔径	
印字	印字速度	外观	
铝塑包装	热封温度	外观、密封性	

B. 生产过程时限管理

实施指导

关于生产过程中的时限管理要求，在 GMP 第一百九十七条第（十）款规定：液体制剂的配制、过滤、灌封、灭菌等工序应当在规定时间内完成；第八十四条对设备清洁后存放时限以及对设备生产结束至清洁前所允许的最长间隔时限进行了规定。在实际生产过程中，中间产品的存放时限、关键工艺工序的持续时间对产品质量的关键属性可能会产生重大影响。

表 3-30 列举一些药品生产过程中需有验证数据支持并在生产过程中明确进行标识的“时限”供参考，各企业需根据自身产品工艺特点进行科学评估。

表 3-30 生产过程时限控制示例

类别	内容	注意事项
物料类	开包后物料放置时间	打开物料原始包装后，物料的贮存及密封方式应保证物料的质量属性不会受到影响
	口服固体制剂产品用包衣液配制后有效期	需考虑贮存及使用过程中的质量均一性
	中间产品存放时限	需考虑验证过程中使用的中间产品应与商业生产保持一致，中间产品的包装方式、贮存条件应与商业生产保持一致；存放验证检查项目除包括化学检测指标外，如需要，根据产品特性进行评估还应考虑微生物检测指标

续表

类别	内容	注意事项
清洁类	周期性设备清洁时限： 如清洁周期依据累计生产批次或累计使用时间	基于清洁验证 / 灭菌验证中的验证结果
	设备、组件、容器清洁 / 灭菌的有效期	
	脏设备放置时限	该时限应在清洁验证过程中进行验证，以评估清洁方法的有效性
	灭菌后容器、密封件等在关键操作区域的最长暴露时间等	基于灭菌验证中的验证结果
工艺类	各工序的工艺时限	基于工艺验证结果
	口服固体制剂产品，如： 混合时间； 压片开始到结束时间； 胶囊灌装开始到结束时间； 包衣开始到结束时间等； 通常需规定产品预混至完成包装的时限	
	无菌产品，如： 药液配制完成到除菌过滤开始； 除菌过滤开始到结束时间； 除菌过滤结束到灌装时间； 灌装开始到结束时间等	

此外，关于无菌产品，还需对影响无菌保证的相关活动进行保持时限验证，并明确相应的保持时限，如无菌环境保持时间、灭菌后设备 / 组件、容器的保持时间等。生物制品生产过程中用到的原始种子、主种子和工作种子批的保存时限、传代次数等应符合相应法规及已批准的产品注册资料中的规定。

上述各类“生产过程时限”的管理，企业通常做法是在相关岗位操作规程、批记录或现场标识卡上明确记录，以防员工操作过程中错误使用。若实际生产过程中出现超出“时限”规定的情况，需按照偏差进行处理。

C. 生产过程物料及产品管理

实施指导

生产过程中物料和产品管理的重点在于企业应建立书面的规程对生产过程中物料 / 中间产品的领用、发放、退回等进行管理；物料 / 中间产品标识明确，便于追溯并能有效防止不合格品用于生产。

1. 生产过程中物料的管理

- 所有生产用物料必须凭批准的处方单或相关的书面凭证领取；
- 每一个岗位的接收人员必须按照接收凭证和物料标签逐项认真复核；生产过程中采用信息化自动控制系统，如 MES（manufacturing execution system，制造执行系统），应进行相应的计算机化系统验证；
- 每一个生产操作间、每一台生产设备均应有正在生产的产品或物料的状态标识；每一种物料的最小包装上必须附有填写完整的状态标签；
- 每一种物料在投入使用前操作人员必须认真复核物料标签与生产工艺，确保投料正确；
- 生产结束后必须按照批准的相关书面凭证退回剩余的物料，不包括下述物料：
  - 经配制后已进入混料工序且与其他材料混合的物料；
  - 已印字或改变原有形状的包装材料；
  - 因各种原因导致质量发生变化的物料。

2. 退库的物料管理

- 状态标签完整；
- 包装完好。

3. 中间产品的管理

（1）中间产品取样

- 取样人员：中间产品的取样经授权的、有资质的人员进行取样，企业应建立书面规程对授权程序、资质要求进行规定；
- 取样操作：中间过程取样不能对产品造成污染，取样用具、取样方式、取样位置、取样量、取样标识等应在书面文件中进行规定。取样应有记录。

（2）中间产品检验　应由有资质的人员，按照批准的中间产品检验 SOP 进行操作，检验有记录，检验活动能追溯。通常一些产品的中间过程检测要求在批生产记录中进行规定，此外还有一些检测项目需由 QC 实验室进行检测。

（3）中间产品放行　对于中间产品的放行，GMP 中没有特别规定放行职责是质量管理部门还是生产部门负责，各企业可根据自身情况制定中间产品放行的书面规程，对于采用生产过程自动控制系统的企业来说，中间产品放行的授权管理需符合计算机系统验证及数据可靠性相关指南的要求，相关内容可参见本分册“3.6 确认与验证”及“8 数据可靠性的整体策略”的相关内容。

通常情况下，中间产品只有满足既定的中控指标后方可用于后续工序的生产；某些特殊情况下，可以在没有得到中间产品检测结果时即进行后续生产，在产品最终放行前综合评估中间产品检测结果，此种操作方式，应基于企业风险评估结果进行。

如生产过程中实行 RTRT 或参数放行，企业需确定中间产品放行的控制策略。

（4）中间产品的存放

● 标识明确；

● 经验证的包装形式、存放环境。

4. 物料平衡及收率

物料平衡：产品或物料实际产量或实际用量及收集到的损耗之和与理论产量或理论用量之间的比较，并考虑可允许的偏差范围。

预期收率：在任何合适的生产步骤中所预期得到的物料的量或理论百分比，它是基于前期实验、中试或生产的数据推测出来的。（ICH Q7）

理论收率：不考虑任何损失或操作失误，已实际投入物料量计，在任何合适的生产步骤中应得到的产量。（ICH Q7）

物料平衡、收率管理应注意以下几方面内容：

● 建立书面规程：规定每个工序及最终的物料平衡 / 收率的计算方法、接受标准、规定确保计算结果准确性的控制方式，如是否进行双人复核，由谁复核，如何进行复核，并有相关记录。

● 物料平衡 / 收率超出规定接受标准需启动偏差调查，根据偏差调查结果判定后续如何操作。

● 对物料平衡 / 收率结果定期进行回顾分析，以评价产品工艺的持续稳定性，并为工艺改进提供支持性数据。

D. 污染控制策略

背景介绍

防止污染和交叉污染是 GMP 的核心概念之一。GMP 第一章总则第三条着重强调了 GMP 的主旨之一是预防污染和交叉污染。2022 年 8 月 25 日，新修订的欧盟 GMP 附录 1 正式发布，其中频繁提到了污染控制策略（contamination control strategy，CCS）这一概念。CCS 被定义为是基于现有产品和工艺的理解，为确保工艺性能和产品质量而针对微生物、内毒素 / 热原和颗粒物提出了一套有计划的控制措施。控制措施可包括与原料药、辅料和制剂的物料和组分、厂房设施和设备操作条件，中间过程控制，成品质量标准以及监测和控制相关的方法和频次。污染控制策略是一个多要素、用文件正式记录的策略，是一套整体、系统的控制机制，共同作用以高度保证消除成品中的污染。

GMP 在第九章 生产管理 第二节 第一百九十七条列举在生产过程中应尽可能采取措施，防止污染和交叉污染的情况，涉及厂房设施、空调系统、设备、人员管理、清场及清洁、工艺过程管理、物料及中间产品管理等多个方面。第一百九十八条要求：应当定期检查防止污染和交叉污染的措施并评估其适用性和有效性。

结合新修订《药品管理法》以及 ICH《Q9 质量风险管理》的实施，药品管理的基本原则之一是基于风险管理。GMP 中关于污染和交叉污染的控制要求，同欧盟新修订的 GMP 附录 1 中提出的 CCS 理念的本质要求是相同的。

污染控制策略并不是一个全新的要求，也不仅仅适用于无菌产品，而是企业对现有质量管理体系及风险管理要求的正式化和集中化。

实施指导

ICH《Q9 质量风险管理》强调的是前瞻性地发现问题，采取措施以降低风险至可接受水平。污染控制策略的主要目的是对影响产品质量及安全风险的关键点进行识别，进行前瞻性评价，以制定控制和监测措施，所实施的策略进行前瞻性评价，制定 CAPA 并定期回顾以控制及监测措施的有效性进行持续改进。污染控制策略适用于所有剂型的药品，针对工艺和产品类型不同，污染控制的具体方法和详细程度应与工艺和产品类型相适应。

制定污染控制策略，是一个企业质量管理和风险管理综合运用的过程，是企业全面风险管理的一部分。质量风险管理在污染控制策略制定及实施的整个过程中是一个非常重要的工具，质量风险管理如何实施的具体内容可参见本分册“5 质量风险管理”，从风险管理角度对污染控制策略进行分析，见图 3-11。

1. 风险评估（确定污染控制策略）

（1）污染的种类

各企业根据自身的产品特性及具体情况，对污染物种类进行识别，通常污染物的种类主要包括微生物、物理颗粒、化学污染物三类。图 3-12 列出了药品生产过程中可能出现的污染物种类，但不仅限于表中内容。

企业应根据被评估产品的特性及企业具体情况，对污染物种类进行识别。在制定污染控制策略时，可以按照生产线也可以按照产品制定污染控制策略。

（2）污染来源分析及评估

污染途径主要包括：残留、机械转移、空气传播和混淆。

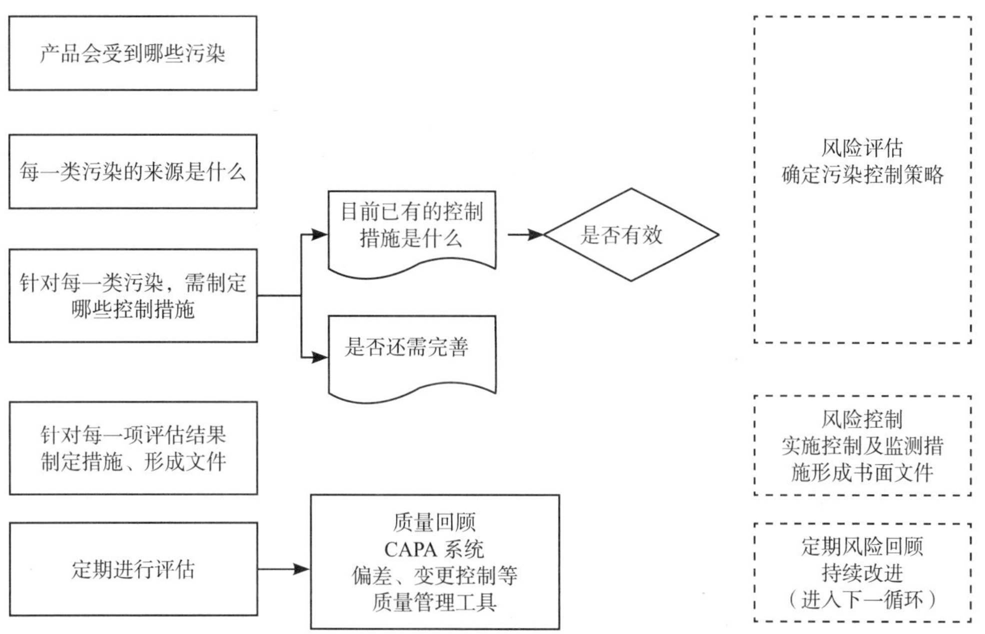

图 3-11　污染控制策略制定步骤示意图

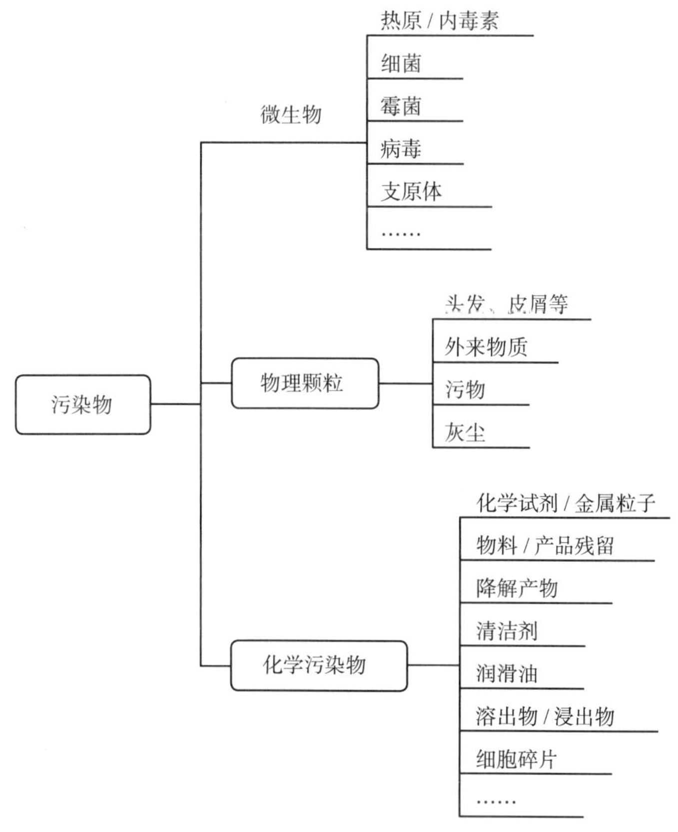

图 3-12　污染物种类示例

● 通常可根据识别的污染物及污染途径，进行污染来源分析。可先确定产品的生产区域，按照产品生产工艺流程列出每一个相关区域；然后分区域进行风险分析，分别形成风险评估文件。

● 企业在进行风险评估时应先识别出对生产系统有影响的关键因素，如工厂布局、厂房设施、设备、公用系统、物料、人员、工艺控制、清洁和消毒、环境控制、监测系统等。在进行产品潜在污染风险评估时，应考虑对评估生产区域内是否存在共线生产、是否引入新产品以及对现有的污染控制措施进行差距分析等。

企业应基于对产品、工艺等方面的理解，结合厂房设施、设备、确认 / 验证、已建立的程序、监控措施及方法、生产过程控制、人员培训等所有可能影响产品生产过程的关键要素进行全面的分析，风险管理工具的选择可以选择更合适的一种或几种工具，目的在于对可能潜在的风险点进行科学、全面的评估。

2. 风险控制

根据上述已经识别的在污染控制关键要素各方面存在的潜在风险点，评估目前已有的在设施、设备、验证 / 确认、文件 / 规程、记录、监测等方面的管理措施是否能有效避免对产品的污染，如必要，进行修订完善并在日常生产过程中进行监控以保证既定的控制措施持续有效地执行。

在这一阶段，应该形成污染控制策略的文件，包括但不限于：

● 风险评估；

● 确认与验证文件；

● 维护规程、计划、相关记录；

● 批准的生产、操作、清洁、消毒操作规程、质量管理文件；

● 批生产记录、产品质量标准、放行标准；

● 监测和中间控制策略、监测结果；

● 趋势分析结果和报告；

● 同生产过程中潜在污染相关的调查报告及相关 CAPA 等。

3. 定期回顾分析（风险回顾）

回顾分析的目的是对企业已采取措施的有效性进行评估并为持续改进提供支持。建议企业应制定对污染控制策略进行动态分析的书面文件，明确规定常规的回顾分析周期，何时应进行及时评价，分析结果的展示形式等。企业在进行污染控制措施回顾分析时，应考虑到同质量管理相关文件的链接，如产品质量回顾，变更管理系统、CAPA 系统等。

除了常规的周期性回顾分析，在发生包括但不限于下列情形之一时，各企业可根据实际情况进行及时评估：

- 新产品 / 新系统 / 新工艺的实施；
- 发生可能对产品污染的重大变更，如厂房布局变更、关键控制措施变更、关键设备变更等；
- 法规要求变更，如现行法规修订、新法规实施等；
- 根据统计数据分析发现不良趋势时，如洁净区环境监测结果，工艺用水、工艺用气关键检测结果等。

实例分析

湿法制粒工艺口服片剂污染风险分析

某湿法制粒工艺口服片剂污染风险分析见图 3-13。

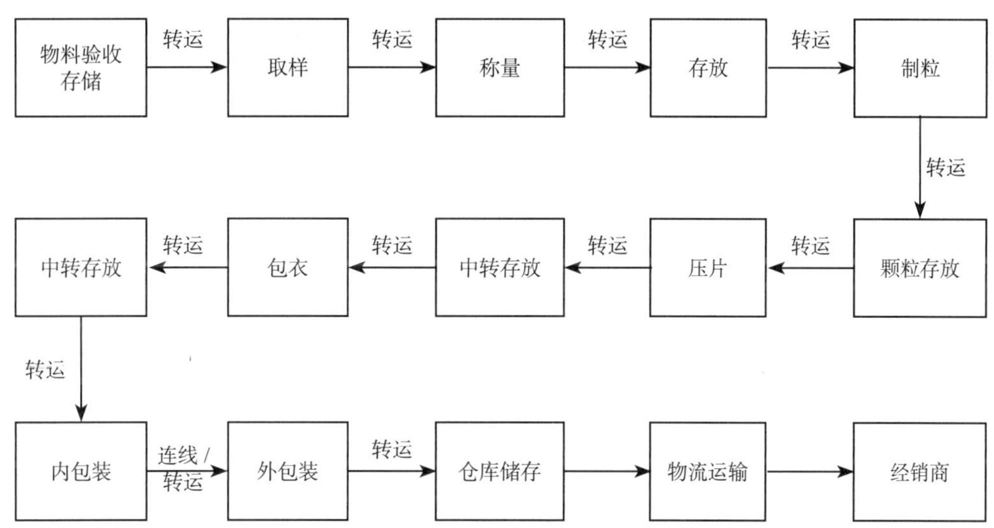

图 3-13　口服固体片剂生命周期流程图示例

按照产品工艺流程，分别对每个区域的污染风险进行识别并制定控制措施。本案例以称量工序为例进行潜在污染风险分析及控制措施的制定及实施。

第一步：按照生产工序分别进行污染来源分析

称量操作岗位污染来源分析不仅包括如何避免在称量操作中物料被污染，还需考虑到称量操作给其他区域引入的潜在污染风险。

第二步：识别潜在污染风险

片剂称量岗位污染风险分析示例见图 3-14。

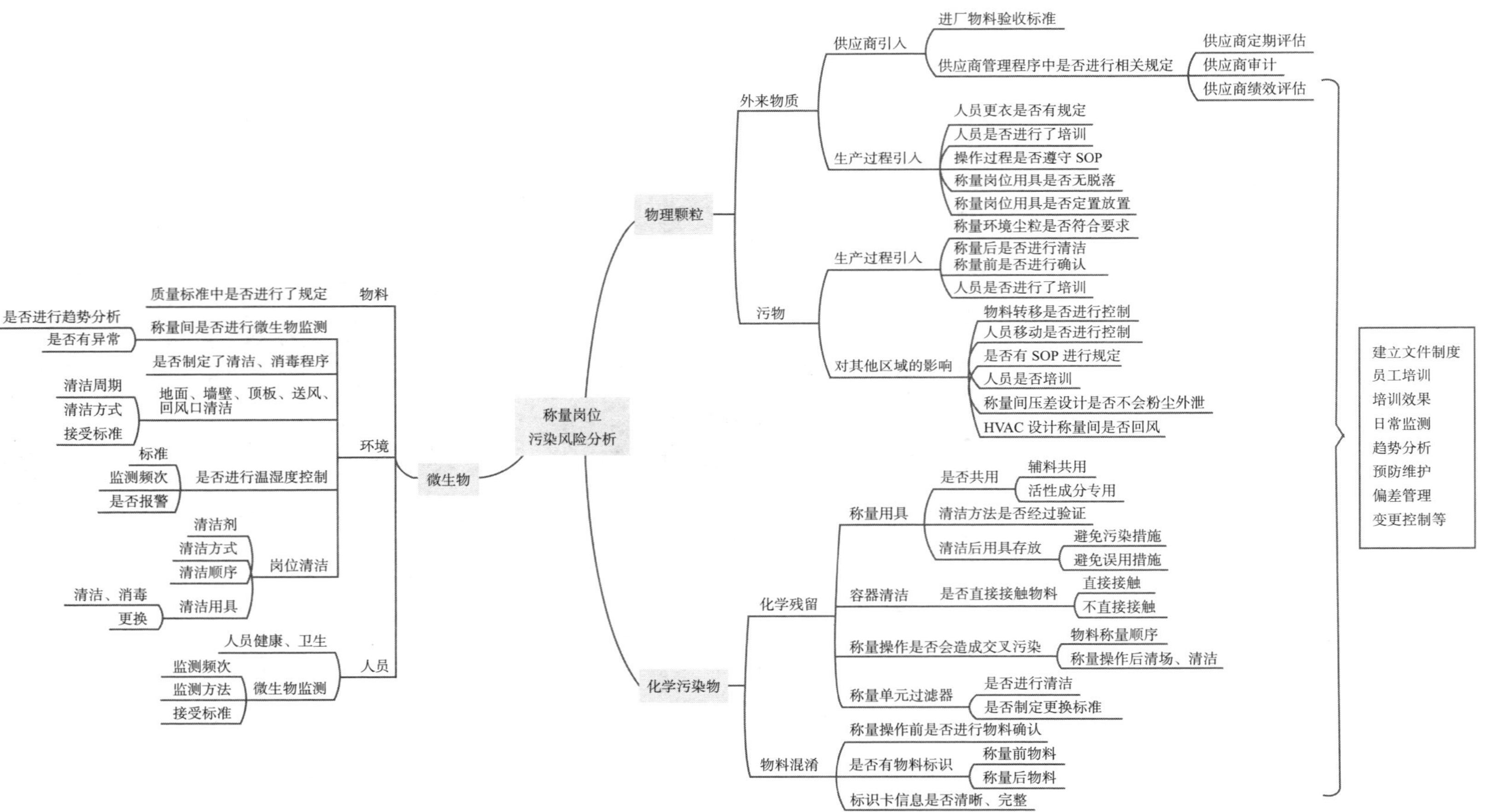

图 3-14 片剂称量岗位污染分析示例

第三步：按照称量岗位污染途径制定污染控制措施（表 3-31）

表 3-31　片剂称量岗位污染控制措施示例

污染途径	影响因素	风险控制措施
残留	设备设计	• 称量操作单元的设计便于清洁 • 称量操作单元空气流行设计应避免粉尘扩散，应定期进行确认
	设备使用	• 称量操作单元内捕尘设施能有效防止粉尘扩散，称量操作应在经确认的操作区域内进行（基于称量操作单元确认结果）； • 规定物料称量顺序，如使用同一称量单元，先称量辅料，再称量主料； • 称量主料用工具专用； • 称量后物料不直接接触物料桶等容器，内衬一次性低密度聚乙烯塑料袋； • 建立相应的设备使用 / 操作 SOP，对员工进行培训 ……
	设备清洁	• 清洁 SOP 中明确称量操作单元、称量间清洁周期、清洁顺序、清洁剂、接受标准； • 称量用具清洁：从操作间转移至清洗间的防护措施； • 员工培训； • 日常生产过程中的检查 / 监测措施 ……
	设备状态	• 称量操作单元初中效、高效过滤器完整性测试、监测方式、接受标准； • 称量操作前进行确认：包括房间 / 设备的运行状态、清洁状态，建立相关 SOP 及记录 ……
	设备维护	• 制定称量操作单元维护保养操作规程，制定维护保养计划并实施；制定日常检查措施； • 制定称量操作捕尘过滤器的维护、更换等操作规程，规定防止粉尘泄露、扩散的措施 ……
机械转移	人员方面	• 制定人员更衣的操作：一般区进入洁净区、人员进行称量操作间后的更衣要求； • 制定洁净服的清洗 SOP，其中规定防止交叉污染的措施； • 制定管理规程，明确员工进出不同称量间、不同功能间之间进出的管理要求； • 制定管理规程，明确人员卫生要求 ……
	设施设备	• 称量前、称量后物料采用单向流，分区域放置； • 待清洗称量用工器具的转运采取防护措施； • 不同称量间之间设立单独的人物流通道 ……
	物料	• 物料从存放区（一般区）进入洁净区的清洁、消毒、脱外包应制定操作规程； • 物料在洁净区内转运至称量间应制定措施，防止泄露； • 称量前、后物料存放、清洁、转运应采取防止污染措施，制定相关 SOP，对员工进行培训； • 制定操作规程，明确称量操作过程中产生的废弃物的收集、存放、处理要求 ……

续表

污染途径	影响因素	风险控制措施
空气传播	设施设备	• 称量操作建议进行称量除尘单元气流流行确认并定期进行再确认，确定安全操作区域； • 制定称量间设施设备日常检查 SOP，房间内表面平滑，易清洁、不集聚粉尘，电子秤、电子天平不集聚粉尘 ……
	空调系统	• 建立环境监测 SOP，规定称量操作单元定期环境确认、环境监测的相关要求； • 称量间排风设计为不进行回收利用； • 称量间压差设计应能防止粉尘外泄，称量操作前、称量操作中进行压差监测（自动报警装置） ……
混淆	文件	• 建立防止生产过程中发生混淆的相关措施：物料追溯性管理、分区域存放、标识管理、人员培训等方面制定相关的管理规程； • 建立生产过程控制措施执行情况的监督检查规定，如称量操作开始前的设备、环境确认，称量前、后物料的双人复核等 ……
	标识	设备、设施、工器具标识清晰、明确、标识内容完整；如： • 物料标识 　◦ 称量前物料：每个最小包装单元均有标识，至少包含物料名称、批号、数量等信息；按批次划区域进行放置； 　◦ 称量后物料：每个最小包装单元均有标识，至少包含物料名称、批号、数量、用于的产品批号等信息，按批次划区域进行放置； • 工器具标识 　◦ 活性成分取样工具上有产品标识、清洁状态标识 ……
	人员培训	• 建立称量岗位员工培训要求，定期进行培训； • 日常生产过程中运营管理 QA 进行监督检查 ……

第四步：定期进行回顾分析，如需要，进行持续改进

- 根据评估结果进行变更，执行 CAPA 程序；
- 或作为年度质量回顾的一部分进行评估；
- 根据评估结果，启动下一个 CCS 循环。

要点备忘

欧盟 GMP 附录 1 中，对污染控制策略（CCS）中应涵盖的要素进行了详细说明，主要包括：工厂和工艺设计、设施和设备、人员、公用系统、原辅料控制 – 包括中间过程控制、产品容器与密封件、供应商审批、外包活动、工艺风险评估、工艺验证、预防性维护、清洁和消毒、监测系统、预防—趋势分析，偏差调查，纠正和预防措施，根本原因确定以及对更稳健可靠的调查工具的需求、基于上述系统信息的持续改进。

污染控制策略，除各药监机构 GMP 中提出的控制要求，至目前还没有一个明确强制执行的指导或模式。PDA 于 2023 年 2 月发布了第 90 号技术报告《药品生产中的污染控制策略开发》，对无菌药物、低生物负荷原料药和易受污染的非无菌药物生产中的污染控制实践进行了介绍，并指出报告中的原则可以更广泛地应用于任何药物生产或混合工艺。企业可根据公司产品特点进行参考，具体的实施方式各企业在自己的管理制度中需进行明确要求。鉴于全面的污染控制策略涉及范围广、产出文件多，企业在实施过程中可从药品生产的污染控制各要素单独进行全面及科学的风险分析并制定风险降低措施，分别形成风险评估、回顾分析的文件，并考虑如何引用质量管理体系中已有的文件。在这一过程中企业需要考虑各单元污染风险控制的联系以及整体的污染风险控制程度。污染控制策略文件是企业团队合作的结果，需进行审批并定期审核，需要企业高层给予资源支持。

预防污染和交叉污染是企业综合质量管理水平的体现，通过质量管理、风险管理的综合运用来达到控制产品污染的目的，同时也是药品“质量源于设计”的综合体现。

3.4.3 返工、重新加工

法规要求

药品生产质量管理规范（2010 年修订）

第一百三十四条 制剂产品不得进行重新加工。不合格的制剂中间产品、待包装产品和成品一般不得进行返工。只有不影响产品质量、符合相应质量标准，且根据预定、经批准的操作规程以及对相关风险充分评估后，才允许返工处理。返工应当有相应记录。

第一百三十五条 对返工或重新加工或回收合并后生产的成品，质量管理部门应当考虑需要进行额外相关项目的检验和稳定性考察。

第二百三十六条 某些情况下，持续稳定性考察中应当额外增加批次数，如重大变更或生产和包装有重大偏差的药品应当列入稳定性考察。此外，重新加工、返工或回收的批次，也应当考虑列入考察，除非已经过验证和稳定性考察。

中华人民共和国药品管理法

第四十四条 药品应当按照国家药品标准和经药品监督管理部门核准的生产工艺进行生产。企业在进行返工和重新加工操作时，应考虑到注册法规符合性。

技术要求

表 3-32 列出了 ICH、美国和欧盟针对返工和重新加工的相关指南的内容。

表 3-32 返工和重新加工相关要求列表

机构或组织	文件内容
ICH Q7	**14.2 返工 Reprocessing** 14.20 通常，取不合格的中间体或 API 返回工艺过程，并且对其进行重结晶操作，或其他原有工艺步骤的必要的多种化学或物理处理步骤（如蒸馏、过滤、层析、研磨）是可以接受的。如果大部分批次均须进行返工，则应将这种返工作为其列入标准生产工艺的一部分。 14.21 若生产过程控制试验表明，某一步工艺反应不完全，须继续执行该步工艺，则被认为是正常工艺步骤的一部分而不被认为是返工。 14.22 将未反应的物料重新引入生产工艺步骤并重复化学反应可以被认为是返工，除非该操作已被明确列入工艺规程中。此种返工方式须先进行仔细评估，以确保中间体或 API 的质量不受可能形成的副产物和过度反应物的不利影响
	14.3 重新加工 Reworking 14.30 在对不符合已定标准或质量标准的产品进行重新加工之前，应对其不合格的原因进行调查。 14.31 经过重新加工的批次应当通过适当的评估、检测，必要时还需进行稳定性试验，并记录在案，以表明重新加工产品的质量与按原工艺生产的产品是一致的。对于重新加工规程而言，同步验证通常是较为适合的验证方法。可以用一个方案来定义重新加工规程、如何进行以及预期结果。如果仅有一个批次进行重新加工，则可写一个书面的报告，一旦认为可以接受，即可放行该批产品。 14.32 应当提供对每一批重新加工产品的杂质谱与采用常规工艺生产的产品进行比较的程序。当日常分析方法不能满足重新加工产品的特征性要求时，应采用附加的其他方法
美国 FDA cGMP	**Sec.211.115 Reprocessing 返工** 制定并遵循不合格品返工程序，并且返工程序能够确保返工后产品符合原有产品的质量标准。 没有质量管理部门的批准不允许进行返工
欧盟 GMP	5.66 不合格的物料和产品均应有清晰的标志，并存放在单独的质量控制区内，既可退回给供应商，也可在一定条件下返工，或作报废处理。不管采用哪种方式处理，均应经受权人员批准并有相应记录。

续表

机构或组织	文件内容
欧盟 GMP	5.67 不合格产品的返工应属例外。只有不影响最终产品质量、符合质量标准，且根据预定、经批准的规程对相关风险评估后，才允许返工处理。返工应有相应记录。 5.68 只有经预先批准，方可将以前生产的所有或部分批次的合格产品，在某一确定的生产工序合并到同一产品的一个批次中予以回收。应对相关的质量风险（包括可能对产品有效期的影响）进行适当评估后，方可按预定的规程进行回收处理。回收应有相应记录。 5.69 对返工处理后或回收合并的产品，质量控制部门应考虑需要进行额外的检验。 5.70 从市场上退回并已脱离药品生产企业控制的产品应予销毁，除非对其质量无可置疑；只有经质量控制部门根据书面规程严格评价后，方可考虑将退回的产品重新发放销售、重新贴签，或在后续的批次中回收。评价时，应考虑产品的性质、所需的特殊储存条件、产品的现状、历史，以及发放与退回之间的间隔时间等因素。即使有可能利用基础化学方法从退货中重新加工回收原料药，但如对产品质量存有任何怀疑时，就不应再考虑产品的重新发放或重新使用。任何退货处理均应有相应记录

以上法规 / 指南清楚说明，返工、重新加工两个定义的区别在于对不合格中间体或原料药的再加工，这一过程是否不同于常规的生产工艺。一个或者数个生产工艺规程范围内的常规工艺过程被重复用于一批中间产品或者原料药的再加工，就认为是返工，也就是返工只是对已完成的“前一”工序的重复；如果对不合格品采取的加工方式不是经批准的原工艺规程的规定范围之内，就应该被看作重新加工。

GMP 和 ICH Q7 对返工和重新加工都进行了界定，而美国 cGMP 和欧盟 GMP 只对返工进行了阐述，而对重新加工提及很少。各国法规对于返工和重新加工都强调与按照经批准的原工艺生产的区别，在处理过程中都要求使用质量风险评估进行管理，在返工和重新加工过程中根据风险水平的不同而采取必要的评估和控制措施，保证返工和重新加工的产品符合患者用药安全要求。

实施指导

1. 返工和重新加工对比表

返工和重新加工对比表见表 3-33。

2. 返工及重新加工的原则

- 无论是对于返工或重新加工，当导致物料或产品不合格的根本原因尚未调查清楚，无法据此对返工或重新加工的风险进行有效评估时，不应进行返工或重新加工；
- 返工或重新加工均应获得质量管理部门的预先批准；对返工和重新加工批次进行的评估、额外检测及稳定性试验等均应进行详细的记录；

表 3-33　返工和重新加工对比表

	返工	重新加工
定义	将某一生产工序生产的不符合质量标准的一批中间产品或待包装产品的一部分或全部返回到之前的工序，采用批准的原生产工艺进行再加工，以符合预定的质量标准	将某一生产工序生产的不符合质量标准的一批中间产品或待包装产品的一部分或全部，采用不同于原生产工艺进行再加工，以符合预定的质量标准
适用范围	制剂和原料药	原料药
常见案例	• 原料药 例如将产品返回原工艺进行重新溶解精制，重结晶； 例如将中间体或产品返回原工艺进行离子交换处理等； • 制剂 例如将未混合均匀的组分（中间产品）返回原工艺进行再次混合	• 原料药 例如使用不同于原工艺的有机溶剂进行重新结晶，或离心洗晶； 例如使用不同于原工艺的温度参数进行干燥等； • 制剂 不适用

- 返工或重新加工的产品必须指定唯一的可追踪的产品批号；
- 返工或重新加工的操作必须由经过培训的有资质的人员完成；
- 商业生产产品进行返工或重新加工的工艺需进行工艺验证，并经药品监管部门批准后方可实施。

3. 对返工或重新加工进行风险评估时应考虑的因素

- 法规对返工或重新加工的产品在流通市场或进一步深加工市场的注册要求；
- 是否有稳定性研究数据证明返工 / 重新加工对产品稳定性无影响，如没有，需考虑稳定性试验设计，进行稳定性研究；
- 返工或重新加工过程是否需进行验证，同时应考虑对注册的影响；
- 评估对下步工序和产品的影响；
- 对产品的质量、安全性、鉴别和纯度的影响；
- 中间控制及检验结果；
- 产品的均一性；
- 可能引入的新的降解产物和杂质；
- 其他额外的分析检验项目，以评估返工 / 重新加工过程的有效性；
- 正常的检验方法的适用性，如果正常检验方法不足以评估重新加工产品的质量，可以采用额外的分析方法，方法需进行验证；当此额外的分析方法没有经过验证时，必须有文件证明该方法的适用性。

4. 返工 / 重新加工流程

返工：按偏差程序调查结束后，由生产部门按照原有工艺规程执行返工。

重新加工：将某一生产工序生产的不符合质量标准的一批中间产品或待包装产品的一部分或全部，采用不同的生产工艺进行再加工，以符合预定的质量标准。

如果确定对不合格的原料进行重新加工，企业应按照企业文件管理程序的相关要求建立相应的重新加工操作规程及重新加工的生产记录，进行重新加工操作通常应考虑以下内容：

（1）重新加工工艺是否已包含在注册申报文件中

- 包含在注册申报文件中　按照注册申报文件中重新加工工艺进行操作。
- 未包含在注册申报文件中　需进行重新加工工艺的验证；进行注册申报。

（2）重新加工工艺是否已进行了验证

- 如已进行了验证　按照已验证的重新加工工艺进行操作。
- 如未进行验证　同时进行重新加工工艺的验证。

（3）产品质量对比研究

- 重新加工工艺同常规工艺产品质量属性对比；
- 杂质概况对比，如必要进行额外检测，并考虑常规分析方法的适用性；
- 进行稳定性考察。

（4）重新加工批次产品放行

- 同常规工艺产品质量对比产品质量属性未发生变化，未引入新的杂质；
- 如果重新加工工艺需要产品注册地药监部门审批的，需完成审批后方可放行产品。

重新加工流程图见图 3–15。

3.5 产品和物料

药品生产是通过各种物料的输入、按照既定处方工艺进行加工，从而输出符合预定用途和注册要求的药品活动。物料、产品分别作为药品生产过程的重要输入和输出，是药品生产质量管理的基本要素，也是物料管理的核心内容。GMP 及其附录中，有关产品和物料管理的要求见表 3–34。

表 3–34　GMP 有关产品和物料管理的章节

GMP 正文	第六章 物料与产品	
	第十章 质量控制与质量保证	第二节 物料和产品放行 第七节 供应商的评估和批准
	第十二章 产品发运与召回	

续表

原料药附录	第四章 物料 第八章 不合格中间产品或原料药的处理
血液制品附录	第五章 原料药血浆
	第七章 不合格原料血浆、中间产品、成品的处理
中药制剂附录	第五章 物料
中药饮片附录	第六章 物料和产品
生化药品附录	第五章 供应链管理
医用氧附录	第八章 贮存、放行与销售

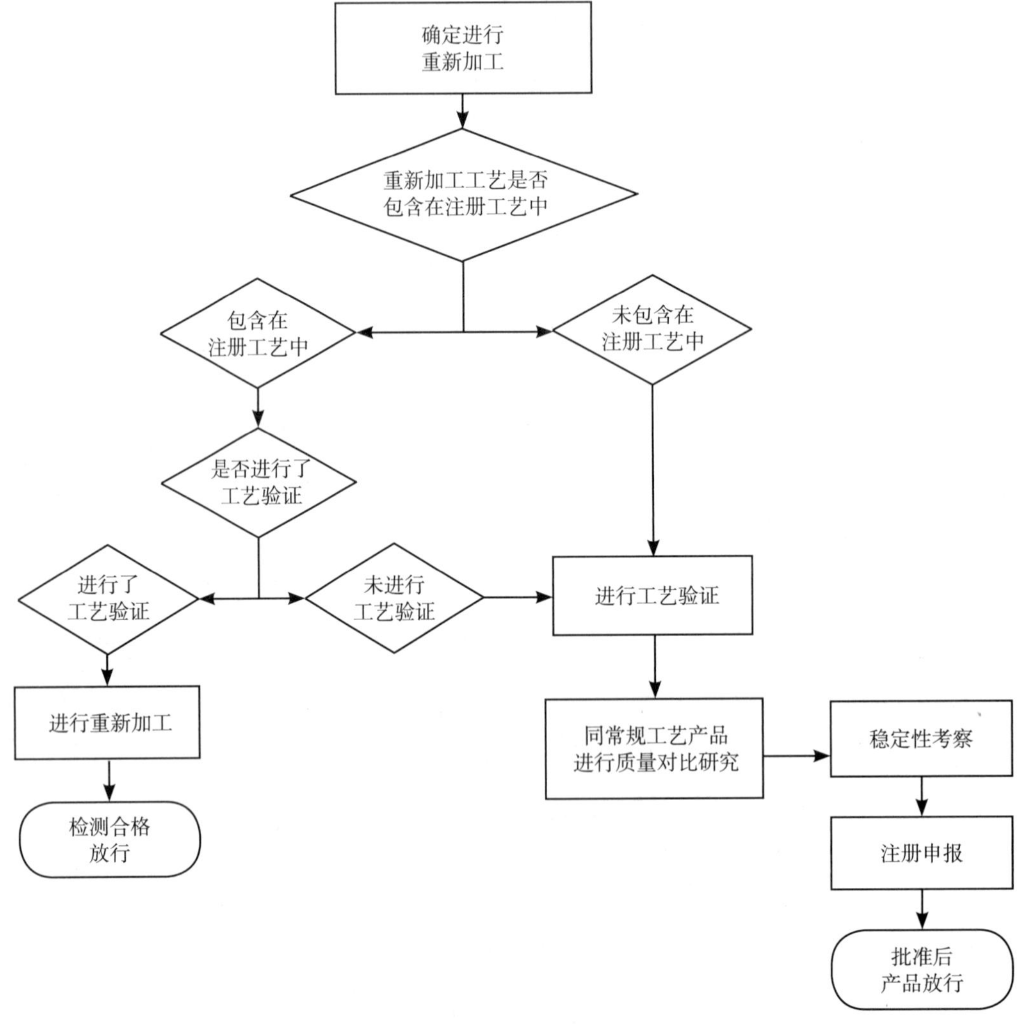

图 3-15 重新加工流程图

本节将围绕产品和物料管理的通用要求，从物料供应商管理、物料放行、产品放行、不合格品及退货处理四个方面展开阐述，以期与本丛书《质量控制实验室与物料系统》分册形成有益互补，构筑出完整的物料系统通用指南。

基于本节在本章和本分册的定位，GMP 血液制品、中药制剂、中药饮片、生化药品、医用氧附录中有关物料和产品管理的特殊要求，其实施指南可参考对应的产品分册。

3.5.1 物料供应商管理

背景介绍

药品生产用的物料在其采购、接收、贮存、使用等各个环节均存在影响质量的风险因素，诸多因素中，对物料供应商的评估、批准及动态管理有助于从源头上保证物料质量，是制药企业物料管理中重要且基础的一环。

要点分析

GMP 中，物料指原料、辅料和包装材料等（图 3–16）。

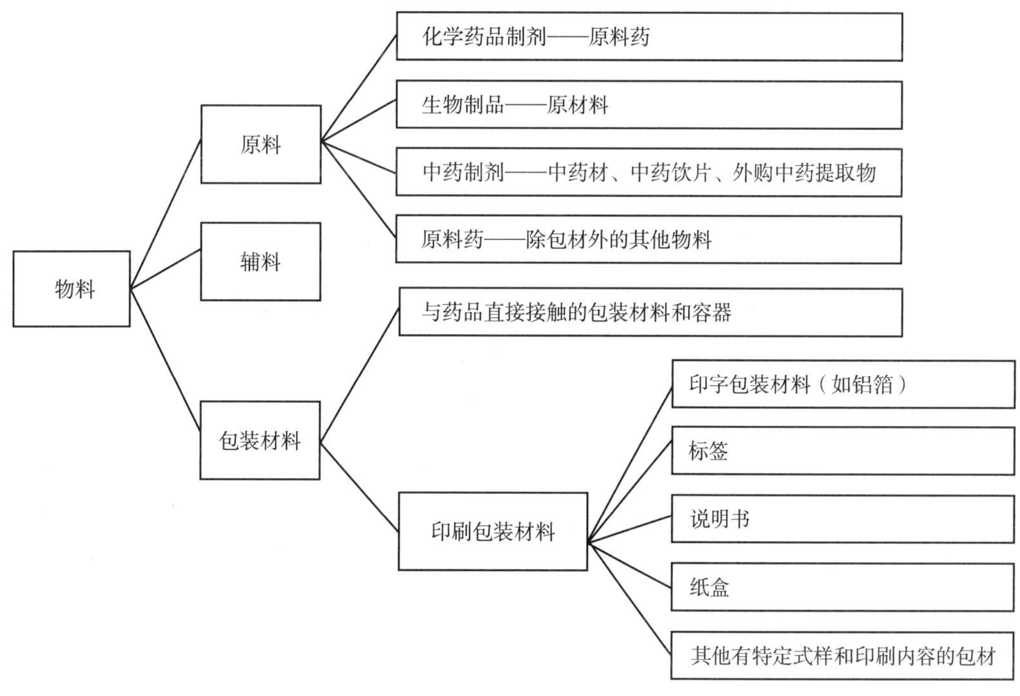

图 3–16　GMP 中物料的范围

ICH Q7 作为国际主流市场认可的原料药生产质量管理规范，Material 一词既指原料药生产中用到的物料，也指生产所得的产品。如图 3–17 所示。

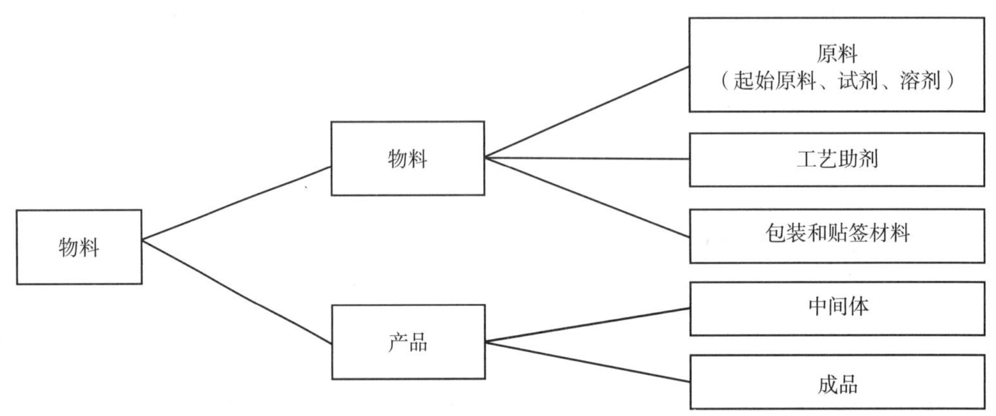

图 3–17　ICH Q7 中物料的范围

本节所指的物料，是基于 GMP 对物料的定义。

物料采购中，为控制中间环节过多带来的供应链不可控风险，应尽量减少中间环节。必需经由经销商 / 代理商采购时，对物料供应商的管理必须覆盖生产商，问卷调查、质量审计应同时针对生产商开展，对于主要物料的境外生产商，若不开展现场质量审计，应有其他替代方案及可靠性的管理策略来帮助企业控制风险，确保物料质量可控。

实施指导

A. 物料及其供应商分级管理

药品生产涉及的物料种类多样、功能 / 用途各异，需要对物料实施分级管理，并在此基础上实现对物料供应商的分级管理，确保供应商管理的质量和效率。

物料的级别划分至少需考虑下列因素：

- 所生产药品的质量风险；
- 物料在处方 / 工艺中的用途及用量；
- 物料对药品质量的影响程度。

结合上述因素，以产品为单位对生产中用到的各个物料开展评估，基于评估结果将物料划分为不同级别。例如：

- 主要物料、次要物料；

- 关键物料、主要物料、一般物料；
- A 级物料、B 级物料、C 级物料。

与此同时，企业也应结合监管要求、产品及工艺特点，将一些典型物料的级别作为分级原则列出，以控制评估过程可能存在的随意性。表 3–35 提供了一种物料分级原则的示例。

表 3–35　物料分级原则示例

物料级别	特点	示例
A 级	对产品质量有重大影响的物料	• 原料药生产用起始物料 • 药物制剂生产用原料药 • 无菌产品直接接触成品的内包装材料
B 级	对产品质量有一定影响或其影响可在后续步骤中去除的物料	• 非无菌产品直接接触成品的内包装材料 • 药物制剂生产中用量较大、对工艺运行及产品质量有一定影响的辅料 • 药品说明书、标签、印刷（内）包装材料
C 级	对产品质量影响较小或无影响的物料	• 原料药合成过程用到的 pH 调节剂、工艺助剂 • 药物制剂生产中用量小、对工艺运行及产品质量影响轻微的辅料 • 发运用外包装材料，如发运纸箱、内托等

同一物料用于不同药品的生产过程，其级别很可能不同，区别对待还是从严管理，取决于企业的物料管理策略，以最大程度避免差错和混淆为目的。

供应商级别由物料级别决定，当同一供应商供应多种物料时，以所供物料的最高级别确定供应商级别。对物料供应商的质量体系评估结果（含不良供货历史记录）也可能导致供应商级别的变化。

B. 物料供应商评估和批准流程

新物料首次开发供应商应遵循下述基本流程（图 3–18）：

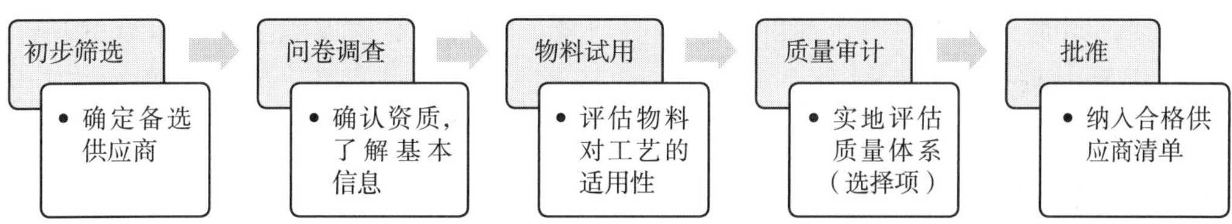

图 3–18　新物料供应商评估批准的基本流程

对于主要物料的供应商，质量管理部门应当与其签订质量协议，明确供需双方所承担的质量责任。物料增加新的供应商时，在物料试用环节，还需关注工艺过程的产品质量与使用原供应商物料时的一致性。主要物料增加新的供应商时，应当遵照变更技术指导原则，对商业规模的产品开展稳定性考察，必要时开展商业规模的工艺验证。

C. 现场质量审计

企业应该建立物料供应商现场质量审计的策略，基于风险对不同级别供应商现场审计的必要性予以区分。除主要物料必须按 GMP 第二百五十五条规定开展现场质量审计外，其他物料，若非质量影响特别轻微（如发运外包材），应基于合理的评估方法开展评估，通过评估结果决定是否开展供应商现场质量审计。表 3-36 提供了一个针对某常规药用辅料供应商现场质量审计必要性的评估示例。

表 3-36　某常规药用辅料供应商现场质量审计必要性评估示例

<table>
<tr><th>评估项目</th><th>情形</th><th>得分</th><th>情形</th><th>得分</th><th>情形</th><th>得分</th></tr>
<tr><td>物料级别</td><td>B 级物料</td><td>2</td><td>NA</td><td>—</td><td>C 级物料</td><td>1</td></tr>
<tr><td>供应商声誉</td><td>被报道过质量事故，或有诚信污点、显著经营风险</td><td>4</td><td>未被报道过质量事故，无诚信污点或显著经营风险</td><td>2</td><td>知名企业，业界声誉良好</td><td>1</td></tr>
<tr><td>供应商资质及权威认证</td><td>无，或有不良合格检查记录</td><td>4</td><td>ISO9001</td><td>2</td><td>药政合规检查记录良好</td><td>1</td></tr>
<tr><td>评分标准</td><td colspan="6">各单项的评分标准，由企业基于物料风险酌情设定，如：
A、B、C 级物料分别对应 4 分、2 分、1 分</td></tr>
<tr><td>评分结果</td><td colspan="6">总得分 = 各项目得分之积</td></tr>
<tr><td>判断标准</td><td colspan="6">总得分达到 16 分的企业，必须组织现场质量审计；
总得分低于 16 分的企业，综合问卷调查、试用评估等信息决定是否组织现场质量审计</td></tr>
</table>

对物料供应商的现场质量审计不是一次性行为，尤其是那些对药品质量有重要影响的主要物料，应该有预定的现场审计周期，或者基于前一次审计结果确定审计有效期，同时充分考虑供应商的供货历史记录，以确定启动周期性现场审计的具体时间，并指导审计计划的编制。

D. 供应商动态管理

企业应按 GMP 第二百六十五条的规定，对每家物料供应商建立质量档案，档案内容至少包括供应商评估过程产生的文件，物料质量标准，定期的质量回顾分析报告，以及供应商变更控制的相关信息。典型的供应商变更包括：

• 物料和（或）供应商级别变更；

• 取消现有合格供应商的资格；

• 现有物料增加新供应商；

• 来自供应商方面的重要变更（例如：物料来源变更，由动物源性变为植物源性；原辅料、包装材料生产场地变更，工艺路线变更）。

供应商变更在遵循常规变更控制流程的同时，需同时遵循药品所在市场的药监部门发布的变更技术指导原则 / 指南中的相关规定。对于这些变更的汇总及评估应连同供应商的供货历史记录（如退货及投诉、物料关键质量属性）和其他表现（如交货期）一并纳入定期的质量回顾分析报告，基于回顾分析结果及时调整、更新对供应商的管控力度。

如针对化学药品生产企业商业化生产中常见的非无菌原料药生产商变更的情形，对于仅在我国市场销售的药品，遵循我国药监部门发布的变更研究技术指导原则及变更管理办法，其变更管理类别及相关注册要求如下表所列：

情形	变更类别	注册要求
新生产商的原料药未获批准	重大变更	报国家局补充申请
新生产商的原料药已获批准	中等变更	报省级局备案
仅变更原料药生产商名称（主体不变）	微小变更	年报

若变更在欧盟注册的非无菌化学药品的原料药生产商，则需要遵循欧盟相关法规及变更指南确定变更类别，并向 EMA（European Medicines Agency）或参照成员国、国家主管机构提交变更文件。

情形	变更类别	注册要求
新生产商合成路径、反应条件完全不同，导致原料药关键理化性质、杂质谱变化，可能引起药品的质量可控性、安全性和有效性的显著变化；或 原料药有 TSE 风险	Type Ⅱ 大变更	提交变更申请并得到批准后才能实施变更
新生产商所供原料药的关键理化性质、杂质谱与变更前等同或更优，且对药品的质量可控性、安全性和有效性无不良影响	Type Ⅰ B 小变更	提交变更通知，接收后 30 日内无异议则实施
新生产商与原生产商属于同一集团，原料药质量标准、分析方法、批量、合成路线等不变；且 该原料药不涉及人类或动物来源，不涉及 TSE 风险	Type Ⅰ A_{IN} 小变更	实施变更后立即提交变更通知
仅生产商行政信息变更	Type Ⅰ A 小变更	实施，12 个月内提交变更文件（年报）

同样变更非无菌化学药品的原料药生产商，若药品在美国注册，则需要遵循美国相关法规及指南确定变更类别，并向美国 FDA 提交变更文件。

情形	变更类别	注册要求
新生产商的生产场地 cGMP 检查不合格，或 生产场地从未被美国 FDA 检查过，或 生产场地中止生产 2 年以上，或 新生产商的原料药合成路线不同	PAS 重大变更	提供全面的变更研究信息
新生产商的生产场地处于 cGMP 持续合规状态，且 DMF 处于活跃（active）状态，且 新生产商合成路线相同，所供原料药的关键理化性质、杂质谱与变更前等同或更优，且对药品的质量可控性、安全性和有效性无不良影响，且 不涉及任何需 PAS 的关联变更	CBE-30 中等变更	提交时附带一份声明，声明该变更不涉及须提交 PAS 的变更

3.5.2 物料放行

A. 物料放行流程及职责

物料采购至放行使用的基本流程和职责如图 3-19 所示：

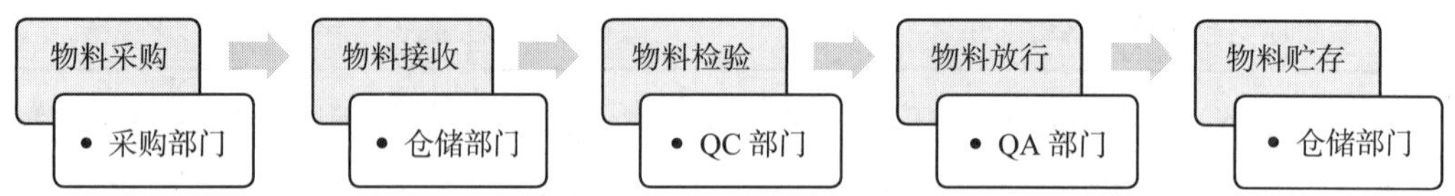

图 3-19　物料放行流程及职责

围绕上述流程，企业应该建立相关的操作规程（表 3-37），确保物料被正确地采购、接收、贮存、检验、放行、发放和使用。

对于引入了计算机化系统（如 WMS 仓储管理系统）的企业，上述基本要素会部分迁移至系统内完成，相关功能应在计算机化系统设计、验证中被充分考虑，并有防止因系统故障、停机等特殊情况而造成物料和产品发生混淆、差错的措施。

物料放行是质量管理部门（通常是 QA 部门）的职责，当物料采购、接收、贮存环节出现偏差，或者物料被判定为不合格时，或者物料涉及尚未关闭的变更，其放行决定应基于这些偏差、不合格、变更的调查和（或）评估结果慎重做出，不合格物料的处理应该得到质量管理负责人的批准，并有记录。

表 3-37 物料相关规程示例

主题	要素
物料采购	物料需求及采购流程，供应商要求（经质量管理部门批准）
物料接收	接收流程及职责； 接收检查项目及标准：包装及标识，数量，来源，质量标准等； 取样及取样后包装的处置
物料贮存	环境要求：温度、相对湿度、通风、光照等，贮存环境考察及确认； 标识要求：物料基本信息标识，物料状态标识、货位号标识等； 存放要求：间距，高度，分类存放，必要的物理隔离、安全管理等
物料审核和放行	放行流程，放行职责，放行审核内容，偏差、变更对放行的影响
物料发放和使用	发放原则（如先进先出、近效期先出、零头先出），发放 / 领用数量限制，发放记录，数量平衡核对，剩余物料退回及其检查
物料状态	各类物料状态的适用情形及管理要求：待验、合格 / 放行、不合格 / 拒收、退货、待销毁等
不合格物料处理	不合格物料处理的流程及职责，隔离存放及标识，处理方式及原则等

B. 物料放行的前提

物料的放行决定是基于物料采购、接收、贮存及质量评价活动的审核结果做出的，各环节审核的基本内容通常如图 3-20 所示。

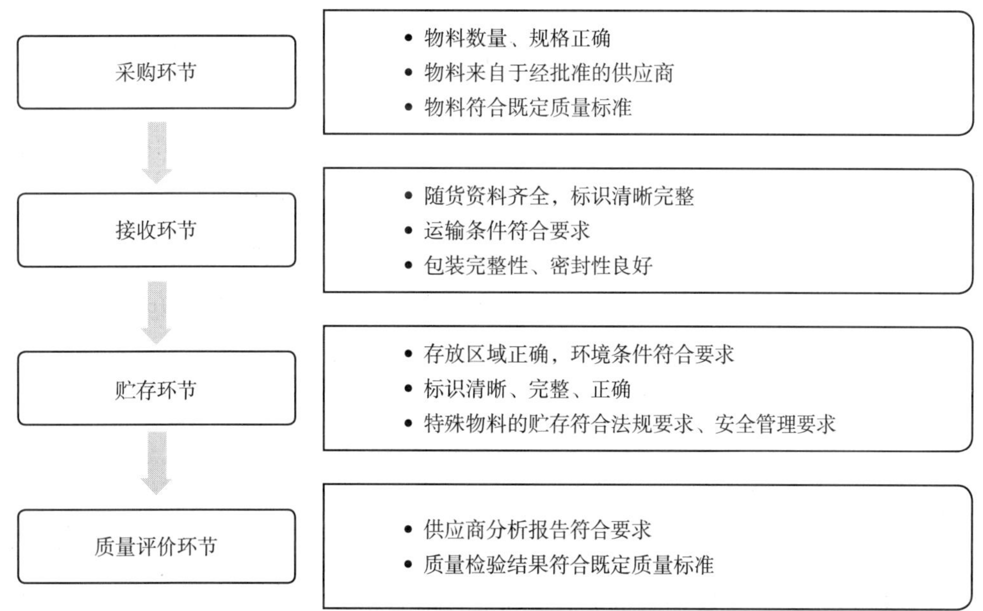

图 3-20 物料放行各环节审核内容

受各物料质量属性、工艺用途的影响，其质量控制策略在药品研发和注册阶段已经确定，并以物料质量标准的形式体现。商业化生产中，对所接收物料的质量评价必须遵循已注册的质量标准，通过对到货物料检验来开展质量评价。对于来自长期合作且记录良好供应商的物料，在确认供应商检验能力充分且供需双方质量测试结果一致性良好的前提下，可以基于物料质量的回顾分析结果对部分项目免于测试，通过认可供应商的测试结果来实现对于物料的审核放行。这种做法需满足下述前提：

- 没有来自于物料供应商（尤其生产商）方面的重要变更；
- 至少已对来自于新供应商的前三批物料按质量标准实施了全检；
- 后续根据对供应商风险评估的结果和物料的重要程度，定期对来自于每个供应商的物料实施全检，且测试结果应与供应商分析报告结果有良好的一致性。

对于采用上述策略放行的物料，需始终对物料的质量变化趋势及工艺表现保持高度关注，一旦发现不良趋势，或有任何的工艺运行及产品质量异常指征对物料质量有（潜在）影响，应立即改用更为可靠的质量评价方式来确认并控制物料 质量影响。定期回顾分析中，也应充分考虑偏差、不合格、投诉等不良事件与物料质量的相关性，并关注来自于供应商方面的任何变更可能对物料质量的影响，及时根据回顾结果调整物料质量控制策略。

C. 复验放行

对物料的放行也不是一次性行为，下列情形下，需要对物料实施再次放行：

- 物料（即将）到达复验期时；
- 物料在贮存、使用中出现异常，其质量（可能）受到影响时，如遭受了非预期的恶劣条件，或者（可能）发生了混淆或差错。

物料的复验放行同样需要基于可靠的质量评价结果，并充分考虑其贮存、使用过程异常可能造成的任何质量影响。发生异常后的复验放行，应不局限于按既定质量控制项目及标准来开展物料质量评价，可以额外实施针对性测试，或者通过小规模的使用测试来进一步评估物料质量及其适用性。对于物料在贮存、使用中发生异常的情形，应纳入偏差开展调查、影响评估并处理，相关程序、职责遵循偏差管理规程。

若物料的复验期并非来自于药监部门批准的结果，则企业可以基于足够批数（通常不低于 3 批）、足够期限的复验结果，开展分析评估，做出变更物料复验期的决定。

3.5.3 产品放行

产品放行是质量保证的一个重要环节，其主要目的就是保证产品及其生产过程符合相应的法规要求和注册标准。GMP 第十章质量控制与质量保证 第二节第二百三十条对产品放行的基本原则做出了明确的规定，本小节将结合其要求阐述产品放行的流程、职责及要点。

A. 产品放行流程

产品放行需要建立在对产品生产全过程进行评价的基础上，这种评价主要通过对批生产、包装记录和批检验记录开展审核来实现，且需要记录产品放行审核项目及审核结果，只有生产过程严格受控，过程控制及产品质量符合既定标准的产品才能被放行。

常规的产品放行审核流程见图 3–21。

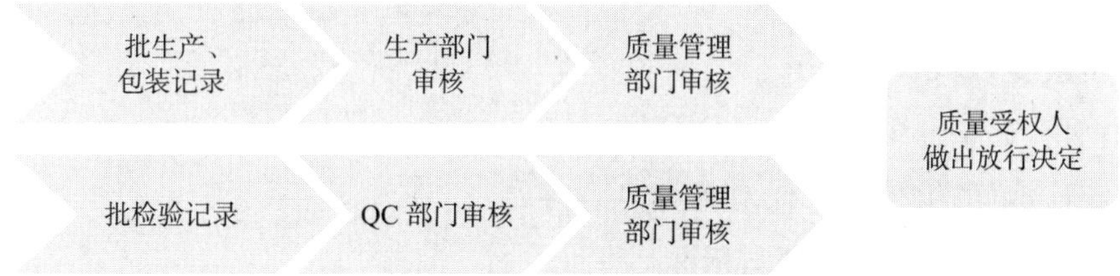

图 3–21　产品放行审核流程

图 3–21 所示流程中，质量管理部门审核批生产、包装记录和批检验记录，提出产品放行意见的前提如下：

- 生产用物料得到合适的质量评估并放行；
- 相关设施、设备已经确认合格；
- 生产工艺和分析方法已经验证合格；
- 已完成所有必需的检查、测试和评估，包含因偏差或变更引发的额外测试，无菌产品的无菌检查结果合格；
- 所有必需的生产和质量控制均已完成并经相关主管人员签名；
- 所有与本批有关的异常，包括偏差、检验结果超标等，均已按照程序调查、评估并处理，变更已纳入控制。

质量受权人做出产品放行决定的前提如下：

- 质量管理部门的审核工作不存在疏漏或错误，偏差、检验结果超标处理得当；
- 产品及其生产过程符合注册标准和 GMP 要求；

- 批生产及检验相关变更已按照规程处理，需要经药监部门批准的变更已得到批准；
- 产品检验结果符合放行质量标准。

基于上述的审核评估结果，质量受权人批准或否决产品的放行，并在成品放行审核记录上签署决定。

B. 产品放行职责

GMP 规定：每批药品均应当由质量受权人签名批准放行。因此，产品最终放行的决策者必须是质量受权人。产品放行活动中，质量受权人应掌握药品生产过程和质量控制的所有关键信息，这要求相关部门（质量管理部门和生产部门等）承担起相应的职责，将可靠的过程控制、偏差调查及评价、变更影响评估等信息传递给放行决策者，从而保证其正确地开展放行决策。所以，质量受权人、质量管理部门和生产部门都是物料和产品放行职责的主要承担者，以下列出三者的放行责任。

1. 质量受权人

- 保证产品符合注册要求
- 保证产品的生产符合 GMP 要求
- 保证产品符合相应的质量标准
- 签署产品放行文件
- 保证产品相关的所有偏差、变更和检验结果超标都经过相应的调查和处理
- 保证需要经药品监督管理部门批准的重大变更已经递交并得到批准
- 保证完成所有的必要检验
- 保证批生产、包装和检验记录已经完成，并被审核
- 确认批生产、包装和检验记录审核的结果
- 考虑其他可能影响产品质量的因素
- 批准或拒绝产品放行

2. 质量管理部门

- 保证物料符合相应的放行标准
- 决定物料放行或拒收
- 审核和批准批检验记录
- 批准质量标准、取样规程和检验规程
- 保证所有的检验按照批准的规程完成

- 保证检验结果超标经过评估
- 按规定进行物料和产品留样

3. 生产部门

- 保证生产过程符合 GMP 要求
- 保证批相关的偏差和变更均有记录并完成调查、评估和处理
- 保证批生产记录在交付质量管理部门前经过了审核

4. 质量管理部门和生产部门的共同职责

- 批生产文件的审核
- 对生产环境进行监测和控制
- 执行和评估中间过程控制

质量受权人、质量管理部门和生产部门针对不同类型的物料和产品放行时所承担的主要职责，可参考表 3-38。

表 3-38 不同类型物料和产品放行的主要承担者职责

主要承担者 / 物料和产品类型	质量受权人	质量部门	生产部门
物料：原料、辅料和包装材料[1]	–	批检验记录审核 批准放行	–
商业用途的制剂产品的中间产品和待包装产品	批准放行	批生产、包装记录审核 批检验记录审核	批生产、包装记录审核
制剂产品的最终成品	批准放行	批生产、包装记录审核 批检验记录审核	批生产、包装记录审核
商业用途的原料药产品的中间产品[2]	批准放行	批生产、包装记录审核 批检验记录审核	批生产、包装记录审核
内部流转的原料药中间体[3]	–	批准放行	–
原料药成品[1]	批准放行	批生产、包装记录审核 批检验记录审核	批生产、包装记录审核

注：1. 物料的批准放行人员也可以是质量受权人。
2. ICH Q7 规定，原料药中间产品的放行人员应当是指定的经受权人员。
3. ICH Q7 规定，内部流转的中间产品，质量管理部门可以将放行职责委托给生产部门

质量受权人若将产品放行职责转授权给其他人员，接受转授权的人员的资质应满足 GMP 第二十五条对质量受权人的要求，其履行产品放行职责的能力应得到审慎评估，并严格限定其放行产品的范围。质量受权人应对转受权人履行产品放行的职责进行监督，并承担转授权模式下的产品放行行为相关的责任。

C. 批生产、包装记录审核

批生产、包装记录的审核中，生产部门和质量管理部门的审核侧重有所不同，生产部门着重确认整个生产、包装过程是在符合 GMP 要求的条件下进行的，质量管理部门着重于对生产过程质量活动的审核。

1. 生产部门的审核要点

- 记录填写完整、无遗漏；
- 生产是严格按照生产指令及工艺规程来实施的；
- 所有在线控制、检查的记录均符合要求；
- 所有物料是在其规定的复验期 / 有效期内投放使用的；
- 生产过程的防污染、交叉污染措施执行到位；
- 各工艺步骤的收率 / 物料平衡符合可接受标准，标签、包装材料数量平衡；
- 各计算过程及结果正确，遵守数值修约规则；
- 所有偏差已按既定程序提出并处理；
- 若涉及回收，应确认回收产品的使用控制在经批准的范围内。

2. 质量管理部门的审核要点

- 生产中用到的物料投入使用前均已被放行，且在规定复验期 / 有效期内；
- 相关的公用系统监测结果正常；
- 厂房、设施、设备均经确认合格，仪表经检定 / 校准合格；
- 生产工艺、清洁程序、计算机化系统均验证合格；
- 变更得到了有效控制，需经药品监督管理部门批准的变更已经得到批准；
- 所有偏差均得到了调查、评估及处理；
- 产品检验结果符合放行质量标准；
- 检验结果超标得到了正确的调查和处理。

D. 批检验记录审核

QC 部门的审核要点：

- 取样操作符合规定，取样记录完整，样品按规定条件存放；
- 检验记录填写完整，检验依据正确，检验项目齐全；
- 检验过程与检验规程相符；
- 计算公式、计算过程及结果正确；
- 所有偏差、检验结果超标已经被调查并得到处理；

- 检验数据可靠性符合要求，每批电子数据均得到了检查；
- 检验报告单内容完整，数据、结论与检验记录一致。

质量管理部门对批检验记录开展审核旨在对检验过程和检验结果的正确性做出判断，进而评价产品质量是否符合既定质量标准，其审核要点为：

- 检验设备、分析仪器均经确认合格，仪表经检定 / 校准合格；
- 分析方法、计算机化系统经验证合格；
- 偏差得到了调查、评估及处理；
- 检验结果超标调查过程科学、合理，最终报告结果可靠；
- 检验相关的变更得到了有效控制，不影响产品检验结果的准确可靠；
- 电子数据完整且与纸质数据一致。

3.5.4 不合格品及退货管理

A. 不合格品（含物料、产品）及退货的贮存

为避免与正常物料、产品发生混淆，不合格品和退货应隔离存放。质量管理部门要及时改变不合格品的质量状态标识，仓储部门人员要及时将其转移至指定存放区域，转移和交接时要注意核对品名、批号、数量等信息。对于退货产品，仓储部门人员在接收时要注意检查其品名、批号、数量、包装的完好性，运输的条件以及退货方信息等。

企业可以通过设置退货区、不合格品区等物理方式来实现隔离，也可以采用其他可靠的方式替代物理隔离，前提是替代方式具有同等的安全性。例如：实现了计算机化的仓储管理系统，其物料 / 产品的名称、批号、状态、贮存位置等信息都在通过系统来实现控制，此时，不合格品的隔离存放很可能不涉及实际物料的物理隔离，而只是在系统中的物料状态和库位发生改变。

不合格品要有明确的状态标识；不合格的物料、中间产品、待包装产品和成品的每个包装容器上均应有清晰醒目的标识。

B. 不合格品（含物料、产品）的处理

企业应该建立不合格品的处理规程，确保不合格的物料、中间产品、待包装产品和成品的调查和处理得到采购、仓储、生产、质量等相关部门的参与，并最终得到公司质量负责人的批准。经过了必要的 QC 实验室 OOS 调查并最终判定为不合格的物料和产品，其常见的处理方式见表 3-39。

表 3-39　不合格物料和产品的处理方式

类别 / 处理方式	原辅料	包装材料		药物制剂		原料药	
		印刷包装材料	其他	中间产品	成品	中间产品	成品
销毁	√	√	√	√	√	√	√
返工	–	–	–	√	√	√	√
重新加工	–	–	–	禁止	禁止	√	√
退回供应商	√	–	√	–	–	–	–

1. 不合格物料的处理

不合格的原料、辅料、包装材料不得用于药品生产。已经判定为不合格的物料，与供应商协商一致后可以退回供应商；具有特定印刷内容的包装材料（如印字铝箔、标签、说明书、纸盒等），考虑其被误用或挪用的风险，推荐做销毁处理。企业购进的特殊药品的原料药 / 药材、药品类易制毒化学品被判定为不合格时，除执行常规的不合格物料处理流程外，还需遵循《麻醉药品和精神药品管理条例》《放射性药品管理办法》《易制毒化学品管理条例》等法规要求，向药品监督管理部门、公安机关等相关主管部门报备，必要时由监管部门现场监督销毁。

2. 不合格产品的处理

应基于不合格的原因调查结果提出不合格产品的处理措施，开展风险评估，从而确定与产品处理措施配套的质量评价方案（如额外检验、稳定性考察等）、验证措施，综合所有研究、验证数据谨慎做出产品放行决定。常见的不合格产品处理措施包括返工、重新加工、销毁。

● 返工

不合格的制剂中间产品、待包装产品和成品一般不得进行返工。只有不影响产品质量、符合相应质量标准，且根据预定、经批准的操作规程，并对相关风险充分评估，证明风险可控后才可以对不合格产品进行返工处理。对于返工所得到的中间产品和成品，除按常规质量标准检验外，还需综合考虑不合格的指标及其偏离程度、工艺特点、药品特性等因素，对可能受影响的质量属性开展额外检验，并开展稳定性考察，与常规产品开展质量对比研究，以全面评估返工产品的质量风险。对于有可能重复发生的返工，还需考虑以同步验证的方式开展工艺验证，以确认返工工艺的可靠性、重现性。研究、验证数据充分的条件下，可通过变更控制和相应的备案（补充）申请，将返工工艺纳入正常工艺的一部分。

• 重新加工

制剂产品不得进行重新加工，原料药有试验数据支持、确认风险可控的前提下，可以重新加工。与返工类似，原料药重新加工也需结合产品特性、工艺特点、不合格指标等要素，对重新加工产品开展必要的额外检验、稳定性考察，并通过质量对比研究确认重新加工产品与正常产品的物理性质、杂质等并无显著变化。对重新加工工艺的同步工艺验证也需纳入考虑，重新加工产品的放行控制应遵循产品所在地监管部门的有关规定。

• 销毁

经不合格原因调查和风险评估认为不适用返工、重新加工处理的不合格产品，进行销毁处理。特殊药品销毁需同时遵循相关法律法规的要求。

C. 退货的处理

退货的处理应建立在全面细致的退货调查、充分的质量风险评估的基础之上。

1. 退货调查

• 检查　退货产品接收后，需检查其包装密封状态、内外包装材料污损情况、是否有遭受过恶劣环境的迹象，并检查产品的外观性状，核对印刷包装材料是否与正确版本一致。

• 检验　根据退货产品的性质、包装及储存条件要求，结合退货检查结果及产品发出至退回的间隔时间等因素，确定取样对象及检验项目，包含必要的额外检验。

• 调查　因产品质量原因导致的退货，需展开对生产、检验、仓储、流通等各个环节的系统调查，以查找、识别导致产品质量缺陷的根本原因。

• 影响范围评估　影响产品质量的原因确定后，还需筛查、评估（可能）受该原因影响的其他产品和批次，以及受影响的程度。

2. 退货质量风险评估

基于退货调查结果所开展的质量风险评估是做出退货处理决定的前提，风险评估的对象需包含调查环节确定的受相同原因影响的其他产品和批次，基于风险评估的结果，必要时应召回已销售的产品。

3. 退货处理

经全面的调查和充分的质量风险评估后，质量管理部门对退货产品做出处理决定。若调查表明药品性质稳定、贮存及运输条件均受控、发出及退回间隔时间较短，相关信息均显示退货质量未受影响，则经质量受权人批准后，可以对退货产品重新发运销售；或者对成品的次级包装进行更换（即重新包装），然后发起成品放行审核程序，由质量受权人做出放行决定。

退货调查结果不支持退货、质量未受影响时（包含可能受影响），参照“3.5.4 B 2. 不合格产品的处理”对退货进行处理，处理对象应包含受相同原因影响的其他产品和批次（含召回产品）。

3.6 确认与验证

GMP 对验证和确认进行定义，规定如下：

- **验证** 证明任何操作规程（或方法）、生产工艺或系统能够达到预期结果的一系列活动。
- **确认** 证明厂房、设施、设备能正确运行并可达到预期结果的一系列活动。

GMP 确认与验证附录强化了对确认与验证工作的程序指导。确认与验证的范围和程度应根据风险评估的结果确认。强调确认与验证应该贯穿于产品生命周期的全过程。新增持续工艺确认的要求，要对商业化生产的产品质量进行监控和趋势分析，以确认工艺和产品质量始终处于受控状态。新增运输确认的内容，以确保物料和产品运输过程的可控性。

技术要求

GMP 第七章确认与验证及确认与验证附录，对企业确认和验证工作进行了较详细的规定，这些与欧美法规中的要求基本一致。其中包括了确认和验证的对象、目的、文件的要求、计划和实施以及对确认和验证状态的维护等。

表 3-40 中列出了国际上对验证和确认的相关指南。

表 3-40　国际上对验证和确认的相关指南

机构或组织	文件名称
国际人用药品注册技术协调会（ICH）	Q2（R1）Validation of Analytical Procedures：Text and Methodology 分析方法验证：文本和方法学
药品检查合作计划（PIC/S）	PI 006 -3 Validation Master Plan Installation and Operational Qualification Non-Sterile Process Validation Cleaning Validation 验证总计划、安装确认和运行确认、非无菌工艺验证、清洁验证

续表

机构或组织	文件名称
药品检查合作计划 （PIC/S）	PI 011 Good Practices for Computerized Systems in Regulated "GxP" Environments 在 GxP 监管环境下的计算机化系统规范
美国食品药品管理局 （FDA）	General Principles of Software Validation：Final Guidance for Industry and FDA Staff 软件验证的基本原则：企业和 FDA 人员的最终指南
	Guideline On General Principles of Process Validation 工艺验证通用原则指南
欧洲药品管理局 （EMA）	EC GMP Annex 11 Computerized Systems 欧盟 GMP 附录 11 计算机化系统
	Annex 15 to the EU Guide to Good Manufacturing Practice，Qualification and Validation 欧盟 GMP 附录 15 确认和验证
国际制药工程协会 （ISPE）	GAMP5 A Risk – Based Approach to Compliance GxP Computerized Systems GAMP5 符合 GxP 法规要求的计算机化系统的风险管理方法
	GUIDE：Cleaning Validation Lifecycle – Applications，Methods，and Controls 指南：清洁验证生命周期 – 应用程序、方法和控制
	VOLUME 5：Commissioning and Qualification 基准指南第 5 卷：调试和确认
	GOOD PRACTICE GUIDE：Practical Implementation of the Lifecycle Approach to Process Validation 良好实践指南：工艺验证生命周期方法的实践

3.6.1 适用范围

背景介绍

确认主要针对厂房、设施、设备和检验仪器。其中厂房和设施主要指药品生产所需的建筑物以及与工艺配套的空调系统、水处理系统等公用工程；生产、包装、清洁、灭菌所用的设备以及用于质量控制（包括用于中间过程控制）的检测设备、分析仪器等也都是确认的考察对象。

验证主要考察生产工艺、操作规程、检验方法和清洁方法等。GMP 对计算机化系统进行了定义，其中虽未明确规定验证的要求，但在制药行业中通常认为计算机化系统也属于验证的范畴。本节关于计算机化系统验证的内容主要参考 GMP 计算机化系统附录和 GAMP 5（*Good Automated Manufacturing Practice*，自动化生产规范）。

确认或验证的范围和程度都应经过风险评估来确定。

法规要求

药品生产质量管理规范（2010 年修订）

第一百三十八条 企业应当确定需要进行的确认或验证工作，以证明有关操作的关键要素能够得到有效控制。确认或验证的范围和程度应当经过风险评估来确定。

第一百三十九条 企业的厂房、设施、设备和检验仪器应当经过确认，应当采用经过验证的生产工艺、操作规程和检验方法进行生产、操作和检验，并保持持续的验证状态。

3.6.2 人员职责

根据 GMP，生产管理负责人和质量管理负责人都应确保完成各种必要的确认和验证工作；质量管理负责人还应负责审核和批准验证方案和报告。

通常，用户部门或相关工作（如生产、清洁等）的负责部门负责进行厂房、设施、设备等的确认以及相关的验证，并起草相关的确认或验证方案和报告。

质量部门负责对确认或验证方案和报告进行批准。

此外，确认和验证中也经常涉及工程技术部门、开发部门以及公司外部的供应商。

对于内部及外部人员的职责应在公司验证总计划或相关文件中规定。

3.6.3 确认与验证计划

所有的确认与验证活动都应有组织地按照计划进行准备和执行，并且活动应按照正式批准的程序和方法实施。所有对于确认与验证的组织、计划以及实施方式等的要求都应在验证总计划（validation master plan，VMP）中进行描述。

法规要求

药品生产质量管理规范（2010年修订）

第一百四十五条 企业应当制定验证总计划，以文件形式说明确认与验证工作的关键信息。

第一百四十六条 验证总计划或其他相关文件中应当作出规定，确保厂房、设施、设备、检验仪器、生产工艺、操作规程和检验方法等能够保持持续稳定。

药品生产质量管理规范（2010年修订）确认与验证附录

第三条 所有的确认与验证活动都应当事先计划。确认与验证的关键要素都应在验证总计划或同类文件中详细说明。

第四条 验证总计划应当至少包含以下信息：

（一）确认与验证的基本原则；

（二）确认与验证活动的组织机构及职责；

（三）待确认或验证项目的概述；

（四）确认或验证方案、报告的基本要求；

（五）总体计划和日程安排；

（六）在确认与验证中偏差处理和变更控制的管理；

（七）保持持续验证状态的策略，包括必要的再确认和再验证；

（八）所引用的文件、文献。

第五条 对于大型和复杂的项目，可制订单独的项目验证总计划。

实施指导

验证总计划总结企业确认和验证的整体策略、目的和方法。作用是确定确认和验证的策略、职责以及整体的时间框架。

A. 一般要求

- 应对所有的厂房，设施，设备，计算机化系统，与生产、检验、储存相关的规程和方法是否需要确认或验证进行评估：

- ➢ 确认：厂房、设施、设备等；
- ➢ 验证：生产工艺、分析方法、清洁程序、计算机化系统及运输条件等。

- 应能反映上述确认和验证活动的状态。
- 应定期回顾。
- 应及时更新。

B. 主要内容

验证总计划应是一个简洁清晰的概况性文件，其他文件（如公司政策文件、SOP、验证方案、报告等）中已经存在的内容只需在验证总计划中列出参考文件编号即可，不必重复内容。通常验证总计划应包括以下内容：

1. 概述

- 公司的确认和验证方针，对于验证总计划所包含的操作的一般性描述，位置和时间安排（包括优先级别）等；
- 所生产和检测的产品。

2. 各部门的职责和组织结构

- 负责下列工作的部门或人员
  - ➢ 验证总计划；
  - ➢ 起草确认和验证方案、报告；
  - ➢ 确认和验证的实施；
  - ➢ 批准确认和验证文件。

3. 所有厂房、设施、设备、仪器等的清单以及确认的需求

- 应包含所有厂房、设施、设备、检验仪器等，以及对它们是否需确认的评估结论；
- 确认的状态；
- 下一次再评估或周期性再确认的日期（计划）。

4. 所有工艺过程、分析方法和清洁程序的清单以及验证的需求

- 应包含所有生产工艺、分析方法、清洁/消毒/灭菌程序、其他过程（如运输），以及对其是否需验证的评估结论；
- 验证的状态；
- 下一次再评估或周期性再验证的日期（计划）。

5. 所有计算机化系统的清单以及验证的需求

- 应包括所有计算机化系统，以及对其是否需验证的评估结论；
- 验证的状态；
- 下一次再评估或周期性再验证的日期（计划）。

6. 确认和验证文件的格式

对确认和验证的方案及报告的格式进行规定。

7. 计划

- 制定上述确认和验证活动的计划，包括时间安排等。

8. 偏差处理和变更控制

- 确认与验证过程发生的偏差及处理情况；
- 确认与验证过程发生的变更控制流程。

除上述的验证总计划外，企业还可以根据需要建立针对项目或针对特定产品的验证总计划。

3.6.4 确认

确认包括设计确认（DQ）、安装确认（IQ）、运行确认（OQ）和性能确认（PQ）。

法规要求

药品生产质量管理规范（2010 年修订）

第一百四十条 应当建立确认与验证的文件和记录，并能以文件和记录证明达到以下预定的目标：

（一）设计确认应当证明厂房、设施、设备的设计符合预定用途和本规范要求；

（二）安装确认应当证明厂房、设施、设备的建造和安装符合设计标准；

（三）运行确认应当证明厂房、设施、设备的运行符合设计标准；

（四）性能确认应当证明厂房、设施、设备在正常操作方法和工艺条件下能够持续符合标准。

实施指导

厂房、设施、设备等的生命周期包含设计、采购、施工、测试、操作、维护、变更以及退役，而确认工作应贯穿生命周期的全过程，确保生命周期中的所有步骤始终处于一种受控的状态。

通过图 3–22 可以看出确认与生命周期的对应关系。

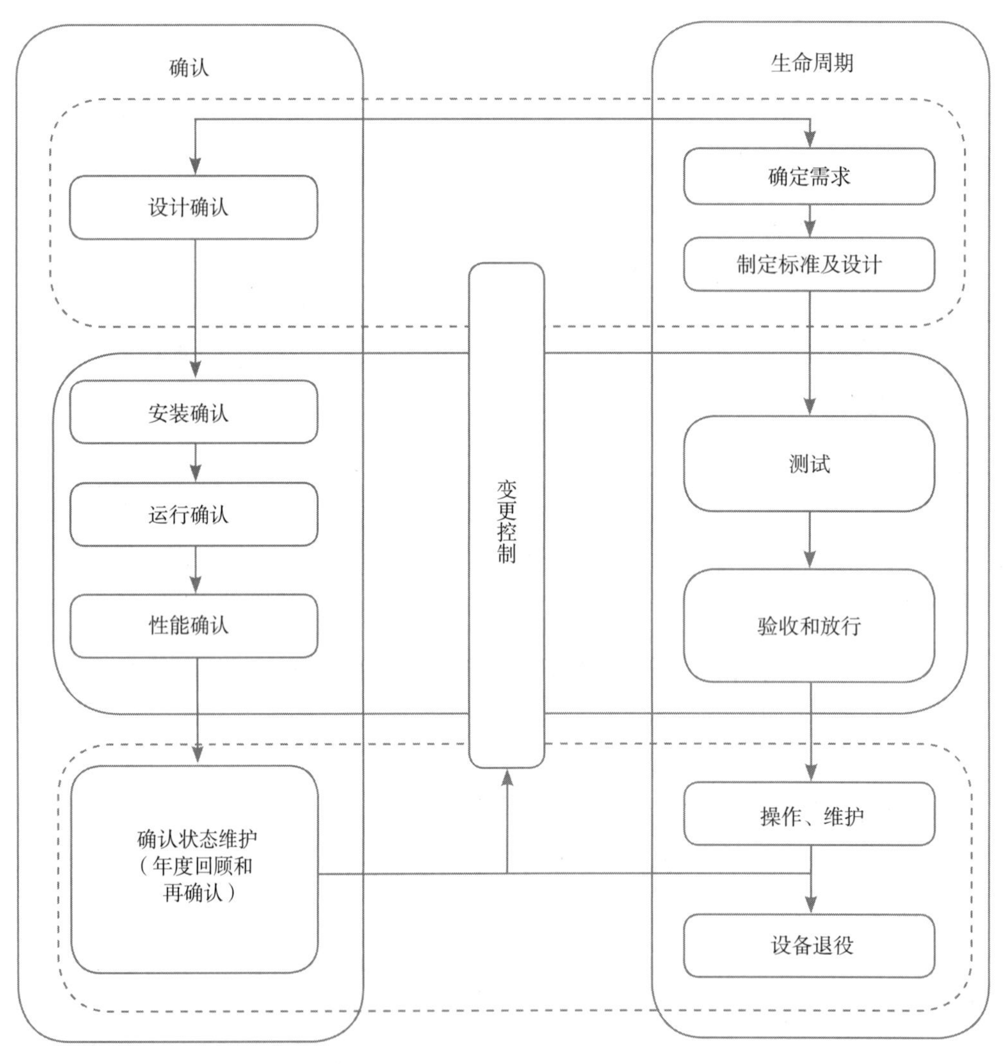

图 3–22　确认与生命周期的对应关系

确认中的测试项目、范围和程度由风险分析而定。当发生变更时，应执行变更管理程序并通过风险评估确定是否需要进行再确认。

A. 设计确认（DQ）

法规要求

药品生产质量管理规范（2010年修订）确认与验证附录

第十一条 企业应当对新的或改造的厂房、设施、设备按照预定用途和本规范及相关法律法规要求制定用户需求，并经审核、批准。

第十二条 设计确认应当证明设计符合用户需求，并有相应的文件。

实施指导

新的厂房、设施、设备确认的第一步为设计确认（DQ）。

设计确认是有文件记录的对厂房、设施、设备等的设计所进行的审核活动，目的是确保设计符合用户所提出的各方面需求，经过批准的设计确认是后续确认活动（如安装确认、运行确认、性能确认）的基础。

通常，设计确认中包括以下的项目：

1. 用户需求说明文件

用户需求说明文件（user requirement specification，URS）是从用户角度对厂房、设施、设备等所提出的要求。需求的程度和细节应与风险、复杂程度相匹配，其中对待设计的厂房、设施、设备等考虑以下内容：

- 法规方面的要求（GMP 要求、环保要求等）
- 安装方面的要求和限制（尺寸、材质、动力类型、洁净级别等）
- 功能方面的要求（通常由供应商提供）
- 文件方面的要求（供应商应提供的文件及格式要求，如图纸、维护计划、使用说明、备件清单等）

表 3-41 为建议的用户需求说明文件模板，具体内容可根据实际需要进行增减。

表 3-41　建议的用户需求说明文件模板

项目介绍	对项目和目的的简要介绍
法规要求	GMP 要求
	安全要求
	环保要求
安装要求	地面承重
	安装尺寸
	可用的公用系统（压缩空气、洁净蒸气等）
	洁净级别
	房间环境条件（温湿度等）
	可用的能源配置
	材质要求（重点考虑接触产品的部件）
运行要求	原辅料、包装材料、产品的规格标准
	设备效率、产能
	工艺参数范围（速度、温度等）
电气、自动控制	自动控制过程的要求
	计算机化系统的验证要求
安全	电气或机械锁
	电气保护
	压力保护
文件	所有需要供应商提供的文件（技术图纸、备件清单、操作手册、维护建议等）

2. 技术标准文件

技术标准文件（technical specification，TS）是从设计者角度对厂房、设施、设备等怎样满足用户需求所进行的说明。技术标准应根据用户需求说明文件中的条款准备，其中应包括必要的技术图纸等。

3. 对比用户需求说明和技术标准

可采用表格的方式将需求条款与设计条款进行逐条的比对并记录对比的结

果。为了方便对比以及对相应条款进行引用，建议对每一条需求和技术规格单独编号。

4. 风险分析

应通过风险分析确定后续确认工作的范围和程度，并制定降低风险的措施。降低风险的措施可以是确认中的某项具体测试或者增加相应的控制或检查规程等，这些措施的执行情况需在后续的确认活动中进行检查。

风险分析可采用不同的方法进行，具体建议可参见本分册“5 质量风险管理”章节的建议。

关键功能 / 参数	可能的风险	降低风险的措施	措施的执行情况

可通过不同方式的风险评估方法在确认开始之前进行

可作为确认中的检查项目

对于标准化的设备，“设计”在很多情况下仅仅是对不同的型号进行选择的活动。在这样的情况下，设计确认的内容可以根据设备的复杂程度以及“客户化”的程度相对简化。例如，标准的或“低风险”的设备，可以将需求文件在采购文件之中进行描述，不需要单独建立用户需求说明或技术说明。

B. 安装确认（IQ）

法规要求

药品生产质量管理规范（2010 年修订）确认与验证附录

第十三条 新的或改造的厂房、设施、设备需进行安装确认。

第十四条 企业应当根据用户需求和设计确认中的技术要求对厂房、设施、设备进行验收并记录。安装确认至少包括以下方面：

（一）根据最新的工程图纸和技术要求，检查设备、管道、公用设施和仪器的安装是否符合设计标准；

（二）收集及整理（归档）由供应商提供的操作指南、维护保养手册；

（三）相应的仪器仪表应进行必要的校准。

实施指导

应对新的或发生改造之后的厂房、设施、设备等进行安装确认；设备、设施、管路的安装以及所涉及的仪表应对照工程技术图纸及设计确认文件进行检查；供应商提供的操作指导、维护和清洁的要求等文件应在安装确认过程中收集并归档；新设备的校准需求和预防性维护的需求应在这一阶段定义。

安装确认应包括但不局限于以下的检查项目：

1. 到货的完整性

- 将到货的实物与订单、发货单、DQ 文件等进行对比；
- 检查设计确认文件中所规定的文件（如操作说明、备件清单、图纸等）是否齐全。

2. 材质和表面

- 检查直接接触产品的设备材质类型和表面的光滑程度；
- 检查可能对产品质量产生影响的其他物质（如润滑剂、冷却剂等）。

3. 安装和连接情况

- 对照图纸检查安装情况（机械安装、电器安装、控制回路等）；
- 加工情况（如焊接、排空能力、管路斜度、盲管等）；
- 设备等的标识（内部设备编号的标识、管路标识等）；
- 检查设备设施等与动力系统（如供电）的连接情况；
- 检查设备设施等与公用设施（如压缩空气系统、冷水系统等）的连接情况。

4. 初始清洁

- 初始清洁活动的目的是去除设备本体的灰尘、脏污，复原设备基本功能，使设备恢复到最初的状态；
- 根据设备的构造和原理制定初始清洁的操作要求，梳理清洁的内容、注意事项和清洁接受标准；
- 实施初始清洁并记录清洁的操作过程；
- 对清洁过程采用合适方法进行检查，确认达到预期的清洁效果。

5. 校准

- 应对厂房、设备、设施等的控制或测量用的仪表等进行校准需求的评估；
- 对需校准的仪表等建立校准方法；
- 完成初始校准。

6. 文件

- 收集及整理（归档）由供应商提供的操作指导、维护方面的要求；
- 建立设备设施等的工作日志；
- 技术图纸等的审核（确认为最新状态）。

表 3-42 为建议的安装确认检查清单模板，具体内容可根据实际需要进行增减。

表 3-42 建议的安装确认检查清单模板

1 到货的完整性（对照参考文件检查实物，并记录实物信息）						
1.1 设备	参考文件	接受标准	记录	结果	签字	日期
	（订单、发货单等）	（实物与订单、发货单相符）	（记录设备型号、序列号等信息）			
a……						
b……						
1.2 部件	参考文件	接受标准	记录	结果	签字	日期
	（订单、发货单等）	（实物与订单、发货单相符）	（记录设备型号、序列号等信息）			
a……						
b……						
1.3 文件	参考文件	接受标准	记录	结果	签字	日期
	（DQ 文件）	（DQ 中所要求提供的文件齐全）	（记录文件编号和存档位置）			
a……						
b……						
2 材质和表面（对照参考文件检查实物，并记录实物信息）						
2.1 接触产品的部件	参考文件	接受标准	记录	结果	签字	日期
	（供应商材质证明）	（与 DQ 中要求相符）	（记录部件的材质）			
a……						
b……						
2.2 润滑剂	参考文件	接受标准	记录	结果	签字	日期
	（供应商材质证明）	（与 DQ 中要求相符）	（记录润滑剂型号）			
a……						
b……						

续表

2.3 其他材料（冷却剂等）	参考文件	接受标准	记录	结果	签字	日期
	（供应商材质证明）	（与 DQ 中要求相符）	（记录材料的型号）			
a……						
b……						
3 安装和连接（对照参考文件检查实物）						
3.1 机械安装	参考文件	接受标准	记录	结果	签字	日期
	（图纸、DQ 文件）	（外观完好无明显破损，与图纸和 DQ 相符，设备标识正确）	（记录设备的安装设备）			
a……						
b……						
3.2 加工情况	参考文件	接受标准	记录	结果	签字	日期
	（DQ 文件、URS）	（与 DQ 要求相符）	（实际情况）			
a……						
b……						
3.3 控制回路	参考文件	接受标准	记录	结果	签字	日期
	（P&ID）	（回路完整、与图纸相符、标识正确）	（实际情况）			
a……						
b……						
3.4 电气安装	参考文件	接受标准	记录	结果	签字	日期
	（电路图纸、DQ 文件）	（电器元件、线路等与图纸相符、标识正确）	（实际情况）			
a……						
b……						
3.5 动力连接	参考文件	接受标准	记录	结果	签字	日期
	（DQ）	（连接正确、与 DQ 相符）	（实际连接的动力类型及规格）			
a……						
b……						

续表

3.6 与公用系统连接	参考文件	接受标准	记录	结果	签字	日期
	（设计图纸、DQ）	（连接正确、与 DQ 相符，管路标明内容物和流向）	（所连接的系统名称及编号）			
压缩空气						
纯化水						
氮气						
真空						
蒸汽						
……						
4 初始清洁						
4.1 清洁操作	参考文件	接受标准	记录	结果	签字	日期
	（初始清洁操作的 SOP）	（初始清洁按 SOP 要求完成）	（清洁的操作）			
a……						
b……						
4.2 清洁效果检查	参考文件	接受标准	记录	结果	签字	日期
	（清洁效果检查的 SOP）	（目测、理化微生物标准等符合 SOP 要求）	（取样、测试数据）			
a……						
b……						
4.3 其他特殊操作（如钝化等）	参考文件	接受标准	记录	结果	签字	日期
a……						
b……						
5 校准						
5.1 仪表清单（列出设施、设备包含的所有测量控制用仪表）	参考文件	记录		评估	签字	日期
	（P&ID）	（用途、型号、精度等）		（是否需校准）		
a……						
b……						

续表

<table>
<tr><td rowspan="2">5.2 校准测试（初始校准）</td><td>参考文件</td><td>接受标准</td><td>记录</td><td rowspan="2">评估</td><td rowspan="2">签字</td><td rowspan="2">日期</td></tr>
<tr><td>（校准方案和计划）</td><td>（校准偏差在接受范围内）</td><td>（校准报告的参考文件编号或实际校准测试数据）</td></tr>
<tr><td colspan="7">**6 文件**</td></tr>
<tr><td>文件类型</td><td>文件编号</td><td>接受标准</td><td>记录</td><td rowspan="2">评估</td><td rowspan="2">签字</td><td rowspan="2">日期</td></tr>
<tr><td>工作日志（Logbook）</td><td></td><td>（已建立）</td><td>（放置位置）</td></tr>
<tr><td>技术图纸</td><td></td><td>（为最新状态）</td><td>（存档位置）</td><td></td><td></td><td></td></tr>
<tr><td>其他</td><td></td><td></td><td></td><td></td><td></td><td></td></tr>
<tr><td colspan="7">**7 偏差**</td></tr>
<tr><td>描述</td><td>解决措施</td><td colspan="2">措施的完成日期</td><td>评估</td><td>签字</td><td>日期</td></tr>
<tr><td></td><td></td><td colspan="2"></td><td></td><td></td><td></td></tr>
<tr><td></td><td></td><td colspan="2"></td><td></td><td></td><td></td></tr>
</table>

注：参考文件和接受标准项中的内容需根据实际需要在起草方案时确定；
记录项中的内容应根据实际情况在确认测试时填写；
“( )”中为建议的内容；
“检查清单”可以放在方案的附件中，在确认执行的过程中进行填写，作为原始记录。

C. 运行确认（OQ）

法规要求

药品生产质量管理规范（2010 年修订）确认与验证附录

第十五条 企业应当证明厂房、设施、设备的运行符合设计标准。运行确认至少包括以下方面：

（一）根据设施、设备的设计标准制定运行测试项目。

（二）试验 / 测试应在一种或一组运行条件之下进行，包括设备运行的上下限，必要时选择“最差条件”。

第十六条 运行确认完成后，应当建立必要的操作、清洁、校准和预防性维护保养的操作规程，并对相关人员培训。

实施指导

运行确认应在安装确认完成之后进行。其中的测试项目应根据对于工艺、系统和设备的相关知识而制定；测试应包括所谓的“最差条件”即操作参数的上下限度（例如最高和最低温度）而且测试应重复足够的次数以确保结果可靠并且有意义。

运行确认应包括但不局限于以下内容：

1. 培训

在运行确认结束之前，应确认相关人员的培训已经完成，其中应至少包括设备操作、维护以及安全指导方面的内容。

2. 检查 OQ 中所使用到的测量用仪器

必须确保运行确认中所使用的测量用仪器仪表等都经过校准。

3. 功能测试

- 设备的基本功能；
- 系统控制方面的功能（如报警、自动控制等）；
- 安全方面的功能（如设备的急停开关功能，安全联锁功能等）。

4. 检查相关文件的准备情况

以下文件都应在运行确认结束前完成。

- 操作规程：与设备设施操作、清洁相关的操作规程应在运行确认过程中进行完善和修改并在运行确认结束之前完成。根据确认结果，评估设备使用的方法和步骤；
- 预防性维护计划：新设备已加入企业预防性维护计划中；
- 校准计划；
- 监测计划。

表 3-43 为建议的运行确认检查清单模板，具体内容可根据实际需要进行增减。

表 3-43 建议的运行确认检查清单模板

1 人员培训（与操作、维护、清洁等相关的培训）						
（填写培训内容、培训日期、参加人员等信息）						
2 OQ 测试中所使用到的测量仪器						
仪器名称	检查（校准状态）	接受标准（所使用的仪器都在校准有效期内）	记录（校准有效期至）	结果	签字	日期
a……						
b……						

续表

3 功能测试						
3.1 基本功能	测试方法	接受标准	记录	结果	签字	日期
a……						
b……						
3.2 控制功能	测试方法	接受标准	记录	结果	签字	日期
a……						
b……						
3.3 安全功能	测试方法	接受标准	记录	结果	签字	日期
a……						
b……						
4 文件						
文件类型	文件编号	接受标准	记录	评估	签字	日期
操作规程（与操作、清洁相关的）		（已批准）	（批准日期）			
校准计划		（需校准的项目已加入企业校准计划或系统中，并且计划被批准）	（批准日期）			
预防性维护计划		（需维护的项目已加入企业预防性维护计划系统中，并被批准）	（批准日期）			
日常监测计划		（需进行日常监测的项目已加入日常监测计划中，并被批准）	（批准日期）			
其他						
5 偏差						
描述	解决措施	措施的完成日期		评估	签字	日期

注：测试方法和接受标准项中的内容需根据实际需要在起草方案时确定；记录项中的内容应根据实际情况在确认测试时填写；“( )”中为建议的内容；“检查清单”可以放在方案的附件中，在确认执行过程中进行填写，作为原始记录

D. 性能确认（PQ）

法规要求

药品生产质量管理规范（2010年修订）确认与验证附录

第十七条 安装和运行确认完成并符合要求后，方可进行性能确认。在某些情况下，性能确认可与运行确认或工艺验证结合进行。

第十八条 应当根据已有的生产工艺、设施和设备的相关知识制定性能确认方案，使用生产物料、适当的替代品或者模拟产品来进行试验/测试；应当评估测试过程中所需的取样频率。

实施指导

性能确认应在安装确认和运行确认成功完成之后执行，尽管将性能确认作为一个单独的活动进行描述，在有些情况下，也可以将性能确认与运行确认结合在一起进行。性能确认是通过文件证明当设备、设施等与其他系统完成连接后能够有效地可重复地发挥作用，即通过测试设施、设备等的产出物（如纯化水系统所生产出的纯化水、设备生产出的产品等）证明它们正确的性能。

性能确认

（1）可以使用与实际生产相同的物料，也可以使用有代表性的替代物料（如空白剂）；

（2）测试应包含“最差条件”，例如灭菌设备的可能最冷点的测试。

有关性能确认的详细指导，请参见本丛书《厂房设施与设备》分册相关内容。

E. 再确认

法规要求

药品生产质量管理规范（2010年修订）

第八十一条 经改造或重大维修的设备应当进行再确认，符合要求后方可用于生产。

第一百四十四条 确认和验证不是一次性的行为。首次确认或验证后，应当根据产品质量回顾分析情况进行再确认或再验证。关键的生产工艺和操作规程应当定期进行再验证，确保其能够达到预期结果。

实施指导

厂房、设施、设备等完成确认之后应通过变更管理系统进行控制，所有可能影响产品质量的变更都应正式申请、记录并批准。当厂房、设施、设备等发生变更并可能影响产品质量时，应进行评估，其中包括风险分析。通过风险分析确定是否需要再确认以及再确认的程度。

厂房、设施、设备等的初次确认完成之后，应对它们的确认状态进行维护。

在没有发生较大的变更的情况下，可以通过对维护、校准、工作日志、偏差、变更等的定期回顾确保厂房、设施、设备等的确认状态。这种周期性的回顾可视为再确认。

当发生改造、变更或反复出现故障时，需通过风险评估确定是否进行再确认，以及再确认的范围和程度。

要点备忘

调试和确认

调试（commissioning）是在进行确认时经常被提及的概念，对于调试的介绍可以详见本分册“3.3.3 设备”章节。

根据上文的介绍，确认活动依据 GMP 执行，通过文件证明厂房、设施、设备等可以达到预期的结果。其重点考察可能影响产品质量的关键因素（通过风险分析确定）。

调试可参考良好工程管理规范（GEP）执行，是在工程技术方面对厂房、设施、设备等进行的测试和接收，主要关注工程学方面的要求（例如电路的连接及标识、液压系统等）。

制药企业内的所有设备和设施都应通过风险评估判断它们的风险水平以及对产品质量的影响，只有那些对产品质量可能产生影响的设备和设施需要进行确认。因此并不是所有设备都需进行确认，但是从工程技术角度，所有的设施设备等在正式接收之前都应进行必要的技术检查。

调试和确认的过程，以关键质量属性 CQAs、关键工艺参数 CPPs 为起点，通过系统风险评估，识别出关键方面（CA）和关键设计元素（CDE）。通过图 3-23、图 3-24 了解基于科学和风险的调试和确认的评估（C&Q）流程及 CQA、CPP、CA、CDE 与相关检测之间关系的示例。

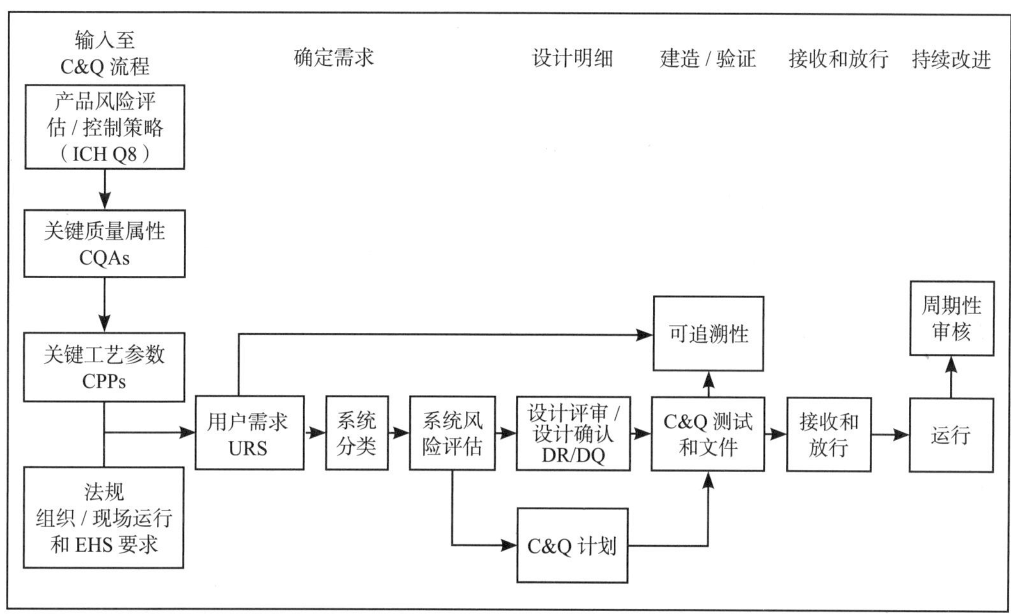

图 3-23 基于科学和风险的 C&Q 流程图

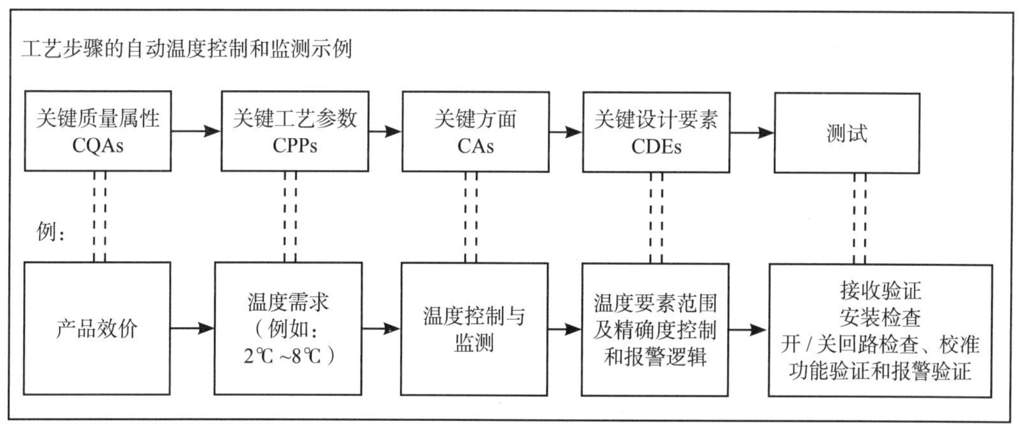

图 3-24 CQA、CPP、CA、CDE 与相关检测之间关系的示例

在很多情况下，确认（安装确认和运行确认）是与调试同时执行的，它们的内容存在重叠的情况，即调试中的某些测试或检查项目与确认中的项目相类似甚至完全相同（例如：检查并记录设备的型号、功率；与公用系统的连接等）。但确认活动对文件的要求更为严格，同时要求质量部门的参与。

通常，调试过程中执行的测试或检查不需要在确认的过程中重复，但是必须保证调试的文件记录符合 GMP 的要求，并且过程中有质量部门的参与（如必要的审核和批准）。

3.6.5 验证

验证是质量体系中的一个基本要素，用来确保工艺、过程、方法或系统等能够实现预定的用途。

在本节中主要介绍针对以下对象的验证：

- 生产工艺——工艺验证；
- 清洁程序——清洁验证；
- 分析方法——分析方法验证；
- 计算机化系统——计算机化系统验证；
- 物料和产品运输——运输确认。

3.6.5.1 工艺验证

法规要求

药品生产质量管理规范（2010 年修订）

第一百四十条 应当建立确认与验证的文件和记录，并能以文件和记录证明达到以下预定的目标：

（五）工艺验证应当证明一个生产工艺按照规定的工艺参数能够持续生产出符合预定用途和注册要求的产品。

第一百四十一条 采用新的生产处方或生产工艺前，应当验证其常规生产的适用性。生产工艺在使用规定的原辅料和设备条件下，应当能够始终生产出符合预定用途和注册要求的产品。

第一百四十二条 当影响产品质量的主要因素，如原辅料、与药品直接接触的包装材料、生产设备、生产环境（或厂房）、生产工艺、检验方法等发生变更时，应当进行确认或验证。必要时，还应当经药品监督管理部门批准。

第一百四十四条 确认和验证不是一次性的行为。首次确认或验证后，应当根据产品质量回顾分析情况进行再确认或再验证。关键的生产工艺和操作规程应当定期进行再验证，确保其能够达到预期结果。

第一百四十九条 应当根据验证的结果确认工艺规程和操作规程。

药品生产质量管理规范（2010年修订）确认与验证附录

第十九条 工艺验证应当证明一个生产工艺按照规定的工艺参数能够持续生产出符合预定用途和注册要求的产品。工艺验证应当包括首次验证、影响产品质量的重大变更后的验证、必要的再验证以及在产品生命周期中的持续工艺确认，以确保工艺始终处于验证状态。

第二十条 企业应当有书面文件确定产品的关键质量属性、关键工艺参数、常规生产和工艺控制中的关键工艺参数范围，并根据对产品和工艺知识的理解进行更新。

第二十一条 采用新的生产处方或生产工艺进行首次工艺验证应当涵盖该产品的所有规格。企业可根据风险评估的结果采用简略的方式进行后续的工艺验证，如选取有代表性的产品规格或包装规格、最差工艺条件进行验证，或适当减少验证批次。

第二十二条 工艺验证批的批量应当与预定的商业批的批量一致。

第二十三条 工艺验证前至少应当完成以下工作：

（一）厂房、设施、设备经过确认并符合要求，分析方法经过验证或确认。

（二）日常生产操作人员应当参与工艺验证批次生产，并经过适当的培训。

（三）用于工艺验证批次生产的关键物料应当由批准的供应商提供，否则需评估可能存在的风险。

第二十四条 企业应当根据质量风险管理原则确定工艺验证批次数和取样计划，以获得充分的数据来评价工艺和产品质量。

企业通常应当至少进行连续三批成功的工艺验证。对产品生命周期中后续商业生产批次获得的信息和数据，进行持续的工艺确认。

第二十五条 工艺验证方案应当至少包括以下内容：

（一）工艺的简短描述（包括批量等）；

（二）关键质量属性的概述及可接受限度；

（三）关键工艺参数的概述及其范围；

（四）应当进行验证的其他质量属性和工艺参数的概述；

（五）所要使用的主要的设备、设施清单以及它们的校准状态；

（六）成品放行的质量标准；

（七）相应的检验方法清单；

（八）中间控制参数及其范围；

（九）拟进行的额外试验，以及测试项目的可接受标准，和已验证的用于测试的分析方法；

（十）取样方法及计划；

（十一）记录和评估结果的方法（包括偏差处理）；

（十二）职能部门和职责；

（十三）建议的时间进度表。

第二十六条 如企业从生产经验和历史数据中已获得充分的产品和工艺知识并有深刻理解，工艺变更后或持续工艺确认等验证方式，经风险评估后可进行适当的调整。

第二十七条 在产品生命周期中，应当进行持续工艺确认，对商业化生产的产品质量进行监控和趋势分析，以确保工艺和产品质量始终处于受控状态。

第二十八条 在产品生命周期中，考虑到对工艺的理解和工艺性能控制水平的变化，应当对持续工艺确认的范围和频率进行周期性的审核和调整。

第二十九条 持续工艺确认应当按照批准的文件进行，并根据获得的结果形成相应的报告。必要时，应当使用统计工具进行数据分析，以确认工艺处于受控状态。

第三十条 持续工艺确认的结果可以用来支持产品质量回顾分析，确认工艺验证处于受控状态。当趋势出现渐进性变化时，应当进行评估并采取相应的措施。

第三十一条 在极个别情况下，允许进行同步验证。如因药物短缺可能增加患者健康风险、因产品的市场需求量极小而无法连续进行验证批次的生产。

第三十二条 对进行同步验证的决定必须证明其合理性、并经过质量管理负责人员的批准。

第三十三条 因同步验证批次产品的工艺和质量评价尚未全部完成产品即已上市，企业应当增加对验证批次产品的监控。

基于对上述法规的理解和制药企业的生产实践，所有市售药物产品或药物中间体的生产过程都需要验证。生产工艺中涉及可能影响最终产品质量的因素应在工艺的开发阶段确定，在工艺设计阶段确定商业化生产工艺及影响因素，通过工艺验证对这些因素的影响进行系统化的评估，在产品生命周期中，应当进行持续工艺确认，对商业化生产的产品质量进行监控和趋势分析，以确保工艺和产品质量始终处于受控状态。

实施指导

A. 验证的类型

工艺验证通常可以按照以下三种方式进行：前验证（也称为前瞻性验证或预验证）、同步验证、回顾性验证。

1. 前验证

针对新的生产工艺或当工艺发生重大变化时所进行的工艺验证应采用前验证的方式，在验证成功结束之后才可以放行产品。工艺验证中所生产的产品批量应与最终上市的产品批量相同。通常，工艺验证要求进行连续三个成功批次的生产。

2. 同步验证

在某些非常特殊的情况下也可以接受通过同步验证的方式进行工艺验证，即在常规生产过程中进行验证。同步验证中生产的产品如果符合所有验证方案中规定的要求，可以在最终验证报告完成之前放行。进行同步验证的决定必须合理、有文件记录并且经过质量管理负责人批准。

因同步验证批次产品的工艺和质量评价尚未全部完成，产品即上市，企业应当增加对验证批次产品的监控。

同步性验证方法适用于以下情况：

- 由于需求很小而不常生产的产品，如“孤儿药物”即用来治疗罕见疾病的药物或每年生产少于 3 批的产品；
- 生产量很小的产品，如放射性药品。

3. 回顾性验证

有些历史遗留的产品未进行工艺验证。这些工艺过程在满足以下条件时可以通过对历史数据回顾的方式进行回顾性验证：

- 一直按照市售产品批量规模进行生产，能够很好地理解生产中的工艺过程，并有完整的记录；

- 有通过药典规定或经过验证实验方法进行检测所得到的充足可靠的验证数据；
- 对关键工艺参数和关键质量属性做出规定并进行了控制；
- 建立了工艺过程的中间控制和可接受标准；
- 没有由于操作失误和设备故障之外而引起的任何工艺过程或产品失败；
- 在产品生产中应用的药物活性成分的杂质谱已经建立。

同时还应具备：

- 工艺过程没有重大的历史改变；
- 所有关键工艺参数和关键质量属性都可以作为有代表性的历史数据；
- 进行回顾性验证的决定应得到质量管理部门负责人批准。

此类验证活动只对于成熟的已进行常规生产的工艺适用，当发生产品组分变更、操作规程、方法或设备变更时不允许使用回顾性验证。回顾性验证基于历史数据，所涉及的过程包括准备验证方案、报告数据回顾的结果、作出相应的结论和建议。

回顾性验证的数据来源包括以下内容：

- 批生产过程记录和包装过程记录；
- 过程控制图表；
- 以往数据资料；
- 变更控制记录（如工艺过程仪器、设备和设施）；
- 工艺过程的性能表现（如工艺能力分析）；
- 已完成产品的数据，包括趋势和稳定性结果。

回顾性验证中所选的批次应能代表回顾周期内生产的所有批次（包括不符合质量标准的批次），并且批数应足够多。此外，为了获得足够数量或种类的数据，回顾性验证可能需要对留样进行额外测试。通常回顾性验证需通过 10~30 个连续批次的数据进行检查，但如果有合理的理由，批数可以减少。

备注：通常认为回顾性验证只适用于在验证概念首次提出之前就已经开始生产的工艺，而在 GMP（1998 年修订）中就已经明确提出了验证的要求。因此，这种类型的验证不建议使用。在 GMP 确认与验证附录及美国 FDA 最新工艺验证指南中并未出现回顾性验证的概念，欧盟 GMP 附录 15《确认与验证》已明确提出回顾性验证不再是可接受的方法。

B. 工艺设计

工艺设计：基于开发和工艺放大过程中获得的知识，确定商业化生产工艺。主要有以下工作：

（1）通过设计阶段进行的试验、测试等活动，建立并获得产品工艺知识。来源有：

- 类似工艺的以往经验；
- 从临床和临床前得到的产品工艺知识；
- 分析的特征描述；
- 产品开发活动（工艺研发和特征研究）；
- 已发行的文献。

（2）根据所获得的产品工艺知识，建立工艺控制策略。为工艺验证的开展，输出以下内容：

- 目标产品质量概况（QTPP）；
- 关键质量属性及对应的关键性风险评估；
- 生产工艺设计，如工艺描述、工艺溶液处方、原材料及规格等；
- 分析方法；
- 工艺控制策略，如放行标准、中间产品控制与限度、工艺参数设定点和范围、日常监控要求、中间产品和加工溶液的贮藏及工艺步骤的时间限度、设计空间（如适用）；
- 产品特性化试验计划（即不包括产品放行检验中的试验）。

C. 工艺验证考察内容

在产品生命周期的所有阶段，应保证与工艺有关的信息收集和评价一致性，并在其后的产品生命周期中，提高这些信息的可获得性。捕捉获取产品工艺知识的良好项目管理和归档将使得工艺过程验证更为有效。在整个产品生命周期中，可启动不同的研究、发现、观察、关联或确认有关产品和工艺的信息。所有的研究，应根据法律法规的要求和产品工艺知识的信息来计划和执行，妥善记录，并按照适用于生命周期阶段的既定程序予以批准。工艺过程验证的前提条件包括：

（1）已经批准的主生产处方、主批记录（master batch record，原版空白批记录）以及相关的 SOP；

（2）主批记录的建立应基于配方和工艺规程，应列出专门、详细的生产指导和细则，须建立于验证方案起草之前，并在工艺过程验证开始前得到批准。主批记录中需规定主要的工艺参数，例如：

- 活性原料和辅料的量，包括造粒和包衣过程需要溶液的量；

- 确定关键工艺过程参数以及参数范围。

（3）设备确认（包括实验室设备）：在生产工艺过程验证前，所有参与验证的设施、设备、系统（包括计算机化系统）都必须完成设备确认。设备确认完成的情况应包括在工艺验证方案中。

（4）可能影响工艺验证的支持性程序（如设备清洁、过滤、检查和灭菌）都须事先经过确认或验证；

（5）关键仪表的校准；

（6）终产品、过程中间控制检测、原料和组成成分都应该具备经过批准的标准；

（7）购买、储存并批准工艺验证所需的原料和组成成分；

（8）使用经过验证的检验方法；

（9）参加验证的人员须在工作前进行培训，培训记录应存档。

在整个生命周期中，应使用基于风险的评估设计工艺验证。所有的相关因素，如属性（如质量、产品、组分）和参数（如工艺、操作和设备），应从其在生产工艺中发挥的作用和对产品的影响角度进行评估，获得并使用新的知识时，应考虑重新进行评估。对这些因素、属性或参数的控制程度，应该与其对工艺产生的风险程度相适应，即对风险较高的属性或参数采用更加严格的控制。

工艺验证应对可能影响产品质量的关键因素进行考察，这些因素通常包括但不限于如下内容。

（1）起始物料

一般，起始物料如果具备下列特点，则被认为是关键起始物料：

- 起始物料的波动可能对产品质量产生不良影响；
- 起始原料决定了产品的关键特性（例如：缓释制剂中影响药物释放的材料）。

应对产品配方中的所有起始物料进行评估，以确定其关键性。应尽可能在工艺验证的不同批次中使用不同批的关键起始物料。

（2）工艺参数

如果工艺参数的波动可能对产品质量产生显著影响，则被认为是关键的工艺参数。在验证方案中，应对每一个关键工艺参数设置特定的接受标准。关键工艺参数应通过风险评估进行确定，整个生产过程，从起始物料开始到成品结束都需要进行风险评估。常见的关键工艺参数包括，但不限于以下内容：

- 工艺时间，温度，压力；
- 电导率；
- pH 值；

- 不同工艺阶段的产率；
- 微生物负荷；
- 已称量的起始原料、中间物料和半成品的储存时间和周期；
- 批内的均匀性，通过适当的取样和检测进行评估。

此外，还有一些关键工艺参数是与剂型和具体操作过程相关的。在实例分析“常见剂型的重要工艺参数及中间过程控制项目”表 3-44~ 表 3-46 中列出了一些常见剂型生产、包装工艺中常见的关键工艺参数，仅供参考。

（3）中间过程控制

在工艺验证中应对重要的工艺参数进行监控，并对结果进行评估。在实例分析“常见剂型的重要工艺参数及中间过程控制项目”表 3-44~ 表 3-46 中列出了一些常见剂型生产、包装工艺中常见的中间过程控制项目，仅供参考。

（4）产品质量测试

产品质量标准中所有的检测项目都需要在验证过程中进行检测。测试结果必须符合相关的质量标准或产品的放行标准。

（5）稳定性研究

所有验证的批次都应通过风险分析评估是否需执行稳定性考察，以及确定稳定性考察的类型和范围。

（6）取样计划

工艺验证过程中所涉及的取样应按照书面的取样计划执行，其中应包括取样时间、方法、人员、工具、取样位置、取样数量等。通常，工艺验证应采用比常规生产更严格的取样计划。

（7）设备

在验证开始之前应确定工艺过程中所有涉及的设备以及关键设备参数的设定范围。验证范围应包含“最差条件”，即最有可能产生产品质量问题的参数设定条件。

此外，对验证结果进行评估时可以采取对比的方式识别质量方面的波动。例如：首次验证所生产的产品应与用于药品申请时所生产的产品（关键批或生物等效批）质量进行对比；由于工艺变更引起的再验证，验证产品应与变更前的产品质量进行比较。

对于采用质量源于设计方法研发的药品，由于其工艺在研发期间已被科学地建立，所建立的控制策略提供了高水平的产品质量保证，这时可以使用连续工艺验证（continuous process verification）来替代传统工艺验证。即利用先进的生产技术和分析技术，去“过程分析技术 PAT”，连续不断地取得“质量属性和工艺参数”数据，证明系统处于稳定的状态。

对许多操作中包含相似或同样的工艺操作和设备的情况，PDA TR60 提出在工艺验证方案设计中可以使用分组法。一些工艺参数可使用括号法、矩阵法或分组法进行工艺验证，包括：

- 批量；
- 药品剂量规格；
- 同样的设备。
    - 不同尺寸的容器，罐子，或具有相同设计和操作原则的结构相似的或同类的设备；
    - 相同药品的不同小瓶尺寸和（或）灌装体积（如最小和最大的小瓶尺寸）；
    - 灌装线速度（如最快和最慢线速度）；
    - 产品包装（如瓶子高度或剂量计数）。

其中，括号法使用的前提是极端情况可以充分代表中间情况，用于单个工艺元素可变但同时其他全部可变条件保持固定，通过对极端情况的确认来制定工艺验证策略。矩阵法适用于相同的工艺和产品结构有不止一种变化时的商业化生产的工艺验证，该方法基于的假设是选定的工艺验证批的结构可代表所有组合情况下的工艺。分组法适用于有多个相关但不同的实体（如同样的设备）能被分组以便单个的实体能代表共同的性质或每个组的最差情况。不管选择哪种方法，选择代表性组和批数的理由应经过科学论证及风险评估，并在工艺验证总计划和工艺验证方案中阐述。

工艺验证成功后，就可以进行持续工艺确认计划的确定和实施。所有在工艺验证基础上要做的调整应在工艺验证之后的批次开始生产前并应通过变更控制程序进行处理。如适用，推荐在工艺验证之后的一段时间仍然按照工艺验证的水平进行取样，当然，不是所有的情况都必须这样要求。

D. 持续工艺确认

持续工艺确认（continued process verification）能够让企业一致地生产出高质量的产品。持续工艺确认监测计划的主要目的是确保在生命周期的整个商业阶段，工艺处于受控状态；但是，某些属性或参数可能需要在 PPQ 完成后加强监测一段时间，以进一步增加工艺的置信水平。

生产企业应当监测产品的质量并评估相关工艺趋势，以保证在整个产品生命周期中始终处于受控状态。

成功的工艺验证证实了工艺设计和控制策略的合理性，并证明商业化生产工艺的性能符合预期。为了保证在常规生产中工艺和产品始终处于受控状态，应该进行持续工艺确认，对商业化生产的产品质量进行监控和趋势分析。

为了实现这一目的，应建立用于识别非预期工艺波动的系统，来收集并评估工艺性能的数据和信息，识别问题并采取相应措施改正、预测并预防问题。

E. 工艺验证文件

1. 验证方案内容

- 工艺的简短描述（包括批量等）；
- 关键质量属性的概述及可接受限度；
- 关键工艺参数的概述及其范围；
- 应当进行验证的其他质量属性和工艺参数的概述；
- 所要使用的主要的设备、设施清单以及它们的校准状态；
- 成品放行的质量标准；
- 相应的检验方法清单；
- 中间控制参数及其范围；
- 拟进行的额外试验、测试项目的可接受标准和已验证的用于测试的分析方法；
- 取样方法及计划；
- 记录和评估结果的方法（包括偏差处理）；
- 职能部门和职责；
- 建议的时间进度表。

2. 主批记录验证报告内容

- 题目、批准日期和文件编号；
- 验证目标和范围；
- 实验实施的描述；
- 结果总结；
- 结果分析；
- 结论；
- 偏差和解决方法；
- 附件（包括原始数据）；
- 参考资料（包括验证方案号和版本号）；
- 对需要纠正缺陷的建议。

F. 生产工艺的再验证

生产工艺的再验证主要为以下两种情况：

1. 可能再验证

当发生可能影响产品质量的变更或出现异常情况时，应通过风险评估确定是否需进行再验证以及确定再验证的范围和程度。可能需要进行再验证的情况包括但不限于以下情况：

- 关键起始物料的变更（可能影响产品质量的物理性质如密度、黏度或粒度分布）；
- 关键起始物料生产商的变更；
- 包装材料的变更（如塑料代替玻璃）；
- 扩大或减小生产批量；
- 技术、工艺或工艺参数的变更（例如：混合时间的变化或干燥温度的变化）；
- 设备的变更（例如：增加了自动检查系统）。设备上相同部件的替换通常不需要进行再验证，但可能影响产品质量的情况除外；
- 生产区域或公用系统的变更；
- 发生返工或再加工；
- 技术转移；
- 反复出现的不良工艺趋势或 IPC 偏差、产品质量问题或超标结果（这些情况下应先确定并消除引起质量问题的原因，然后再进行再验证）；
- 异常情况（例如：在自检过程中或工艺数据趋势分析中发现的）。

2. 周期性的再验证

要确保工艺处于持续验证状态，应收集和评估关于工艺性能的数据和信息，可使发现非预期的工艺波动成为可能。此外，生产工艺在完成首次验证之后，应定期进行再验证以确定它们仍保持验证状态并仍能满足要求，再验证的频率可以由企业根据产品、剂型等因素自行制定。周期性的再验证可以采用同步验证的方式、回顾的方式或两者相结合的方式进行，方式的选择应基于品种和剂型的风险。如果采用回顾的方式，回顾时需考虑以下内容：

- 批生产过程记录和包装过程记录；
- 过程控制图表；
- 以往数据资料；
- 变更控制记录（如工艺过程仪器、设备和设施）；
- 工艺过程的性能表现（如工艺能力分析）；

- 已完成产品的数据，包括趋势和稳定性结果；
- 前次验证中定义的纠正或预防措施，如适用；
- 工艺验证状态的变更；
- 召回、严重偏差以及确定的由相应工艺导致的超标结果（放行时或稳定性测试中）、合理的投诉以及退货也应进行评估；
- 放行测试、稳定性考察及 / 或中间过程控制数据的趋势；
- 与工艺相关的质量标准限度、检验规程、验证文件的当前状态。

备注：通常如果通过回顾可以证明工艺的受控状态时，可以采用回顾的方式进行周期性再验证；但关键工艺过程（如灭菌）的周期性再验证不建议采用回顾的方式，而应重复（或部分重复）首次验证中的测试内容。

实例分析

常见剂型的重要工艺参数及中间过程控制项目

表 3-44、表 3-45、表 3-46 列出了一些常见剂型的重要工艺参数及中间过程控制项目，供企业在确定工艺验证的测试项目时参考。由于产品和工艺的特性各不相同，对不同的产品进行工艺验证时应主要依据风险分析的结果选择关键项目。

1. 非无菌产品

表 3-44　非无菌产品的重要工艺参数及中间过程控制项目

固体制剂	工艺变量 / 中间过程控制项目
制粒	水分残留（相对 / 绝对湿度）或颗粒的溶剂残留 粒径和（或）粒度分布 产率
混合	混合均匀度（粉末混合均匀度） 产率
压片	片重差异 / 含量均匀度 硬度，脆碎度，厚度 / 高度 崩解时限，溶出速率 / 曲线 外观 产率
胶囊灌装	重量差异 / 含量均匀度 崩解时限，溶出速率 / 曲线 产率

续表

固体制剂	工艺变量 / 中间过程控制项目
粉末转移	混合均匀度（过程粉末混合均匀度） 粒径和（或）粒度分布 微生物
（薄膜）包衣	片重差异 / 含量均匀度 厚度 / 高度 崩解时限，溶出速率 / 曲线 外观 产率 微生物
灌装（粉末）	混合均匀度（过程粉末混合均匀度） 灌装重量的重现性
灌装（药片）	灌装数量的重现性
半固体制剂	**工艺变量 / 中间过程控制项目**
半成品制剂 / 混合	活性物质和功能性辅料的均一性 对于分散性的活性成分、辅料：分布均匀性和再混悬性 粒径和（或）粒度分布 颗粒聚集 外观：目测和显微镜评估 黏性和一致性（透过性和延展性） pH（对于水性系统） 产率 灌装之前的储存时间
半成品储存和灌装	活性成分和功能性辅料的均一性 活性成分、辅料：分布均匀性和再混悬性 灌装量可重现性 灌装属性（例如：黏度，一致性，透过性和延展性） 外观：目检和显微镜评估 微生物质量（微生物数） 产率
液体制剂	**工艺变量 / 中间过程控制项目**
混合 / 溶解	活性成分以及功能性辅料的含量均匀度 异物 / 不溶性微粒 活性成分和辅料的溶解：温度范围 溶液的澄明度、密度、pH
灌装	单剂量包装中活性成分和功能性辅料的均一性 异物 / 不溶性微粒 可视异物检查 分装装量（体积 / 重量） 分装装量重现性（分装精度） 微生物数 产率

续表

包装和贴签	工艺变量 / 中间过程控制项目
初级包装 次级包装 贴签	初级包材的完整性（例如：密封质量，轧盖，螺帽密封度，药管折叠） 包装过程本身造成的缺陷（例如：破漏，小孔，花边，破裂等） 贴签的质量（例如：位置，方向） 可变数据的打印质量（可读性） 小盒外观和说明书的折叠

2. 最终灭菌产品

表 3-45　最终灭菌产品的重要工艺参数及中间过程控制项目

工艺步骤	工艺变量 / 中间过程控制项目
溶液制备	活性成分以及特定的功能性辅料的含量均匀度 异物 / 不溶性微粒 活性成分和辅料的溶解：温度范围 溶液的澄明度、密度、pH 生物负荷量（微生物、热原、内毒素等） 生产 / 放置时间
过滤除菌 （液体制剂）	生物负荷量 过滤器完整性 压差 流速 过程时间
初级包材的准备	清洁 灭菌 除内毒素 / 除热原
灌封 （初级包装）	分装装量（体积 / 重量） 密封参数（如轧盖力） 环境监测（微生物、粒子数）
最终灭菌	一般要求： 灭菌工艺应适用于去除微生物、内毒素和病毒，同时保证产品的稳定性 二次灭菌时应考虑对含量和降解产物进行测试 灭菌时应优先选择使用蒸汽灭菌，气体灭菌只适用于通透性包装材料
灭菌 （通用变量）	从配制到待灭菌产品、到最终灭菌的时间 最长放置时间之后的生物负荷量 “最难灭菌”装载模式的确定和测试 所有生物指示剂的灭活（阳性对照除外） 无菌保证水平（sterility assurance level，SAL）至少达到 10^{-6} 容器的密封性 灭菌后的产品测试（例如：颜色、含量、降解产物、不溶性微粒、pH）
蒸汽灭菌	灭菌工艺参数（温度、时间、压力） 温度分布 / 热穿透 冷点的位置

续表

工艺步骤	工艺变量 / 中间过程控制项目
外观检查（人工和仪器）	可见异物检查 容器缺陷 内容物缺陷（如微粒、装量） 密封缺陷（如轧盖、熔封）

3. 非最终灭菌产品

表 3-46　非最终灭菌产品的重要工艺参数及中间过程控制项目

工艺步骤	工艺变量 / 中间过程控制项目
溶液配制	活性成分以及特定的功能性辅料的含量均匀度 异物 / 不溶性微粒 活性成分和辅料的溶解：温度范围 溶液的澄明度、密度、pH 生物负荷量（微生物、病毒、内毒素） 工艺 / 放置时间
半成品灭菌 / 过滤除菌（只适用于液体产品）	生物负荷量 过滤器完整性 最大压差 流速 工艺时间
过滤器验证	微生物截留量 除内毒素 / 除热原 内毒素截留量 析出物 吸附 过滤效率 / 性能指标 过滤器完整性测试参数 能力
灭菌（固体和半固体产品）	生物负荷量 灭菌方式（热力，化学气体，辐射） 关键工艺参数 生物指示剂灭活 无菌保证水平（sterility assurance level，SAL）/ 微生物截留量 热力灭菌后产品检测，如含量，副产物 / 降解产物，粒子
无菌原料	贮存条件 到分装结束前可存放时间 溶液罐密封性（捡漏试验，正压，呼吸器完整性检查）
内包材的准备	清洁 灭菌 除内毒素 / 除热原

续表

工艺步骤	工艺变量 / 中间过程控制项目
内包装容器 / 分包装	内包材在清洗，干燥后至灭菌 / 除热原可存放时间 分装装量（体积 / 重量） 分装装量重现性（分装精度） 容器密封性 轧盖力和轧盖质量 滑动摩擦力（只适合预填充注射剂） 环境监测（微生物，粒子，空气流向，湿度，温度，如果产品对此敏感） 分装产品的无菌性，如果适用
热力灭菌（只适用于灭菌）	工艺参数（温度，时间） 微生物减少，病毒减少 热力灭菌后产品检测（含量，副产物 / 降解产物，粒子）

3.6.5.2 清洁验证

法规要求

药品生产质量管理规范（2010 年修订）

第一百四十三条 清洁方法应当经过验证，证实其清洁的效果，以有效防止污染和交叉污染。清洁验证应当综合考虑设备使用情况、所使用的清洁剂和消毒剂、取样方法和位置以及相应的取样回收率、残留物的性质和限度、残留物检验方法的灵敏度等因素。

药品生产质量管理规范（2010 年修订）确认与验证附录

第三十八条 为确认与产品直接接触设备的清洁操作规程的有效性，应当进行清洁验证。应当根据所涉及的物料，合理地确定活性物质残留、清洁剂和微生物污染的限度标准。

第三十九条 在清洁验证中，不能采用反复清洗至清洁的方法。目视检查是一个很重要的标准，但通常不能作为单一可接受标准使用。

第四十条 清洁验证的次数应当根据风险评估确定，通常应当至少进行连续三次。

清洁验证计划完成需要一定的时间，验证过程中每个批次后的清洁效果需及时进行确认。必要时，企业在清洁验证后应当对设备的清洁效果进行持续确认。

第四十一条 验证应当考虑清洁方法的自动化程度。当采用自动化清洁方法时，应当对所用清洁设备设定的正常操作范围进行验证；当使用人工清洁程序时，应当评估影响清洁效果的各种因素，如操作人员、清洁规程详细程度（如淋洗时间等），对于人工操作而言，如果明确了可变因素，在清洁验证过程中应当考虑相应的最差条件。

第四十二条 活性物质残留限度标准应当基于毒理试验数据或毒理学文献资料的评估建立。

如使用清洁剂，其去除方法及残留量应当进行确认。可接受标准应当考虑工艺设备链中多个设备潜在的累积效应。

第四十三条 应当在清洁验证过程中对潜在的微生物污染进行评价，如需要，还应当评价细菌内毒素污染。应当考虑设备使用后至清洁前的间隔时间以及设备清洁后的保存时限对清洁验证的影响。

第四十四条 当采用阶段性生产组织方式时，应当综合考虑阶段性生产的最长时间和最大批次数量，以作为清洁验证的评价依据。

第四十五条 当采用最差条件产品的方法进行清洁验证模式时，应当对最差条件产品的选择依据进行评价，当生产线引入新产品时，需再次进行评价。如多用途设备没有单一的最差条件产品时，最差条件的确定应当考虑产品毒性、允许日接触剂量和溶解度等。每个使用的清洁方法都应当进行最差条件验证。

在同一个工艺步骤中，使用多台同型设备生产，企业可在评估后选择有代表性的设备进行清洁验证。

第四十六条 清洁验证方案应当详细描述取样的位置、所选取的取样位置的理由以及可接受标准。

第四十七条 应当采用擦拭取样和（或）对清洁最后阶段的淋洗液取样，或者根据取样位置确定的其他取样方法取样。擦拭用的材料不应当对结果有影响。如果采用淋洗的方法，应当在清洁程序的最后淋洗时进行取样。企业应当评估取样的方法有效性。

第四十八条 对于处于研发阶段的药物或不经常生产的产品，可采用每批生产后确认清洁效果的方式替代清洁验证。每批生产后的清洁确认应当根据本附录的相关要求进行。

第四十九条 如无法采用清洁验证的方式来评价设备清洁效果，则产品应当采用专用设备生产。

实施指导

A. 清洁验证的一般要求

清洁验证是通过文件证明清洁程序有效性的活动，目的是确保产品不会受到来自于生产设备或系统的产品残留、清洁剂以及微生物污染。

为了证明清洁程序的有效性，在清洁验证中应至少执行连续 3 个成功的清洁循环。

多产品共线要综合考虑药品的特性、生产过程、预定用途、厂房设施与设备等因素。共用设备的清洁验证要基于活性成分的药理毒理或基于健康的暴露限度（HBEL）等信息确定合理的限度。

对于专用设备，清洁验证可以不必对活性成分进行考察，但必须考虑清洁剂残留以及潜在的微生物污染等因素，对于一些特殊的产品，还应考察降解产物。

对于没有与药物成分接触的设备（如加工辅料用的流化床或包衣片所使用的包装设备），清洁验证可以不必对活性成分进行考察，但必须考虑清洁剂残留及微生物污染等因素。

清洁验证中需对下列放置时间进行考察，进而确定常规生产中设备的放置时间：

- 设备最后一次使用与清洁之间的最大时间间隔（待清洁放置时间）；
- 设备清洁后至下一次使用的最大时间间隔（清洁后放置时间）。

B. 清洁验证过程的风险评估

与其他 GMP 验证活动一样，清洁验证建议使用风险管理来控制潜在危害、降低风险和建立完善的清洁程序。验证中质量风险管理的运用：

- 确定确认和验证的范围和程度；
- 确定关键清洁工艺参数；
- 评价计划的变更，以确定潜在影响；
- 确定影响清洁有效性和性能的可变因素；

- 证明所选清洁限度的合理性；
- 为证明验证中应执行清洁程序的次数（运行次数）的合理性；
- 确定清洁验证方案开发过程中微生物和内毒素污染的风险；
- 从商业生产中获得更多知识后重新评估风险。

C. 清洁验证的前提条件

进行清洁验证的前提条件如下：

- 清洁程序已批准，其中包括关键清洁程序的参数范围；
- 完成风险评估（对于关键操作，设备；物料包括活性成分、中间体、试剂、辅料；清洁剂以及其他可能影响清洁效果的参数）；
- 分析方法经过验证；
- 取样方法已经批准，其中包括取样规程和取样点；
- 验证方案已经批准，其中包括接受标准（根据不同设备制定）。

D. 测试项目

清洁验证中涉及的测试项目应根据产品的类型通过风险分析而定，通常需考虑以下内容：

- 目测检查；
- 活性成分残留；
- 清洁剂残留；
- 微生物污染；
- 内毒素残留；
- 难清洁并可能对后续产品造成不良影响的辅料（如色素或香料）。

E. 清洁方法

有效的清洁过程可以减少设备停工时间，延长设备的寿命，并将多产品设施交叉污染的风险降至最低。开发的目的应该是清洁工艺，其耐用性足以将最难清洁的污物清洁至远低于清洁限度的水平。清洁过程也应足够稳健，当新产品及其产生的残留物被引入设施时，现有的清洁过程是有效的，从而无需开发额外的清洁过程。在清洁过程的开发过程中最重要的是选择什么清洁方法。参照 *ISPE Guide Cleaning Validation Lifecycle – Applications Methods and Controls*，将清洁方法分为三组：

1. 在位清洁（clean in place，CIP）

在其工艺位置清除残留物，无需拆卸便可进行清洁。适用于液体、固体生产设备的各种制药工艺。液体 CIP 设备包括罐、过滤器和离心机；固体 CIP 设备包括流化床干燥器和结晶、过滤、干燥、研磨、混合和散装容器灌装的装置。

2. 异地清洁（clean out of place，COP）

设备作为一个整体或从较大系统拆卸下来的部件进行清洗。设备可自动或半自动清洁。自动清洁，如零部件自动清洗机；半自动清洁，如超声波清洗机。

3. 手动清洁

一些设备和部件不容易适应 CIP 或 COP，可采用手动清洁方式，由于人为因素，在确认清洁过程时，手动清洁的可变性是主要问题。因此参与手动清洁人员必须接受有关清洁过程、各设备清洁程序的培训，清洁人员需要知道每件设备的拆卸程度、清洁工艺参数，以便对设备的所有部件进行充分清洁。

F. 取样

清洁验证中应用的取样方法应详细规定并且经过批准，选择取样方法时应考虑残留物和生产设备的特性。

1. 化学成分残留取样

应根据残留物的性质以及生产设备的特点选择取样和测试方法。常用的取样方法包括擦拭法和淋洗法。由于残留物在设备表面并不是均匀分布的，因此选择取样点时应考虑“最差条件”，例如最难清洗的材质或位置。

- 擦拭法是通过使用棉签等取样工具蘸取适当的溶剂对规定面积的设备表面进行擦拭的取样方法。擦拭法是首选的取样方法。

- 淋洗法是通过使用适当溶剂对设备表面淋洗之后收集淋洗液的取样方法。其中包括收集清洁程序的最终淋洗水或清洁后使用额外溶剂淋洗的方式。当擦拭法不可行的时候，可采用淋洗法（如管道或软管）。一般和擦拭法结合使用。

2. 微生物 / 内毒素污染取样

根据生产设备和环境条件，可采用擦拭法（使用无菌棉签）、接触平皿法或淋洗法进行微生物取样。取样点中应包括最差条件，如最难清洁的位置或最难干燥的位置。

G. 接受标准

国内外的法规中都未对清洁验证的接受标准进行明确规定，企业可以根据产品、剂型等实际情况制定清洁验证的接受标准。

一般有以下的方式：

1. 目测标准

设备清洁后无可见残留（包括所有类别的外来物质，如水、试剂、溶剂、化学物质等）。

2. 活性成分残留水平

- **针对制剂产品**

活性成分的接受标准应根据前一产品的药理活性、毒性以及其他潜在污染因素确定。常用的方法有以下 3 种：一般标准、基于日治疗量的计算标准、基于毒性数据的计算标准。其中一般标准和基于日治疗量的计算标准较为常用，也可以采取从其中选择最严格的限度。

（1）一般标准

通常，待清除产品（前一产品）活性成分在后续产品中出现应不超过 10mg/kg（≤ 10mg/kg）。

（2）基于日治疗量的计算标准

如果后一产品以及待清除的活性成分的日剂量已知，则最大允许携带量［maximum allowable（acceptable/allowed）carryover，MACO］可以通过前一产品的最小单剂量（minimum single dose，MSD）与后一产品的最大日服用量（maximum daily dose，MDD）根据下列公式计算。如后一产品为 Y，前一产品为 X，则：

$$\text{MACO}=\frac{\text{MSD（X）}\times 1000000}{\text{MDD（Y）}\times \text{SF}}$$

式中，MACO 表示最大允许携带量（mg/kg）；

MSD（X）表示活性成分（mg）；

MDD（Y）表示最大日服用量，如每日服用的总片重（mg）；

1000000 表示 mg 与 kg 的换算因子；

SF 表示安全因子。

应根据后续生产的产品类型和应用方式（如口服、外用或注射用）确定安全因子。推荐制剂的安全因子可设为 1000。

当 SF ＝ 1000 时，可接受的最大允许携带量为后一产品日最大剂量中前一产品最小单剂量的 1/1000。

（3）基于毒性数据的计算标准

- 安全量（也可称为无作用量）[no observable（observed）effect level，NOEL] 可基于前一产品（X）的 LD_{50}（半数致死量）按照下列公式计算：

$$NOEL = \frac{LD_{50}（X）\times 70}{2000}$$

式中，NOEL 表示安全量（mg）；

LD_{50}（X）表示活性成分的半数致死量（mg/kg）；

70 表示成人平均体重（70kg）；

2000 表示安全参数。

- 基于 NOEL，计算前一产品的可接受的每日摄入量（acceptable daily intake，ADI）：

$$ADI = \frac{NOEL}{SF} = \frac{LD_{50}（X）\times 70 \times 0.0005}{SF}$$

式中，ADI 表示可接受的每日摄入量（活性药物成分 mg）；

SF 表示对于药品，安全因子为 1000。

- 如后一产品（Y）最大日剂量（MDD）已知，后一产品（Y）最大日服用量（MDD）中允许携带的前一产品 X 的最大量（MACO）按以下公式计算：

$$MACO = \frac{ADI \times 1000000}{MDD（Y）}$$

式中，MACO 表示最大允许携带量（mg/kg）；

ADI 表示可接受的每日摄入量（活性药物成分 mg）；

1000000 表示 mg 与 kg 的换算因子；

MDD（Y）表示最大日服用量，如每日服用的总片重（mg）。

化学物质基于健康的暴露限度（health based exposure limits，HBEL）在评估清洁残留数据时更具有科学性和优势。在评价 HBEL 时，允许日暴露量（permitted daily exposure，PDE）是一个被普遍接受的标准，通常 PDE 的计算需使用 LOAEL 或 NOAEL。

以上三种方法计算出的标准都是每千克产品中所允许含有的前一产品的质量（mg/kg）。通过后一产品的批量以及接触产品的设备表面积则可以换算出单位面积的设备表面上所允许存在的残留量限度。

$$单位面积设备表面残留限度（mg/m^2）=\frac{MACO\times MBS}{A_{total}}$$

式中，MACO 表示最大允许携带量（mg/kg）；

MBS 表示后一产品的最小批量（kg）；

A_{total} 表示所有与产品接触的设备总表面积（m^2）。

在计算限度时，各参数可考虑从可选的数值中选择“最差条件”，例如设备总表面积选择最大的数值，而后一产品的批量选择最小的数值，这样计算出的限度也是最严格的。

- **针对活性成分或活性成分中间体**

参照 APIC（Guidance on aspects of cleaning validation in active pharmaceutical ingredient plants）原料药可根据各企业所生产产品的属性不同（例如：毒性、药物活性等），从上一产品带入下一产品中的污染物质最大浓度通用上限通常设定为 5~500ppm（通常 100ppm）。

制定活性成分和活性中间体的残留限度也可以参考上述 3 种方法。原料药共线可根据各企业所生产产品的属性不同（例如：毒性、药物活性等），从上一产品带入下一产品中的污染物质最大浓度通用上限通常设定为 5~500ppm（通常 100ppm）。需要注意的是：用于计算的 MDD 应为最大日服用量中的活性成分量，而安全因子，可以基于产品的风险评估在 100~1000 范围内进行选择。

（1）辅料

通常对辅料的清洁限度使用目测标准（见上文）。

（2）清洁剂

计算清洁剂的残留限度时，较常用的计算方法是毒性数据计算法。具体的计算方法如下：

最大允许携带量［maximum allowable（acceptable/allowed）carryover，MACO］可通过清洁剂的安全量［也称为无作用量，no observable（observed）effect level，NOEL］和可接受的每日摄入量（acceptable daily intake，ADI）计算。

$$NOEL=\frac{LD_{50}（清洁剂）\times 70}{2000}$$

式中，NOEL 表示安全量（mg）；

LD_{50}（清洁剂）表示清洁剂的半数致死量（mg/kg）；

70 表示成人平均体重（70kg）；

2000 表示安全参数。

基于 NOEL，计算清洁剂的可接受的每日摄入量（ADI）：

$$ADI = \frac{NOEL}{SF} = \frac{LD_{50}\text{（清洁剂）} \times 70 \times 0.0005}{SF}$$

式中，ADI 表示可接受的每日摄入量（mg 清洁剂）；

SF 表示安全因子。

如后一产品（Y）最大日剂量（MDD）已知，后一产品（Y）最大日服用量（MDD）中允许携带的清洁剂残留的最大量（MACO）按以下公式计算：

$$MACO = \frac{ADI \times 1000000}{MDD\text{（Y）}}$$

式中，MACO 表示最大允许携带量（mg/kg）；

ADI 表示可接受的每日摄入量（清洁剂，mg）；

1000000 表示 mg 与 kg 的换算因子；

MDD（Y）表示最大日服用量（mg）。

用于计算 ADI 的安全因子应根据清洁剂毒理学研究文献中得出的信息制定。如果研究文献中没有相关数据，也可以使用下列推荐值：

- 外用制剂：10~100；
- 固体制剂：100~1000；
- 注射剂：1000~10000。

此外，如果经风险评估认为合理，清洁剂的残留限度可以用 NOEL 和 ADI 之外的方法计算（通过限度测试，如最终淋洗水的总有机碳或电导率）。

（3）可接受的微生物限度

企业制定清洁验证的微生物限度时可以考虑产品、剂型、清洁方法的特点以及环境级别等因素。如果没有其他特殊考虑因素，建议根据生产区域的洁净级别选用 GMP 无菌药品附录中的表面微生物限度（表 3-47）。

（4）可接受的内毒素限度

企业制定清洁验证的内毒素限度时可以考虑产品、剂型、清洁方法的特点以及环境级别等因素。

- 限度可与清洗最终用水（如注射用水）的内毒素限度一致。《中国药典》规定注射用水细菌内毒素限度为 0.25EU/ml。

表 3-47 GMP 无菌药品附录中的表面微生物限度

洁净度级别	表面微生物
	接触碟（φ55mm）cfu/ 碟
A	＜1
B	5
C	25
D	30

- 计算最终冲洗液的内毒素限度。

为了计算最终冲洗水的内毒素限度，需要知道最终冲洗水的体积。下列公式是一种间接采样方法，稀释比例较大，因此不需要安全系数。以下是用于计算清洁后表面内毒素的行业相关方法。

该计算假设：

- 最差情况内毒素均匀分布在所有表面积上；
- 生物技术工艺的微生物限度，即液体培养基；
- 内毒素总计数 0.25EU/ml。

示例：设备系列的内表面积为 50850cm^2，液体产品（生物技术生长培养基）的容量为 250 L。

最终冲洗体积：150L = 150000ml

限度：不得过 0.25EU/ml

最小批量 = 250L 或 250000ml

$$可接受限度 = \frac{最小批量（ml）\times 允许的限度\ EU/ml}{最终冲洗体积（ml）} = \frac{250000ml \times 0.25EU/ml}{150000ml}$$

$$= 0.4167EU/ml \approx 0.4EU/ml（最终冲洗水中）$$

（5）计算表面样品的内毒素限度

该计算假设：

- 最差情况内毒素均匀分布在所有表面积上；
- 生物技术工艺的微生物限度，即液体培养基；
- 内毒素总计数 0.25 EU/ml。

示例：设备系列的内表面积为 50850cm^2，最小批量 250L 液体产品（生物技术生长培养基）的容量。

内表面积 = $50850cm^2$

最小批量 = 250L 或 250000ml

擦拭表面积 = $25cm^2$

限度：不得过 0.25EU/ml

安全系数：0.01

由于批量为 250L（250000ml）且不得过 0.25EU/ml，因此 EU 总数为：

250000ml × 0.25EU/ml = 62500EU

EU/cm^2 的数量等于 EU 总数除以表面积 cm^2。

62500EU ÷ $50850cm^2$ = $1.229EU/cm^2$

安全系数 0.01：

0.01 × $1.229EU/cm^2$ = 0.0123 EU/cm^2

对于 $25cm^2$ 的样品面积，内毒素限度为：

$0.0123EU/cm^2$ × $25cm^2$ = $0.3075EU/25cm^2$≈$0.3EU/25cm^2$

H. 测试和结果的评估

清洁验证中应采用验证过的分析方法对残留物或污染物进行测试，接受限度应根据所涉及的产品的特性而定。

应使用专属性的分析方法（如色谱法）对残留物进行测试。

如果使用非专属性的测试方法如总有机碳法、电导率法或紫外吸收法，应证明结果与专属方法的测试结果等效或者采用最差条件对结果进行评估（例如：使用总有机碳法测量淋洗液中活性成分残留含量时，无法区分测试到的碳来自前一产品活性成分、辅料还是清洁剂。这种情况下，最差条件即测试出的总有机碳全部认为来自于前一产品的活性成分）。

计算单位面积上污染物的残留量时，设备的总面积应为后一产品生产所涉及的所有设备面积之和。

因为受到设备表面的类型和特性（材料、粗糙程度）、取样（包括取样方法和取样材料）和分析方法等的影响，残留物的测量值通常低于真实值。因此应通过真实值与测量值之间的比例关系计算出真实值，从而将计算结果修正到更接近真实值的水平（对结果进行补偿）。这个比例关系被称作回收因子（recovery factor，RF）。

回收因子为污染物（活性成分或清洁剂）残留量的实际值与残留量的测量值之间的比值（回收因子总≥ 1）。

$$RF = \frac{残留量的实际值}{残留量的测量值}$$

回收因子应通过分析方法验证而得到，在方法验证时应针对不同的取样方法以及不同的表面材质分别测试回收因子。如果测得的回收因子＞2，通常应考虑选择其他更合适的取样和分析方法。

分析方法验证内容详见本丛书《质量控制实验室与物料系统》分册。

残留量（mg/m^2）应按照下列公式进行修正计算：

$$X = \frac{RP \times RF}{AP}$$

式中，X 表示残留量（修正值）；

AP 表示取样面积；

RP 表示样品中检出的残留量（测量值）；

RF 表示回收因子。

I. 分组概念

同一个清洁程序可能会应用在不同的产品、工艺和设备上。在清洁验证时不必针对每个独立的因素分别进行测试，而可以选择一个“最差的条件”（如最难清洁的产品或最难清洁的设备），通过只对“最差条件”进行测试进而推断清洁方法对于其他条件同样有效。这样的操作方式称为“分组（bracketing concept）”。

分组时可以考虑以下因素，但不局限于：

- 剂型；
- 活性成分的含量（例如配方相同但活性成分含量不同的产品）；
- 生产设备（如将相同或相似的设备进行分组）；
- 清洁方法（如对使用相同清洁方法的几个相似产品进行分组）。
- 最差条件的选择包括但不局限于：
  - 待清除物质的溶解性（如最难清除的活性成分）；
  - 待清除物质的毒性；
  - 设备尺寸和结构（如最大的接触面积或最难清洁的表面）。

J. 文件

清洁验证方案应经过质量部门正式批准。清洁验证方案中应规定清洁程序验证的细节，其中应包括：

- 验证的目的；
- 执行和批准验证的人员职责；
- 对所使用的设备的描述；
- 生产结束至开始清洁的时间间隔（待清洁放置时间）；
- 每个产品、每个生产系统或每个设备所使用的清洁规程；
- 需连续执行的清洁循环的数量；
- 常规监测的要求；
- 取样规程，包括选择特定取样方法所依据的原则；
- 明确规定取样位置；
- 计算结果时所用的回收因子；
- 分析方法，包括检测限度和定量限度；
- 接受标准，包括设定标准的原则；
- 根据分组原则，验证可以涵盖的其他产品、工艺或设备；
- 再验证的时间。

清洁验证报告　验证之后应起草最终的清洁验证报告，其中应包括清洁程序是否通过验证的明确结论。应在报告中确定对于验证过的清洁程序的使用限制。报告应经过质量部门的批准。

K. 再验证

已验证过的清洁程序通过变更管理进行控制。当下列情况发生时，需进行清洁程序的再验证：

（1）当清洁程序发生变更并可能影响清洁效果时（如清洁剂的配方发生变化或引入新清洁剂或清洁程序参数发生改变时）；

（2）当设备发生变更并可能影响到清洁效果时；

（3）当分组或最差条件发生变化并可能影响到验证结论时（如引入新产品或新设备而形成了新的“最差条件”时）；

（4）当日常监测中发现异常结果时；

（5）定期再验证：每个清洁程序应定期进行再验证，验证的频率由企业根据实际情况制定。对日常清洁程序监测结果的回顾可以作为周期性再验证。与在位清洁系统相比，手工清洁方法应采取更高频率的再评估。

实例分析

活性成分残留的限度计算

某口服固体制剂生产线可生产产品 A 和产品 B，两者的相关信息如下：

	最小单剂量 MSD（mg）	最大日服用量 MDD（mg）	最小批量（kg）	LD_{50}（mg/kg）
产品 A	50	1620（270 毫克 / 片 ×6 片 / 天）	216	5000
产品 B	30	1017（339 毫克 / 片 ×3 片 / 天）	50	2000

如果对产品 A 进行清洁验证（考察产品 B 中的产品 A 的残留），则限度计算如下：

1. 基于治疗量计算的标准

$$\text{MACO}=\frac{\text{MSD（A）}\times 1000000}{\text{MDD（B）}\times \text{SF}}=\frac{50\times 1000000}{1017\times 1000}=49.2\text{mg/kg}$$

2. 基于毒性数据的计算标准

$$\text{MACO}=\frac{\text{ADI}\times 1000000}{\text{MDD（B）}}=\frac{\text{LD}_{50}\text{（A）}\times 70\times 0.0005\times 1000000}{\text{SF}\times 1017}$$
$$=\frac{50\times 70\times 0.0005\times 1000000}{1000\times 1017}=172.0\text{mg/kg}$$

3. 一般标准

10mg/kg

如果选择以上三个计算结果中最严格的（最小值），则最终标准为 10mg/kg。

如果设备总表面积为 20m^2，则：

$$\text{单位面积设备表面残留限度（mg/m}^2\text{）}=\frac{\text{MACO}\times \text{MBS}}{A_{\text{total}}}=\frac{10\times 50}{20}=25\text{mg/kg}$$

4. 结果计算

生产设备主要包括两种材质，即不锈钢和塑料（共 5 个主要部件），在设备的不锈钢材质表面选择一个取样点，塑料表面选择 2 个取样点，通过擦拭法取样测试。

用擦拭法测试产品 A 在不锈钢表面和塑料表面的残留量，其回收因子分别为 1.2 和 1.5。

部件	材质	RF 回收因子	AP 取样面积（m^2）	RP 残留测量值（毫克 / 样品）	单位面积的残留量（RP × RF/AP）
1	不锈钢	1.2	0.010	0.005	0.6mg/m^2
2	不锈钢		–	–	–*
3	塑料	1.5	0.010	0.012	1.8mg/m^2
4	塑料		–	–	–*
5	塑料		0.010	0.030	4.5mg/m^2

注：* 当部件按材质分组时，未取样部件的活性成分残留量可根据已经取样并测试的残留值结果进行推算。

每个测试结果的修正值都小于所设定的限度 25mg/m^2，因此可以判定清洁效果合格。

如果对产品 B 进行清洁验证（考察产品 A 中的产品 B 的残留），则限度计算如下：

1. 基于治疗量计算的标准

$$\text{MACO} = \frac{\text{MSD（B）} \times 1000000}{\text{MDD（A）} \times \text{SF}} = \frac{30 \times 1000000}{1620 \times 1000} = 18.5\text{mg/kg}$$

2. 基于毒性数据的计算标准

$$\text{MACO} = \frac{\text{ADI} \times 1000000}{\text{MDD（A）}} = \frac{\text{LD}_{50}\text{（B）} \times 70 \times 0.0005 \times 1000000}{\text{SF} \times 1620}$$
$$= \frac{2000 \times 70 \times 0.0005 \times 1000000}{1000 \times 1620} = 43.2\text{mg/kg}$$

3. 一般标准

10mg/kg

如果选择以上三个计算结果中最严格的（最小值），则最终标准为 10mg/kg。

如果设备总表面积为 20m^2，则：

$$\text{单位面积设备表面残留限度（mg/m}^2\text{）} = \frac{\text{MACO} \times \text{MBS}}{A_{\text{total}}} = \frac{10 \times 50}{20} = 25\text{mg/kg}$$

延伸阅读

关于清洁验证，ISPE 在 2020 年 8 月正式发布了新的清洁验证指南——《ISPE 基准指南：清洁验证生命周期 – 应用，方法和控制》（*ISPE Baseline Guide: Cleaning*

Validation Lifecycle: Applications, Methods, and Controls），范围涵盖制药行业内的各种清洁活动及其验证。详细介绍了有效的清洁及行业实践类型，即通过适当的方法来选择清洁工艺、材料、样品位置、样品类型和验收标准，以便控制交叉污染。指南着重介绍了清洁验证生命周期的概念，现介绍如下，供参考。

清洁被认为是药品生产中的关键操作，传统的清洁验证程序强调通过确认程序证明清洁方法按预期工作。更好的方法是将清洁验证视为一个生命周期，重点从执行清洁确认转移到在使用清洁方法期间执行清洁开发和持续清洁验证。

美国 FDA 生命周期模型采用质量源于设计的原则，该原则指出不能仅通过测试来评估质量。因此，需要开发工艺，需要确定关键参数，并监测清洁工艺，以验证持续性能并确保质量输出。清洁验证的生命周期方法比传统方法更全面，因为生命周期的应用能确保清洁工艺保持在受控状态。

工艺生命周期方法是使企业的生产和清洁工艺标准化的一种方法。参照美国 FDA 工艺验证方法中定义的 3 个阶段，清洁验证生命周期同样可以定义为 3 个阶段。

阶段 1：清洁工艺设计　根据开发和规模放大活动中获得的知识定义清洁工艺。此阶段可以创建清洁验证主计划（CVMP），以涵盖清洁验证的设计方面。内容包括清洁设备、公共设施、系统确认和清洁工艺验证中涉及的原则、实现和维持经验证清洁工艺的书面程序。

阶段 2：清洁工艺性能确认　执行清洁工艺以证明开发和设计的工艺能够以可重现的方式产生预期结果。

阶段 3：持续清洁工艺确认　确保监测关键清洁工艺参数，并确保工艺在受控状态下运行。

3.6.5.3 分析方法验证

GMP 中规定“应采用经过验证的检验方法进行检验，并保持持续的验证状态”。

分析方法验证的目的是证明该方法与其预期的目的相适应。

ICH《Q2（R1）分析方法的验证》文件为目前国际制药行业广泛认可的分析方法验证的指导文件，其中第一部分介绍分析方法验证的一般要求，第二部分介绍方法学。《中国药典》“9099 分析方法确认指导原则、9100 分析方法转移指导原则、9101 分析方法验证指导原则”中的主要内容与 ICH Q2（R1）文件基本一致，但在个别条款的具体要求中存在差别。企业可根据实际需要选择相应的参考文件。

分析方法验证相关的具体内容可以参见配套的质量控制指南。

3.6.5.4 计算机化系统验证

法规要求

药品生产质量管理规范（2010年修订）计算机化系统附录

第六条 计算机化系统验证包括应用程序的验证和基础架构的确认，其范围与程度应当基于科学的风险评估。风险评估应当充分考虑计算机化系统的使用范围和用途。

应当在计算机化系统生命周期中保持其验证状态。

第七条 企业应当建立包含药品生产质量管理过程中涉及的所有计算机化系统清单，标明与药品生产质量管理相关的功能。清单应当及时更新。

第八条 企业应当指定专人对通用的商业化计算机软件进行审核，确认其满足用户需求。

在对定制的计算机化系统进行验证时，企业应当建立相应的操作规程，确保在生命周期内评估系统的质量和性能。

第九条 数据转换格式或迁移时，应当确认数据的数值及含义没有改变。

背景介绍

随着IT业的快速发展，IT技术在制药业的应用越来越广泛，自动化制药设备、仪器、生产过程、管理系统等不断涌现。在20世纪90年代，制药业的计算机化系统（computerized system，CS）和计算机化系统验证（computerized system validation，CSV）被正式提出。计算机化系统验证属于验证范畴，但是又不同于其他验证，国际、国内都认为其是验证工作中的难点。

当前，国际上新的制药理念不断被提出并付诸实施，如基于科学的质量风险管理、质量源于设计（quality by design，QbD）等，它们都强调基于对产品和过程的了解做出科学地分析和判断，从而建立自己的计算机化系统验证方法，以适应不同的需求。

A. 计算机化系统

根据 PIC/S 法规对计算机化系统的定义：计算机化系统由计算机系统（computer system）和被其控制的功能或程序（controlled function or process）组成；计算机系统由所有的计算机硬件、固件、安装的设备驱动程序和控制计算机运行的软件组成；被控制的功能可以包括被控制的设备（例如：自动化设备和实验室或工艺相关的使用仪器）、决定设备功能的操作程序或者不是设备的而是计算机系统硬件的操作。计算机化系统由硬件、软件和网络等组件，与受控的功能和相关联的文件组成。见图 3–25。

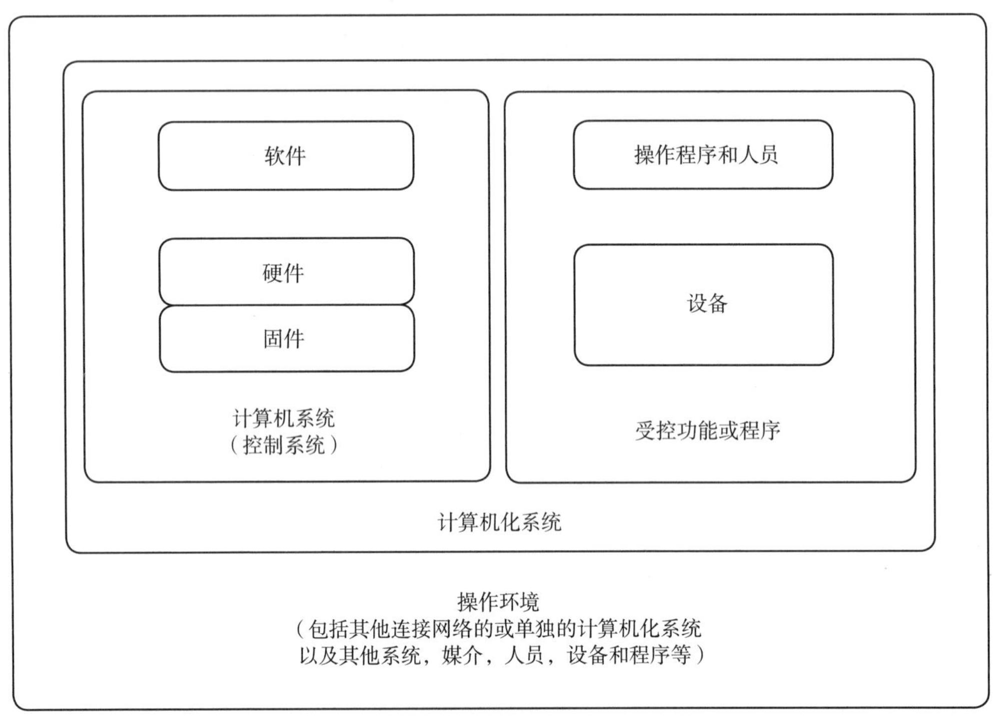

图 3–25　计算机化系统的组成示意图

B. 计算机化系统的生命周期

计算机化系统的生命周期包含由最初概念至退役的所有活动，分为 5 个主要阶段。

第 1 阶段：项目发起和计划

这是计算机化系统生命周期的最初阶段，一般发生在当企业业务流程发生变化，需要引入新的计算机化系统或对已有的计算机化系统进行变更时。

通常在这一阶段应确定业务流程、制定项目计划、评估计算机化系统的 GMP 相关性并开始制定验证总计划。

GMP 相关性评估

计算机化系统与 GMP 的相关性是做计算机化系统验证的依据，判断系统功能是否影响 GMP 规定的内容，即是否最终对病人的安全、药品的质量和数据的真实完整性造成影响。与 GMP 相关的计算机化系统需要进行必要的验证。

可以将相关的 GMP 规定按不同方面归纳成一系列问题列表，通过回答系统功能是否与列表中的内容相关，最终确定系统是否与 GMP 相关。以下列举了一些进行计算机化系统 GMP 相关性评估的典型问题，企业可以根据自身产品的特点进行增减和调整。

- 系统是否用于控制产品的生产和测试过程（该过程可能影响产品质量）？
- 系统操作人员是否需根据系统的提示采取相应的措施（该措施可能影响产品质量）？
- 系统产生的数据是否被用于决定物料和产品的质量状态？
- 系统是否用于判断物料或产品的质量状态？
- 系统产生的数据是否用于产率计算？
- 系统或系统产生的数据是否用于确定后续工艺参数？
- 系统是否用于（法规所要求的）电子文件的管理？
- 系统是否提供人员的培训信息（代替纸质培训记录）？
- 系统是否记录设备的校准、维护、维修等信息（代替纸质记录）？
- 系统产生的数据是否用于产品的年度质量回顾？
- 系统是否用于处理产品投诉、召回、稳定性考察等活动？

第 2 阶段：开发和采购

在这一阶段对计算机化系统进行设计、评估、采购、开发等活动。通常在这一阶段应完成项目的验证总计划、确定用户需求、确定人员职责、进行供应商评估、对系统进行分类、确定系统标准、基于用户需求进行风险评估、执行设计确认等。以下列出了在这一阶段需完成的主要活动和文件：

1. 用户需求说明

用户需求说明（user requirements specification，URS）应该清晰地描述用户对计算机化系统的需求，是从用户角度提出的系统应具备的功能、系统操作的数据以及操作的环境。用户需求作为基础文件，是下一步系统开发、风险评估和系统测试的前提，也是验证活动的基础。如图 3-26 所示。

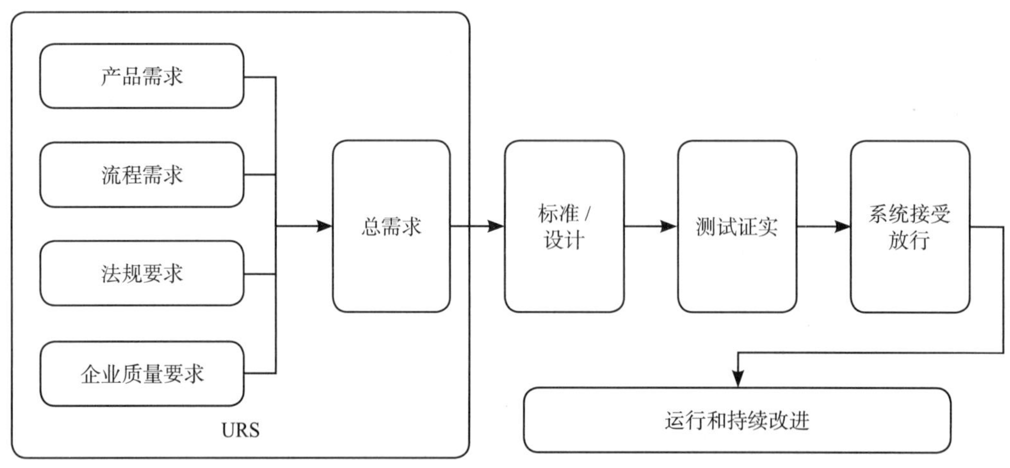

图 3-26　用户需求说明示意图

备注：GAMP 5 A Risk-Based Approach to Compliant GxP Computerized Systems 件、编程语言、中间件、梯形逻辑解释程序、统计编程工具、电子表格软件包（但不包括基于这些工具开发而成的其他应用程序）。

2. 计算机化系统的分类

GAMP 5 根据系统的风险性、复杂性和创新性，对计算机化系统进行了分类。通过对系统进行分类来协助确定验证活动和文件的范围。

（1）软件分类

1 类：基础软件

此类软件有以下 2 个类型：

• 已建立的商业软件：基础设施软件，一般应用软件在此类软件平台下运行。这类软件包括操作系统、数据库管理软件。

• 基础软件工具：此类软件包括网络监测软件、批处理作业计划工具、安全软件、防病毒软件、配置管理工具。

3 类：不可配置的软件

包括业务中用于商业目的的可直接使用的现货商用软件。可以输入并储存运行参数，但是不能对软件进行配置以适合业务流程。其中既包括不能通过配置以适应具体业务流程的系统（尽管运行参数可被配置）又包括虽可配置但只使用默认配置的系统。

4 类：可配置的软件

可配置的软件产品提供配置用户特定业务流程的标准界面和功能，包括预先配置和设计的软件。例如：企业资源计划系统（ERP）、实验室信息系统（LIMS）。

5 类：用户定制的软件

这些系统或子系统是为了满足公司特定的需求而开发的。客户定制开发可以包括一个完整的系统或对现有系统进行延伸。这类软件也包括可配置的客户内部开发的系统。

备注：GAMP 5 中取消了 GAMP 4 中定义的 2 类软件。

上述计算机化系统的分类不是绝对的，可以根据需求增加或减少配置，相应的其分类结果也会变化。

有时一个系统或系统中的某个功能模块的分类介于 3 类与 4 类或 4 类与 5 类之间，可以根据对其控制的流程做风险评估来决定验证程度，但应在验证描述中加以说明。

（2）硬件分类

1 类：标准硬件组件

标准硬件包括输入 / 输出设备。例如：标准个人计算机、打印机、条码扫描仪、程序控制系统（PLC、SCADA- 系统、DCS BMS）、服务器、网络硬件以及由标准组件构成的设备。

2 类：客户定制组件

定制的硬件是按照用户需要特殊设计并生产的。

人员职责概念（安全概念）

应确定计算机化系统的人员职责，以确保用户只能够进行被授权的操作。安全 / 人员职责可以是用户需求说明的一部分，也可以是一个独立的文件。

确定系统标准（system specification） 系统标准以准确、可被证实的方式对系统或组件的特性进行描述，并且规定了用于判断这些要求是否得到实现的规程。系统标准包括硬件标准、功能标准（functional specification）、配置标准（configuration specification）、设计标准（design specification）等。

- 功能标准（functional specification） 功能标准是从供应商角度对系统应具备的功能所进行的描述。测试通常基于功能标准而定。
- 配置标准（configuration specification） 配置标准中应包含系统中所有软件产品的配置情况，其中包括具体的设置和参数。制药企业的 IT 专家应参与配置标准的审核和批准。
- 设计标准（design specification） 客户化系统的设计标准应由供应商提供，描述系统如何被开发和维护，其中应包括系统开发的技术细节，基于功能标准而定。制药企业的 IT 专家应参与设计标准的审核和批准。

• 风险评估

风险评估方法可用于计算机化系统的不同阶段。例如：对整个系统的风险评估决定系统的总体配置水平和关键控制手段；对系统各功能的风险评估决定控制方法和测试范围和水平；对变更的风险评估决定变更后的措施和测试水平等。

对系统各功能的风险评估决定了相应的风险控制措施、验证测试范围和日常检查手段等。

具体的风险评估方法可详见本分册“5 质量风险管理”章节。

• 设计确认

设计确认通过文件记录将系统需求和相应的系统标准进行对比，核实系统标准是否满足用户需求，并且是否涵盖了计算机化系统的既定用途。

第 3 阶段：执行、接收或放行

在这一阶段，对系统进行安装、配置、测试以及必要的数据转移，同时用户的培训也应在此阶段完成。以下列出了在这一阶段需完成的主要活动和文件。

• 测试　在开发、执行以及接收过程中应进行不同级别的测试。测试的范围可以根据业务风险以及不同类别系统的复杂程度进行调整。测试可由开发商和用户共同完成，相应的职责以及测试的标准见图 3-27。

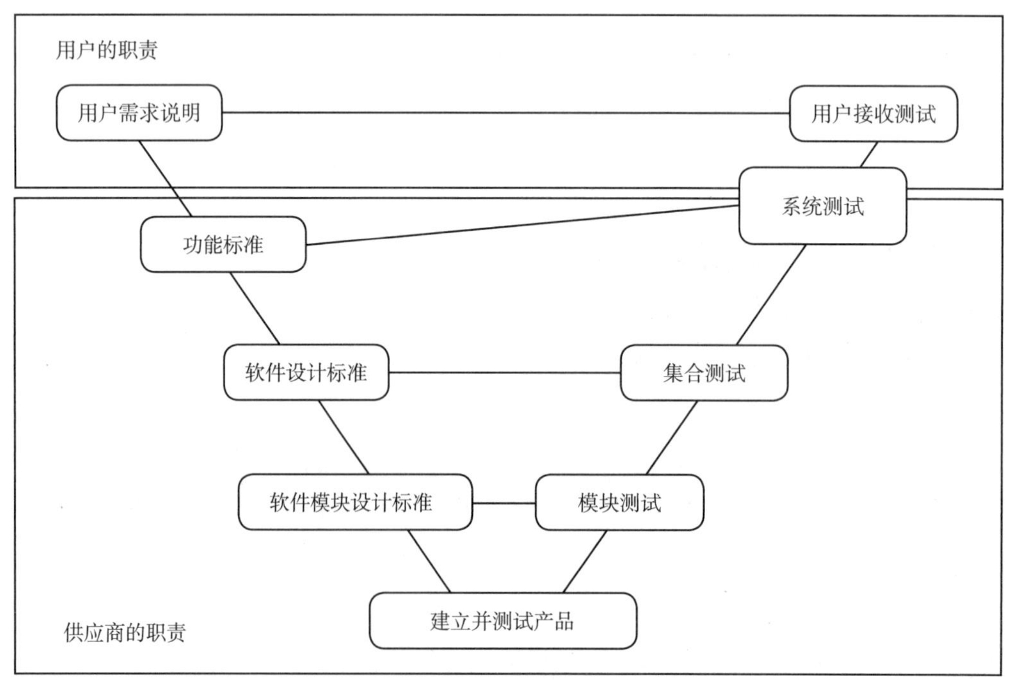

图 3-27　计算机化系统测试中开发商和用户相应的职责及测试标准

● 数据转移　数据转移是将电子数据从一个系统传递至另一个系统的活动，目的是将准确完整并可用的数据进行共享或移动。为了达到这个目标，必须建立相应的质量控制来维护数据的真实性和完整性。

● 报告和系统的放行　验证活动完成之后应通过验证报告对所进行的验证活动、发生的偏差情况和改正措施等进行总结，并且对系统是否满足预定用途作出最终结论。

第 4 阶段：操作、维护和变更

在系统经过测试批准之后，通过执行系统的功能来实现业务流程。在这一阶段，应通过变更管理规程对系统进行控制，确保任何对于硬件、软件、系统文件或流程的调整均受控。以下列出了在这一阶段需完成的主要活动和文件。

1. 异常事件管理及纠正和预防措施

异常事件管理是对异常事件的全过程进行管理的程序。主要目的是尽快恢复用户的 IT 服务。具体的要求可以参见本分册“4.3 纠正和预防措施”章节。

2. 配置管理

配置管理（configuration management）是通过技术或行政手段对计算机化系统（包括硬件和软件）配置情况进行规范和控制的一系列措施。

3. 变更管理

变更管理（change management）是保持系统和流程合规的基础。计算机化系统运行阶段产生的所有变更都应该经过恰当的评估、记录、测试与批准程序。

控制系统配置的变更、记录变更的过程和实施情况、确保系统符合相关要求。

4. 业务持续计划

业务持续计划（business continuity plan）是当出现紧急情况（如系统中断或故障）时维持业务的操作。

5. 灾难恢复计划

灾难恢复计划（disaster recovery plan）是当系统中断时从技术层面恢复系统所应进行的活动。

6. 备份

备份（backup）是对数据、记录以及软件等复制的过程，目的是预防原始记录、数据和软件的完整性和可用性的损失。

7. 恢复

恢复（restore）是通过已有的备份对数据、记录以及软件等进行复原的活动。

第 5 阶段：系统退役或停用

计算机化系统的退役 / 停用是停止系统、标记系统生命周期终结的正式活动。对于现有系统、数据和流程的潜在影响应在系统退役 / 停用之前进行评估。在计算机化系统退役或停用之后，应保证 GMP 相关的文件和系统中的数据按照 GMP 要求进行保存，并在保存期内可读。对于系统停用 / 退役后关键数据的处理，可以考虑下列问题或活动：

- 确定数据将会发生什么情况？
- 是否按照同样的方式处理所有数据？
- 是否应保存部分或所有数据？如果答案为“是”，应采取进一步的措施：
  - 是否采用相同格式保存数据？
  - 是否将数据转换为书面或微缩胶片记录？是否将现有数据转换为标准数据格式（例如：ASCII、PDF、TIFF 等）？
  - 是否将全部或部分数据转移到其他系统？如果答案为“是”，见“第 3 阶段：执行、接收或放行”项下“数据转移”。
  - 对于退役的系统：是否必须对退役的数据进行再处理？
  - 在哪里保存退役数据？应根据数据的拥有者、数据保存的形式和数据访问的要求确定。
  - 谁需要访问数据？应定期对访问进行回顾。

C. 计算机化系统的验证

验证活动基于系统的生命周期而定，通过验证核实所有需要的生命周期文件已经批准并且系统按照预先设定的标准进行了测试。验证活动应在验证方案中明确说明。

计算机化系统的验证是通过以下两方面的活动使系统达到并维持符合法规要求以及预定目的的状态。

1. 执行必要的生命周期活动

生命周期活动的范围可以根据下列内容进行适当增减。

- 系统对于用药安全、产品质量及数据可靠性的影响（风险评估）；
- 系统的复杂程度和创新程度（系统的结构和类别）；
- 供应商评估的结果（供应商能力）。

2. 实施必要的操作控制

系统生命周期过程中通过应用相关的管理规程保证系统处于一种受控的状态。

由于不同的计算机化系统在风险性、复杂性和创新性方面存在差别，因此制药企业应针对不同类型的计算机化系统实施不同程度的验证（包括不同的生命周期活动以及需建立的文件等），见图 3–28 计算机化系统分类及其可缩放验证模型。

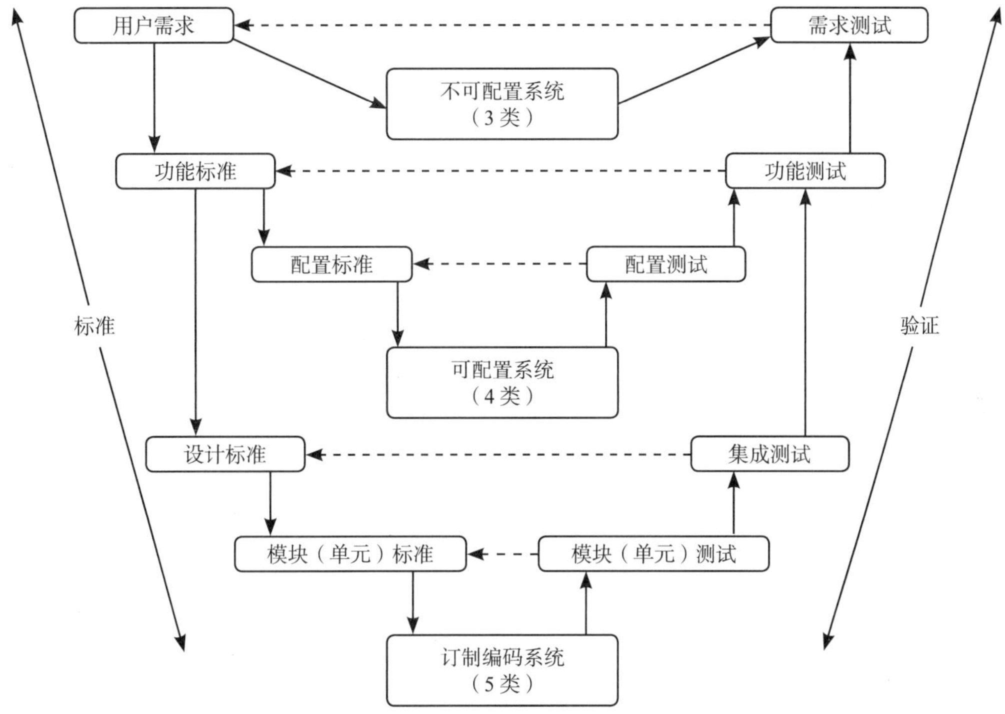

图 3–28 计算机化系统分类及其可缩放验证模型

企业可以建立计算机化系统类别与验证活动 / 文件相对应的清单，在制定验证方案时只需根据系统类别从清单中选取所需的项目即可。表 3–48 示例可供参考（各企业可以根据实际情况进行增减）。

D. 资源分配——人员职责

计算机化系统验证具有不同于其他验证的特点，如：在 PIC/S 指南中除了对企业的相关规定外，还有下列叙述“有必要对软件和自动化系统的供应商和开发者如何符合 GMP 做出要求。因为，他们在进行软件开发的同时，还肩负着将用户对质量和性能的要求以严谨的方式‘构建’到软件当中的责任……这一点往往超出了用户的控制能力之外……因此供应商和企业用户之间要分工明确……”

与供应商充分沟通、充分利用供应商的知识和技术文件在计算机化系统验证活动中非常重要；同时，用户自己的 IT 专家（SME，subject matter expert）是代表用户审核专业文件的关键角色。

表 3-48　计算机化系统类别与验证活动示例

文件 / 测试项目	软件分类			
	1 类	3 类	4 类	5 类
培训记录	–	X	X	X
工厂验证总计划（更新）	–	（X）	（X）	（X）
项目验证总计划	–	–	X	X
用户需求说明	–	X	X	X
人员职责概念	–	X	X	X
供应商评估	–	X	X	X
系统分类	–	X	X	X
系统标准（硬件和功能标准）	–	X	X	X
配置标准	–	–	X	X
软件设计标准	–	（X）	X	X
安装方案	–	X	X	X
配置测试方案	–	–	X	X
配置管理计划	–	–	X	X
风险评估	–	X	X	X
设计确认	–	X	X	X
验证方案	–	X	X	X
系统测试方案	–	–	X	X
系统测试报告	–	–	X	X
用户接收测试方案	–	X	X	X
用户接收测试报告	–	X	X	X
用户手册	–	X	X	X
系统手册	–	–	X	X
标准操作规程	–	X	X	X
培训材料	–	X	X	X
业务持续计划	–	X	X	X
服务协议	–	X	X	X
验证报告	–	X	X	X

注：X. 需执行；–. 不适用；（X）. 需根据具体情况决定

验证的关键人员包括用户企业和供应商两方面的人员，其中用户企业人员中应包括专业 IT 人员。

用户企业验证团队需要由如下人员组成：

- 项目负责人（project manager）。
- 业务流程负责人（process owner）：负责业务流程的管理，确保计算机系统所控制的程序符合要求，拥有对系统中流程相关数据的所有权，负责系统的释放。也称为责任用户（responsible user）。
- QA：负责整个验证过程的监督和控制。
- 计算机系统负责人（system owner）：负责系统的正常运行、提供技术支持、维护系统的验证状态、系统数据安全等。一般是企业的 IT 部门人员或 IT 专家。
- 关键用户（key user）：负责使用系统操作流程的关键功能。
- IT 专家（subject matter expert，SME）：专指对计算机系统有专长的 IT 专家，从计算机化系统项目的计划阶段就应该参与其中，尤其在系统测试方面起主导作用，这些工作包括：验证策略的制定、测试方法、接收标准的制定以及测试结果的审核等。有时也可外请。

供应商（supplier）/ 开发者（developer）方面：

- 负责确定软件开发方；
- 负责提供软件产品和服务，供应商可以是第三方，也可以是企业内部开发组；
- 供应商应该使用最合适的开发方法和模型。

验证活动需要用户和供应商共同完成，其中用户的 SME 可以是公司的 IT 专业人员，也可以外请。SME 是连接用户和供应商的关键角色，帮助用户完成设计审核等 IT 专业相关的工作。

业务流程负责人（process owner）和系统负责人（system owner）在验证活动中起重要作用，分别负责计算机化系统的受控业务流程（controlled process）和控制系统（controlling system）。

可以根据项目的复杂程度、范围大小和人员的实际情况，合理调配资源。对于小型、简单的系统，涉及的部门和参与的人员相对较少，关键用户和 QA 人员即可达到要求，一个人可同时兼任多个角色；大型、复杂的系统，需要各方面人员的合作才能完成，涉及的部门和参与人员较多。

3.6.5.5 运输确认

法规要求

药品生产质量管理规范（2010 年修订）确认与验证附录

第三十四条 对运输有特殊要求的物料和产品，其运输条件应当符合相应的批准文件、质量标准中的规定或企业（或供应商）的要求。

第三十五条 运输确认应当对运输涉及的影响因素进行挑战性测试，且应当明确规定运输途径，包括运输方式和路径。长途运输还应当考虑季节变化的因素。

第三十六条 除温度外还应当考虑和评估运输过程中的其他相关因素对产品的影响，如湿度、震动、操作、运输延误、数据记录器故障、使用液氮储存、产品对环境因素的敏感性等。

第三十七条 在产品运输过程中可能会遇到各种不可预计的情况，运输确认应当对关键环境条件进行连续监控。

实施指导

GMP 规定“物料和产品的运输应当能够满足其保证质量的要求，对运输有特殊要求的，其运输条件应当予以确认。”运输条件确认的目的就是通过确认的运输措施来保证在运输过程中没有质量缺陷发生。关于运输条件确认，美国和欧盟均有类似的要求。

欧盟 GMP 附录 15《确认与验证》中关于运输确认的要求：

应进行风险评估以考虑运输工艺中除温度外其他情况对运输的影响，例如：湿度、颠簸、搬运、运输延迟、数据记录仪故障、液氮灌装、产品敏感性及其他相关因素。

鉴于运输过程中可预料的各种情况（例如：机场延误），应对产品可能经受的任何关键环境条件进行连续监测。

USP <1079 > Good storage and shipping practices 关于运输条件确认的要求：

应有文件证明运输过程的温度波动范围符合规定。

运输条件确认的执行，企业可根据自身的情况来设计实施。下面介绍几种方法，企业具体执行运输条件确认时可以参考采用下列的某一种方法或几种方法的组合。

方法一：运输路线确认

运输路线确认的目的是证明经确认的路线在确定的运输条件下可以在运输产品时满足规定的运输条件要求。

实施运输路线确认，应当事先制定相应的确认方案（在验证主计划中描述），方案的内容包括：

- 确认范围和职责；
- 运输路线及其起始位置；
- 运输的产品及其规定的贮存温度；
- 运输的时间、方式、容器、季节；
- 评估的标准等。

实施运输路线确认还需注意以下要点：

- 要考虑最差的气候条件，例如：冬天和夏天；
- 要考虑运输延误带来的最长时间；
- 要在真实的气候条件下实施运输路线确认；
- 完成运输路线确认后，后续的产品运输就不必进行温度监测；
- 经确认的运输条件的变更和偏离都需执行相应的变更管理或偏差管理；
- 运输路线确认要基于运行情况和变更进行再确认。

方法二：运输容器确认

运输容器确认的目的是证明经确认的容器在确定的运输条件下可以在运输产品时满足规定的运输条件要求。

实施运输容器确认，应当事先制定相应的确认方案，方案的内容包括：

- 确认的范围和职责；
- 容器的类型；
- 预期的运输路线；
- 温度监测仪的类型和摆放位置；
- 评估的标准等。

实施运输容器确认需注意以下要点：

- 运输容器确认可以在气候箱内完成；

- 运输容器确认应当设置适当的温度。

方法三：运输过程中连续的温度监测

运输过程中连续温度监测的目的是通过对运输全过程的温度监测和记录来证明运输过程的运输条件符合规定的要求。

实施运输过程中连续的温度监测需注意以下要点：

- 温度监测仪应当经过校准；
- 温度监测仪摆放的位置应当合理；
- 温度监测仪数据的提取和处理应有书面程序；
- 物料接收后应立刻进行数据评估。

3.6.6 确认与验证过程中的偏差管理

确认与验证方案的执行过程中出现的异常情况或偏差（如未按照方案执行或出现超标结果）应进行记录。根据异常或偏差的情况，可能需要采取进一步的调查、纠正措施。针对发生的异常或偏差，应至少记录发生位置、时间、发现的人员、可能的原因、调查结果以及纠正措施等。具体的操作方法请详见本分册“4.2 偏差管理”章节。

所有的异常或偏差都应在确认与验证报告中进行汇总，并对确认与验证的结果进行评估。

3.6.7 确认与验证相关的文件

法规要求

药品生产质量管理规范（2010 年修订）

第一百四十六条 验证总计划或其他相关文件中应当作出规定，确保厂房、设施、设备、检验仪器、生产工艺、操作规程和检验方法等能够保持持续稳定。

第一百四十七条 应当根据确认或验证的对象制定确认或验证方案，并经审核、批准。确认或验证方案应当明确职责。

第一百六十二条 每批药品应当有批记录，包括批生产记录、批包装记录、批检验记录和药品放行审核记录等与本批产品有关的记录。批记录应当由质量管理部门负责管理，至少保存至药品有效期后一年。

质量标准、工艺规程、操作规程、稳定性考察、确认、验证、变更等其他重要文件应当长期保存。

实施指导

确认和验证的文件是厂房、设施、设备等重要的GMP文件，应根据相关的标准操作规程建立并保存，其应能反映出厂房、设施、设备、工艺、分析方法、清洁程序的确认或验证状态。应确保在它们生命周期以及退役后的一段时间之内确认和验证文件被妥善保存。

确认和验证的活动应按照书面的确认和验证方案执行。方案中详细规定如何执行确认和验证活动；方案应被审核及批准；方案中应规定关键的步骤以及接受标准。应根据方案起草确认和验证报告，其中包括对于结果的总结、对于偏差或异常情况的评估以及对于确认和验证的最终结论。

A. 确认的文件（确认方案和报告）

确认方案一般应由用户部门负责起草，并经过质量部门的批准。确认活动应在方案批准之后执行。

确认方案中通常应至少包括以下内容：

- 确认的原因、目的、范围等；
- 对于待确认的厂房、设施、设备等的描述（其中包括对关键参数或功能的说明）；
- 人员职责；
- 时间计划；
- 风险评估（确定关键参数或功能以及相应的降低风险的措施）；
- 测试内容和接受标准；
- 附件清单。

应建立书面的确认报告，报告应以确认方案为基础。确认报告中应对所获得的结果进行总结、对所发现的偏差进行评价，并得出必要的结论。报告中应包括纠正缺陷所需的变更建议。任何对确认方案的变更都应进行记录并有合理解释。

通常，确认报告应至少包括以下内容：

- 对测试结果的总结；
- 对结果的评估；
- 验证中出现的偏差情况；
- 风险分析中确定的降低风险措施的执行情况；
- 确认的最终结论；
- 附件清单。

B. 验证的文件（验证方案和报告）

验证应按照书面并且经过批准的流程执行，验证文件应有独立的文件编号，并且应至少经过质量部门的审核和批准。以下仅列出了通用的验证文件应涉及项目。

验证方案是一个授权的计划，其中描述了所有验证过程中必须的测试项目以及接受标准，一般应由用户部门负责起草。

验证文件包括但不限于以下方面：

- 验证的原因和类型；
- 对于待验证的工艺、规程、方法或系统的简要描述；
- 风险分析的结果，其中描述关键工艺参数；
- 所需采用的分析方法；
- 所需使用的设备类型；
- 需取的样品；
- 需测试或监测的产品特性，以及测试的条件和测试规程；
- 接受标准；
- 时间安排；
- 人员职责；
- 如果适用，验证开始执行的前提条件；
- 如果适用，验证方案的附件清单（如图纸、取样计划等）。

验证活动、测试结果以及最终的评估必须全面地记录在验证报告中。验证报告至少应包括：

- 未解决问题的清单（如 CAPA）；
- 对于验证前提的执行情况的确认；
- 验证方案中规定的中间过程控制及最终测试中获得的结果，包括出现的任何失败的测试或不合格的批次；
- 对所有获得的相关结果的回顾、评估以及与接受标准的对比；

- 对于验证方案的偏差或验证活动中出现的偏差的评估，以及未完成的纠正或预防措施的清单；
- 验证报告的附件清单及 / 或额外的参考文件（如实验室报告、报表等）；
- 对于整个验证的正式批准或拒绝。

4 质量保证要素

质量保证系统是质量管理体系的重要组成部分，企业必须建立质量保证系统，同时建立完整的文件体系，以保证系统有效运行。质量保证是一个宽泛的概念，它涵盖影响产品质量的所有因素，是为确保药品符合其预定用途并达到规定的质量要求所采取的所有措施。

本章节介绍制药企业为确保质量管理有效实施的基本质量保证要素，明确各要素的实施指导和管理流程。包括变更管理、偏差管理、产品质量回顾、投诉、召回、自检和接受外部检查、纠正和预防措施、管理评审等，任何质量保证要素及其过程都不可能是独立的，而是与多个要素相互关联，这实质上构成了质量保证系统。

4.1 变更管理

法规要求

药品生产质量管理规范（2010 年修订）

第二百四十条 企业应当建立变更控制系统，对所有影响产品质量的变更进行评估和管理。需要经药品监督管理部门批准的变更应当在得到批准后方可实施。

第二百四十一条 应当建立操作规程，规定原辅料、包装材料、质量标准、检验方法、操作规程、厂房、设施、设备、仪器、生产工艺和计算机软件变更的申请、评估、审核、批准和实施。质量管理部门应当指定专人负责变更控制。

第二百四十二条 变更都应当评估其对产品质量的潜在影响。企业可以根据变更的性质、范围、对产品质量潜在影响的程度将变更分类（如主要、次要变更）。判断变更所需的验证、额外的检验以及稳定性考察应当有科学依据。

第二百四十三条 与产品质量有关的变更由申请部门提出后，应当经评估、制定实施计划并明确实施职责，最终由质量管理部门审核批准。变更实施应当有相应的完整记录。

第二百四十四条 改变原辅料、与药品直接接触的包装材料、生产工艺、主要生产设备以及其他影响药品质量的主要因素时，还应当对变更实施后最初至少三个批次的药品质量进行评估。如果变更可能影响药品的有效期，则质量评估还应当包括对变更实施后生产的药品进行稳定性考察。

第二百四十五条 变更实施时，应当确保与变更相关的文件均已修订。

第二百四十六条 质量管理部门应当保存所有变更的文件和记录。

背景介绍

药品生产是依赖稳定、一致和持续可控的状态来确保产品的质量、安全性和有效性的。对企业来说，持续改进、与时俱进是生存和发展不可避免的，因此药品生产企业会在日常工作中进行各种各样的变更，变更意图通常由以下原因驱动：

- 质量和法规符合性改善：如改进产品的工艺能力（process capability）；
- 被动的变更：上游原材料供应商的变更（工艺、质量标准、产地来源等）、药典和法规质量标准更新等；
- 经营业务需要：厂房设施设备的新建和改建、新产品的引入、原材料备用供应商开发、批产量变更、产品和过程控制质量标准的变化等；
- 经济和社会效益：采用新的或改进的技术、工艺和设备，期望实现提高收率、缩短生产时间和提高生产效率、减少人工和设备成本、使用成本更低的原材料、安全生产和环保减排等。

变更的意图都是正向的，但变更的多样性和复杂性决定了如果缺乏专业和系统的评估以及准备工作，实施过程中则可能会发生问题。现实中也出现过因为变更失控引起产品质量事故、召回、患者严重不良反应甚至死亡、违法违规事件导致警告和停产处罚的案例，变更实施后不能达到预期效果的也很常见。

正是因为担心考虑不周的变更可能导致的质量风险（通常指影响质量标准符合

性、用药安全和疗效）以及法规不符合，企业必须建立健全的变更控制系统，对变更从实施意图开始到实施关闭进行全程管控，以控制经营和业务风险。同样的原因，世界各国药品法规和 GMP 都对变更控制有非常严格的要求，法规检查中变更控制也被列为重点检查的项目。

实施指导

4.1.1 定义和适用范围

变更控制系统是由适当领域的专家和有经验的专业人员组成专家团队对可能影响厂房、系统、设备或工艺的验证状态的变更提议或实际的变更进行审核的一个正式系统。其目的是使系统维持在验证状态而确定需要采取的行动并对其进行记录。

任何可能影响产品质量的变更都必须得到有效控制，变更的内容包括但不限于如下所列内容：

- 处方的变更；
- 生产工艺的变更；
- 原辅料的变更；
- 厂房、设备的变更；
- 公用系统的变更；
- 标签和包装材料的变更；
- 生产环境（场所）的变更；
- 质量标准的变更；
- 检验方法的变更；
- 有效期，复检日期，贮存条件或稳定性方案的变更；
- 计算机系统的变更；
- 产品品种的增加或取消；
- 清洁和消毒方法的变更；
- 其他。

企业应当建立变更控制系统，对所有影响产品质量的变更进行评估和管理，需要经药品监督管理部门批准的变更应当在得到批准后方可实施。变更的情况贯穿于药品的整个生命周期，本节内容针对制药企业内变更控制管理体系的介绍和应用，对于需要药品监督管理部门批准的变更如药品上市后变更、注册管理事项变更和生产监管事项变更等，应按照《药品注册管理办法》《药品生产监督管理办法》《药品上市后变更管理办法（试行）》及相关技术指导原则的有关规定执行。

4.1.2 分类

根据变更的性质、范围和对产品质量潜在的影响程度以及变更是否影响注册、变更时限等，可以有不同的分类方法，企业可按照法规要求结合自身实际情况选择适当的分类方法。

常见的变更分类方式，如重大变更、中等变更、微小变更。企业可以根据变更的性质、范围、对产品质量潜在影响的程度进行评估，如变更申请的内容涉及但不限于下述情况时，应考虑是否为重大变更。例如：潜在影响已建立的关键质量属性；影响或改变关键工艺参数；影响产品注册文件。

4.1.3 变更程序

任何变更都应该经过如下程序：

- 变更申请
- 变更评估
- 变更预批准
- 跟踪变更的执行
- 变更效果评估
- 变更终批准和关闭

A. 变更申请

变更发起人应启动变更申请，变更申请至少包括但不限于如下内容：

- 变更描述
- 变更理由
- 受影响的文件和产品
- 受影响的区域或上下游客户等
- 支持变更的相关文件
- 行动计划

变更申请应首先提交变更系统管理员进行编号、登记和审核，合格后由相关部门和人员进行评估。

B. 变更评估

变更应由相关领域的专家和有经验的专业人员组成专家团队进行评估，如由生产、质量、工程、物料、EHS（环境、健康和安全）、药政法规和医学部门的人员等组成专家团队评估变更可能带来的影响并确定应采取的行动，包括是否需要进行开发性的研究工作以确保变更在技术上的合理性。这些开发性的工作可能包括但不限于如下内容：

- 稳定性研究
- 生物等效性研究
- 验证和（或）确认研究
- 小规模和（或）试验批生产

应制定预期可接受的评估标准，可接受的标准应根据产品质量标准、结合相关的验证、稳定性、溶出对比等通用指南而制定，并应在研究方案中描述并经过质量和相关部门的批准。

评估过程中应用风险管理的模式、评估的形式和程度应与风险水平相适应。

应评估变更是否会对注册产生影响，不涉及注册的变更可以按内部程序批准。涉及注册的变更应按相应规范操作。

C. 变更预批准

批准变更至少要提供如下信息：

- 开发性工作所产生的所有支持数据
- 需要的其他文件和信息
- 变更批准后应采取的行动（例如：修改相关文件、完成培训）
- 行动计划和责任分工

变更必须得到相关部门和质量部门的预批准方可推进执行。变更如果影响到上下游客户，则应通知并获得其认可。如涉及委托生产，药品上市许可持有人是变更的责任主体，应当全面评估、验证变更事项对药品安全性、有效性和质量可控性的影响。委托方和受托方应当按照药品管理相关法律法规和双方委托协议规定，对变更进行合理的评估、批准和管理。

D. 变更执行

只有得到预批准后，方可执行变更，同时应建立起追踪体系以保证变更按计划实施。变更执行过程中，如出现修订、撤销和延期等情况都需要经过必要的评估和批准方可进行调整。

由变更引发的后续相关行动，与偏差、审计等其他质量要素系统中的纠正和预防措施不完全相同，但是变更的行动建立、跟踪、延期申请、批准和关闭的流程可以参照纠正和预防措施的相关管理流程。

E. 变更效果的评估

变更执行后应进行效果评估，以确认变更是否已达到预期的目的。对于一些变更不需要进行效果评估，或者执行过程本身可以作为效果评估的一部分。但是，对于影响和范围较大的变更，评估要在得到的适当数据的基础上进行。

F. 变更终批准和关闭

当变更执行完毕，相关行动项目均已完成，后续的评估已进行并得出变更的有效性结论后，变更方可进行终批准和关闭。

要点备忘

A. 谁来发起变更

变更通常由变更发生的部门发起，例如：

• 生产工艺，处方，设备的变更	生产部负责
• 质量标准、检验方法的变更	质量部负责
• 原辅料供应商的变更	物料管理部负责
• 计算机系统的变更	系统所有人
• 公用系统变更	工程部负责

B. 变更应评估哪些方面

变更评估是变更控制系统中最重要的部分，因为评估全面与否将直接影响到变更的结果。变更评估通常包括下列内容：

1. 对法规符合性的影响

- 是否影响注册
- 是否影响 GMP 符合性状态

2. 对产品质量的影响

- 质量标准
- 检验方法及方法验证
- 稳定性研究
- 生物等效研究
- 小规模和（或）试验批生产
- 工艺验证
- 杂质概况
- 其他

3. 对 EHS 的影响

- 污染物排放
- 员工职业健康

4. 对其他系统的影响

- 标签和包装
- 计算机系统
- 培训系统
- 文件系统
- 质量协议
- 通用工程系统
- 物料管理
- 其他

C. 谁来审核批准变更

● 变更控制系统的管理员应负责变更申请文件的形式审查，即确保信息完整，内容准确，所附资料完整，符合规程的要求。

● 各领域的专家应负责评估变更对本领域可能带来的影响。例如：质量和生产专家负责评估变更对产品质量的影响；注册专家将评估变更是否影响注册；EHS 专家将评估变更对 EHS 方面的影响等。

● 最终批准应由质量负责人和相关部门负责人批准。实际工作中，对于不同类型的企业，质量负责人批准变更的范围可以基于风险进行适当的授权，关于质量负责人的职责和授权可参见本分册“3.2.2 人员资质”相关内容。

● 对于影响注册并涉及多个市场的变更，不仅需要内部批准，还应得到不同国家的注册批准才可执行变更。

D. 何时执行变更

● 对于内部变更，在得到内部批准后即可执行变更。

● 对于影响注册并涉及多个市场的变更，因为产品注册在不同国家的批准时间不同，因而应制定适当的变更执行的策略。

E. 变更效果的评估

与产品质量相关的重大变更执行后，应评估其实施效果，以便确认变更是否已经达到预期的目的，而未产生不良的后果。这个环节非常重要，但容易被忽略。因为批准变更时由开发性研究所获得的支持性数据十分有限，仍需变更执行后积累适当数据作进一步确认。需要对变更执行后的药品进行质量评估，如果变更可能影响药品的有效期，则质量评估还应包括对变更实施后生产的药品进行稳定性考察。

企业对产品长期的监测数据：如使用质量系统中的一些重要的工具，包括偏差报告、投诉处理、年度数据回顾及工序能力和产品质量的持续监测等，将为产品变更后的质量提供有力的证据和反馈。通过以上评估，如果发现任何质量相关的问题，应进行调查并确认是否由于变更所引起的。如果确认由于变更原因引起，应重新评估变更并作出处理行动。

F. 变更系统回顾

定期对变更控制系统的有效性、可操作性和规程执行的符合性进行回顾，可通过年度质量系统回顾、公司内部质量审计或管理审评等的方式进行，以持续改进变更系统。

实例分析

变更管理流程示例

以下内容仅作为变更管理流程示例，企业应结合实际情况建立适合的变更流程，进行变更控制管理。

变更申请表

公司	变更申请表 第 × 页，总页码 ×-	变更编号：
变更题目：　　　　　　变更类型：		
产品 / 物料名称：　　涉及的授权文件号：　　受影响的产品：		
变更描述： 变更前： 变更后： 理由： 附件： 变更发起人 / 日期： 变更影响评估：　　评估人 / 日期		

续表

公司	变更申请表 第 × 页，总页码 ×-	变更编号：

对产品质量的影响

- 质量标准 ________________________
- 检验方法及方法验证 ________________________
- 稳定性研究 ________________________
- 生物等效研究 ________________________
- 小规模和（或）试验批生产 ________________________
- 工艺验证 ________________________
- 杂质概括 ________________________
- RSE/TSE ________________________
- 其他 ________________________

对法规的影响

- 是否影响注册 ________________________

对其他系统的影响

- ENS ________________________
- 标签和包装 ________________________
- 计算机系统 ________________________
- 培训系统 ________________________
- 文件系统 ________________________
- 质量协议 ________________________
- 通用工程系统 ________________________
- 物料管理 ________________________
- 其他 ________________________

受影响的生产厂 / 承包商 /API 的接收厂 / 客户

受影响的市场

<table>
<tr><td colspan="5">根据评估结果制定行动计划（包括开发性工作和其他行动）:</td></tr>
<tr><td>任务</td><td colspan="2">部门负责人</td><td colspan="2">预计完成日期</td></tr>
<tr><td>1</td><td colspan="2"></td><td colspan="2"></td></tr>
<tr><td>2</td><td colspan="2"></td><td colspan="2"></td></tr>
<tr><td>3</td><td colspan="2"></td><td colspan="2"></td></tr>
<tr><td>4</td><td colspan="2"></td><td colspan="2"></td></tr>
<tr><td>5</td><td colspan="2"></td><td colspan="2"></td></tr>
<tr><td>批准选项</td><td colspan="2"></td><td>审阅人签名 / 日期</td><td>意见</td></tr>
<tr><td rowspan="2">变更系统管理员</td><td>批准</td><td>□</td><td rowspan="2"></td><td rowspan="2"></td></tr>
<tr><td>否决</td><td>□</td></tr>
<tr><td rowspan="2">□生产负责人</td><td>批准</td><td>□</td><td rowspan="2"></td><td rowspan="2"></td></tr>
<tr><td>否决</td><td>□</td></tr>
<tr><td rowspan="2">□物料管理部负责人</td><td>批准</td><td>□</td><td rowspan="2"></td><td rowspan="2"></td></tr>
<tr><td>否决</td><td>□</td></tr>
<tr><td rowspan="2">□工程部负责人</td><td>批准</td><td>□</td><td rowspan="2"></td><td rowspan="2"></td></tr>
<tr><td>否决</td><td>□</td></tr>
<tr><td rowspan="2">质量部负责人</td><td>批准</td><td>□</td><td rowspan="2"></td><td rowspan="2"></td></tr>
<tr><td>否决</td><td>□</td></tr>
<tr><td rowspan="2">其他</td><td>批准</td><td>□</td><td rowspan="2"></td><td rowspan="2"></td></tr>
<tr><td>否决</td><td>□</td></tr>
</table>

变更批准表

<table>
<tr><td>公司</td><td>变更批准表
–第 × 页，总页码 1–</td><td>变更编号 :</td></tr>
<tr><td colspan="3">变更题目:　　　　　　　　　　　　　　　　变更类型:</td></tr>
<tr><td colspan="3">变更内容:

理由 :

支持性文件:</td></tr>
</table>

变更发起人 / 日期:

<table>
<tr><td>执行变更需采取的行动</td><td colspan="2">部门负责人</td><td colspan="2">预计完成日期</td></tr>
<tr><td>1.</td><td></td><td></td><td colspan="2"></td></tr>
<tr><td>2.</td><td></td><td></td><td colspan="2"></td></tr>
<tr><td>3.</td><td></td><td></td><td colspan="2"></td></tr>
<tr><td>4.</td><td></td><td></td><td colspan="2"></td></tr>
<tr><td>5.</td><td></td><td></td><td colspan="2"></td></tr>
<tr><td>批准选项</td><td colspan="2"></td><td>审阅人签名 / 日期</td><td>意见</td></tr>
<tr><td rowspan="2">变更系统管理员</td><td>批准</td><td>□</td><td rowspan="2"></td><td rowspan="2"></td></tr>
<tr><td>否决</td><td>□</td></tr>
<tr><td rowspan="2">□生产负责人</td><td>批准</td><td>□</td><td rowspan="2"></td><td rowspan="2"></td></tr>
<tr><td>否决</td><td>□</td></tr>
<tr><td rowspan="2">□物料管理部负责人</td><td>批准</td><td>□</td><td rowspan="2"></td><td rowspan="2"></td></tr>
<tr><td>否决</td><td>□</td></tr>
<tr><td rowspan="2">□工程部负责人</td><td>批准</td><td>□</td><td rowspan="2"></td><td rowspan="2"></td></tr>
<tr><td>否决</td><td>□</td></tr>
<tr><td rowspan="2">□质量部负责人</td><td>批准</td><td>□</td><td rowspan="2"></td><td rowspan="2"></td></tr>
<tr><td>否决</td><td>□</td></tr>
<tr><td rowspan="2">□其他</td><td>批准</td><td>□</td><td rowspan="2"></td><td rowspan="2"></td></tr>
<tr><td>否决</td><td>□</td></tr>
</table>

变更执行追踪表

执行变更需采取的行动：

部门	任务	责任人	预计完成日期	结果
□生产部				
□质量部				
□物料管理部				
□工程部				
□其他				

变更效果评估（如果需要）：

____

QA 签字 / 日期

变更关闭：

执行变更相关的所有行动已经完成，可以关闭。

____

变更系统管理员签字 / 日期

4.2 偏差管理

法规要求

药品生产质量管理规范（2010年修订）

第二百四十七条 各部门负责人应当确保所有人员正确执行生产工艺、质量标准、检验方法和操作规程，防止偏差的产生。

第二百四十八条 企业应当建立偏差处理的操作规程，规定偏差的报告、记录、调查、处理以及所采取的纠正措施，并有相应的记录。

第二百四十九条 任何偏差都应当评估其对产品质量的潜在影响。企业可以根据偏差的性质、范围、对产品质量潜在影响的程度将偏差分类（如重大、次要偏差），对重大偏差的评估还应当考虑是否需要对产品进行额外的检验以及对产品有效期的影响，必要时，应当对涉及重大偏差的产品进行稳定性考察。

第二百五十条 任何偏离生产工艺、物料平衡限度、质量标准、检验方法、操作规程等的情况均应当有记录，并立即报告主管人员及质量管理部门，应当有清楚的说明，重大偏差应当由质量管理部门会同其他部门进行彻底调查，并有调查报告。偏差调查报告应当由质量管理部门的指定人员审核并签字。

企业还应当采取预防措施有效防止类似偏差的再次发生。

第二百五十一条 质量管理部门应当负责偏差的分类，保存偏差调查、处理的文件和记录。

实施指导

有效的偏差管理是建立在有效的、足以控制生产过程和药品质量的程序（指导文件）或标准的基础之上的。没有预先定义的规则，就不会有偏差。

在企业的程序（指导文件）和标准不足以控制产品质量的情况下，即使制药企业已经建立了一个很完整的偏差程序，也不能认为该偏差系统能有效地保证产品质量。例如某企业的供应商确认程序要求，批准一个新供应商必须要由采购部、生产部、研发部（或技术部）和质量管理部门共同签字同意，但是没有定义任何技术标准，没有定义哪些质量风险必须得到控制作为供应商确认的基本要求（如杂质的控制标准等），只要所有的签字收集齐全，就符合程序要求。这属于典型的有程序，无标准，无法对产品质量进行有效控制，这种情况下，即使该企业在批准新供应商时完全没有发生偏差，也可能导致药品质量已经失控，这时其偏差系统缺乏一个有效的基础。

制药企业应建立合理的生产工艺、质量标准、检验方法和操作规程，作为实现产品质量的基本条件和偏差系统的基础；各部门负责人应确保所有人员严格、正确执行预定的生产工艺、质量标准、检验方法和操作规程，防止偏差的产生。预防偏差的产生比在偏差发生后处理偏差更为重要。

4.2.1 职责和资质

偏差管理程序应规定相关人员的职责（表 4-1）。

表 4-1 相关人员的偏差管理责任

人员	职责
操作人员	识别偏差，如实记录偏差，并立即向部门主管或技术人员或质量管理部门报告偏差
部门主管或技术人员	（必要时）负责偏差的即时（紧急）处置； 负责立即报告质量管理部门和（必要时）更高层的管理人员
跨职能（跨学科）团队	负责调查偏差的根本原因； 负责评估偏差的影响； 负责提出纠正和预防措施（CAPA） 负责执行批准的 CAPA
质量管理部门	负责偏差的分类； 负责批准 CAPA； 负责审核批准偏差调查报告； 负责跟踪 CAPA 的执行，并关闭调查 负责偏差调查、处理的文件和记录的保存

所有生产质量相关人员应接受偏差管理程序的培训和必要的考核，应具备识别偏差的能力；

部门主管和技术人员应当有能力判断偏差的性质，确定即时（紧急）处置措施以防止偏差的影响继续扩大；

跨职能（跨学科）团队的成员应具备本职能 / 学科领域丰富的专业知识，有能力展开根本原因调查并提出合理的纠正和预防措施（CAPA），必要的时候需要统计学背景或者培训体系专家加入到团队中；

质量管理部门的相关人员应具备足够的知识，有能力判断偏差的性质从而进行偏差的分类，批准偏差调查记录及纠正和预防措施（CAPA）。

4.2.2 偏差处理流程

典型的偏差管理流程示例如图 4–1 所示。

A. 偏差的识别

偏差的识别是偏差处理活动的起点。药品生产企业中所有药品生产质量相关人员均应接受偏差管理程序培训，理解偏差概念并具备识别偏差的能力。特别是一线员工和 QA 现场检查人员关于偏差识别的培训、经验和能力是非常关键的。

偏差也可能没有在操作过程中被发现，而是在记录复核或审核过程中被识别出来。在对此类偏差进行调查、定义纠正和预防措施（CAPA）或偏差趋势分析的过程中，应包括对员工是否具备适当偏差识别能力的评估；必要时应采取适当的改进措施。

B. 偏差记录和报告主管

GMP 记录的设计应能保证相关人员能方便对生产质量活动中的任何偏差进行及时记录。一般在批生产记录、日志文件或其他相关的记录上留有一定的记录位置用于记录各种偏差（异常情况），并应有完整的偏差记录文件以保证偏差调查处理过程的可追溯性。

任何偏离预定的生产工艺、物料平衡限度、质量标准、检验方法、操作规程等的情况都应当以文件形式记录并有清楚的解释或说明。对产品质量有潜在影响的偏差应当进行调查，调查及结论均应记录在案。出现上述情况均应立即报告主管人员及质量管理部门，报告时应给出准确、完整的信息，以进行偏差的正确分类和（必要时）组织进行调查和处理。

C. 判断是否需执行紧急措施

偏差有时涉及安全问题或者其他紧急的情况，必要时偏差发生部门的主管和技术人员应当具备一定的处置能力，根据公司的安全程序或其他适用的程序，判断并执行偏差的紧急处置，以防止偏差继续扩大或恶化，并对相关潜在受影响产品进行必要的控制。

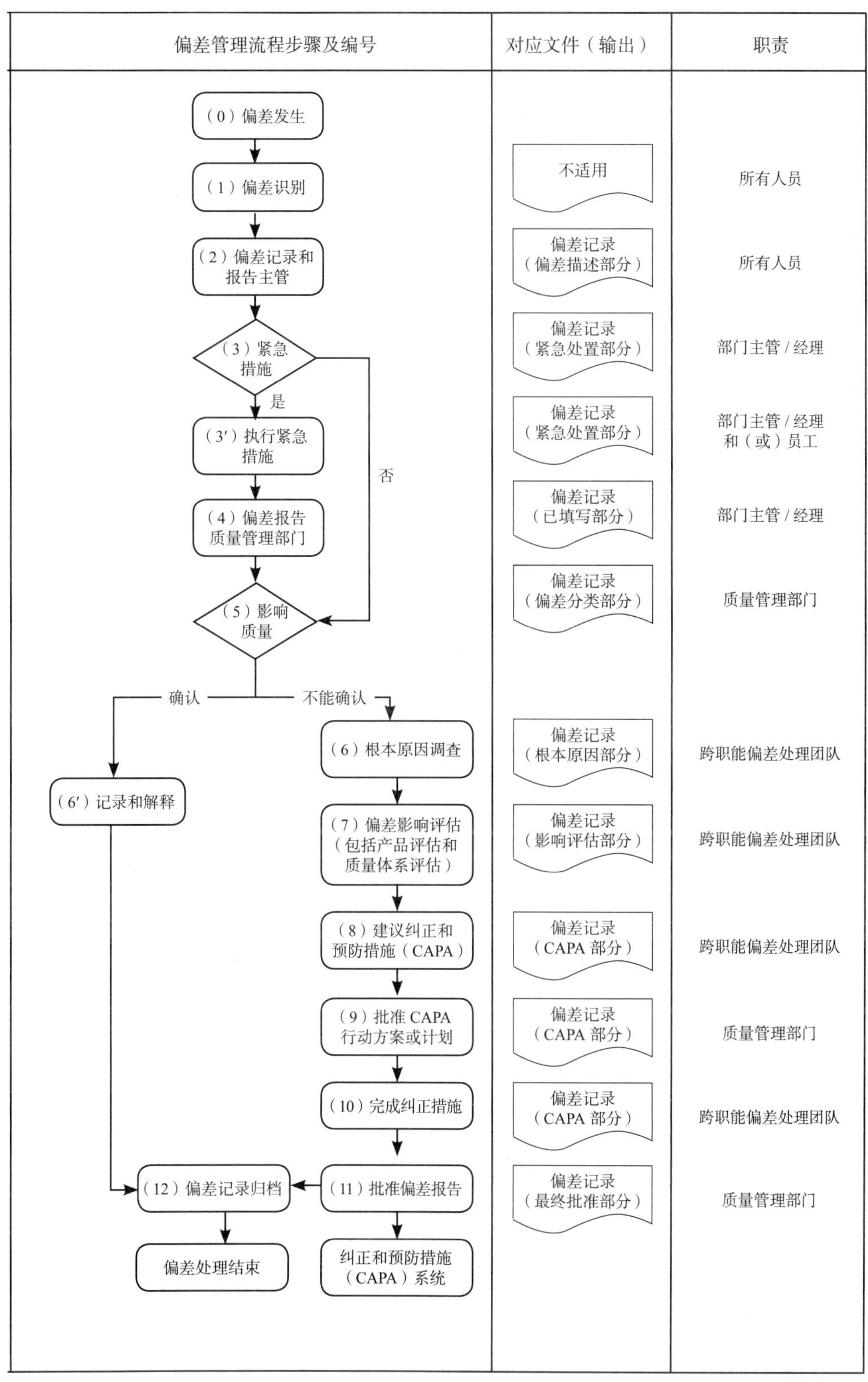

图 4-1　典型的偏差管理流程示例

常见的紧急措施包括：

- 暂停生产；
- 物料或产品隔离；
- 设备暂停使用；
- 紧急避险等。

执行的所有紧急措施都必须在偏差记录中进行及时完整的记录。

D. 偏差报告质量管理部门

偏差是否立即报告质量管理部门，是质量管理部门能否有效进行偏差分类和会同其他部门进行调查的前提。偏差发生后，发生部门的主管、技术人员或其受权人员应立即向质量管理部门提供真实全面的偏差信息。

通常在企业的偏差管理程序中需要对“立即”进行定义（例如：自偏差发现时起 1 天之内或根据偏差的严重程度定义不同的时限），以避免各部门在偏差程序执行过程中对“立即报告”的要求产生不同的理解。

E. 偏差分类

接到偏差报告后，质量管理部门应迅速进行偏差的分类，GMP 所要求的最基本的分类是针对质量影响的分类，此外，为便于进行偏差的追溯管理、统计分析和推动质量管理体系的持续改进，质量管理部门可同时采用其他辅助分类编码方式。

任何偏差都应评估其对产品质量的潜在影响。企业可以考虑下列因素，并根据自身品种、工艺特点和质量体系情况建立适当的偏差分类标准（对于集团化企业而言，还应考虑整个集团质量管理体系的标准化和统一性）。

- 偏差的性质；
- 偏差的范围大小；
- 对产品质量潜在影响的程度；
- 是否影响患者健康；
- 是否影响注册文件。

可以采用以下不同的分类方式：

- 关键偏差、中等偏差、微小偏差；
- Ⅰ类偏差、Ⅱ类偏差、Ⅲ类偏差。

除了根据对产品质量潜在影响的程度进行分类外，制药企业还可以建立其他的辅助分类系统和相应的编码规则，以帮助进行偏差趋势的统计分析。表 4-2 是某企业对偏差制定编号规则。

表 4–2 某企业对偏差制定的编号规则

偏差分类	分类号	示例
产品污染和交叉污染	01	例如产品中引入了外来杂质
人员偏差	02	例如调换岗位时未经培训考核即上岗
设备 / 仪器故障	03	例如生产中设备故障停机 例如仪表超出校准有效期
物料偏差	04	例如使用原辅料、包装材料时发现异常情况
生产工艺偏差	05	例如工艺参数超出预定范围
生产环境偏差	06	例如洁净区压差超出范围
物料标识偏差	07	例如漏贴标签或贴错标签或标签实用数与领用数发生差额
试验室偏差	08	例如标准溶液超出有效期
计算机化系统偏差	09	例如基础数据设置错误
质量状态管理偏差	10	例如错误的放行动作
追溯性偏差	11	例如生产过程中物料追溯有所缺失
变更控制偏差	12	例如更换直接接触产品的垫片材质未走变更程序
未遵循与质量相关文件规定	13	例如违背了某个管理程序
记录填写偏差	14	例如记录涂改，修改前的数据不可辨读
以上没有提及的其他偏差	15	

无论采取何种分类标准，已定义的分类原则应严格执行，应防止人为地降低偏差等级的现象；质量管理部门应负责决定具体偏差的分类判定，相关部门（包括偏差发生的部门，跨职能调查团队成员等）可以根据其专业知识对具体偏差的分类提出建议。这一原则同样应体现在记录格式的设计上，便于质量管理部门对所有偏差进行分类判定。

需适当注意的是偏差分类仅仅是偏差管理过程中的一个要素，偏差管理的有效性应根据整个系统的组织和运行情况进行综合评价。

F. 根本原因调查

针对根本原因的调查是评估偏差影响和提出纠正和预防措施（CAPA）的前提和基础，基于对根本原因的不同理解，对偏差影响范围和程度、什么是正确的纠正和预防措施（CAPA）的判断可能会存在差异。

偏差的调查可以由指定的调查协调人协调调查团队完成，同时选定的调查协调人需具备一定工作经验，可以主导和协调调查，企业应建立调查人员的相关课程培训和资格确认流程。针对不同的偏差，在部分情况下，需要有一个跨职能（跨学科）团队（cross-functional team，CFT）对偏差进行调查处理，以发现根本原因并评估该偏差的影响。偏差调查常常需要多个领域的专业知识，并且超越单个职能部门（特别是偏差发生部门）的局限，跨职能团队的意义在于召集所有专业领域的人员参与调查，并且保证各个方面的问题都能得以讨论和解决。

该团队的成员通常包括下列人员：

- 生产的相关负责人；
- 质量控制的相关负责人；
- 工艺技术的相关负责人；
- 质量保证的相关负责人。

如有必要，也可引入其他领域的专业人员，例如设备工程的相关负责人和研发（或技术）的相关负责人等。但是，团队的成员不一定是相应部门的负责人，尤其是操作部门，可以由其他有能力胜任的员工加入到团队中。同时产品注册负责人的参与往往是必要的，因为偏差及其进一步的处理会影响到药品上市许可文件的符合性以及具体批次产品的可销售性。

在特殊情况下，偏差调查可能需要寻求外部资源的帮助，例如需要进行非常特殊的检验或研究，或者需要寻求专业机构的咨询意见。跨职能（跨学科）团队需要评估自身的知识、能力、检验设备和人力资源是否充分，必要时寻求公司管理层的支持。

跨职能（跨学科）团队需要足够数量的有知识和能力的不同部门人员，投入足够的时间进行偏差的调查处理。公司管理层在设置部门和人员职能时应包括这一重要职责，在配置各部门人力资源时应充分考虑这一职责的需要。

根本原因调查可使用多种技术，常见的根本原因分析方法包括头脑风暴法、鱼骨图法、5 Why 法（5 次为什么）等。

在进行偏差调查过程中，应对偏差的历史发生情况进行回顾，通过历史回顾分析以确认是否存在一些趋势、超限或之前未被发现的问题，进一步分析这些数据以确认重复发生偏差。重复的偏差可能是在之前特定时间段发生在相似过程、系统或工作区域的同一类问题，对于历史回顾的时间范围、偏差类型范围和回顾方法，公司可以基于公司偏差系统的整体运营水平建立标准的回顾原则。回顾时间范围可以基于产品效期和复检期，同时考虑最少涵盖数据点；对于系统或设备基于使用设定回顾范围同时考虑最近的一次主要变更。

偏差的历史回顾有助于识别重复偏差的发生，有效识别偏差根本原因确认的不足和 CAPA 系统的有效性。

G. 偏差影响评估

在识别根本原因的基础上，才能对偏差的影响范围和程度进行正确的评估。偏差影响评估通常包括以下两个主要方面。

- 对产品质量的影响，包括但不限于对直接涉及的产品质量的影响；对其他产品的影响；对同产品其他批次的影响。进行偏差影响评估时应包括可能受该偏差影响，但已被销售的相关批次。
- 对质量管理体系的影响，包括但不限于对验证状态的影响；评估对相关 / 相似工艺和设备的潜在影响；对上市许可文件 / 注册文件的影响；对客户质量协议的影响。

调查根本原因和进行影响评估可以采用风险分析方法，请参见本分册“5 质量风险管理”章节。对于质量风险的合理分析和评估是风险管理工作水平和质量保证工作水平的重要体现。许多情况下可能需要额外查询产品开发资料或实验研究以评估偏差的影响，例如需要研究扩大工艺参数范围对产品质量的影响。

对重大偏差的评估还应考虑是否需要对产品进行额外的检验以及对产品有效期的影响，必要时应对涉及重大偏差的产品进行稳定性考察。

H. 建议纠正和预防措施

基于根本原因调查和偏差影响评估的结论，跨职能（跨学科）团队应提出具体的纠正行动以消除偏差的影响。这些措施应明确相关的负责人和执行时限。常见的偏差纠正措施包括返工、销毁、重新包装、重新贴签等。

跨职能（跨学科）团队应同时提出具体的纠正和预防措施以防止相同或相似的偏差的发生或再次发生。纠正和预防措施也应明确相关的负责人和执行时限。常见的纠正和预防措施包括修改程序文件、重新培训、改进相关的系统等。

成品或中间体的放行不一定需要预先完成偏差调查中确定的所有整改措施或方案（例如当整改方案与需要持续进行的培训、维护保养、工艺研究相关时），但是，质量受权人在进行放行产品决策时，应要获得相关偏差调查和处理的全面信息：对产品质量没有影响的偏差，应要有清晰合理的解释；对于不能排除对产品质量是否有潜在影响的偏差，应要审核根本原因调查的结论、潜在影响的评估结论和跨职能

（跨学科）团队确定的整改措施。

I. 批准纠正和预防措施

质量管理部门负责审核批准跨职能（跨学科）团队或独立负责偏差调查和影响评估的人员所建议的纠正和预防措施。必要时应对所建议的纠正行动进行补充或修订，以充分保证药品的安全性和有效性。

J. 完成纠正和预防措施

跨职能团队中的相关部门应遵照已批准的方案执行纠正和预防措施。在执行过程中，如因客观原因不能完全符合原方案的要求（例如完成时限等），应及时与质量管理部门进行沟通；如果需要部分修改原方案的，应重新获得质量管理部门的批准。

质量管理部门应指定人员进行跟踪，核实所批准的纠正和预防措施的完成情况。

K. 完成偏差报告

批准的纠正和预防措施执行完毕后，跨职能团队应提交完成情况的报告，由质量管理部门审核批准。

如果企业的偏差管理程序与纠正和预防措施程序是分立的，则在质量管理部门批准偏差报告后，可以结束该偏差的处理，并启动相对应的纠正和预防措施跟踪程序。

L. 偏差记录归档

偏差报告完成后，相关记录和报告应及时归档保存，企业应明确规定偏差调查、处理的文件和记录保存的职责、方式和保存期限。

质量管理部门应负责保存所有与GMP和质量管理体系相关的偏差调查、处理的文件和记录。偏差调查、处理的文件和记录的保存方式应保证与相关产品的可追溯性、易于查找并能在内外部审计中迅速提供。与批生产、批包装过程有关的偏差记录和调查报告应纳入批记录；其他与批生产、批包装过程无直接关系的偏差调查记录和报告，也应以合理的方式编号保存。

偏差调查、处理文件（包括管理程序、记录表格和趋势分析报告）的保存时限应遵循企业文件管理的规定，一般应不短于相关产品的生命周期；具体偏差的调查、处理记录的保存时限应至少与相关批记录保存时限相当，当一个偏差与多个批次（甚至多个产品）相关时，其保存时限应综合各批次 / 产品的生产日期和有效期取最长的情况。

4.2.3 偏差处理时限

偏差调查处理的及时性是偏差系统能否有效运作的关键因素之一，同时偏差发生后报告的时限以及偏差调查和处理时限是衡量偏差调查处理的及时性的两个关键指标。

关于“及时”的定义，通常为在偏差发生后30天内关闭偏差。如果在30天内不可能完成，应起草阶段性报告说明调查进度，制定必要的短期行动，评估潜在的风险，申请并得到质量部门的批准方可延期。针对重要的偏差如果无法在规定时间内完成根本原因的调查和行动的制定，必要时需要通报公司管理层，以评估是否需要更大范围的调查或特殊的措施进行评估。及时与否，完全取决于事件本身的紧急程度或对患者健康影响的程度。如果是即将影响患者健康的情况，那么“及时”就肯定要比30天快。如果该偏差涉及一个复杂的纠正措施，那么就可能不止30天了。要求及时完成对偏差的调查和处理，不仅是因为需要考虑事件的紧急程度和对患者健康的影响，也因为在一般情况下，拖延的时间越长，偏差发生的“第一现场”就越容易消失，调查就可能越困难；同时跨职能（跨学科）团队也将面对其他的任务，从而难以保证调查所需的资源始终不受影响。制药企业应在程序中规定关闭偏差的时限，可以基于偏差严重程度制定不同的时限。

4.2.4 偏差系统与纠正和预防措施系统的链接

偏差系统与纠正和预防措施系统（CAPA系统）有很紧密的联系。在偏差处理过程中，立即的纠正措施将对问题本身进行控制；在接下来的过程中，要明确进一步的预防措施，预防措施将防止偏差重复发生。

根据本分册的结构，对偏差系统和CAPA系统分章节进行论述，因此不在本节中对CAPA系统进行详细描述，相关内容请参见本分册“4.3 纠正和预防措施”章节。

如果企业的偏差管理程序与CAPA程序是分立的，偏差管理程序不包括跟踪预防措施的执行直至完成的部分，偏差系统和CAPA系统应通过可唯一标识具体偏差和CAPA的编号进行有效链接，以保证可追溯性。

纠正和预防措施可能导致启动变更程序。例如，相同的偏差总是重复发生，但对产品质量没有影响，如果是原来设定工艺参数时控制范围的限度设定过严，这时在基于合理数据的基础上可能需要为工艺参数重新设定合理的控制范围。

4.2.5 偏差的趋势分析

药品生产企业可在偏差分类编码的基础上，使用多种工具对偏差进行统计分析，从系统性角度发现企业生产质量管理的风险，进而给管理层提出系统性解决措施的要求与建议，从而避免和降低企业生产质量管理的风险。

进行偏差趋势分析时，常见的关注方向包括：

（1）回顾偏差发生的数量，来衡量偏差管理系统的灵敏性，与上期（环比）、上年同期（同比）和限度比，是高或低，还是有提高或降低的趋势？不同类型偏差的比例如何？是否存在变化趋势？

（2）回顾偏差从发生到关闭的时间，来衡量偏差管理系统的效率，是高或低，还是有提高或降低的趋势？

（3）回顾偏差发生的根本原因，分类汇总后，提出生产质量管理体系存在不足的方向，并据此提出改善的具体要求或建议，供管理层评估决策，并落实改善 / 改进。

（4）通过回顾发生偏差的级别分布，来衡量生产质量管理系统的运行状态是否平稳，是否存在不良的趋势？偏差分级是否合理？

（5）回顾偏差的重复情况、纠正和预防措施的有效性，是否存在相同或相似偏差重复发生的趋势？措施是有效还是无效？据此提出改善的具体要求或建议，供管理层评估决策，并落实改善 / 改进。

4.2.6 偏差管理系统持续改进要点

在偏差管理系统持续改进的过程中，一些常见的典型问题举例如下：

A. 偏差的定义及其使用有漏洞、冲突或歧义

有些企业的偏差记录和处理表格只适用于处理生产过程的偏差，不适用于处理其他活动的偏差（例如仓储、计算机化系统），也没有建立起适合处理其他类型偏差的记录。

B. 偏差分类标准及其使用有漏洞、冲突或歧义

一种典型的有漏洞的偏差分类标准见表 4–3。

表 4–3　典型的有漏洞的偏差分类标准

重大偏差	与产品质量相关的偏差——对产品质量有影响
次要偏差	与产品质量无关的偏差——对产品质量没有影响

在许多情况下，确实难以迅速判断具体的偏差对药品质量有无影响，或者影响到什么程度。上述偏差分类标准回避了处于灰色地带（可能有影响也可能没有影响）的情况，在实践中往往导致将可能对质量有影响但暂时无法证实的情况均列为次要偏差，从而回避展开正式的偏差调查。

C. 偏差报告不及时：不同职能、不同学科的专业人员未能及时有效合作

偏差系统的有效性依赖于不同职能部门、不同学科 / 知识领域之间的密切沟通和合作。其中“立即报告主管人员及质量管理部门”是质量管理部门进行偏差分类、组织和参与重大偏差调查的前提和基础。

制药企业在建立和实施偏差管理系统的过程中，可能遇到的最大障碍之一是相关部门的员工（甚至是部分管理人员）出于避免麻烦、避免惩罚的心理而瞒报或仅部分报告偏差的情况。这需要通过有效的持续培训、内部审计和导向性的企业管理制度共同解决，在这一过程中，企业管理层在资源和程序上的支持起到关键的作用。

在某些企业，生产部门（其他部门）发生的偏差没有立即报告质量管理部门。相反，所有的调查、处理和记录都排除了质量管理部门的及时参与。等到最后批生产记录（其他记录）交到质量管理部门，质量管理部门第一次知道这个偏差的存在时，偏差发生的“第一现场”早已不复存在，相关的记录和解释都已经过反复审核和修饰，质量管理部门已经无法真正参与调查和进行偏差的有效分类，实际上在偏差调查、处理过程中不同职能、不同学科未能及时有效合作。

在检查偏差系统和案例时，对具体执行时限和各职能部门合作情况的关注是重要的。

D. 偏差调查不全面、不彻底

企业应查明所有偏差的根本原因并采取有效的纠正和预防措施，在实际调查工作中，的确存在即使经过详细的调查，仍然无法查明根本原因的情况。但这种客观情况的存在不能成为企业缩减调查资源，回避彻底调查或故意缩小调查范围的理由。

应注意偏差调查应关注根本原因的深入调查和分析，如果企业出现大量的偏差，而这些偏差看上去总是由于操作者的错误引起，往往需要质疑真正的原因。人为错误不是随机的，了解错误发生的原因以及引起错误的不同因素将有助于组织制定更有效的控制措施。人为错误主要有两种类型：错误和违规，如图 4-2 所示，其中错

误是无意的行为或决定，而违规是故意偏离规则或程序。

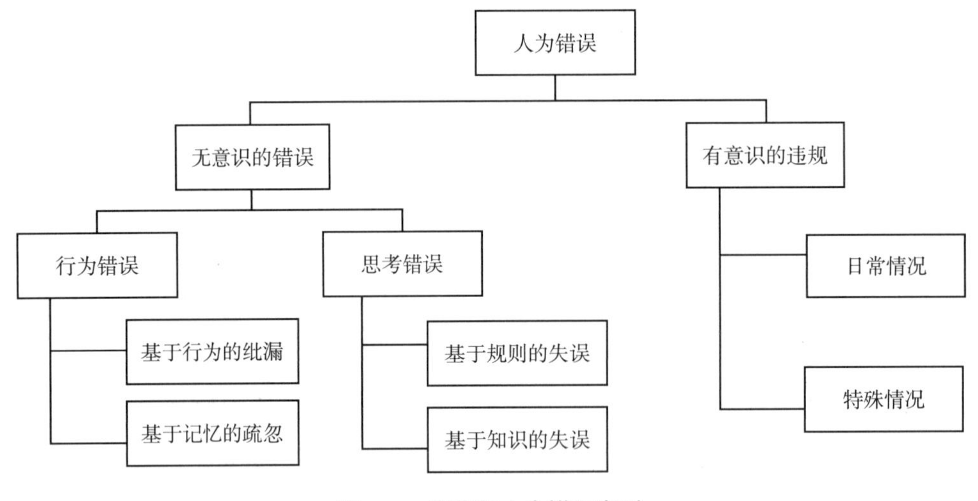

图 4-2　典型的人为错误类型

一些错误是纰漏或疏忽，通常是“未按计划执行的操作”或非预期操作。这些类型的错误通常发生在训练有素的程序中，在这类程序中执行者往往不需要专注于正在做的事情。因而这类错误不能通过培训消除，但改进设计可以降低错误发生的可能性并提供一个更易错的系统。

还有一些错误是判断或决策失误，其中“预期行为是错误的”，即认为是正确的但其实是错误的做法。这类错误往往发生在人们不知道执行任务的正确方法的情况下，因为任务是新的或非预期内的，或者因为人员没有接受过恰当的培训（或者两种原因兼而有之）。通常在这种情况下，人们会依赖于类似情况下可能不正确的印象中的规则行事，基于良好程序的培训是避免这类错误的关键。

而有意识的违规与上述错误不同之处在于：违规是故意但通常是出于好心的错误，故意不正确执行程序，这些违规通常是出于尽可能有效地完成工作的意图。这类问题经常发生在设备或任务设计和（或）维护不当的地方。如果要采用有效的方法来避免违规行为，那么有必要了解违规行为的发生及其原因，如周围同事的影响、不可行的规则和不完整的理解都可能导致违规的发生。

事故调查应设法找出发生人为错误的原因，而不是止步于“人为错误”。

要点备忘

偏差管理主要关注点如下：

• 是否已建立适当的偏差管理程序，明确各部门和人员在偏差处理过程中的职责和权限；

• 生产质量活动相关人员是否接受偏差管理程序培训，理解偏差概念并具备识别偏差的能力；

• 偏差是否立即报告主管人员及质量管理部门，企业是否明确规定什么是“立即”，所规定的时限是否合理；

• 偏差分类标准是否合理，是否由质量管理部门进行偏差分类，具体偏差的分类判断是否恰当；

• 偏差的根本原因调查是否及时全面彻底，重大偏差的调查处理是否由质量管理部门会同其他部门进行调查，无法查明根本原因的情况是否常见，识别出的根本原因是否合理；

• 偏差影响评估，包括对产品质量影响和对质量管理体系影响的评估是否恰当，产品处置是否能保证药品的安全性、有效性和质量可控；

• 偏差的纠正措施是否有效执行和跟踪；

• 针对类似偏差的纠正预防措施是否有效执行和跟踪；

• 相同或相似偏差是否反复发生。

实例分析

某公司的一次环境偏差的调查处理过程

偏差描述：在 ×× 批生产监测结果中发现取样点 RX（灌装站处）结果为阳性，超出限度标准，限度标准为不得生长。

菌种鉴定情况：对偏差涉及的平皿进行菌种鉴定结果为 A 菌和 B 菌。A 菌主要存在于在土壤、水、根际、蔬菜、饲料和昆虫幼虫以及临床样本中。B 菌是人类皮肤中的常见菌，也存在于灵长类和其他的哺乳动物中。

偏差调查：分为实验室方面和生产方面，针对该取样点位置，评估灌装生产过程中和取样生产中与微生物污染风险有关行为。根据人员、设备、物料、方法和环境等方面进行调查。

偏差分析鱼骨图：见图 4–3。

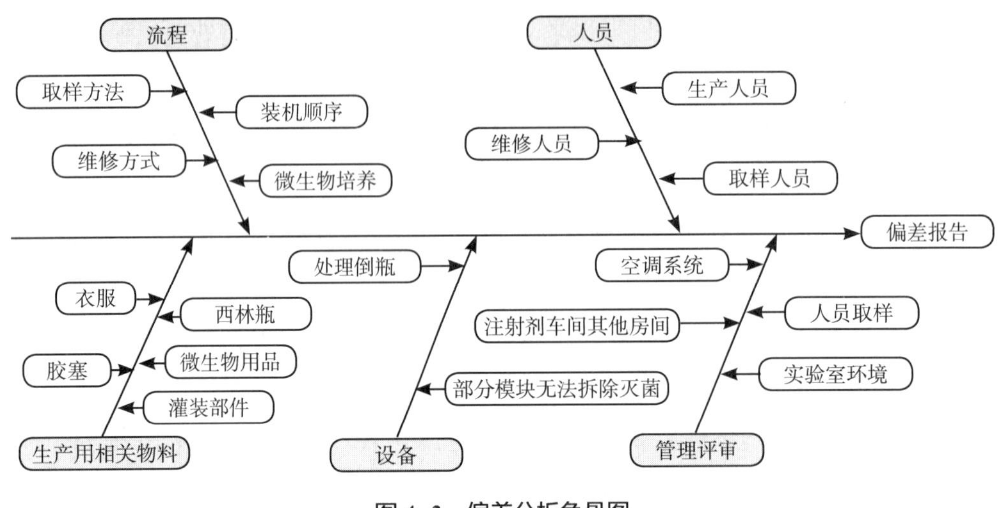

图 4-3　偏差分析鱼骨图

A. 生产方面

生产方面，将生产过程分为装机动作、干扰动作和生产过程中其他方面进行分析。

1. 装机动作

- 经回顾发现 B 级区人员资质证书和微生物环境监测取样资格证书都在效期之内，该人员生产结束后的手部取样结果符合要求。
- 灌装部件灭菌在有效期内，使用前检查包装完好。
- 在整个装机过程中装机人员的操作符合 SOP 要求，安装顺序和正常装机无区别。

2. 干扰动作

在整个生产过程中有正常的干扰动作，并且有一次较大的维修干扰，因此整个生产干扰将包括正常生产干扰和维修干扰。

- 经回顾发现 B 级区维修操作人员和生产操作人员资质证书和相关操作资格证书都在效期之内。
- 干扰动作，将整个干扰分为维修前、维修中和维修后三部分。
  - 维修前：维修前的所有干扰均在胶塞进料槽和振荡锅区域，在刚开始生产时，在敞口处所有的干扰次数已经达到 50 次，虽然这些干扰本身是常规操作，但是开关门较频繁，层流内可能净化能力并不充分，有一定的微生物污染的风险。因此，经现场 QA、微生物、生产和维修相关负责人员达成一致，如果继续进行生产，可能会造成频率很高的干扰动作，引起很大的微生物污染风险，现场决定对灌装站进行维修。

- 维修动作：整个维修过程包括准备、维修和清洁时间共涉及 30 分钟，其中有 10 分钟需打开层流门进行操作，位置在灌装站附近，该维修过程存在较高的污染风险。
- 维修后：所有动作和频率无异常。

总结：在整个灌装过程中，由于刚开始生产时在胶塞进料槽和振荡锅区域高频率的干扰动作，虽然干扰动作属于常规干扰，但频繁地在层流内进行操作对层流内的净化可能造成一定的影响，且还会带来一定的微生物污染的风险；为了消除高频率的干扰，进行了维修动作，整个维修过程包括准备、维修和清洁时间共涉及 30 分钟，其中有 10 分钟需打开层流门进行操作，位置在灌装站附近，并且尖嘴钳调整弹簧片的过程也在这个区域，由于尖嘴钳本身可能存在表面清洁难于清洁彻底的问题，该维修过程存在较高的污染风险；在胶塞进料槽的位置上总的干扰次数为大于培养基灌装挑战的要求，因此也会有一定的风险。

3. 生产过程中其他方面

- 本批所用西林瓶经过灭菌后进入 A 级区，开始洗瓶灭菌时间和灭菌温度正常，灭菌隧道速度正常，风速正常；
- 本批衣服经过灭菌后进入 B 级区，灭菌在有效期内，使用前检查包装完好；本批手套在灭菌有效期，使用前检查包装完好；
- 本批胶塞在有效期内，出料后置于 11 号房层流台内，使用前检查包装完好；
- B/C 级区每周清洁符合流程，所有可清洁表面都用消毒液进行擦拭消毒，并保持 30 分钟以上。

B. 实验室方面

1. 本批取样涉及的 4 名取样人员均按照 SOP 规定的取样人员上岗资格确认程序要求，在一年内至少完成 12 批次 A/B 级区内取样工作。B 级区人员资质证书和微生物环境监测取样资格证书都在效期之内。

2. 取样用品配制后用灭菌釜灭菌，然后放置于冰箱保存，取样后样品在培养箱内培养。

- 查看培养箱、冰箱设备校验日志，都处于效期之内。
- 这些设备的日常温度监控都由实验室温控系统自动监控，检查温度控制系统记录，未发现储存和培养过程中的温度异常。
- 灭菌釜已进行年度再验证，顺利通过。

3. 实验室物料

● 本次取样检出监测点使用的 TSB 液体培养基，该批培养基在 2019.11.27-2019.12.02 完成营养试验，结果符合要求。

● 取样前后样品进出洁净区的消毒转移流程符合要求。

4. 根据取样人员回顾，在监测取样时取样人员按照 SOP 的要求执行，遵循并符合无菌操作要求。该批监测其他 A/B 级区监测点取样结果都符合要求，包括灌装针头、换下的吸胶塞块等在内的其余培养基取样点均无微生物生长。批生产过程中人员监测结果未发现微生物生长。

总结：在微生物实验室的整个调查过程中，从人员资质、实验室设备、实验室物料和方法上未发现明显的风险点，但是在调查过程中发现 TSB 瓶外没有灭菌袋包裹，由于从实验室转移至生产区域需跨越一般生产区和实验室区域，且路程较长，虽然转移过程中会用消毒剂擦拭表面，但还是可能存在较低的风险。

偏差总结：本次调查主要从生产区域与实验室区域进行分析，查找其污染的原因。调查分析期间主要的人员活动、设备运行、工具使用、物料进出等情况，寻找出可能的污染源。

经分析调查，并未发现明显的污染原因，但通过全面的分析之后，将发现的一些风险点总结概括在表 4-4 中，针对这些风险点制定了相应措施，从而达到优化流程，降低风险的目的，杜绝此类偏差的再次发生。

表 4-4　风险点分析总结

序号	风险点	风险理由
1	在胶塞进料槽和振荡锅区域频次较高的干扰动作	影响层流环境
2	半压塞位置不准确，需调整过桥处弹片引起长时间的维修动作（10 分钟），该动作处理过程中层流门始终打开	影响层流环境，开门状态下带来污染
3	调整弹片的操作是由尖嘴钳进行的，该物品是通过表面擦拭进入 B 级区	未清洁彻底导致环境污染
4	胶塞进料槽区域的干扰次数超过培养基灌装考察次数	影响层流环境，开门状态下带来污染
5	TSB 瓶外未有无菌包装袋	在转移过程中可能带来污染风险

本批产品评估：在微生物偏差调查过程中，对该批生产及实验过程中的人员操作、环境监测及物料和设备等方面都未发现明显异常情况，但也发现一些风险点，

鉴于以上考察和分析，污染可能为：

- 在胶塞进料槽和振荡锅区域频次较高的干扰动作；
- 维修过程中由于长时间打开层流门带来的污染；
- 维修工具未彻底灭菌带来的污染；
- 受到环境的交叉污染导致最终结果的超标。

污染源可为未彻底灭菌的维修工具或受环境污染的衣物和物料等，以上所有风险点都有直接或间接影响该取样点的可能，缺乏直接由取样导致污染的证据。

综上，××批产品生产过程中，统计该批产品的生产干扰数量和情况，评估如下：

- 在胶塞进料槽处有频次较高的取胶塞的干扰动作，将较平时生产污染风险上升；
- 为消除此风险进行了一次较大的维修干扰，在维修过程中及维修工具均有较大的污染风险；
- 虽然这批产品生产过程中的维修和取胶塞的干扰没有直接从胶塞转盘上进行操作，但均发生在胶塞转盘附近，由于层流的影响可能会对吸胶塞块带来污染；
- 在维修活动结束后用无菌乙醇进行清洁，但不会对吸胶塞块的内表面清洁；
- 缺乏直接的取样问题造成污染的证据。

因此无法排除本批产品由于污染胶塞导致产品无菌性受到影响的可能风险，该批产品作报废处理。

关于调查不充分的美国 FDA 警告信

贵公司没有彻底调查一批产品或其任一成分的某些无法解释的偏离质量标准或不合格，不管此批产品是否已经销售，也没有扩展调查至药品的与不合格或偏离相关的其他批次。（21 CFR 211.192）

贵公司针对超标实验室结果（OOS）的调查和生产偏差的调查不充分，调查报告中的结论缺少科学性的分析和数据支持。

1. 企业对××胶囊（××mg，批号××）生产期间××位置收集的××胶囊样品进行××检验。相对标准偏差（RSD）为 OOS：XX%（质量标准为不超过 XX%）。企业随后对该批胶囊留样进行了检验并得到了其他的 OOS 结果。一个单元的含量结果为 XX%（质量标准为 XX%~YY%），RSD 为 XX%（质量标准为不超过 XX%）。企业排除了一个含量不足的 OOS 结果后重新计算了 RSD，得到合格的新值 XX%。

企业直到 ×× 胶囊批次用于体内生物等效性研究之后一个半月后即 2016 年 12 月 17 日，才对胶囊留样进行检验并对 ×× 胶囊 ×× 结果不合格进行了调查。

企业的回复不充分。企业将此不合格归因于“未知的实验室错误”。企业声称这个含量偏低的检测结果是离群值，最可能的根本原因是分析错误。对于产品本身的变异性正被评估的情况，如 ××，离群检验是不适用的。对于忽略低含量结果或未知的实验室根本原因这一非特异性结论，企业没有给出足够的理由。

2. 企业对 ××mg 和 ××mg 的 ×× 片剂 3 个月稳定性样品（批号 ×× 和 ××）的 OOS 和超趋势（OOT）含量结果启动了调查。企业 2017 年 5 月的调查表示 1 个月的时间点也得到了低的 OOT 含量值。企业得出结论：认为该 OOS 和 OOT 结果是由于分析员的样品制备错误，但缺乏数据来支持这一结论。与该调查有关的检验并未证明是样品制备导致了异常结果，因为当改变样品制备时含量值并未出现实质性差异。

虽然工厂事件应对委员会要求启动生产阶段调查，但企业并未将调查延伸至生产。值得注意的是，企业在美国 FDA 检查之后执行了生产阶段调查。

企业的回复解释说，第三方机构对 9 个被无效的 OOS 调查进行了回顾性审查，结论为“在所有案例中均发现这些调查是彻底且可靠的，调查发现经过了科学论证”。但是，这与第三方报告并不完全一致。关于此次具体的 OOS 调查，企业的第三方报告表示“并不认为在实验室 OOS 调查过程中有足够的科学证据来支持复检。只有复检并得到合格结果才是结论的基础”。

3. 2017 年 8 月 8 日和 9 日，企业在两个批次 ××mg 的 ×× 片剂中发现有顶裂的和边缘破损的药片。由于这些缺陷，企业拒收了每一批次中的大量产品。企业启动了一个调查（于 2017 年 9 月 7 日关闭），结论为最可能的根本原因是 ×× 力过高。企业缺乏科学证据来支持该根本原因，因为在这一阶段还成功生产了其他批次。在 2017 年 10 月发现第三批 ××mg 的 ×× 片剂出现顶裂之后，企业启动了另一个调查。

企业回复承认该片剂缺陷可能是多个根本原因，将继续调查此问题。但是企业回复缺少关于顶裂片剂调查情况的更新细节。企业也未附上与调查相关的纠正和预防措施（CAPA）。

关于偏差调查不彻底方面的问题在过去几年稳居美国 FDA 警告信的前三位，调查以及使调查有效的相关活动的有力程度一直是缺陷数据方面一个持续的挑战领域。

4.3 纠正和预防措施

法规要求

药品生产质量管理规范（2010 年修订）

第二百五十二条 企业应当建立纠正措施和预防措施系统，对投诉、召回、偏差、自检或外部检查结果、工艺性能和质量监测趋势等进行调查并采取纠正和预防措施。调查的深度和形式应当与风险的级别相适应。纠正措施和预防措施系统应当能够增进对产品和工艺的理解，改进产品和工艺。

第二百五十三条 企业应当建立实施纠正和预防措施的操作规程，内容至少包括：

（一）对投诉、召回、偏差、自检或外部检查结果、工艺性能和质量监测趋势以及其他来源的质量数据进行分析，确定已有和潜在的质量问题。必要时，应当采用适当的统计学方法；

（二）调查与产品、工艺和质量保证系统有关的原因；

（三）确定所需采取的纠正和预防措施，防止问题的再次发生；

（四）评估纠正和预防措施的合理性、有效性和充分性；

（五）对实施纠正和预防措施过程中所有发生的变更应当予以记录；

（六）确保相关信息已传递到质量受权人和预防问题再次发生的直接负责人；

（七）确保相关信息及其纠正和预防措施已通过高层管理人员的评审。

第二百五十四条 实施纠正和预防措施应当有文件记录，并由质量管理部门保存。

背景介绍

建立纠正和预防措施（CAPA）系统的意义，不仅要纠正某一个体性的缺陷，而且要找到导致缺陷的根本原因，采取预防措施，防止同类缺陷的重复发生。还要对各种途径发现的单一缺陷进行统计、分析评估、采取主动性预防措施、追踪管理等一系列管理活动，从而防止类似缺陷在其他方面、不同产品线的重复出现。例如：同一设备反复出现故障，重复发生的质量投诉或偏差等，这种情况提示程序本身可能存在缺陷或资源不足，就单一偏差或投诉所采取的纠正措施，不足以防止此类问题的再次或重复发生，或者说造成缺陷的根本原因并没有从根本上消除。这就需要采取一个系统化的管理方式，从更广和更深的层面，分析原因并采取措施。

CAPA 系统为持续改进质量管理体系提供动力，与其他质量保证要素系统相互关联。在多数情况下，当如下非预期事件发生后，要有纠正措施，随后还要采取预防措施。

- 偏差；
- 召回；
- 实验室调查；
- 拒收；
- 投诉；
- 内部或外部审计检查的缺陷项；
- 产品质量回顾；
- 质量管理回顾；
- 风险评估。

首先要采取措施防止事件的进一步发展，进而调查直接原因并采取措施予以纠正，这可称为纠正措施的过程；再进一步，要调查其根本原因，并采取措施防止其再次发生，这可称为预防措施的过程。

例如：当 API 合成过程中发现某步中间控制失败时，要采取下列措施。

- 纠正措施：应暂停生产和下一批次的投料，本批次物料放出或继续至安全状态，清洁设备，也包括采取措施，确保安全等。对不合格物料的重加工或返工也是纠正措施的范畴。

- 预防措施：应调查导致中间控制失败的原因。例如：物料真实含量错误其原因是分析检验错误、仪器仪表失效其原因是未及时校验等。从根本上解决问题，防止本步中控的再次失败。同时针对发现的根本原因，评估采取进一步的预防措施，防止其他步骤或其他产品也受到类似缺陷的影响。

- 跟踪评价纠正和预防措施的效果。

上述一系列活动就是遵循了 CAPA 系统的方法，一般而言，在程序或产品出现问题时必须始终按照 CAPA 体系的方法进行管理。

实施指导

4.3.1 CAPA 系统流程和设计

图 4–4 可以简要说明 CAPA 系统的实施流程，以及与其他质量保证相关要素的关联。

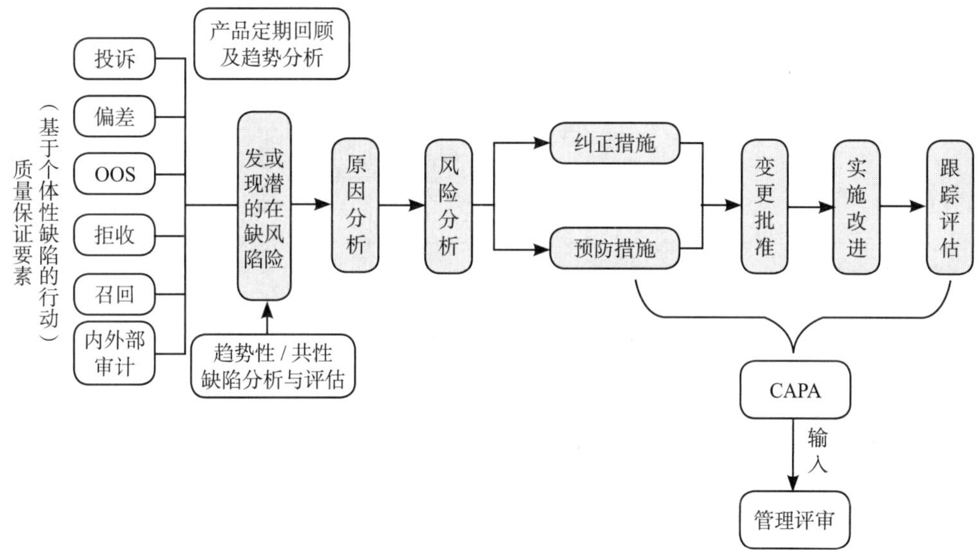

图 4–4 CAPA 流程及与其他质量保证相关要素接口

CAPA 系统通常分为集中型和分散型两种类型，实际应用时还有其他模式；当通过电子系统和数据库方式进行管理时，可能形成一个混合型系统，企业可以根据自身的特点，设计和应用符合自身的 CAPA 体系。

A. 集中型 CAPA 系统

即企业建立一个统一的 CAPA 程序，该程序明确定义与其上游输入系统（如偏差、投诉等）的关系，从企业定义的某个环节开始，原来分散在各个独立系统中的 CAPA 活动就集中到一个整合的 CAPA 系统中进行统一跟踪和管理，上游输入系统与（集中型）CAPA 系统通过各个事件或项目的唯一识别编号清楚地联系起来。

表 4–5 是集中型 CAPA 系统的管理表格示例。

表 4-5　集中型 CAPA 系统管理表格

分散输入					集中管理				
独立系统链接编号	CAPA 识别编号（ID）	事件或项目	根本原因调查	改正	纠正措施	预防措施	完成情况跟踪	有效性评估	CAPA 最终关闭
投诉									
召回									
偏差									
OOS									
自检									
外部检查									
供应商审计									
工艺性能和质量监测趋势									
其他来源									

集中型 CAPA 系统的优点：集中统一的处理、统计、跟踪和关闭，强化了在持续改进各个上游输入系统的功能的同时，能从区域的角度评估并采取改进和预防措施，能够更容易地给公司质量管理部门和管理层提供关于所有 CAPA 的全面情况，更方便进行整体性的统计分析和绩效评价。这种方式保留了各个上游输入系统的独立性和灵活性，每个系统都可以根据自身的特点进行设置和管理。

集中型 CAPA 系统的缺点：两个阶段的程序相互独立，为了将两个阶段联系起来必须通过唯一识别编号进行参照索引，需要指定专人进行集中统计、跟踪，或者通过电子系统进行管理。因为涉及两个系统的衔接和信息传递，传递过程中信息可能丢失或传递错误，有时需要把两个系统的所有信息和记录汇总起来才能获得该 CAPA 的全面信息。

B. 分散型 CAPA 系统

将 CAPA 体系分散于各个相关的体系中，即在处理每一个独立系统的问题时，完成所有的 CAPA 活动直至最后关闭 CAPA。

表 4-6 是分散型 CAPA 系统的管理表格示例。

表 4-6 分散型 CAPA 系统管理表格

高层质量管理文件描述分散型 CAPA 系统的设计和整体结构							
从发现问题开始（输入）到最终关闭 CAPA 项目，整个过程的各项活动通过一个完整连续的表格完成							
独立系统链接编号	CAPA 识别编号（ID）	事件或项目	根本原因	CAPA	完成情况跟踪	有效性评估	CAPA 关闭
如：投诉 -2001							

分散型 CAPA 系统的优点是：CAPA 活动是一个具有漫长的、多个环节的质量管理过程，从发现问题开始，到最终关闭 CAPA 项目，大量的信息和活动通过一份完整连续的管理方式完成，可以避免不同阶段 / 系统之间进行传递时信息丢失或传递错误。

分散型 CAPA 系统缺点是：不同质量保证要素系统下的 CAPA 管理缺乏关联性，可能存在差异，也需要有额外的统计分析活动，以发现共性或趋势性的缺陷，才能给公司质量管理部门和公司管理层提供一个清晰、全面的 CAPA 情况总结。

4.3.2 CAPA 程序的内容

无论企业选择哪种类型的 CAPA 体系，都应当在文件中明确描述体系的结构，定义相关的流程，规定相应的职责。这可以通过独立的 CAPA 程序或者质量管理手册等文件中的描述来完成。包括：如何启动 CAPA 程序、如何报告和跟踪、职责分配、何时或如何评估 CAPA 的效果、如何管理 CAPA 过程中形成的文件、何时或如何同管理层沟通等。

如前面章节所述，偏差、投诉等问题通常需要一个由质量管理部门领导的跨职能（跨学科）团队进行调查处理，相同的团队可以负责其后续 CAPA 的管理。必要时，管理层的支持和批准也是 CAPA 所需要的。

就导致缺陷的原因而言，通常包括但不限于以下因素：

• 程序或要求缺陷，包括：没有规定或要求的描述不充分、与法规有差异、不具有可操作性等。例如：缺乏设备维护程序、生产操作指导描述不清晰等。

• 没有按要求执行，包括：培训或人员资格确认不充分、缺乏资源等。例如：工艺参数设计与控制手段不匹配、偏差调查没有发现根本原因、未按批准的程序进行取样或检验等。

针对这些缺陷的纠正和预防措施，通常包括但不限于以下因素：

- 改进员工培训效果、提高人员管理绩效；
- 更新程序、操作指导、分析方法，增加内部控制标准等；
- 改进职责分配；
- 增加检查频次、改进检查的方式；
- 增加资源投入、更新设备；
- 优化工艺过程；
- 改变工作优先级别。

在极少数情况下，尽管对问题进行了彻底的调查，但不需要或者不能制定相应的预防措施，此类决策及其理由必须书面记录。这些记录对将来的 CAPA 决策具有很大的价值。

所有的纠正和预防措施都应明确定义行动的具体内容（What to do），谁负责执行（Who to do），完成期限（When to complete the CAPA），谁负责跟踪其完成情况（Who to follow it up），谁负责评估其有效性（Who to evaluate its effectiveness），谁负责最终关闭该项 CAPA（Who to decide its final closure）。同时 CAPA 的制定遵循以下 SMART 原则。

- 具体（specific）：应包括足够的细节，从而使行动项目的责任人能够清晰的了解行动的内容；
- 可测量（measurable）：完成点清晰并可定义，且包括可接受标准；
- 可实现（achievable）：能够通过可获取的资源完成；
- 相关性（relevant）：解决不符合的根本原因，与事故密切相关，CAPA 应不仅解决问题的现象，还应通过调查，基于风险、可行性、有效性来建立，以改进或预防异常情况的根本原因或潜在根本原因；
- 时效性（timely）：能够在合理的时限内完成。根据问题（如偏差或缺陷）的需要、复杂性和紧急程度设定合理的到期日期，确保责任人有充足的时间完成。

制定纠正和预防措施的合理时限，指定了责任人，如果在执行中无法在预定期限内完成，应给予特殊关注，建立如何进行延期申请，以及对应批准的流程；同时还需要评估行动不能按期执行对于产品质量、系统体系、法规承诺和委托协议等的影响。

CAPA 执行过程中，可能会与其他系统链接起来，如变更系统、风险管理系统，在 CAPA 程序中应明确描述 CAPA 系统与其他系统的链接关系，所有的 CAPA 行动都要进行跟踪直至执行完毕，并且在最终关闭之前应评估其有效性。

4.3.3 CAPA 的有效性评估

CAPA 的有效执行是整个流程形成闭环的重要环节，否则基于其他质量保证要素识别的改进和提高将失去意义，因此有必要在建立时考虑行动是否切实有效，同时需要针对关键的 CAPA 评估其实际执行的有效性。

CAPA 的制定需要考虑实施的难易程度和时效性，在制定 CAPA 时可以考虑划分层级，不同层级的 CAPA 在实施的难易程度和时效性上存在差异，结合使用不同层级的 CAPA 对于及时控制风险、有效彻底解决问题有至关重要的作用。

以下是一种 CAPA 的分层方法和应用的举例。

- 重复：为了辨识和避免错误，重复相同的工作；
- 检测和恢复：能够发现问题，消除影响或返回到原始状态；
- 错误预防：使用信号或设备避免问题的发生；
- 错误杜绝：消除出现错误的可能性。

例如口服固体制剂产品混合完成后，卸料过程中由于人员操作设备失误导致产品泄漏，建立的行动参考上述的行动层级分类，“重复”型的行动往往更容易实施（如再次针对操作注意事项对人员进行培训），但相较于其他类型行动可能有效性较差。“错误杜绝”型的行动有效性更高（如升级设备自动卸料，减少人员的干预），但可能实施的困难性和时效性更差。因此为了更好地避免不良情况的再次出现，应采取适当层级的行动或者综合考虑互为补充。

基于上述原则建立了 CAPA，但仍需评估 CAPA 是否按照计划执行，结果是否符合预期，是否有其他未预计到的情况出现。因此对于关键质量事件（如法规审计缺陷项、重大偏差、召回、重复偏差等）在建立相关 CAPA 时，需要考虑同步制定该行动的有效性确认方案，以便确认相关行动在执行后持续满足预期目标，并未出现非预期的结果。

当判定需要开启 CAPA 有效性确认后，应在相关的行动中同步建立并记录有效性确认的方案，这个方案同样应用风险管理的原理来制定，应指定责任人，并设定合理的到期日。

CAPA 有效性确认方案的内容应包括但不限于如下内容：

- 目标和措施的预期结果　CAPA 有效性确认方案应能够测量预防异常情况重复发生的有效性，为了达到此目的，应对方案设立明确的预期目标。
- CAPA 有效性确认方案计划　计划（如取样批次的百分比或批次数量）应该包括足够的数据来确认有效性。应该使用统计学的或科学的基于风险的基本理论。

● 达成的结果 CAPA 有效性确认按照方案要求执行，最终应由质量部门相关负责人员批准。如果有效性确认执行时发现不符合或不良情况再次发生，需要通过偏差或者其他方式找到 CAPA 执行无效的根本原因，重新创建合适的 CAPA 并继续跟踪，直至发现的问题解决。

4.3.4 CAPA 系统的统计分析

对于由质量保证要素活动中发现而产生的纠正和预防措施，企业应通过管理体系来执行这些措施。企业可以针对 CAPA 系统的运行情况进行各种统计分析，例如：不同 CAPA 来源的比例及其变化趋势，每月 / 季度新增 CAPA 的数目及其变化趋势，每月 / 季度完成 CAPA 的数目及其变化趋势，CAPA 超期延期情况，重复质量事件的情况，以及其他可能的分析。企业应根据自身质量管理体系、品种和工艺的具体情况，选择对改进质量体系、工艺性能和产品质量真正有意义的项目进行统计分析，分析的结果应及时报告企业管理层。

要点备忘

● 企业是否有纠正和预防措施的书面程序。

● 企业是否有效实施和维护纠正和预防措施管理系统，如对问题的根本原因调查，风险评估，及时制定 CAPA，责任部门和（或）责任人，时限，CAPA 的落实追踪，有效性评估，定期分析报告管理层等。

● 企业是否有纠正和预防措施的书面记录，并有系统追踪性。

● 企业是否对纠正和预防措施的有效性设定要求并进行评估。

4.4 产品质量回顾

法规要求

药品生产质量管理规范（2010 年修订）

第二百六十六条 应当按照操作规程，每年对所有生产的药品按品种进行产品质量回顾分析，以确认工艺稳定可靠，以及原辅料、成品现行质量标准的适用性，及时发现不良趋势，确定产品及工艺改进的方向。应当考虑以往回顾分析的历史数据，还应当对产品质量回顾分析的有效性进行自检。

当有合理的科学依据时，可按照产品的剂型分类进行质量回顾，如固体制剂、液体制剂和无菌制剂等。

回顾分析应当有报告。

企业至少应当对下列情形进行回顾分析：

（一）产品所用原辅料的所有变更，尤其是来自新供应商的原辅料；

（二）关键中间控制点及成品的检验结果；

（三）所有不符合质量标准的批次及其调查；

（四）所有重大偏差及相关的调查、所采取的整改措施和预防措施的有效性；

（五）生产工艺或检验方法等的所有变更；

（六）已批准或备案的药品注册所有变更；

（七）稳定性考察的结果及任何不良趋势；

（八）所有因质量原因造成的退货、投诉、召回及调查；

（九）与产品工艺或设备相关的纠正措施的执行情况和效果；

（十）新获批准和有变更的药品，按照注册要求上市后应当完成的工作情况；

（十一）相关设备和设施，如空调净化系统、水系统、压缩空气等的确认状态；

（十二）委托生产或检验的技术合同履行情况。

第二百六十七条 应当对回顾分析的结果进行评估，提出是否需要采取纠正和预防措施或进行再确认或再验证的评估意见及理由，并及时、有效地完成整改。

第二百六十八条 药品委托生产时，委托方和受托方之间应当有书面的技术协议，规定产品质量回顾分析中各方的责任，确保产品质量回顾分析按时进行并符合要求。

背景介绍

产品质量回顾是指企业针对一系列的生产和质量相关数据的回顾分析，以评价产品生产工艺的一致性及相关物料和产品质量标准的适用性，以对其趋势进行识别并对不良趋势进行控制，从而确保产品工艺稳定可靠，符合质量标准的要求，并为持续改进产品质量提供依据。

在整个产品生命周期内需要有一个持续的计划来保持并评估产品和与产品质量有关的工艺数据。年度产品回顾（annual product review，APR）是实施该评价的一种方式。产品质量回顾所收集的数据包括相关的工艺趋势，进厂物料或成分、中间物料以及成品的质量。该活动应由受过培训的人员统计和回顾审查这些数据的趋势。所收集的信息应当证实整个工艺中质量属性适当受控，并决定是否需要更新或改进质量标准、生产或控制规程。这一评估包括回顾范围内相关批次有关的各种记录、投诉、召回、退货或销毁以及开展的相应调查。此外，设施、公用工程和设备的维护是另外一个确保工艺依然受控的重要方面，应当定期评估设备和设施的确认数据，一些设施也可以选择采用实时内部数据分析和评估量度的系统。

实施指导

4.4.1 目的和范围

在药品生产企业开展产品质量回顾的目的，是通过定期（通常为每年）对药品生产企业生产的所有药品按品种进行分类后，开展产品质量汇总和回顾分析，以确认其工艺和流程稳定可靠程度以及原辅料、成品现行质量标准的适用性，及时发现出现的不良趋势，从而确定对产品及工艺、控制过程进行改进的必要性和改进的方法。

通常产品质量回顾的范围包括药品生产企业的所有医药产品以及合同生产所有医药产品。包括由本公司生产或为本公司生产的所有上市的（国内销售或出口的）原料药、制剂以及医疗器械，涉及隔离暂存、拒收的所有批次。同时药品生产企业也要结合以前的质量回顾结果，确认药品生产的各种趋势，并最终形成一份书面的报告。企业的质量回顾可以根据产品类型进行分类，如固体制剂、液体制剂、无菌制剂等。

通常企业的产品质量回顾应该在年度生产结束后的规定时间内全部完成，但企业应该在日常生产结束后即完成相关数据的采集、汇总，避免在年度生产结束后才统一进行数据的采集。基于不同的产品和运营方式，企业也可以根据自身情况，设定年度的工作计划，在不同时间点完成不同产品或产品组的回顾工作，将回顾工作平均分布在不同的月份，原则上产品质量回顾应覆盖一年的时间。

企业应该记录需要开展纠正措施的原因，并保证批准的纠正和预防措施能够及时有效地完成。企业应该建立相应的管理程序，对这些措施的有效性进行审核和管理，在企业的自检过程中还应该对该程序的有效性进行回顾。

当存在委托生产的情况时，委托方和受托方之间应当有书面的技术协议，规定产品质量回顾分析中各方的责任，确保产品质量回顾分析按时进行并符合要求。

4.4.2 职责和工作流程

药品生产企业产品质量回顾职责分配可以参照以下流程进行（图 4–5）。

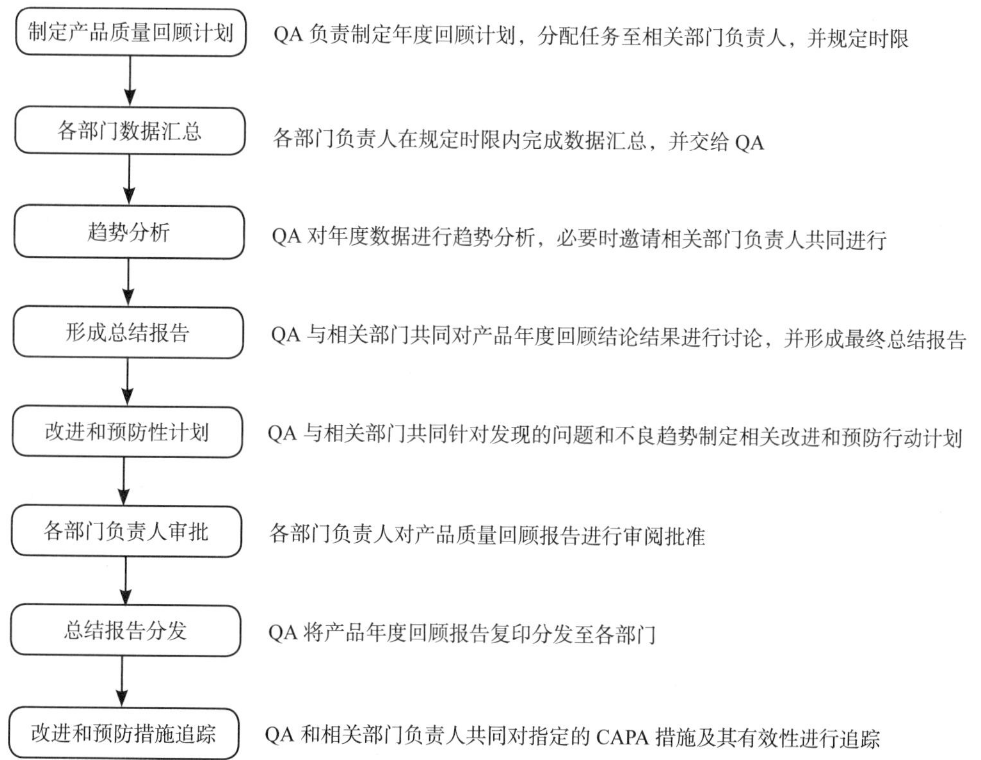

图 4–5 产品质量回顾流程

- 质量保证部门负责公司产品质量回顾规程的起草、修订、审核、培训，组织企业对生产产品实施质量回顾，并对质量回顾的执行情况进行监督。

• 产品质量回顾负责人负责制定产品质量回顾计划，根据产品质量回顾计划设定具体任务，并指定任务责任人。

• 各相关部门指定负责人协助提供本部门质量回顾相关信息或文件，包括生产、检验、变更、验证、上市申请等，并保证其数据的真实性，必要时需要对本部门提供数据进行趋势分析。

• 产品质量回顾负责人负责整理收集的信息，对数据（事件）进行趋势分析，异常数据（事件）分析，必要时组织相关部门进行进一步讨论，制定改进和预防行动计划，包括每个措施的责任人，计划完成日期，并得出质量回顾报告结论，起草质量回顾报告。

• 应用统计学工具对数据结果分析。产品质量回顾中通常需要整理和分析大量的数据（如检验结果），除了分析是否超出质量标准和内控标准要求以及是否有异常趋势外，可以应用统计分析软件进行工艺性能分析。回顾一定时间周期内的数据，通过工艺性能分析评估产品工艺是否稳定。

• 质量部门相关负责人组织包括生产、质量控制、质量保证、工程等各部门负责人对产品质量回顾总结报告进行审核，并确认结论的真实性和有效性，必要时进行讨论，质量部门相关负责人和相关部门负责人批准产品质量回顾总结报告。

• 质量保证部门将批准的产品质量回顾总结报告分发至各相关部门。

• 各相关部门按产品质量回顾报告中制定的改进和预防性措施或其他再验证措施及完成时间，按时有效地完成。

• 质量保证部门负责跟踪措施的执行情况，并将其执行情况汇总在下次产品质量回顾报告中。必要时，向相关部门负责人定期通报整改措施的执行情况。在每年的内审中，应该对之前的产品质量回顾的完成情况进行检查。

对多个工厂共同生产完成的产品，如生产、检验和包装，可以根据协议分别负责完成各自流程范围内的回顾，如有需求，相关生产步骤的质量回顾应提供给其他工厂以供参考，由上市许可持有人完成完整的回顾报告。

4.4.3 内容

A. 各项数据的汇总

产品质量回顾的数据汇总应包括但不限于生产周期中的以下内容。

• 产品的基础信息，包括产品的名称、规格、包装形式、有效期、处方、批量等。

• 每种产品的所有生产批号、生产日期、终产品检验结果（物理、化学、微生物等）、关键中间控制检验结果（必要时），成品收率、产品最终放行情况（合格和不合格）等信息的汇总，并需对关键数据进行趋势分析。

• 对生产中涉及的关键工艺参数的统计及趋势评估。

• 每种产品的所有生产批次（合格和不合格）所用到的各批次原辅料、中间体和包装材料的信息（特别是来自新供应商的物料）。

• 对产品进行返工和重加工的原因、涉及数量及处理结果。

• 对涉及的所有原辅料、包材、中间体、成品的所有检验结果超规格的批次及其调查结果。

• 所有重大偏差或不符合事件及其调查报告（内容、原因），以及已经采取的纠正和预防措施的效果。

• 与产品相关的原辅料、包装材料（含印字包材）的变更。

• 产品及其原辅料质量标准、内控标准及分析方法的变更。

• 对生产设施、设备、工艺参数等进行的所有变更。

• 对企业已提交 / 获得批准 / 被拒绝的上市许可变更申请的审核。企业仅需要负责提供本企业上市产品的信息，合同生产产品由委托方给予必要的信息。

• 产品的稳定性实验结果和任何不良趋势（包括试验原因、含量趋势图、异常点分析、各检验项目趋势总结等）。

• 所有与质量相关的退换货、投诉和召回的情况，以及对其进行的调查（包括发生的原因、涉及数量及其最终处理结果）。

• 企业之前对产品工艺或设备开展的整改措施是否有效。

• 生产相关设备和设施的验证状态，如 HVAC、水系统、压缩空气系统等。

• 对之前完成的产品质量回顾报告中的纠正和预防措施执行结果确认。

• 对药品不良反应的情况进行回顾。

• 对环境监测结果进行回顾。

• 委托加工，委托检验等工作的情况。

• 各项技术协议的现行性和有效性。

• 其他信息。

B. 产品质量回顾总结报告

应包括但不限于以下内容：

• 产品质量回顾具体计划，包括产品质量回顾的具体时间范围和回顾总结完成截止日期。

- 对产品质量回顾的数据趋势和总结：根据所生产产品的检验数据和生产数据，进行数据汇总分析或利用统计学工具进行数据分析并给出评价性的结论，例如：根据产品年度质量回顾数据显示，本年度该产品生产质量稳定，各项工艺参数没有发生显著变化，没有发现不良趋势。
- 对支持性数据回顾所发现的问题。
- 需要采取的预防和改正行动的建议。
- 预防和改正行动的行动计划和责任人及完成时间。
- 之前产品质量回顾中预防和改正行动的完成情况。
- 通过产品质量回顾，总结当前产品的生产情况及结论。
- 产品工艺性能的分析（如果有）。

C. 审核及批准

当产品质量回顾完成后，应由质量负责人和相关部门负责人进行审核并批准。如果需要预防和改正行动的建议，则应明确预防和改正行动的行动计划、责任人及完成时间。由质量保证部门人员负责跟踪纠正措施的执行，必要时提供阶段性报告。

D. 产品质量回顾的分发及存档

企业产品质量回顾的总结报告必要时应分发至相关部门，质量回顾报告原件应由 QA 进行存档，该记录应根据企业的文档保存要求进行保存。

实例分析

某企业产品质量回顾案例

下面是某企业对生产的 ABC 25mg 片所进行的产品质量回顾部分信息案例，案例中通过多项数据进行汇总分析，以最终对产品质量和生产情况作出总结。

1. 产品原材料使用信息汇总

产品物料使用信息汇总表

2009.01.01–2009.12.31								
生产物料批号								
序号	批号	物质 A	物质 B	物质 C	物质 D	物质 E	物质 F	物质 G
1	Z001	A0001	B0001	C0001	D0001	E0202	F301	G1001
2	Z002	A0002	B0001 B0002	C0002	D0002	E0202	F302	G1002
3	Z003	A0003	B0003	C0003	D0003	E0202	F303	G1003
4	Z004	A0004	B0004	C0004	D0004	E0202	F303	G1004
5	Z005	A0005	B0004 B0005	C0005	D0005	E0202	F303	G1005
6	Z006	A0006	B0006	C0006	D0006	E0202	F303	G1006
7	Z007	A0007	B0007	C0007	D0007	E0202	F304	G1007

2. 检验数据汇总

2009 年 ABC 25mg 片检验数据汇总表

序号	批号	包装阶段		
		溶出度紫外法平均值 Q=85%	水分≤ 5.5%	其他问题
6	ABC1	98	4.36	无
7	ABC2	98	5.24	无
8	ABC3	96	5.02	无
9	ABC4	99	5.48	无
10	ABC5	100	5.18	无
11	ABC6	99	5.38	无
12	ABC7	97	5.05	无
13	ABC8	100	5.18	无
14	ABC9	96	4.64	无
15	ABC10	97	4.66	无
16	ABC11	98	4.76	无
17	ABC12	98	4.25	无
18	ABC13	99	4.44	无

续表

序号	批号	包装阶段		
		溶出度紫外法平均值 Q=85%	水分≤ 5.5%	其他问题
19	ABC14	100	4.31	无
20	ABC15	98	4.40	无
21	ABC16	99	4.44	无
22	ABC17	100	4.27	无
23	ABC18	98	4.86	无
24	ABC19	97	3.79	无
25	ABC20	99	3.52	无
26	ABC21	99	4.49	无
27	ABC22	97	4.26	无

3. 检验数据趋势分析

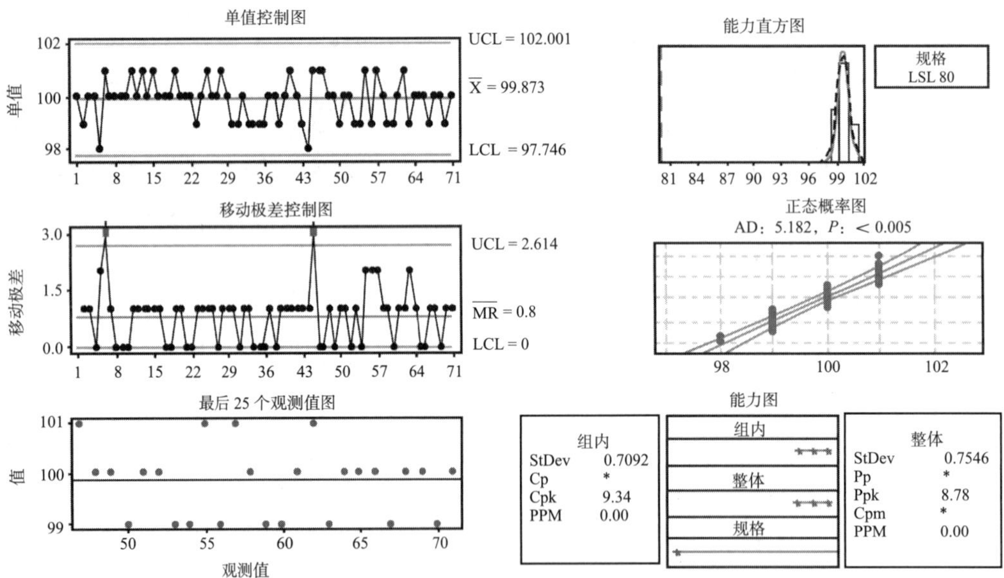

片芯阶段 - 溶出度平均值（%）六合图

UCL. 控制上限；$\overline{X}$. 平均值；LCL. 控制下限；$\overline{MR}$. 移动极差平均值；LSL. 规格下限；P. 概率；AD. Anderson-Darling 统计量；StDev. 标准差；Cp. 流程能力；Cpk. 流程能力指标；PPM. 百万分之一；Pp. 流程绩效；Ppk. 流程绩效指标；Cpm. 综合流程能力指数

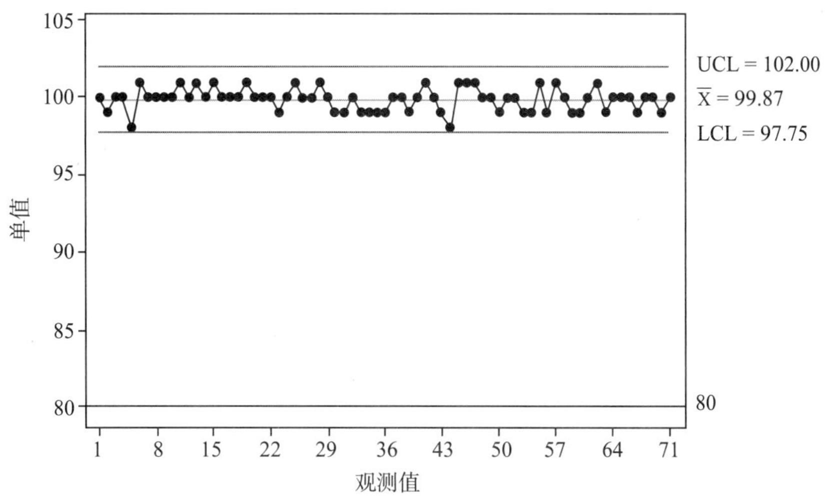

片芯阶段－溶出度平均值（%）单值控制图

UCL. 控制上限；$\overline{X}$. 平均值；LCL. 控制下限

4. 偏差类别分析（百分比）

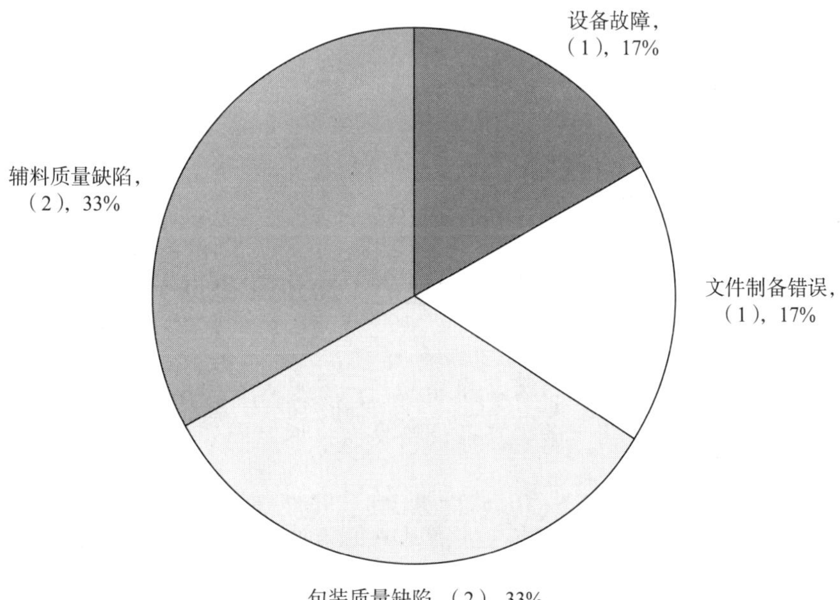

ABC 25mg 片偏差错误类别

5. 产品质量回顾结论

结论与纠正和预防措施

<table>
<tr><th colspan="2">结论和发现的问题</th></tr>
<tr><td colspan="2">• 本年度 ABC 片产品的检验数据统计趋势未见异常，可以确认产品质量稳定，生产工艺稳定可靠，生产过程处于可控状态；生产工艺不需要修改；
• 原辅料及成品的现行质量标准科学适用；
• 发放产品涉及的偏差报告均已批准；
• 回顾期间未关闭的变更控制将在下一年的年度回顾中进行回顾；
• 没有任何重大异常问题，不需要通报管理层</td></tr>
<tr><th colspan="2">需要采取的纠正和预防措施</th></tr>
<tr><td>对上一年度需要采取的纠正和预防措施的追踪总结</td><td>行动编号：99901
行动内容：对质量标准进行升级，升版时将版本号调整为第 5 版
行动确认：该行动确认已于本年度完成并关闭</td></tr>
<tr><td>本年度需要采取的纠正和预防措施的追踪总结</td><td>没有</td></tr>
</table>

4.5 投诉

法规要求

药品生产质量管理规范（2010 年修订）

第二百七十一条 应当建立操作规程，规定投诉登记、评价、调查和处理的程序，并规定因可能的产品缺陷发生投诉时所采取的措施，包括考虑是否有必要从市场召回药品。

第二百七十二条 应当有专人及足够的辅助人员负责进行质量投诉的调查和处理，所有投诉、调查的信息应当向质量受权人通报。

第二百七十三条 所有投诉都应当登记与审核，与产品质量缺陷有关的投诉，应当详细记录投诉的各个细节，并进行调查。

第二百七十四条 发现或怀疑某批药品存在缺陷，应当考虑检查其他批次的药品，查明其是否受到影响。

第二百七十五条 投诉调查和处理应当有记录，并注明所查相关批次产品的信息。

第二百七十六条 应当定期回顾分析投诉记录，以便发现需要警觉、重复出现以及可能需要从市场召回药品的问题，并采取相应措施。

第二百七十七条 企业出现生产失误、药品变质或其他重大质量问题，应当及时采取相应措施，必要时还应当向当地药品监督管理部门报告。

GMP 要求，企业应建立产品投诉的操作程序，明确投诉管理的相关人员、调查和记录等。很多企业的产品除了在国内销售还会出口，因此除了我国 GMP 的要求外，也应当关注出口市场和国际法规的要求。

实施指导

理论上，产品质量可以通过生产过程的有效控制和放行前的产品质量检验来保证，但仍然需要建立一个有效的投诉管理体系来满足产品疗效与安全、市场、法规等方面的要求：一方面，由于生产过程中通常包括一些不确定因素，这些因素无法通过大量的验证，生产过程的中间检查和最终的检查来排除；另一方面，由于产品在放行和销售前，只会抽取有限的一定数量的样品进行质量检验。因此，企业在实际管理过程中会不可避免的收到来自市场的关于产品质量缺陷和其他原因导致的投诉。

制药企业应建立投诉程序、标准和相应的记录文件；应充分培训并运行该系统，及时有效地接收、调查和处理投诉；调查导致质量缺陷的原因，并采取措施，防止再次发生类似的质量缺陷；生成和保存相应的记录和报告；通过进行投诉趋势分析，推动公司产品质量和质量管理体系的持续改进。

客户提出的对任何已经放行的产品有关安全性、有效性和质量（包括稳定性，产品性能，均一性）、服务或产品疗效不满的书面的、电子的或口头的信息都可能与投诉有关。通常情况下涉及质量投诉、疑似假药投诉和药品不良反应及其他与用药有关的药物警戒活动。药物警戒活动一般情况下由药物警戒部门相关人员负责处理；疑似假药投诉一般涉及法律、知识产权等相关部门。本节主要涉及质量投诉的具体实施和管理流程。

4.5.1 分类

企业建立产品质量投诉管理体系时，通常需要根据投诉的严重程度进行分类，可以采用不同的分类标准，例如投诉所隐含的潜在用药安全风险、产品质量风险或法规符合风险的大小等，也可以综合考虑各项指标建立复合分类标准。

表 4-7 为投诉的严重程度、企业基于投诉的本质及对消费者安全风险的评估的示例。表 4-7 为投诉分类方式的一种示例，企业可根据自身的实际情况，如产品特性、工艺、产品类型等进行分类，企业对相应类别的投诉描述和规定亦可有所不同。

表 4-7 投诉分类示例

分类	描述
Ⅰ类	对于可能危及生命或可能严重威胁患者健康的缺陷的投诉，例如： • 错误的产品（标签与内容物不相符） • 正确的产品，但规格错误（有严重的医学后果） • 无菌注射剂或眼用制剂受到微生物污染 • 有严重医学后果的化学污染 • 不同容器内的产品混淆 • 复合制剂中的活性成分错误（有严重的医学后果） • 有严重医学后果的假药
Ⅱ类	对于可能引起疾病或误诊的缺陷的投诉，但不属于Ⅰ类，例如： • 标签错误：文字或数据错误或缺失；信息缺失或不正确（说明书或插页） • 非注射剂，非眼用制剂的无菌产品受到微生物污染，有医学后果 • 化学 / 物理污染（重要杂质，交叉污染，微粒，包括在原容器中的玻璃微粒） • 同一容器内的产品混淆 • 与规格不相符（例如含量，稳定性，装量 / 重量） • 密封不可靠，有严重医学后果（例如细胞毒素，容器缺乏儿童保护，有效的药物） • 疑为假药（初始分类）
Ⅲ类	对于可能不会严重威胁患者健康的缺陷的投诉，例如： • 包装缺陷（例如批号或有效期错误或丢失） • 密封缺陷 • 污染（例如任何微生物污染，污物或落屑，不溶性微粒） • 容器破裂 • 合并用药时不符合装量 / 重量 • 无标签的个例
Ⅳ类	对患者健康没有危害的缺陷的投诉，例如： • 偶尔缺失药板 • 药片装量偶有缺片 • 偶尔缺少打印的信息 • 损害或污染次级包装 • 不严重的打印错误 • 不严重的偶尔的装置缺陷
Ⅴ类	无缺陷产品。例如： • 多剂量溶液药品开封之后，发现有颗粒，调查表明，非产品本身或过程引入，是使用环节中环境引入，投诉方认可 • 疑似假药，最后证明是真品

4.5.2 职责

企业应当统一规定投诉处理中相关部门的职责，包括投诉的接收、投诉的调查和整改、纠正和预防措施的批准及对客户的答复等。投诉管理过程中的相关负责人及职责分配见表 4-8，企业可根据自身情况作相应的调整和安排。

表 4-8 投诉管理过程中的相关负责人及职责分配

步骤	职能	职责
投诉信息接收	任何可能接到客户投诉的部门或人员（包括但不限于销售、质量管理、企业高层管理者）	• 任何接到客户投诉的部门或人员，不论其通过何种渠道、何种形式，应立即将投诉信息传递给投诉管理部门和销售部门（适用时） • 投诉可能通过客户认为方便的任何渠道传来，例如客户可能将投诉发给销售部门，可能发给质量管理部门，可能直接发给企业最高管理者，也可能通过其他渠道进行传递 • 投诉可能通过客户认为方便的任何形式进行传递，例如电话、E-mail，传真、会议、访问等
客户投诉管理	质量管理部门（质量相关的所有投诉）	• 组织对客户投诉的调查处理 • 批准纠正措施和预防措施方案、报告 • 对客户的答复 •（必要时）向政府部门汇报
执行投诉调查和处理	销售、物流、生产、仓库、采购、QC、研发、工程（视企业和投诉的具体情况而定）	• 执行客户投诉的调查 • 参与客户投诉相关纠正措施和预防措施的制定和答复的准备 • 执行纠正措施和预防措施
决定对客户的答复	质量管理部门	负责质量方面的批准
	销售部门（适用时）	负责销售业务方面的批准
	医学部门（适用时）	负责医学业务方面的批准
	法规部门（适用时）	负责法规方面的批准
	公关部（适用时）	负责媒体方面的批准
	相关其他部门（适用时）	负责相应业务方面的批准
答复客户	销售部门	负责跟客户的直接沟通（必要时质量管理部门进行协助）

产品生产存在委托加工的情况，需要按照委托双方协议要求完成各自承担的工作，相关内容请参见本分册“附录 药品上市许可持有人和GMP的管理要求”章节内容。

4.5.3 投诉管理流程

图 4-6 列出了投诉管理的基本流程，根据投诉的分类和企业架构等因素的不同，投诉管理的具体流程和步骤可以有所调整。

A. 投诉信息的接收

这包括投诉信息从客户到企业的联络人，再到企业内部投诉管理部门的过程。

1. 客户投诉到达企业联系人

客户以来访、电话、网络、传真或其他形式投诉到企业联系人处；对于口头形式的投诉，如有可能，应要求客户用书面形式予以确认，以避免沟通中的误解或信息丢失。

2. 客户投诉到达投诉管理部门

企业的联系人接到或了解到任何产品投诉后，应在规定时间内将投诉转到投诉管理部门，投诉管理的负责人员按照相应流程对相关信息进行确认和登记。

企业在接收到投诉信息后，应尽快向客户提供初步反馈，内容包括但不限于以下方面：

- 确认收到投诉信息以及信息的完整性；
- 投诉样品的可及性或必要的样品照片；
- 是否需要补充投诉信息；
- 调查正在进行中，预计多长时间内给予进一步的反馈。

无论调查进行得是否顺利，给客户一个清晰的状态更新是非常重要的，以避免客户的误解或失去耐心。

B. 信息的收集和分类

投诉管理部门在接收到投诉后，应判断收到的投诉信息是否完整、清晰，是否足以据此展开有效的调查。现实中确实存在这种情况，有时客户的投诉语言不详，信息非常零碎，甚至无法知道发生问题的具体批次或具体发生了什么问题，这时需要与客户直接联系的部门与客户沟通，获得基本的相关信息以便展开调查。假如需要索取更多的投诉相关信息，应尽量在初次反馈时向客户提出要求。

质量管理部门根据投诉的分类标准对具体投诉进行分类，投诉处理过程中如果需要对投诉的类型进行重新判定，或需转入其他调查流程时，也应获得质量管理部门的批准。

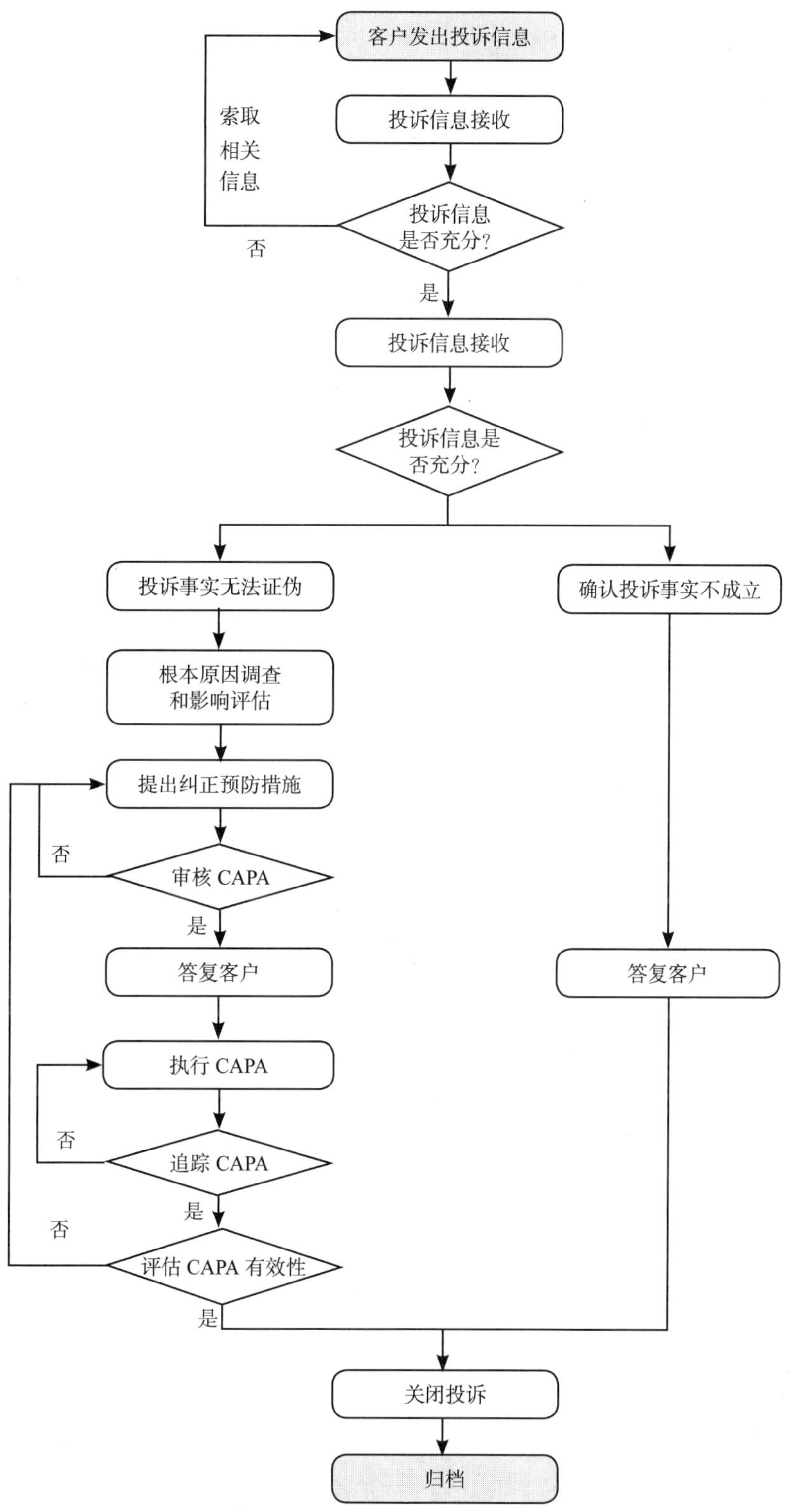

图 4-6　投诉管理基本流程

C. 投诉调查和影响的评估

确认已收到适当的投诉信息后，投诉管理部门将客户投诉记录及有关信息转发给以下一个或多个相关部门，启动投诉调查。

- 销售部门（在投诉未传达到销售部门的情况下）；
- 公司管理层（必要时），以便了解情况；
- 供应链（仓库）部门，当对包装、净重、运输等投诉时，以备产品退回的可能；
- 质量控制实验室，以便可以对产品进行补充分析调查，并且在产品被退回时有针对性进行复检；
- 该产品的生产部门；
- 其他必要的部门（适用时）。

每个被要求进行调查的部门应收集必要文件展开调查，如运货单、销售记录、检验记录和分析报告单、批生产记录等。每个相关部门将进行各自的调查，从引起投诉的各种可能因素入手，查找引起投诉的根本原因，评估潜在的质量影响，并形成书面报告，反馈到投诉管理部门。

对于与质量相关的投诉，质量部门应组织并领导相关调查，以便发现产品潜在的质量缺陷。针对投诉的调查范围应该覆盖该投诉的根本原因或可能的根本原因及可能影响的所有批次。例如：

- 对检验的问题，通常需要回顾原始检验记录，对留样进行检验，必要时也可能包括要求客户寄回样品供药品生产企业进行分析检测，或者派出专业技术人员到现场拜访客户，详细了解投诉事实等；
- 对于贴签问题，需要查看相关的生产、贴签、仓储记录和运输记录等；
- 对于超出质量要求范围的投诉，可能需要进一步的实验研究；
- 对于发生在出厂之后运输途中的质量问题，需要运输商配合调查。企业应根据投诉的具体情况决定投诉调查的方向，必要时可进行额外的检验或实验研究，以确认其影响范围和程度。

投诉管理部门应当检查受到投诉的批次或者受到影响的其他批次产品，是否还有库存，如有库存，要求物料管理部门立即将其隔离存放，等待进一步的调查或处理。

需要说明的是，现实中客户的投诉并非总是合理的，或者总是有充分的事实依据，有时纯粹是出于误解。例如客户引用了错误的质量标准或者没有正确理解和执行某个检验项目的分析方法，因此得出检验不合格的结论，这时需要的是向客户解释正确的质量标准或分析方法，而不是针对该产品的生产过程进行调查。有时客户买到的是假冒产品，这时需要进行鉴别和说明，并根据情况决定是否报告当地药品监督管理部门，或者向公安机关报案。假如可能确定投诉所依据的事实不成立，则适当地答复客户后即可关闭该投诉，并将记录存档。对于一些客户的质疑，如果不需要调查，经质量部相关人员确认批准，可以直接答复或解释的，可不进行调查，但是要写明原因。

各部门的投诉调查应当及时，这也是及时答复客户的前提。投诉处理的快慢，直接影响客户对企业的满意度。

D. 纠正和预防措施

在投诉调查部门的配合下，投诉管理部门对投诉进行评估。

1. 判定投诉是否合理

- 如果投诉判定为不合理，则由投诉管理部门书写答复报告，答复客户；
- 如果投诉判定为合理，投诉处理的负责部门将与其他相关部门合作，基于产品的发运、储存、运输情况和产品的特殊要求，基于风险评估决定产品是否需从投诉的客户处退回，及是否需要启动产品召回程序，从相关客户处召回相关产品。

2. 判断投诉问题是否出在企业内部

- 如果不是，投诉管理部门将客户投诉的全部资料存档保存，以备再次发生时的重新评估；或者由物流部将投诉转达给贸易商 / 经销商或承运商（因为运输过程中的损坏）；或者由物流部将改进要求转达给海关相关部门（因为清关抽查检验活动造成的问题）；或其他可能的第三方改进。
- 如果是，则按照流程完成调查，确认出现问题的原因及纠正和预防措施。除了被投诉的批号外，如果引起投诉的起因在其他批号也存在这个因素，则对其他批号的产品也要进行同样的调查及采取相应的行动。

对于每一个合理投诉，企业应遵循调查的相关流程，进行合理的调查和风险评估，针对问题制定合理的纠正和预防措施，在纠正和预防措施通过审核后，应当遵照纠正和预防措施进行相应的整改。（参见本分册“4.3 纠正和预防措施”相关内容）

无论是哪种情况，制药企业应充分利用投诉系统不断改进产品质量和质量管理体系。

E. 答复客户

不论是合理或不合理投诉，都应当将调查结果告知客户。通常情况下由投诉的接收人答复客户，必要时质量管理部门需要给客户进行答复和沟通。答复客户后，客户可能会针对答复报告提出质疑或询问，企业内部可能需要针对客户的质疑进行再次或多次的调查，并提供第二次、第三次的补充答复，直到问题解决，客户接受企业的调查结果。对于确认的质量投诉，企业应考虑客户产品的换货和补偿。

企业应根据投诉的性质和相关法律法规，判断是否需要报告相关监管部门，如企业出现生产失误、药品变质或其他重大质量问题，在考虑采取相应措施的同时，还应及时向当地药品监督管理部门报告。

另外，对于存在受托生产情况时，需要按照委托双方协议要求的职责和义务，按协议完成投诉的接收、确认、调查和答复等工作，根据协议规定完成客户或药品监督管理部门的沟通和报告。

F. 关闭投诉

通常需要得到客户对调查答复报告的满意答复后才能结束投诉（当然纠正和预防措施需要继续进行），但是对于一些不合理的投诉，或已经答复几次的合理投诉，客户不一定再会有反馈。这时，企业可以设定一个时间，例如最终答复客户后1个月内无反馈则关闭投诉并将相关记录归档保存。

G. 投诉记录的要求

投诉记录是记录从投诉信息的接收到投诉关闭整个过程的信息，应当包括但不限于以下内容：

- 投诉人或公司的名称，地址，电话等信息；
- 接收投诉的人 / 部门及收到投诉的日期；
- 投诉的内容和性质，包括投诉的原始信函或文件、产品名称、批号、数量、投诉的分类等；
- 投诉调查采取的行动，包括执行人和日期；
- 投诉调查的结果和日期；
- 因投诉发起的纠正和预防措施；
- 对投诉人或公司的答复（包括答复内容和时间）；
- 对投诉发起的纠正和预防措施的跟踪；

- 投诉产品的处理，相关批号产品的处理；
- 任何投诉人对投诉的补充及投诉答复的反馈；
- 关闭投诉的时间及理由。

另外，企业应制定合理的投诉编号规则，由投诉管理部门对投诉进行登记编号，以便于对投诉进行识别、沟通和统计分析。企业应当建立投诉台账，方便对各个投诉进行查询。

H. 文件和样品的保存

所有与投诉相关的必要的信息应当归档，一个投诉档案应当至少包括以下资料：客户的书面投诉通知（适用时），投诉记录文件，投诉调查报告及相应的附属资料，投诉的答复报告，客户对投诉最终答复报告的接受意见（适用时），投诉样品等。

投诉档案应根据公司的文档保存要求进行存档，需要时应当能够方便地查阅。

4.5.4 时限规定

企业应根据具体情况设立合理的投诉处理时限，可能的做法包括根据投诉严重程度定义不同的时限，以集中资源，优先处理对患者健康 / 法规符合风险高的投诉；也可能为了保持投诉体系的简单性而规定统一的时限。

在相关步骤不能按期完成时，应提供阶段性调查评估报告，并与相关方保持顺畅的沟通。应规定投诉处理各步骤的时限。典型的投诉处理时限示例见表 4–9。

表 4–9 典型的投诉处理时限示例

步骤	时限
初步反馈	2 个工作日
核实投诉事实	10 个工作日
根本原因调查，影响评估和提出 CAPA 方案	从收到投诉之日起 30 个工作日
答复客户	10 个工作日
最终答复客户后无法获得客户反馈时的投诉关闭时限	25+10 个工作日 正式答复客户超过 25 天后，如果客户没有反馈，投诉管理负责人（通过负责联系客户的部门）将提醒客户，10 个工作日后如果还没有反馈，并经销售部门确认，投诉管理部门将关闭该投诉
投诉记录保存时限	至少保存至相关产品有效期后一年或关闭投诉后一年，取两者中较长的时间；有些企业要求投诉处理记录以适当的形式保存至产品生命周期 +1 年

4.5.5 投诉的回顾和趋势分析

所有接收到的投诉无论是否需要调查都应进行趋势分析，所有识别出的投诉趋势均应进行调查，同时对每一个接收到的单一投诉进行分析判断，确认是否为重复性发生的投诉，从而判断是否已经构成新的不良趋势。企业应当定期进行整体的投诉回顾，以便及时发现需引起注意的问题，以及可能需要从市场召回药品的特殊问题或重复出现的问题。回顾活动应总结同类型的投诉的发生频率和严重性，并对多次发生的投诉进行原因分析，提出纠正和预防措施。对于可能存在潜在产品质量问题的，应当采取相应的措施，防止同样的问题再次发生。回顾的内容应当包括但不限于对不同投诉比例、趋势及原因分析，针对投诉所进行的纠正和预防措施的完成情况及有效性等。

必要时，投诉的回顾和趋势分析应当采用适当的统计学方法，其结果应当作为增进对产品和产品生产工艺的理解，确定产品潜在质量缺陷，考察工艺稳定性，改进工艺和进行风险评估的参考。

投诉的回顾应作为产品质量回顾的一部分，结合产品质量回顾的其他内容共同进行，以便企业获得该品种质量情况的全面信息。

要点备忘

投诉管理主要关注点总结如下：

- 有程序规定投诉的处理，同时规定相关责任人 / 部门；
- 投诉调查有内容充分的记录，调查报告和答复报告按要求归档；
- 投诉调查和与客户的沟通的及时性与透明性，投诉关闭是否适当；
- 对投诉引起的纠正和预防措施有记录并执行，评估纠正和预防措施的可行性和充分性；
- 对投诉进行回顾和趋势分析；
- 如果出现重大质量问题，是否及时报告相应的药品监管部门。

4.6 召回

法规要求

药品生产质量管理规范（2010 年修订）

第二百九十三条 企业应当建立产品召回系统，必要时可迅速、有效地从市场召回任何一批存在安全隐患的产品。

第二百九十四条 因质量原因退货和召回的产品，均应当按照规定监督销毁，有证据证明退货产品质量未受影响的除外。

第二百九十八条 应当制定召回操作规程，确保召回工作的有效性。

第二百九十九条 应当指定专人负责组织协调召回工作，并配备足够数量的人员。产品召回负责人应当独立于销售和市场部门；如产品召回负责人不是质量受权人，则应当向质量受权人通报召回处理情况。

第三百条 召回应当能够随时启动，并迅速实施。

第三百零一条 因产品存在安全隐患决定从市场召回的，应当立即向当地药品监督管理部门报告。

第三百零二条 产品召回负责人应当能够迅速查阅到药品发运记录。

第三百零三条 已召回的产品应当有标识，并单独、妥善贮存，等待最终处理决定。

第三百零四条 召回的进展过程应当有记录，并有最终报告。产品发运数量、已召回数量以及数量平衡情况应当在报告中予以说明。

第三百零五条 应当定期对产品召回系统的有效性进行评估。

背景介绍

2007 年《药品召回管理办法》（局令第 29 号）发布，使我国对缺陷药品的召回管理做到有章可循；GMP 中对产品召回也有了明确的规定，标志着我国对制药行业药品召回行为的监管进入新的阶段。随着 2019 年 12 月新修订的《药品管理法》和新颁布的《疫苗管理法》实施，药品上市许可持有人制度的落地，药品监管要求进一步提高，2022 年 11 月新修订的《药品召回管理办法》实施。

新修订的《药品召回管理办法》，结合行业发展实际，坚持风险管理、全程管控原则，围绕及时控制质量问题或者其他安全隐患，优化调查评估和召回实施程序，科学完善召回药品处理措施，压实药品上市许可持有人责任，从而督促药品上市许可持有人主动将可能的药品安全隐患消除在萌芽或初起阶段，更好地保障公众用药安全。

实施指导

本节将重点介绍召回的具体实施和管理流程，针对药品上市许可持有人、委托生产等情况具体召回流程的执行企业根据双方协议进行操作，相关内容参见本分册“附录 药品上市许可持有人和 GMP 的管理要求”章节内容。

4.6.1 定义和分级

召回（recall）是指药品上市许可持有人按照规定的程序收回已上市存在缺陷的药品，并采取相应措施，消除缺陷、控制风险的活动。其中缺陷药品是指由于研发、生产、储运、标识等原因导致存在质量问题或者其他安全隐患的药品。也就是说，由于产品违背法规和（或）注册信息，产品存在缺陷或该产品被报告有严重的不良反应等原因，需从市场收回一批或者几批产品。

根据召回活动发起主体的不同，药品召回分为主动召回和责令召回两类。

主动召回：药品生产企业通过信息的收集分析，调查评估，根据事件的严重程度，在没有官方强制的前提下主动对存在安全隐患的药品作出召回。

- 责令召回：药品监督管理部门通过调查评估，认为存在潜在安全隐患，企业应当召回药品而未主动召回的，责令企业召回药品。

根据产品的安全隐患、危害的严重程度，药品召回分为以下三级。

- 一级召回：使用该产品可能引起严重健康危害的；
- 二级召回：使用该产品可能引起暂时的或者可逆的健康危害的；
- 三级召回：使用该产品一般不会引起健康危害，但由于其他原因需要召回的。

各公司和企业可以根据实际情况及所生产的产品的具体特点，对不同级别的召回进行具体的有针对性的描述。

4.6.2 职责

召回过程中企业应成立召回决策小组，通常由企业负责人、质量管理负责人、质量受权人、销售市场负责人、生产管理负责人和财务管理负责人等人员组成，必要时需要邀请医学专家、药理专家、注册专家和法律专家等专业人员提供支持和咨询。企业根据自己的不同情况可有相应的调整和安排相关人员负责和参与决策小组的工作。小组主要职责如下：

- 评估产品质量问题、安全隐患，决定是否需要启动召回行动；
- 确定召回的范围和级别（1 级、2 级、3 级）；
- 确保召回产品的有效控制；
- 组建召回任务小组；
- 审核批准各项召回准备计划（特别是召回产品列表）；
- 根据规定通知相关政府部门；
- 定期听取召回情况汇报，批准最终召回报告；
- 做出纠正和预防措施的决议；
- 实施和监督纠正和预防措施的执行；
- 最终批准召回行动的完成。

4.6.3 召回流程

图 4–7 列出了召回管理的基本流程，根据召回级别和企业架构等因素的不同，召回管理的具体流程和步骤可以有所调整。应注意，实际的召回过程可能比图 4–7 所示流程图复杂得多。例如：

- 在召回过程中，随着召回起因事件的发展和已知信息的增加（例如药物不良反应报告案例的增多，偏差调查范围的扩大），可能需要重新定义召回的分级和（或）范围；
- 召回过程可能不是线性的，例如纠正和预防措施的定义和执行可能在很早的阶段就已经开始，而不是等待召回产品完成后再进行；
- 与药品监督管理部门的沟通可能在召回决策之前就已经开始，并一直延续到召回行动结束以后。

针对产品召回的具体情况，企业可在召回计划中对召回活动的流程进行适当调整。

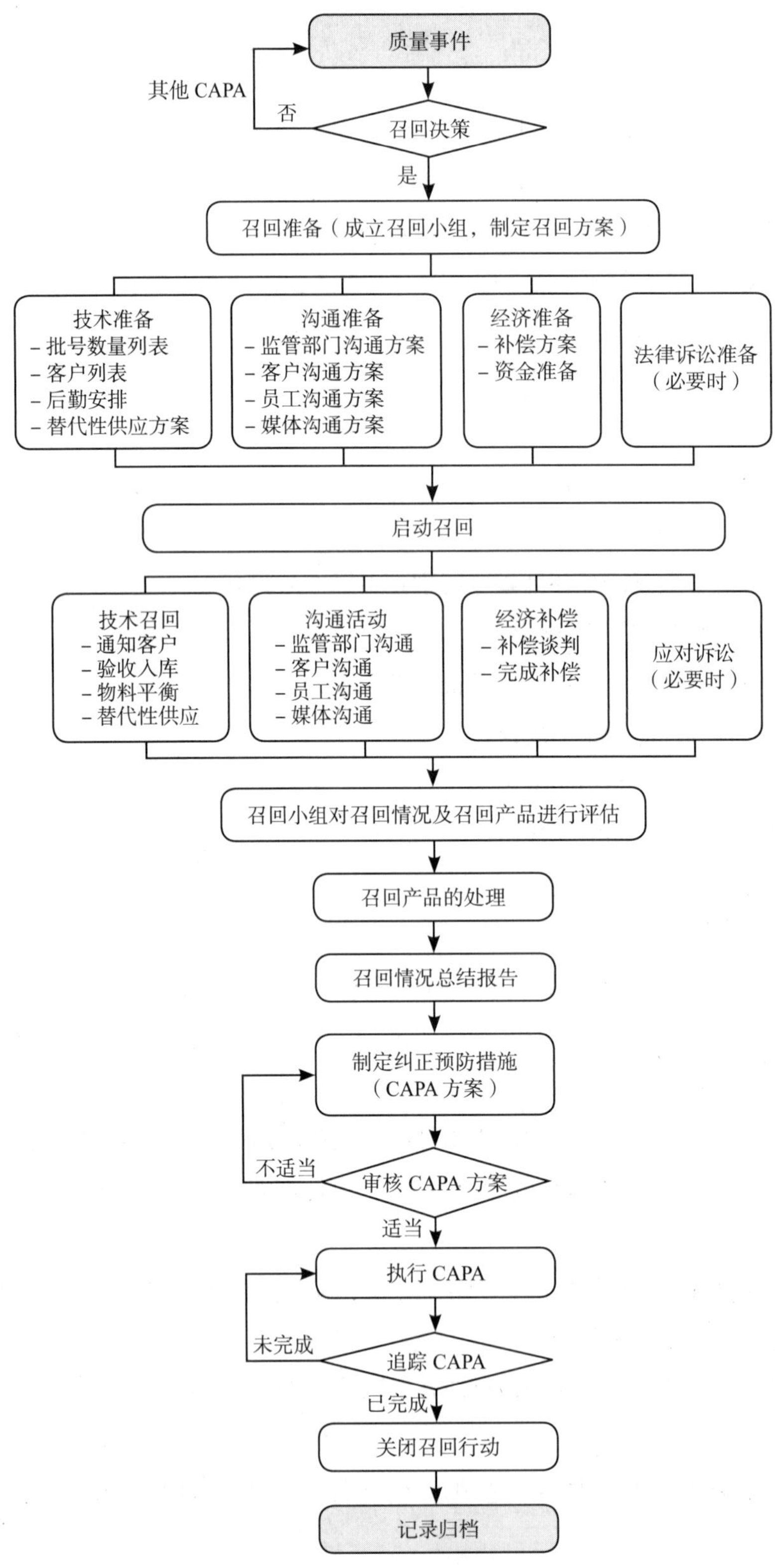
质量事件
其他 CAPA
否
召回决策
是
召回准备（成立召回小组，制定召回方案）
技术准备
－批号数量列表
－客户列表
－后勤安排
－替代性供应方案
沟通准备
－监管部门沟通方案
－客户沟通方案
－员工沟通方案
－媒体沟通方案
经济准备
－补偿方案
－资金准备
法律诉讼准备
（必要时）
启动召回
技术召回
－通知客户
－验收入库
－物料平衡
－替代性供应
沟通活动
－监管部门沟通
－客户沟通
－员工沟通
－媒体沟通
经济补偿
－补偿谈判
－完成补偿
应对诉讼
（必要时）
召回小组对召回情况及召回产品进行评估
召回产品的处理
召回情况总结报告
制定纠正预防措施
（CAPA 方案）
不适当
审核 CAPA 方案
适当
执行 CAPA
未完成
追踪 CAPA
已完成
关闭召回行动
记录归档

图 4-7　召回流程图示例

A. 产品召回决策

许多质量事件都可能导致召回决策活动，例如偏差、实验室调查、投诉、药物不良反应等。

企业应定义召回决策活动的组织机构、评估原则和分类标准。召回决策应该由企业高层管理人员（包括质量管理负责人）在相关领域专家的支持下进行。召回决策应当基于对产品安全隐患的调查与评估。一般情况下，调查和评估应包括但不限于以下内容：

- 药品质量是否符合国家标准，药品生产过程是否符合 GMP 等规定，药品生产与批准的工艺是否一致；
- 产品储存、运输是否符合要求；
- 产品主要使用人群的构成及比例；
- 可能存在安全隐患的产品批次、数量及流通区域和范围；
- 对客户的生产工艺是否有不利影响，是否遵守对客户的承诺；
- 该产品引发危害的可能性，以及是否已经对人体健康造成了危害；
- 对主要使用人群的危害影响；
- 对特殊人群，尤其是高危人群的危害影响；
- 危害的严重与紧急程度；
- 危害导致的后果（短期与长期）。

B. 成立召回任务小组

在决定召回产品后，公司应立即成立召回任务小组，准备具体的召回计划和执行召回行动。下面举例说明召回任务小组的一般组成（表 4-10），根据企业的不同情况可有相应的调整和安排，必要时召回任务小组可要求任何部门提供协助。

C. 制定召回计划

召回小组成立后，应当立即制定召回计划并组织实施。召回计划应当确定各个步骤、相应的负责人和参与人、相应的职责及完成的时限。召回计划的制定一般需要从以下几方面进行。

1. 技术准备

包括但不限于以下内容：

- 列出召回涉及的产品及批号、数量，销售数量，库存数量等；

表 4-10　召回小组成员组成及角色职务职责

角色	职务	职责
组长	企业质量管理负责人（或质量保证负责人）	组织制定召回准备方案； 组织定期起草给监管部门的报告； 组织定期向召回决策小组报告召回情况（包括紧急情况下的随时报告）； 负责召回过程中与监管部门进行沟通
组员	销售部门的相关负责人	参与制定召回准备方案； 配合完成召回产品清单（客户联系方式等）； 负责召回过程中与客户进行沟通； 负责与客户协商替代性供应方案和 / 或补偿方案
组员	质量受权人	参与制定召回准备方案； 负责准备召回产品清单（品名、批号、数量等） 负责复核产品召回情况（数量、物料平衡）
组员	质量控制部门的相关负责人	参与制定召回准备方案； 负责对召回的产品进行检验（必要时）
组员	仓库和物流的相关负责人	参与制定召回准备方案； 配合完成召回产品清单； 负责接收和隔离存放召回的产品
组员	财务部门的相关负责人	参与制定召回准备方案； 负责召回产品和补偿行动的财务处理
组员	生产部门的相关负责人	参与制定召回准备方案； 负责替代性供应方案的生产（必要时）
组员	公共关系部门的相关负责人	参与制定召回准备方案； 负责面对媒体、公众和内部员工的沟通工作
组员	律师	参与制定召回准备方案； 应对法律诉讼（必要时）

- 冻结与召回产品相关的物料和产品；
- 列出需要通知召回的客户名单，该名单应当包含具体的联系方式，产品具体销售的地址、数量；
- 召回通知中明确对药品的标识、储运条件等要求；
- 准备通知客户的召回公告（应包括产品退回的详细地址和接收联系人）；
- 替代性供应方案的准备；
- 初步确定产品的退回、收集、协调和最终销毁方式。

2. 沟通准备

包括但不限于以下内容：

药品召回是一个公众事件。对于启动药品召回的制药企业而言，保护患者利益和公众健康是召回行动的主要和最终目的。同时，一个充分有效的沟通方案能够帮助企业保证召回行动的效率，消除药品监督管理部门、客户和公众可能的误解和不必要的忧虑。

药品上市许可持有人应当向药品生产企业、药品经营企业和医疗机构发出药品召回通知，以便其掌握相关信息，协助药品上市许可持有人能迅速召回相关产品。沟通方案应至少包括以下内容：

- 针对不同沟通对象的不同形式的报告、通告、通知文本（如药品监督管理部门、客户、公司员工、合作伙伴、公众媒体）；
- 可预见的外界问题的解答方案；
- 针对不同沟通对象的不同沟通负责人及其联系方式；
- 沟通方式 / 媒介的选择：如会议，电话，传真机，E-mail，公众媒体（电视公告，广播）；
- 召回任务小组和召回决策小组之间的沟通频次和方式。

3. 财务准备

包括但不限于以下内容：

- 客户补偿方案；
- 相应的资金和其他财务准备。

4. 法律准备

包括但不限于以下内容：

- 在某些情况下，企业需要对可能的法律诉讼做好充分准备，包括律师的指派或委托以及相关文本的准备；
- 各项准备工作应当及时准确地完成，以便尽早启动召回工作。

5. 召回计划

应当包括但不限于以下内容：

- 产品生产销售情况及拟召回的数量；
- 执行召回的具体内容，包括实施的组织、范围和时限等；
- 召回信息的公布途径与范围；
- 召回的预期效果；
- 产品召回后的处理措施；
- 联系人的姓名及联系方式。

对上报的召回计划进行变更时，应当立即通知药品监督管理部门。

D. 召回的启动

通过预先确定的沟通方式（如电话、传真、邮件，或通过宣传媒介电台、电视台、报纸等），在规定时限内通知客户（包括产品经营企业、使用单位、使用者等）召回相关产品，同时向所在地药品监督管理部门报告。药品上市许可持有人应向社会发布召回信息。

召回过程中企业应对公司仍有库存的相关产品立即封存，隔离存放，均应有清晰醒目的标志。召回过程中应当注意做好相关记录，包括通知客户的记录，客户反馈的记录，召回产品到货记录，并及时对召回情况进行评估等。

E. 召回产品的接收

接收召回产品时，需要有相应的记录，记录应包括：客户的名称/地址，召回产品的品名，批号、数量、召回日期和召回原因，应召回和实际召回数量的平衡关系等。接收的召回产品应隔离存放，并均应有清晰醒目的标志。

F. 召回产品的处理

召回任务小组负责对召回产品的情况进行及时总结，对本次召回产品的质量是否受到影响进行评估，提出召回产品的具体处理方案并报请召回决策小组批准。在大多数情况下，药品召回处理决定需要同时报告药品监督管理部门进行备案或批准。

根据批准的处理决定，尽快进行处理并进行详细记录。必须销毁的药品，要在药品监督管理部门或公证部门的监督下销毁。如对通过重新标签、修改并完善说明书、重新外包装等方式能够消除药品安全隐患的，应当在符合要求的生产条件下完成上述操作，并不得延长药品的有效期。

G. 召回总结报告

召回完成后，召回任务小组应提出完整的召回总结报告，包括售出产品及召回产品之间的数量平衡计算，如有差额应有合理的解释和必要的处理措施。对召回活动、召回效果、召回产品的处理情况等做出评价，经召回决策小组批准后，向药品监督管理部门提交召回总结报告，且召回总结报告将作为公司管理评审的一项主要内容。

H. 报告药品监督管理部门

召回小组在公司启动产品召回后，如实施一级和二级召回，需要向药品监督管理部门申请在相应政务网站发布召回信息。

药品上市许可持有人每年应当将上市后研究、药品风险管理的情况向所在地省级药品监督管理部门报告。召回是对存在质量问题和其他安全隐患的药品采取的风险防控的措施，属于上市后研究和药品风险管理的一部分，因此需要将药品召回情况纳入年度报告。

I. 纠正和预防措施

在大多数情况下，针对引发产品召回的质量事件所进行的根本原因调查，以及纠正和预防措施的制定在很早的阶段就已经开始。甚至在召回决定做出之前就已经开始了，产品召回的决定只是该质量事件的一系列纠正和预防措施中的一项。然而，召回活动本身可能也需要或导致特定的纠正和预防措施，例如随着召回活动的开展，获得了新的数据和信息，导致对药品质量事件性质、范围、潜在后果的新的认识和判断，这时可能导致修改或重新定义原先确定的纠正和预防措施；或者在召回事件中，企业发现了现有召回系统的缺陷或改进的空间，则也可能启动针对召回系统本身的纠正和预防措施。

J. 文件归档

召回行动正式完成后，应当对所有相关的文件进行归档，应根据公司的文档保存要求进行保存。

K. 召回系统有效性评估

为了使召回行动在必要时能够及时有效地启动，应当定期对召回系统进行评估，确保其有效性。评估可以通过模拟召回的方式进行演练，演练的过程和结果应进行记录。用于评价产品召回系统有效性的模拟召回演练可采用相似的流程图，区别仅在于召回的启动原因以及与外界的沟通活动都是虚拟的。

要点备忘

召回管理主要关注点总结如下：

- 应建立召回系统（程序）和相关的文件记录；
- 明确定义召回小组的人员及相关责任，指定专人负责召回行动的执行和协调；
- 应当对有关药品的安全隐患进行调查和评估；
- 有召回计划，召回记录及召回报告，包含对召回产品接收、处理，销售产品和召回产品的数量平衡计算及进行的纠正和预防措施；
- 保证履行召回信息发布和报告药品监督管理部门的义务；
- 对召回活动的记录应根据公司的文档保存要求进行保存；
- 应对召回程序定期进行有效性评估或演练，以便召回程序的迅速启动。

实例分析

某制药企业模拟召回程序摘要

模拟召回的目的是确认召回步骤的有效性。应至少每两年进行一次模拟召回，以验证召回步骤是否适当并培训相关人员。除非在此期间有真正的召回发生，可以不进行模拟召回。

本次模拟召回的级别为至分销商级别，模拟召回应按照以下要求和步骤执行：

1. 由企业质量审核小组建议召开“召回协调委员会”会议。

2. 由“召回协调委员会”决定模拟召回的时间和确定模拟召回的产品和批次。

3. “召回协调委员会”负责人应发出模拟召回行动通知，应在召回通知中写明召回的原因为“模拟召回，以验证召回的步骤并培训相关人员”，通知发送给企业质量部、物资管理部、商务及零售业务部、销售部、市场部和法律事务部等相关部门。

4. 由“召回协调委员会”负责人制定市场行动策略。

5. 接到通知后，物资部应负责提供所涉及产品的准确库存和发运记录，并将相关资料交给 QA 和商务及零售业务部。

6. 由商务及零售业务部根据发运记录，向企业质量部 QA 提供相关的商务及零售业务员的名单和详细联系方式。

7. 相关的商务及零售业务员应提供所负责的分销商的详细的联系方式，并保证联系方式正确。

8. 以上记录由商务及零售业务部相关责任人确认后，交企业质量部 QA。

9. 商务及零售业务部负责完成产品收回追踪表，QA 审核批准。

10. 由企业质量部QA完成模拟召回报告，并经“召回协调委员会”负责人和工厂厂长批准。

11. 模拟召回结束，模拟召回的所有文件由企业质量部QA负责存档。

4.7 自检和接受外部检查

4.7.1 自检

法规要求

药品生产质量管理规范（2010年修订）

第三百零六条 质量管理部门应当定期组织对企业进行自检，监控本规范的实施情况，评估企业是否符合本规范要求，并提出必要的纠正和预防措施。

第三百零七条 自检应当有计划，对机构与人员、厂房与设施、设备、物料与产品、确认与验证、文件管理、生产管理、质量控制与质量保证、委托生产与委托检验、产品发运与召回等项目定期进行检查。

第三百零八条 应当由企业指定人员进行独立、系统、全面的自检，也可由外部人员或专家进行独立的质量审计。

第三百零九条 自检应当有记录。自检完成后应当有自检报告，内容至少包括自检过程中观察到的所有情况、评价的结论以及提出纠正和预防措施的建议。自检情况应当报告企业高层管理人员。

背景介绍

自检（也称内部审计）是企业自我发现缺陷并主动采取措施进行改进的一系列活动。企业通过组织自检，可以及时发现缺陷和隐患，主动防范质量风险的发生，确保产品质量稳定可靠，并避免违规事件的发生和发展。一个有效的自检系统包括：自检程序、自检计划、自检人员的资格确认、检查记录、自检报告、纠正和预防措施（CAPA）等。

实施指导

A. 自检流程

一般情况下自检活动按图 4-8 的流程组织实施，不同的企业在流程上可能基于自检方式或报告呈现方式的不同而存在差异。

B. 自检人员的选拔、培训与考核，成立自检小组

对于自检人员的确定，企业可以内部指定人员进行独立、系统、全面的自检，也可由外部人员或专家进行独立的质量审计。

企业需要建立自检小组，自检小组应包括质量管理部门和其他相关部门人员，为了保证自检的公正客观和独立性，一般情况下自检员不负责审核自己业务部门的工作。自检小组成员需明确相关职责：管理层职责、质量管理部职责、自检小组组长职责、自检小组成员职责、受检部门职责。

自检的实施需要有足够的有资质的人员参加，企业应根据相关的培训、教育、经验（特别是进行或接受内外部审计的经验）确认自检人员的资质，可以建立检查员课程表，完成相关培训后，可以通过内部模拟检查或者外部机构评估等形式对自检小组组长和自检员进行资质考核和评估，形成一个具备专业能力的自检人员队伍。

有时需要邀请特殊领域的专家（如软件工程师、微生物专家、毒理学专家）参与自检；企业委派外部人员或专家进行内部审计，应通过书面协议明确双方的权利义务，并对相关人员的资质进行书面确认。

C. 自检计划

企业要制定自检计划并形成文件。自检计划应结合自检的实施方式制定，如年度计划、滚动自检计划、集中自检计划等。

1. 启动自检程序的频率

企业应根据风险管理的原则，考虑实际情况，设定自检的频率，通常情况下 GMP 相关的部门和区域，至少每年进行一次自检。针对高风险的部门和区域可以增加频次，必要时可进行特定的自检，特别是出现下列情况时：

- 重大质量投诉后；
- 质量管理相关事故或事件证实质量管理体系出现重大偏离；

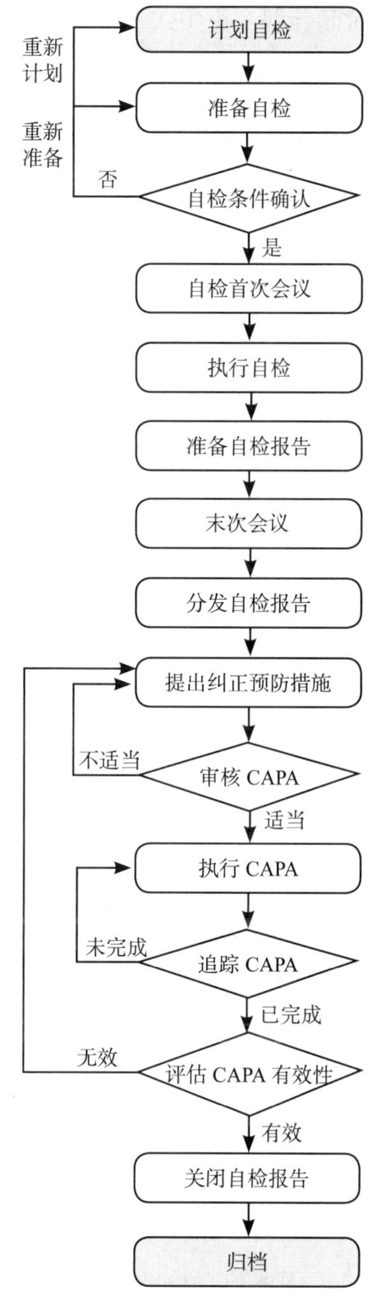

图 4-8　自检基本流程图

- 重大法规环境变化（例如新版 GMP 实施，数据可靠性指导原则发布）；
- 重大生产质量条件变化（例如新项目、新车间投入使用）；
- 重大经营环境变化（例如企业所有权转移）等。

2. 自检年度计划的制定

企业应在每年年底（或其他规定的时限内）建立年度自检计划，规划全年进行自检的次数、内容、方式和时间计划。集中式自检和分散 / 滚动式自检都是常见的自检组织方式。分散 / 滚动式自检的计划表格见表 4-11。

表 4-11　某企业的自检计划

质量要素＼部门	部门 1	部门 2	部门 3	……
机构与人员	1 月份		3 月份	
厂房与设施		2 月份		4 月份
设备			3 月份	
物料与产品	1 月份	2 月份		
确认与验证			3 月份	4 月份
文件管理	1 月份		3 月份	
生产管理		2 月份		4 月份
质量控制与质量保证	1 月份			4 月份
委托生产与委托检验		2 月份		
产品发运与召回			3 月份	4 月份
……				

自检计划应经公司管理层批准，以获得资源的充分保证。年度自检计划应在企业内部进行充分的沟通，以协调相关部门的活动。

3. 检查明细的制定

自检应有计划，对机构与人员、厂房与设施、设备、物料与产品、确认与验证、文件管理、生产管理、质量控制与质量保证、委托生产与委托检验、产品发运与召回等项目定期进行检查。

企业在每次自检活动之前，需要建立检查明细，并应涵盖整个质量管理体系要素，为自检提供检查依据并防止遗漏。检查明细的制定可以参考 GMP 检查细则或其他的法律法规，也可以依据本公司标准操作规程。GMP 对自检的要求是不断动态发展变化的，监管部门也通过各种形式发布其对审计的最新期望，企业应持续关注监管部门不断更新的审计要求，并根据企业具体情况进行实施。

另外，企业可以根据实际情况制定检查明细，将被检查内容划成几个关键要素，然后对每个关键的要素制作检查明细，模板见表 4-12。

表 4-12 检查要点的要素

检查项目	供应商管理
检查依据及标准	GMP 检查标准 本公司 SOP 标准 行业规范
检查依据及标准	– 供应商清单 – 供应商资质文件的存档和更新 – 质量协议 – 供应商的确认流程 – 供应商审计 – 供应商相关的投诉 – 供应商提供物料质量的年度回顾 ……
检查记录	记录检查的项目
	发现的问题
检查人员签名与日期	

D. 自检的实施

1. 自检小组的组成

公司安排经过资格确认的人员组成自检小组，自检小组可按不同专业进行分工。一般由公司的质量负责人或者质量保证部门负责人担任组长，也可以由获得相应资质的其他人员担任组长。

2. 自检实施计划

自检小组根据小组成员分工、检查关注的内容做出自检实施计划，同被检查部门协调确认时间安排。自检实施计划应列出将要检查的要素、审核的内容、时间安排等，这对顺利完成自检是很有帮助的，尤其需要关注发生频率较高的缺陷等。

3. 自检准备

实施自检前，自检人员要进行充分的准备，通常包括：回顾前次自检或外部审计的发现项、被检查部门的要素分布及相关文件的审核计划、熟悉相关程序和法规、撰写检查提纲等。

4. 首次会议

对于企业内部自检，首次会议实际上是自检动员会议或自检工作布置会议，目的是向各个部门通报自检工作计划、明确自检小组组成及分工等。也可以以其他形式，如通告、邮件等方式体现。

5. 现场检查和文件检查

自检人员展开调查，通过察看现场和审核文件记录，记录必要的信息来确认缺陷项目。自检小组内部也应当定期或不定期开会，讨论自检过程中发现的各种问题。尤其是自检小组负责人要通过内部交流，掌握并控制自检工作使其按计划进行。

6. 末次会议

对于企业内部自检，末次会议实际上是自检沟通会议或自检总结会议。目的是向各部门通报自检中发现的缺陷，对纠正和预防措施提出要求等。总结会议邀请被检查部门人员参与，会议上需澄清所有在自检过程中发现的缺陷与实际情况，初步评估缺陷的等级，以及相应的纠正和预防措施。

E. 自检报告

自检完成后应有自检报告，内容至少包括自检过程中观察到的所有情况、评价的结论以及提出纠正和预防措施的建议。自检报告通常应包括：编号、自检类型、自检日期、自检内容、检查区域、缺陷描述、整改措施、执行人、计划完成日期等。

企业自检报告应能准确而清楚地描述所有的观察项以及缺陷，这是公司在将来理解缺陷背景、追踪整改完成情况和回顾的基础。只要有可能，自检报告应在缺陷事实后面注明所违背的标准或法规的具体条款。

检查报告应由检查员和被检查部门签字确认，并分发给被检查部门和相关部门，自检报告需要分发 / 通报给工厂管理层。

F. 自检的后续管理

企业应对自检中发现的缺陷制定相应的纠正和预防措施，指定责任人、设定计划完成时限及目标等，要建立一个有效的追踪程序，追踪纠正和预防措施的执行情况。（参见本分册“4.3 纠正和预防措施”章节相关内容）

G. 自检的文件管理

自检活动中所产生的文件，包括：自检计划、自检记录、整改要求、跟踪确认文件等均应按质量文件的存档要求进行存档管理。

企业的自检程序中应定义自检活动的记录和报告的保存期限。

企业的自检程序中应定义自检文件的编号规则，便于追溯和档案管理。

H. 其他

1. 缺陷的分类和确定

缺陷应按照预先制定的分类标准进行分类。一般分类原则如下：

- 严重缺陷

可能导致潜在健康风险的，可能导致官方执行强制措施的或严重违反上市或生产许可证书的缺陷。

- 主要缺陷

可能影响产品质量的单独的或系统的 GMP/ 质量相关的缺陷。

- 次要缺陷

不影响产品质量的独立的小缺陷。

2. 关于部门内部自检和集团公司内部的检查

企业也可以选择在部门以上级别的自检之外，开展部门级别的自检活动，并建立相应的自检计划。

对于拥有多生产基地的集团企业，除了工厂级别的自检系统之外，比较通行的做法是建立一个集团或分部级别的内部审计系统，由集团总部或分部的内部检查组织对不同工厂定期进行统一的内部审计。这时就会存在一个集团级的自检频次和计划，以及一个工厂级的自检频次和计划。

要点备忘

A. 定期进行

企业应根据其质量体系各要素运行的有效性和符合性的具体情况，基于风险分析和评估情况，确定自检频次，一般不应超过一年。如果频繁发生重大缺陷，应及时启动自检程序或缩短自检间隔。

B. 符合性

从法规的角度来说，自检是要发现不符合法规的缺陷。但对于企业而言，自检也要发现不符合内部程序或发现影响其运行绩效的不足。

C. 纠正和预防措施

对自检中发现的缺陷，要采取有效的纠正和预防措施。

D. 计划性和全面性

企业进行自检，要预先进行详细的策划和计划，要覆盖质量体系的各个方面，要有足够的覆盖面和深度。一次有效的自检活动，能够通过自检中发现的缺陷，全面评估质量管理体系真实的运行状态，并进而通过采取纠正和预防措施使质量管理体系运行绩效提高到一个新的水平。

E. 独立性

为了切实发现运行中的缺陷，确保自检的有效性，自检人员应独立地进行检查而不受各种非客观因素的干扰。自检人员需经过必要的培训、考核、具有一定的经验等确认过程的资格认可。

F. 记录

对自检过程中的检查事项要进行完整的记录，以确保能够通过此记录可以追溯到发现的事项。

4.7.2 接受外部检查

背景介绍

制药企业经常需要接受来自监管部门、委托生产方、客户等各方的外部检查。如果能够建立一个关于如何组织、接受此类检查的程序，则可以保证外部检查的顺利进行，防止因企业内部组织失误，给检查人员带来误解，从而导致不良检查结果的发生。

实施指导

要组织好接受外部检查接待工作，需要做好下列事项。

A. 组织机构

企业应建立一个随时可以启动的工作组，用以组织接待外部检查。

一般由企业的质量负责人担任组长，组员应包括：相关业务部门的负责人，如QA经理、QC经理、生产车间经理、仓储部经理、设备经理等。各部门负责人也应指定一名受权人在其不在公司期间，代其行使职责。组员还应包括后勤等支持部门的有关人员。

B. 工作地点的准备

公司可指定一个会议室，作为审计组的工作地点，一旦遇到外部检查，此会议室可立即投入使用。

此外，还应预设一个调度室，用于组织者按照检查人员的要求进行调度指挥，包括：安排现场检查、准备文件等。一般可安排在审计组工作的会议室旁边，并配备内部电话、打印机等。

C. 检查的准备

如果可能，根据检查人员要求安排检查日程表，要规划检查路线，提前准备好供审计的文件资料。

关于计算机系统相关审计的部分也是当前和未来审计的关注点，企业在审计准备过程中应特别关注此部分的准备，以保证审计可以顺利进行。其中需要特别关注审计人员使用的计算机和账户的准备；对于数据服务器不在本地或者委托第三方进行数据管理的情况，需要有相应的应对审计沟通预案，需要针对网络通讯和第三方支持有充分的保障。

D. 检查的安排和实施

包括预先指定好工厂相关陪同人员。

安排检查中回答检查人员各类提问的人员。

追踪和保管在整个检查环节中提供给检查人员的文件。

确保对检查人员的问题和要求做出及时准确的回应。

对检查人员提出的缺陷项做出积极的整改行动。

E. 缺陷的处理

制定有效的纠正和预防措施计划，并采取行动。

监测纠正和预防措施的执行。

报告已经完成的纠正和预防措施。

F. 提交给检查方的正式报告

缺陷项的整改报告在提交给检查方前，需由有资质的人员审阅，并经质量部门批准。

G. 远程审计

远程审计，也称在线审计、虚拟审计，在现场审计工作受到影响时也是一种备用的审计方式。例如美国 FDA 要求，企业可以从计划和准备、执行、结束 4 个方面进行准备以满足远程审计的要求及期望。

在网络化、信息化的大环境下，远程审计相关技术也日趋成熟，企业需要针对远程审计的需求进行技术的准备，如电话、电子邮件、数据交换平台、语音和视频工具、内部视频和电话会议平台、共享文件技术、共享桌面屏幕技术、视频会议技术、具有同步和远程审核功能的审计软件工具等，都是远程审计可选用的信息和通信技术手段。

相对于现场审计，基于信任的沟通、准确的信息传递和展示以及参与感尤为重要，监管机构期望远程审计与现场检查时保持相同的透明度。远程连接的质量（例如：连接性、图像质量、摄像头的使用）应足够保障监管机构进行远程审查、观察、视察和评估所需信息。在可行的情况下，所采用的技术还应允许视需要远程查看和评估设施的操作（例如：无菌操作、设备清洁和设置、物料称重和分配、仪器设置、取样、检测等）。出于网络安全原因，监管机构可能会要求使用其自己的 IT 平台和设备，企业应提前确认好相关平台的使用方式和设置。

审计部门可能会在进行远程审计之前索要并审查文件，以确保实时互动尽可能高效。但是同样可能会在远程审计过程中随时要求提供其他文件和信息，包括视频记录，以解决问题并解释观察结果。企业应在合理的时间内提供远程审计过程中需要的文件和其他信息，类似于在现场检查过程中提供文件和信息一样。对于电子文件和其他信息应设定权限的限制，并确保监管机构检查人员可以访问受密码保护的文件。

企业应基于相关指南，通过审计前准备和模拟使远程审计工作流程统一标准化、规范化，以便从容应对此类审计。

4.8 管理评审

实施指导

企业质量体系建立后，实际运行中需要持续改进和不断完善。管理评审（management review）是对质量管理体系进行评审，是质量管理体系的主要管理职能之一，建立并保持质量管理体系的有效运行，是确保药品生产符合 GMP 要求的前提和基础。

随着时间的推移，企业内部和外部环境会发生变化，质量方针和目标是否依然是适宜的和有效的、质量目标绩效如何、部门职责是否合适、各程序之间是否协调、资源配置是否合适等需要不断地进行评估和改进。各种质量要素的变化也会给质量管理以及产品质量本身带来影响。高层管理人员，即在企业内部最高层指挥和控制企业、具有调动资源的权力和职责的人员，通过定期评审企业的质量管理体系，以保持管理体系自身的适宜性、充分性和有效性。企业应制定计划，定期通过管理评审使管理体系自身获得持续改进。

当发生下列情况时，应考虑是否启动管理评审程序：

- 出现新的法规、指南、质量事件，可能会给质量管理体系运行带来影响时；
- 外部环境发生重大变化，影响到公司经营策略和方针时；
- 公司组织机构、人员、生产结构（如：生产品种的改变、增加新的生产车间、引进或将某过程委托等）发生重大变化，可能会影响到质量管理体系有效运行时；
- 发生严重的质量事故、事件、投诉时；
- 新技术对质量管理体系可能带来影响时。

管理评审的内容应包括：

- 质量方针和质量目标的适用性，质量目标的完成情况；
- 法律法规的变化或更新对本公司质量管理体系的影响；
- 审计和检查的结果；
- 客户的反馈，包括投诉；
- 系统数据的趋势分析；
- 对潜在问题或防止再次发生同样问题所采取的预防措施的落实情况；

- 前次质量管理体系管理评审的措施落实情况；
- 有可能影响质量管理体系的业务或环境的变化；
- 产品是否满足客户的需求。

当建立和实施一个新的质量管理体系时，对系统评审的频率应该比成熟系统更频繁；除了按计划进行定期的系统评审外，质量管理体系的评审还应该是管理层会议的常设议题。除此之外，可以定期邀请有资格的外部机构评估系统的适用性和有效性。

系统评审的结果应包括：

- 修订质量方针、目标等；
- 对质量管理体系和相关质量管理程序的改进；
- 对生产工艺和产品的改进；
- 资源的重新配备。

质量管理体系的评审是质量管理体系的管理内容之一，应有记录，改进措施的实施应符合相关的程序。

实例分析

企业质量管理评审示例

企业应建立质量管理评审的书面程序，内容应包括：

- 相关各方的具体职责见表 4-13；

表 4-13　质量管理评审具体职责示例

高层管理者	质量管理部门	相关部门
• 定期评审系统 • 确保系统适宜性 / 充分性 / 有效性 • 确保纠正预防措施所需的资源 • 进一步改进的可能性和系统变更的需求	• 制定书面程序 • 定期完成评估并汇报评审结果 • 对趋势分析和需要额外资源或纠正预防措施的问题进行评估 • 重大问题的及时上报 • 下一步整改措施的执行 • 系统改进的建议	• 各级部门按照程序规定进行定期评审 • 及时提供完整的质量信息和数据 • 协助质量管理部门完成评估、执行整改措施 • 系统改进的建议 • 重大问题及时上报

● 企业可根据实际情况规定质量管理体系评审的频率；

● 根据企业的组织结构对参加质量管理体系评审的人员加以规定，一般包括：质量负责人、生产负责人、物料管理部门负责人、工程部负责人、厂长等；

● 质量管理体系评审具体内容见表 4-14；

表 4-14　质量管理评审内容示例

纠正预防措施	• 偏差的整改措施完成和延误情况 • 所有主要和严重偏差的整改和预防措施的执行情况
技术投诉和假药	• 投诉的趋势 • 严重和重要的技术投诉汇总，以及整改和预防措施的执行情况 • 假药事件汇总
产品召回	纠正和预防措施的执行情况
不合格批 / 返工 / 再加工生产批	不合格批、返工批、重新加工批和有偏差批的汇总，包括根本原因调查和纠正预防措施的执行情况
验证主计划	• 确认、验证和再验证的完成情况 • 未按计划完成情况，包括：过期和延迟的原因，以及改进措施
定期产品质量回顾	• 产品质量回顾的完成情况，以及与计划的偏差 • 纠正预防措施的执行情况
供应商资格确认	• 供应商确认的完成情况，包括：质量协议和 GMP 审计 • 未按计划完成情况以及改进措施
监管部门、内部和客户 GMP 检查	• 检查结果汇总 • 检查的正式回复 • 纠正预防措施的执行情况
质量风险	• 防止质量风险所采取措施的完成情况 • 新的质量风险确认和报告
管理和操作程序的评审	• 操作程序的定期评审情况（包括过期 SOP 占总数的百分比） • 企业质量规程的执行情况
GMP 培训	年度培训目标的完成情况

● 质量管理体系评审的结果应及时上报高层管理人员，以促进相关的决定和措施及时有效地落实；

● 上述相关活动应及时记录存档。

5 质量风险管理

在医药领域中，质量风险管理是一个贯穿于产品生命周期的对其质量风险进行评估、控制、沟通和回顾的系统化过程。在医药工业中，质量风险管理是质量体系的重要组成部分。药品检查合作计划（PIC/S）关于质量风险管理的检查备忘录PI 038–2 提出了药品生产经营企业对质量风险管理实施方面的要求和监管期待。需要指出的是，质量风险管理是在将质量风险管理基本要求整合到医药企业的运营体系，并得到高级管理层的积极支持的系统方法。另外，ICH《Q9（R1）质量风险管理》提出对既往质量风险管理实施问题的修订，包括：改善风险评估和质量风险管理输出结果的主观性；改善质量风险管理在供应和产品应用方面的管理不足；增加对质量风险管理活动的正式性定义及管理；修订风险识别为危害源识别，与风险的定义更加一致；明确如何以风险为基础来做决策。本章将介绍质量风险管理的概念，并着重介绍质量风险管理的工具及其应用，给出质量风险管理的应用案例。关于质量风险管理更为详细的内容，可以参见 ICH《Q9 质量风险管理》。

质量风险管理的概念最早出现在美国 FDA 2002 年发布的《21 世纪 GMP》中：一种基于风险管理的方法。鼓励制药企业采用先进的制药技术，运用现代化的质量管理手段和风险管理的方法，保证产品的质量。

2005 年 11 月，国际人用药品注册技术协调会（ICH）发布了 ICH《Q9 质量风险管理》进入第四阶段，ICH Q9 支持 ICH 质量部分的其他文件，也是对制药企业和管理部门现行的相关质量行为、要求、标准和指导原则等的补充。为企业和管理部门提供质量风险管理的原则以及部分质量风险管理工具，有助于企业和管理部门对原料药及其制剂在整个生命周期中的质量做出更有效和更协调一致的风险应对决策。

2006 年 9 月，美国 FDA 发布了《符合药品 cGMP 法规要求的质量体系》指南文件，将风险管理的理念引入到药品生产过程的质量系统中。

GMP 引入了质量风险管理的概念，增加了质量风险管理的内容，强调质量风险管理是在整个产品生命周期中采用前瞻或回顾的方式，对质量风险进行评估、控制、沟通、审核的系统过程。

2017 年中国国家药监部门正式加入 ICH。国家药品监督管理局于 2020 年 1 月发布的《国家药监局关于推荐适用〈Q8（R2）：药品研发〉等 4 个国际人用药品注册技术协调会指导原则的公告》（2020 年第 6 号），要求为推动药品注册技术标准与国际接轨，推荐适用 ICH 指导原则《Q9 质量风险管理》。

2019 年 12 月 1 日实施的《中华人民共和国药品管理法》中多处要求依据风险管理对药品管理，强调药品生命周期的质量风险管理，涵盖药品监管管理、药品上市前临床、上市后质量管理等方面。

药品检查合作计划（PIC/S）于 2021 年 1 月也发布了关于质量风险管理的检查备忘录 PI 038-2，在提出风险体系化管理的同时，强调风险管理不是独立于质量系统之外的独立体系，必须是质量系统不可或缺的一部分。风险管理作为一个理念和工具应系统地融入生产质量管理的各个方面中，应有全面的规划，风险的清晰定义，管理层的参与和支持。

相应法规和指南的更新均体现了关于质量风险管理实施方面的具体要求和监管期待。

法规要求

药品生产质量管理规范（2010 年修订）

第十三条 质量风险管理是在整个产品生命周期中采用前瞻或回顾的方式，对质量风险进行评估、控制、沟通、审核的系统过程。

第十四条 应当根据科学知识及经验对质量风险进行评估，以保证产品质量。

第十五条 质量风险管理过程所采用的方法、措施、形式及形成的文件应当与存在风险的级别相适应。

中华人民共和国药品管理法

第三条 药品管理应当以人民健康为中心，坚持风险管理、全程管控、社会共治的原则，建立科学、严格的监督管理制度，全面提升药品质量，保障药品的安全、有效、可及。

第三十七条 药品上市许可持有人应当建立年度报告制度，每年将药品生产销售、上市后研究、风险管理等情况按照规定向省、自治区、直辖市人民政府药品监督管理部门报告。

第七十七条 药品上市许可持有人应当制定药品上市后风险管理计划，主动开展药品上市后研究，对药品的安全性、有效性和质量可控性进行进一步确证，加强对已上市药品的持续管理。

第九十九条 ……药品监督管理部门应当对高风险的药品实施重点监督检查。

技术要求

A. 定义

ICH Q9 中关于质量风险管理（quality risk management，QRM）的定义为：质量风险管理是在整个产品生命周期内评估、控制、沟通和回顾药物产品（医疗产品）质量风险的系统化过程。WHO GMP 及 EU GMP 中关于质量风险管理应用：既可以主动应用，也可以回顾性应用。

通常药品质量风险定义为潜在药品危害对药品使用人员健康的伤害（其中对于风险不仅关注药品质量，也应关注药品供应可及性可能受到的影响，导致潜在对患者的伤害）发生的概率和伤害的严重程度的组合。

B. 风险构成

风险（risk）由两个关键因素构成：

- 伤害发生的可能性；
- 伤害发生的严重性。

伤害（harm）：对健康的损害，包括因产品质量或可及性的缺失而可能造成的损害；可能性指情形发生的机缘，不论是明确的、测量的或是客观的或主观的、定性的或定量的、确信的和一致的或精准的描述（如在一段时间内的可能性或频率）；严重性指某种危害发生时所致伤害结果的程度；危害源（hazard）即潜在伤害的来源。

风险即是伤害发生的可能性和严重性的组合，有效地管理风险就是对暴露在危害下潜在伤害的这两个因素的控制。

实施指导

质量风险管理（QRM）是通过掌握足够的知识、事实、数据后，前瞻性地推断未来可能会发生的事件，通过风险控制，避免危害发生。质量风险管理方法的应用，针对不同的风险所用的方法和文件可以有所不同。

需要注意的是，质量风险管理有以下两个基本原则：

- 对质量风险的评估应以科学知识为基础并最终与对患者安全的保护相关联（其中对于风险不仅关注药品质量，也应关注药品供应可及性可能受到的影响，导致潜在对患者的伤害）；
- 质量风险管理实施过程的投入程度、正式性程度和文件化程度应与风险水平相匹配。

A. 应用范围

质量风险管理是在整个产品生命周期内评估、控制、沟通和回顾药物产品（医疗产品）质量风险的系统化过程。在药品生产质量管理活动中，风险管理可以运用于以下场景或活动中。

- 偏差管理，OOS（out of specification）/ OOE（out of expectation）/OOT（out of trend）结果，调查及纠正和预防措施（CAPA）；
- 投诉和召回；
- 变更控制包含但不限于：
  - 新产品或工艺的引入；
  - 方法或产品的转移；
  - 厂房设施设备的变更。
- 取样方法及样品检测；
- 供应商资质确认及原辅料供应链可靠性及可追溯性管理；
- 验证及确认；
- 委托生产 / 检验及供应链可靠性评估；
- 返工及再加工；
- 中间过程控制监控；
- 校验及维护；
- 贮存及发运条件管理；
- 审计及自检计划；

● 产品、工艺及规程等的定期回顾审核等。

根据 ICH《Q9（R1）质量风险管理》更新内容，企业日常质量风险管理活动中，可以适当采取不同的管理形式对风险评估管理活动进行管理；相应的风险管理活动可以是单独的管理形式（独立的风险评估事件管理）也可以是嵌合在其他质量管理活动中的评估以记录相应活动。

基于事件场景及活动的内容，结合事件的属性，包含对事件 / 活动的了解程度及不确定程度，事件 / 活动的重要性，事件 / 活动的复杂程度，综合判断采取适宜的风险评估管理形式。综合来说，对于不确定性高、事件重要性高或复杂程度高的事件风险评估，应当尽量采取正式性程度高的质量风险管理形式（例如：实施全流程的风险管理流程，采用正式的风险评估工具，跨部门跨职能的风险评估小组的沟通等形式）实施相应的风险评估活动，以确保风险评估的全面性。

B. 应用误区

如果风险评估基于以下因素，可能会得出不恰当的结论：

● 不合理假设；

● 风险识别不完整或信息不充分；

● 缺乏被评估过程的相关经验和（或）风险评估工具的不当使用；

● 完全依赖于外部资源（如委托服务商或外包顾问），缺少对评估的参与和所有权；

● 过多地考虑了其他业务（如环境、职业健康与安全）相关风险，而对质量风险的妥协；

● 通过风险管理评估来证明法规和指南中明确不接受的情形的“合理性”。

5.1 职责

质量风险管理工作通常由各领域成员组成的专项小组完成，必要时质量风险管理工作小组的成员还应包括其他适合领域的专家及风险管理的专业人士。通常由质量管理部门根据评估内容以及驱动者的意见组建风险管理小组，风险管理小组成员应来自不同的相应职能部门，如研发部门、QA、生产部门、技术人员以及药政人员等。如有必要随时可以邀请其他职能部门的人员参与评估小组，以确保风险评估的全面性。

实施指导

风险管理小组的人员必须具备资质，拥有丰富经验，对所评估内容的利害、风险以及拟采取的措施能够提供决策结论的科学评估意见。评估小组的成员都应积极参与执行评估并充分履职。当小组成员确定之后，需确定小组成员的职责，一般包括：驱动者、项目专家以及决策者。

1. 驱动者

提出项目、问题者或其部门负责人。负责确定需实施风险管理的问题、项目，包括具备潜在性风险的有关假设。同时负责收集与评估相关的潜在风险的背景信息与资料，以供风险评估。

2. 项目专家

能够对风险评估某一方面或全部给出积极的建议，或提出问题、项目科学理论知识的专业人士。

3. 决策者

有能力和权力及时做出恰当的质量风险决策的人。通常为公司高级管理层，应能负责企业组织内各部门间的质量风险管理的决策；确保质量风险管理机制已建立，相应的资源保障和经审核的质量风险管理体系；确保质量风险管理活动的主观性得到控制并最小化，以促进基于风险的决策更加科学稳健。

5.2 质量风险管理模式图

质量风险管理的模式由三部分组成（图 5-1）：风险评估（risk assessment）；风险控制（risk control）；风险回顾（risk review）。

企业实施过程中风险管理相关文件记录、风险沟通（documentation and communication）、风险管理工具均可根据风险管理活动的实施及正式性程度确认。

5.3 质量风险管理流程

根据质量风险管理的模式图，质量风险管理流程可以概括为以下基本步骤：

- 风险评估　危害源识别 *，风险分析，风险评价 **。
- 风险控制　风险降低和风险接受。
- 风险回顾。

备注： * 根据 ICH《Q9（R1）质量风险管理》更新内容，基于风险构成要素为伤害的可能性及严重性，而“危害源”即潜在伤害的来源，故将风险识别明确为危害源识别；

** 根据 ICH《Q9（R1）质量风险管理》，为与基本步骤“风险评估（risk assessment）”区分，将子步骤中原中文翻译“风险评估”纠正为“风险评价”，以避免混淆。

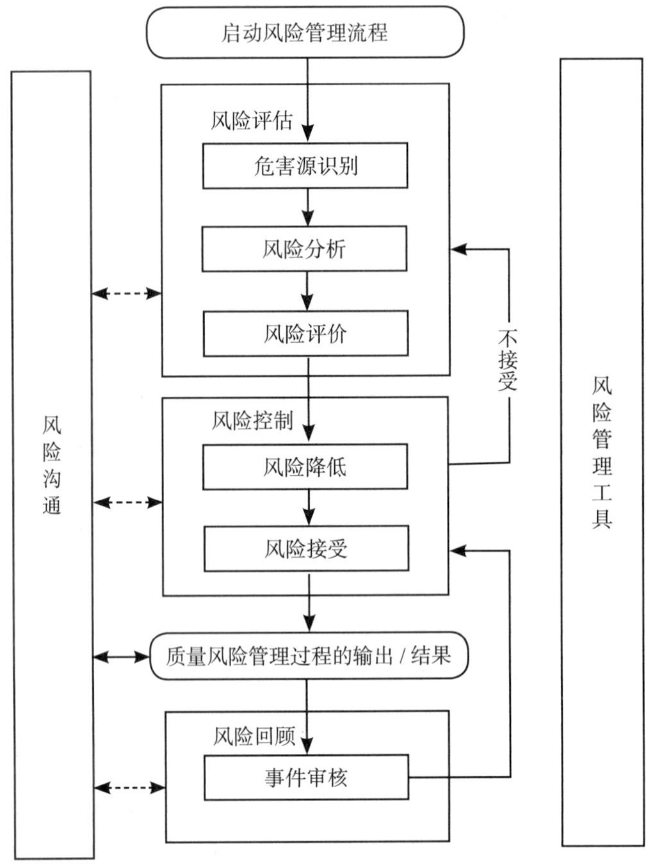

图 5-1　质量风险管理模式图

5.4 质量风险管理步骤

确定事件并启动质量风险管理。风险管理是一个系统化的流程，以协调、改善与风险相关的科学决策。启动和规划一个质量风险管理可能包括下列步骤：

- 确定风险评估的问题（define the risk question）或风险提问，包括风险潜在性的有关假设；

- 收集和组织信息（collect and organize information）：用于评估相关的潜在危害，或对人类健康影响的背景资料与信息；
- 明确决策者如何使用信息、评估和结论；
- 确立领导者和必要的资源；
- 制定风险管理进程的日程和预期结果。

在此阶段清楚地确定风险的问题或事件对 QRM 的结果有很重要的影响。在此阶段还需收集背景信息并确定 QRM 项目小组人员及资源配置等。用于识别危害的信息可以包括历史数据、理论分析、成型的意见以及影响决策的一些利害关系等。

基于以上信息对需要评估讨论的事件 / 活动背景（知识信息，事件的重要性）进行明确，以更好地确认采取的风险管理的形式及正式程度。

5.4.1 风险评估

风险评估（risk assessment）包括对危害的识别，分析和评价暴露于相应危害的风险。质量风险评估从明确的问题描述或风险疑问开始，当明确定义所讨论的风险后，更容易识别适当的风险管理工具以及解决问题所需的信息类型。

进行风险评估首先应明确以下基本问题：

- 什么可能出错？
- 出错的可能性有多大？
- 结果（严重性）是什么？

利用明确的问题描述或风险疑问，确立暴露在相应危害下相关可能的风险，选择合适的风险管理工具和回答风险提问所需的信息类型。

A. 危害源识别

风险管理小组根据风险提问和问题描述，系统地利用相关信息确定危害。风险管理小组根据已确认的问题和（或）风险提问，筛选风险驱动者提供的信息资料，必要时要求风险驱动者增加必要的信息资料。一旦问题中暴露在相应危害下的风险确认，风险评估驱动者将向质量管理部门提供汇报评估的内容，以及所收集到的与评估相关的潜在风险的背景信息与资料。

信息可以包括：

- 历史数据；
- 理论分析；
- 已知的见解；

- 相关利益者的关注点。

对于此项活动应当有充分的评估，评估需注意以下事项：

- 对于危害源的识别（hazard identification）是否基于系统性的评估；
- 对于危害源的识别是否识别了所有合理可预期的风险；
- 危害源的识别需要基于目前已有的科学知识；对于任何风险因素的忽略或不考量是否是基于科学知识和证据的基础；
- 是否包含了未解释的假设；
- 是否经由有经验经培训的员工使用相关的风险评估工具；
- 是否最终与保护患者安全相关联。

B. 风险分析

风险分析（risk analysis）是对所识别危害源的相关风险进行估计，是将危害发生可能性和严重性相结合的定性或定量过程。在某些风险管理工具中，对危害的检测能力（可检出性，detectability）也是估计风险的一个因素。在进行风险分析时，将要评估危害发生和重现的可能性、严重性和可检测性。风险分析是对所确定的危害有关的风险进行预估，针对不同的风险，可以基于风险分析的目标或评估对象事件的复杂性和关键性，选择相应匹配的风险评估工具。

- 选择风险评估的工具（choose risk assessment tool）：参见本分册“5.5 工具介绍”；
- 确定风险的因素（determine risk factors）：如危害发生的可能性，严重性，可检测性；
- 界定风险因素的范围（define the scales for the risk factors）；
- 界定风险的类型或确定风险的矩阵（define the risk terms and/or develop matrix）；
- 确定采取的行动（determine the threshold for action）。

C. 风险评价

风险评价（risk evaluation）是将已经识别和分析的风险与确定的可接受标准进行比较。风险评价要综合考虑上述三个基本问题的证据力度。在进行有效的风险评估时，数据的可靠程度非常重要，其决定了评估输出结果的质量。对假设及不确定性的合理来源的揭示，可以增加风险评估输出结果的可信度和（或）有助于识别该结果的局限性。不确定性是由于工艺知识的不全面和工艺中存在预期或非预期变化的共同作用所致，其典型来源包括对制药科学和工艺的理解、危害的来源（如工艺失败模式，波动来源）和问题的检出可能性等知识的局限。

风险评价结果可以是风险的定量估计，也可以是风险的定性描述，相应指标应尽可能详细地定义。例如：定量表示为具体的数字，如 0 到 10（百分比 0 到 100%）；或定性表示为风险的级别，如高、中、低。在风险分级中有时使用“风险评分”进一步定义风险等级。当一系列风险产生时，采用定量法进行风险评价，可估计某一特定后果的可能性。因此，风险定量估计对特定后果进行逐一估计时是有用的。另外，也可使用一些风险管理工具把多个水平的风险严重性和可能性组合到一个整体的评估中，给出一个相对风险度量。评分过程的中间步骤有时可以使用定量风险估计。

5.4.2 风险控制

风险控制（risk control）包括制定降低和（或）接受风险的决定。风险控制的目的是降低风险至可接受水平，包括风险降低和风险接受。

根据风险评估步骤的结果，风险评估小组确定控制、降低或消除风险的措施，以及风险可接受水平。对风险控制而采取的措施应与风险的级别相适应，风险决策者可根据以下问题来判断风险控制的最佳水平：

- 风险是否在可接受水平以上？
- 风险评估的结论是否反映了患者安全的风险水平？对患者安全的风险程度？
- 怎样才能降低、控制或消除风险？
- 为降低风险结果而引进的新的风险或已有风险的变化是否处于受控状态？
- 在利益、风险和资源间合适的平衡点是什么？

对于此项活动应当有充分的评估，评估需注意以下事项：

- 是否以系统的方式进行，并有适当的证据支持来减轻风险。
- 确保关键步骤和决定以与风险程度相称的形式或程序被记录并执行。
- 质量风险管理过程的投入程度、正式性程度和文件化程度是否已经确定并与风险水平相称。

A. 风险降低

确定风险降低的方法（define risk mitigating measures）。当风险超过可接受的水平时，风险降低（risk reduction）将致力于降低或避免风险。设计理想的 QRM 策略来降低风险至可接受的水平，包括采取行动来转移或消除风险中危害的引入；增加预防措施降低风险发生的可能性；应用一些方法和程序提高识别检测危害源的能力。

需要注意的是：风险降低的一些方法可能对系统引入新的风险或显著提高其他已存在的风险，如为降低风险而引入的风险或产生变化的风险，也应同时进行风险评估，以保证其是否能够接受或处于受控状态，因此风险评估必须重复进行以确定和评估风险可能的变化。

需要注意的是：如不改变风险评估的情形，在现有风险点（危害源）识别后，风险中伤害的严重性不应改变，可通过降低风险中伤害发生的可能性和提高危害发生的可检测性来降低风险的级别。

B. 风险接受

风险接受（risk acceptance）是指接受风险的决策。风险接受可以是一个接受剩余风险的正式决策，或者是当剩余风险不明确时被动接受的决策。当风险管理小组认为已经采取了当前最适宜的质量风险管理策略，质量风险已降低到可接受水平，风险管理的驱动者应根据讨论情况，完成风险评估记录或报告。在质量管理体系中，质量风险管理需形成存档的风险管理报告或评估记录。相应的质量风险管理报告或评估记录需经过风险决策者审核批准。具体的记录形式可与风险管理活动的正式程度相关联。在完成风险接受过程后，风险决策者可持续进行风险沟通，将风险管理情况通报企业相关部门，以确认风险管理的全面性。

需要注意的是：即使是最好的质量风险管理实践活动，某些损害的风险也不会完全被消除。在这些情况下，可以认为已经采取了最适宜的质量风险管理策略，质量风险已经降低至特定的（可接受的）水平。这个（特定的）接受水平由多种因素决定并应该根据具体情况判定。

风险控制步骤包含了一个循环过程：评价风险降低措施；确认残留风险程度是否可接受，如果不可接受，对产生的新的风险或现有风险变化后的控制（降低及接受）；评价该风险控制的有效性。

风险控制方案可以包含各种情形：如不开展或停止产生风险的活动，来规避风险（如产品除菌工艺的选择或产品剂型的选择）；在某些情况下，接受风险程度或提高风险接受程度；采取其他措施从危害入手改变风险中危害的可能性；改变或消除风险的危害；与其他方或多方共同分担风险；通过有事实依据合理的决策，保留风险。

5.4.3 风险回顾

风险管理效果的监测及回顾（risk review）：风险评估管理应当是持续动态的质量

管理过程，并需要进行必要的监测。如果风险评估管理控制显示无效或有失效的风险或趋势，应当重新评估风险管理控制要求。应根据系统的变化因素的引入或新的风险的识别，对现有风险产生的影响完成相应的风险重新评估及控制工作。同时随着经验的积累和科学知识的更新，风险管理过程的结果应结合新的知识与经验进行回顾。风险回顾可能也包括基于新的知识及监管，法规要求等对于风险接受决定的再考量。

监测及回顾频率应当结合事件 / 活动风险的重要性，相应回顾机制应结合企业的质量管理形式执行。例如：在变更提出的行动计划中对相应变化内容的风险评估及控制措施定义的回顾形式；在偏差、异常调查等提出的整改行动计划中制定的追踪、再回顾计划；定期正式地对风险评估报告或活动的再评价或回顾等。

5.4.4 风险沟通

风险沟通（risk communication）是决策制定者及其他人员间交换或分享风险及其管理信息。为保证风险管理的全面性，在执行风险管理程序的过程中可能会涉及多部门间的沟通交流，以确保风险管理的科学性和合理性。如需要，风险沟通的各方可以在风险管理程序的任何阶段进行交流。沟通的方式，可采取会议或其他形式，相应的交流形式应当匹配相应的风险。一个正式的风险沟通过程有时可发展为风险管理的一部分，运用正式流程后，质量风险管理过程的所有结果都应记录。这可包括许多部门间的通报，例如：管理者与企业、企业与患者以及公司、企业或监管部门内部等。所含信息可涉及质量风险是否存在及其本质、形式、可能性、严重性、可接受性、处理方法、检测能力或其他。这种交流不需在每个风险评估管理中进行。在质量风险管理任一过程中，风险决策者可以将风险管理情况通报企业相关部门。全面风险管理风险决策者可以根据质量风险严重程度要求企业相关职能部门根据法规要求通报监管部门。对于企业或监管部门间就质量风险管理决定进行通报时，可参照相关法规与指南所规定的方式进行。

5.5 工具介绍

进行质量风险评估时，针对不同的风险项目或数据可选择不同的风险评估工具和方法。这里介绍几种常用的风险评估工具，但风险管理工具不限于以下几种。

5.5.1 常用统计工具

用于收集或组织数据、构建项目管理等，包括：流程图、图形分析、鱼骨图、检查列表等。

A. **帕累托图**（图 5–2）

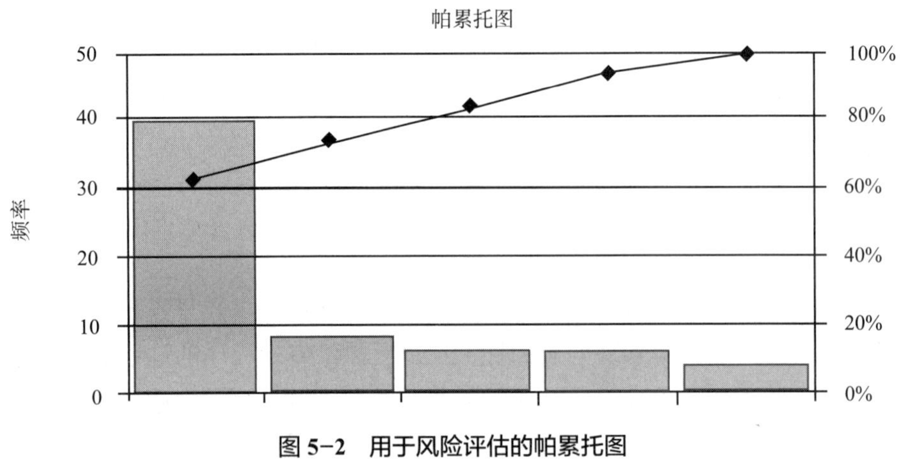

图 5–2 用于风险评估的帕累托图

B. **鱼骨图**（图 5–3）

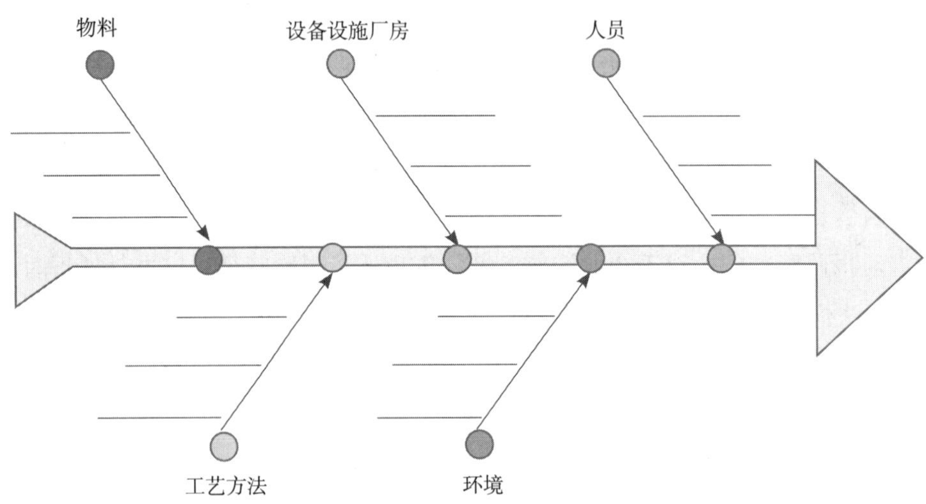

图 5–3 用于风险评估的鱼骨图

C. **统计分析图**（图 5-4）

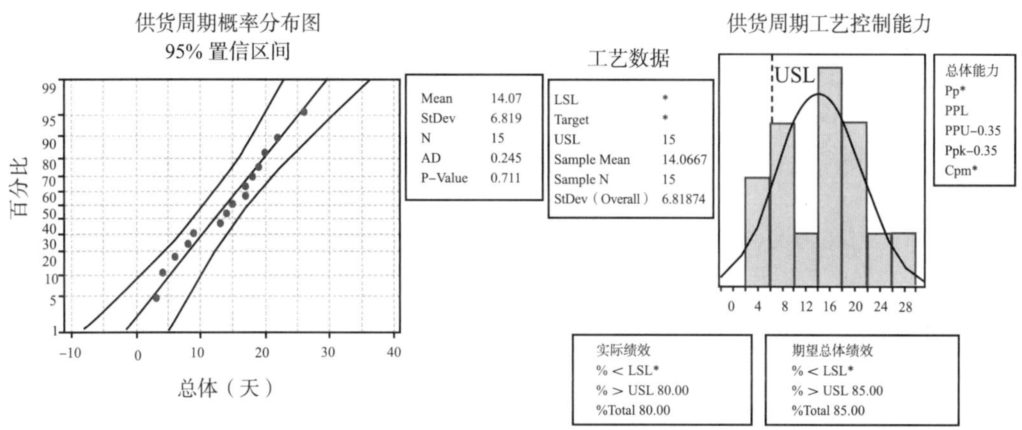

图 5-4　用于风险评估的统计分析图

Mean. 平均值；StDev. 标准方差；N. 样本量；AD. AD 检验；P-Value. P 值；LSL. 规格下限；Target. 目标值；USL. 规格上限；Sample Mean. 样本平均值；Sample N. 样本量；StDev（Overall）. 总体方差；Pp*. 过程绩效指数；PPL. 单侧下限过程绩效指数；PPU. 单侧上限过程绩效指数；PpK. 过程绩效指数；Cpm. 过程能力指数；Total. 总体

这些技术分析数据可用于汇总数据、分析趋势等以帮助完成质量偏差、投诉、缺陷等的风险管理。

5.5.2 风险排序和筛选

风险排序和筛选（risk ranking and filtering，RRF）是一个用于比较风险并将风险分级的工具。复杂体系中的风险等级通常需要对每一个风险中复杂多样的定量及定性因素作出评估。这个工具将每一个基本的风险问题尽可能多的分解开，以包括风险中的各种因素。这些因素被合并成一个单独的相对风险分值，以用于划分风险的等级。筛选即通过对各因素进行权重或对风险分值作删减的形式进行，从而使风险分级适用于管理或政策性目的。该方法是将风险因素进行排序和比较，对每种风险因素做多重的定量和定性的评价，权重因素并确定风险得分。

风险评价可以使用风险“低”“中”“高”分类和简单的矩阵。

A. **矩阵图**（图 5–5）

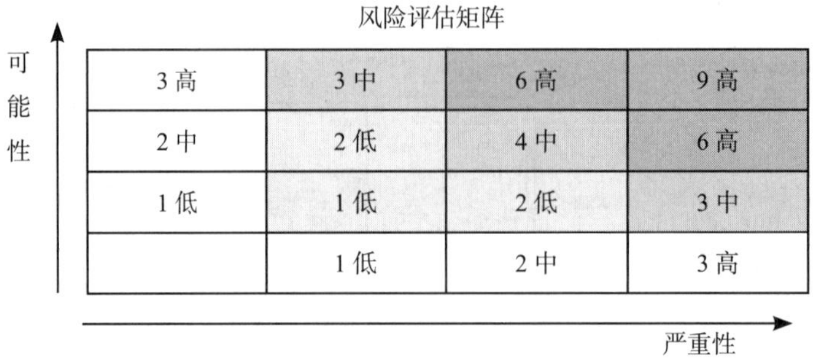

风险评估矩阵

可能性				
	3 高	3 中	6 高	9 高
	2 中	2 低	4 中	6 高
	1 低	1 低	2 低	3 中
		1 低	2 中	3 高
				严重性

图 5–5　用于风险评估的矩阵图

B. **风险排序筛选表**（表 5–1）

表 5–1　用于风险评估的风险排序筛选（RRF）表

潜在的风险	风险分析		风险评价
	可能性	严重性	得分
风险 1	低（1）	高（3）	中（3）
风险 2	中（2）	低（1）	低（2）
风险 3	中（2）	中（2）	中（4）

潜在的应用领域

监管机构或制药行业可采用风险排序及筛选来确定生产场地检查或审计的优先级别。当要处理的风险组成及其潜在后果具有多样性并难以用单个工具进行比较时，风险排序的方法尤其有效。当管理层需要在相同的组织框架内部对风险进行定性和定量地评估时，风险排序将非常有用。

5.5.3 初步危害分析

PHA 是一种分析工具，运用之前对某个危害及失效（failure）所获得的经验或知识，来识别潜在的危害、危害处境和可能引起损害的事件，并估计其在某个特定的活动、厂房设施、产品或系统中发生的概率。该工具包含：

- 确定风险事件发生的可能性；
- 对于可能导致的损伤或健康损害程度的定性评价；
- 用严重性和发生可能性的组合对危害进行排序；
- 确定可能的补救措施。

这个方法基于在给定的条件下对风险矩阵的开发，包括：

- 严重性的定义和排列：严重，主要，次要，可忽略；
- 发生频次（可能性）的定义和排列：频繁，可能，偶尔，罕见；
- 风险的水平和定义
  - 高：此风险必须降低；
  - 中：此风险必须适当地降低至尽可能低；
  - 低：考虑收益和支出，降低至尽可能低；
  - 微小：通常可以接受的风险。

初步危害分析的矩阵见表 5-2：

表 5-2　初步危害分析（PHA）矩阵

可能性	严重性			
	可忽略	次要	主要	严重
频繁	低	中	高	高
可能	低	中	高	高
偶尔	微小	中	中	高
罕见	微小	低	中	中

注：表格中风险的水平和定义高中低要求仅供参考，具体需根据接受水平、具体风险案例分析制定

潜在的应用领域

当条件不允许采用其他工具时，PHA 有助于对已有系统进行分析或确定危害的优先级。它可应用于产品、工艺与设施设计，还可应用于评价从产品的基本类型，到产品类别，最终到某一具体产品的危害类型。PHA 常用于缺乏详细设计或操作规程方面信息的项目研发初期，并经常作为进一步研究的铺垫。对 PHA 所确定的危害，通常会使用本章节中其他的风险管理工具进一步评估。

5.5.4 失效模式与影响分析

失效模式与影响分析（failure mode effects analysis，FMEA）是一种对工艺的失效模式及其对结果和（或）产品性能的可能产生的潜在影响的评估。一旦失效模式被建立，风险降低就可被用来消除、减少或控制潜在的失败。这有赖于对产品和过程的理解。FMEA 合理地对复杂过程进行分析，将其分解为可操作的步骤。在总结重要的失效模式、引起这些失效的因素和这些失效的潜在后果方面，它是一个强有力

的工具。

FMEA 排列标准和失败得分举例如下：

严重性 × 可能性 × 可检测性=风险优先级得分

失效模式与影响分析评分见表 5-3。

表 5-3　失效模式与影响分析评分

赋值	严重性	发生的频率	可测量性	风险优先级 RPN
1	潜在的次要伤害且不是永久的伤害；次要的药政法规问题且可以改正	孤立发生	很容易被鉴别的风险并可采取行动避免	1
2	潜在的严重伤害但不是永久的伤害；显著的药政法规问题	发生的可能性中等	中等	8
3	潜在的死亡或永久的伤害；主要的药政法规的问题	某种程度上不可避免	不容易被鉴别的风险，不易采取行动避免	27

失效模式与影响分析的矩阵如表 5-4：

表 5-4　失效模式与影响分析矩阵

风险	行动	风险得分
高	此风险必须降低	12，18，27
中	此风险必须适当地降至尽可能低	8，9
低	考虑费用和收益，此风险必须适当地降至尽可能低	3，4，6
微小	通常可以接受的风险	1，2

潜在的应用领域

FMEA 可被用来排列风险的优先次序，监控风险控制行为的效果。

FMEA 可被用于设备和设施中，也可用于分析生产过程以确定高风险步骤或关键参数。FMEA 的评价结果是每一种失效模式的相对的风险“分数”，这种“分数”被用于评价风险模式的等级。

5.5.5 危害分析和关键控制点

危害分析和关键控制点（Hazard Analysis and Critical Control Point，HACCP）是一个系统的、前瞻性的和预防性的用于确保产品质量、可靠性和安全性的方法。它是一个结构化的方法，应用了技术和科学的原理分析、评估、预防和控制风险或与设计、开发、生产和产品有关的危害的负效应。HACCP 共有 7 步，该工具的应用需基于对过程或产品有深刻的理解。

- 列出过程每一步的潜在危害，进行危害分析和控制；
- 确定关键控制点；
- 对关键控制点建立可接受限度；
- 对关键控制点建立监测系统；
- 当监测数据显示关键控制点处于非受控状态时应采取的改正措施；
- 建立系统以确定 HACCP 系统有效运行；
- 建立记录系统。

潜在的应用领域

HACCP 可用于物理、化学和生物（包括微生物污染）有关危害的风险识别及管理。当对产品和工艺有充分全面的理解以支持识别关键控制点时，HACCP 最为有用。HACCP 分析的输出结果作为风险管理信息，不仅可促进生产过程中关键点监测，也可促进产品生命周期中其他阶段的关键点监测。

5.5.6 故障树分析

故障树分析（fault tree analysis，FAT）是鉴别假设可能会发生过失的原因分析方法。

FAT 结合过失产生原因的多种可能假设，基于对过程的认识做出正确的判断。

基本图形见图 5-6。

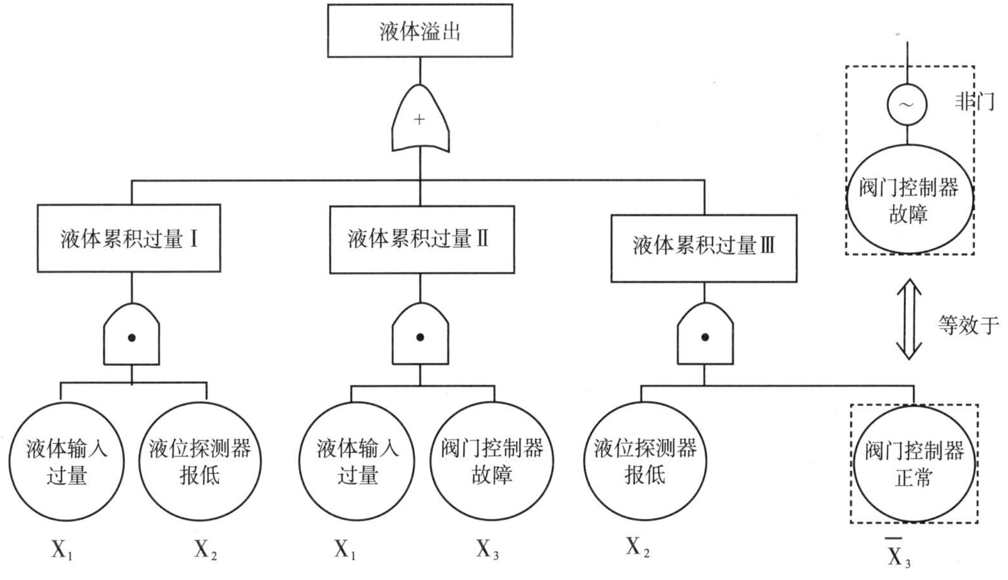

图 5-6　故障树分析图

潜在的应用领域

这种方法可被用于建立一个途径以找到错误的根源。在对投诉或者偏差进行调查时，可以利用FTA充分了解造成错误的根本原因，确保针对性的改进方法能根本性地解决一个问题，而不引起其他问题。过失树分析是一个评估多种因素如何影响一个既定结果的好方法。FTA的分析结果既包括了对错误模式的一种形象化描述，又包括了对每一个错误模式发生可能性的量化评估。它在风险评估及设计阶段的监控程序都十分有用。

5.6 质量风险管理的实际应用

在质量体系中，质量风险管理是一种以科学为基础，并且切合实际的决策的过程。有效的质量风险管理能使企业所作出的决策更全面、合理，同时能向管理部门证明企业的风险处理能力，有助于管理部门监督的深度和广度。另外，质量风险也有助于各利益相关者更好地利用资源。

质量风险管理的严密和正式性程度与涉及问题的复杂性和关键性相适应。对于简单的非关键性情况而言，非正式方法较为合适。对于较复杂或较关键情况，更适合采用更加正式的方法，采用被公认的工具来实施和记录质量风险管理。

在质量风险管理中，对企业和管理人员进行质量风险管理的培训有利于他们加深对政策过程的理解，并能树立对质量风险管理的信心。

质量风险管理应被纳入现行的操作并作合适的文件记录。下面提供了一些适用于医药行业的质量风险管理示例。

适用于企业和管理者的示例：

- 质量管理

适用于企业运作的示例：

- 研发
- 厂房、设备和设施
- 物料管理
- 生产
- 实验室控制和稳定性试验
- 包装和标签
- 持续改进

适用于管理机构的示例：

- 检查活动
- 评价活动

实例分析

化学原料药增加原起始物料供应商的变更所引发的质量风险评估

A. 背景

原料药 E 为企业生产的已上市化学原料药，其合成路线简述如下：

$$\text{起始物料 A + 起始物料 B} \xrightarrow[\text{催化剂 D}]{\text{溶剂 C}} \text{原料药 E}$$

现起始物料 A 计划增加一家新的供应商 ×× 公司，并且新供应商提供的起始物料 A 的合成路线与现用的起始物料 A 有区别。

企业已经建立新增供应商的管理流程，要求新增供应商需通过变更控制进行评估和审批，同时所有供应商应满足相应的资质要求，样品经检验需符合质量标准，必要时需进行现场审计。在本案例中，起始物料属于关键物料，且合成路线的变化对成品的质量可能会产生重大的影响，因此需要对增加该供应商的变更进行质量风险管理，确保质量风险在可控范围内，并能符合监管部门对相关变更的审批要求。

风险评估正式性判断：

- 供应商 ×× 公司提供的物料 A 为原料药 E 的起始物料，并提供主要结构片段，与 ×× 原料药的产品质量密切相关，因此该变更的重要性较高。
- 供应商 ×× 公司提供的物料 A 与原供应商的合成路线不一致，可能会引入新的杂质，同时其生产工艺引入了新的溶剂 F 和 G，因此不确定性和复杂性程度均较高。

基于以上考虑，本次增加供应商 ×× 公司为起始物料 A 的新供应商需要进行较为全面的正式评估。

B. 风险评估

1. 危害源识别

（1）风险评估小组

成立风险评估小组，成员包含研发、质量、生产、设备、注册等方面专家，以全面正确评估新增起始物料 A 供应商 ×× 公司可能存在的各项风险，见下表：

<table>
<tr><th>部门</th><th>成员</th><th>部门 / 职务</th><th>资质</th></tr>
<tr><td rowspan="2">管理层 *</td><td></td><td></td><td></td></tr>
<tr><td></td><td></td><td></td></tr>
<tr><td>生产</td><td></td><td></td><td></td></tr>
<tr><td>质量</td><td></td><td></td><td></td></tr>
<tr><td>设备</td><td></td><td></td><td></td></tr>
<tr><td>研发</td><td></td><td></td><td></td></tr>
<tr><td>注册</td><td></td><td></td><td></td></tr>
<tr><td>----</td><td></td><td></td><td></td></tr>
</table>

注：* 表示决策者

（2）新增供应商基本情况

×× 公司是集科研、生产和销售为一体的专业生产医药中间体和原料药的高新技术企业，始建于 ×× 年 ×× 月，于 ×× 年 ×× 月取得药品生产许可证，于 ×× 年 ×× 月取得我国及日本药监部门官方颁发的 GMP 证书。×× 公司位于 ×× 市 ×× 区，占地面积 ×× 平方米，建设了多个符合 GMP 标准的原料药车间及中间体生产车间，配套完善的公用设施及辅助设施，建立了严格的质量管理体系和与国际接轨的质量标准，并具有先进的质量控制手段。×× 公司坚持创新发展战略，逐步形成了 ×× 等原料药及其医药中间体产品体系。×× 年被认定为高新技术企业，除国内市场外，该公司产品已出口到欧美、日本、韩国、印度等地市场。

×× 公司于 ×× 年开始生产起始物料 A 品种，经过 2 年的积累，该品种的生产工艺比较成熟，质量比较稳定，已经形成稳定可靠的规模化生产供应体系，且已为多家企业供应该品种。

（3）危害源识别

基于已有的新增供应商管理程序对本案例中可能存在的质量危害因素进行分析，具体如下：

序号	可能存在的问题	产生的危害
1	供应商提供物料的合成路线与原供应商合成路线不一致，导致杂质谱发生变化	供应商提供物料的合成路线不一致可能引入新的杂质，导致最终杂质谱不一致，影响中间体以及产品质量
2	新供应商工艺路线与原供应商不一致，可能引入致突变等高风险杂质	在最终成品中引入高风险杂质，可能会影响产品的安全性
3	已制定的起始物料 A 的标准不能包括新供应商物料的全部关键质量属性	现有标准不适合新供应商，进厂物料检验无法识别出物料的质量缺陷

同时，本案例中增加原起始物料供应商的变更，属于上市后变更的一种，需要评估对药政的影响，此过程危害因素分析如下：

序号	可能存在的问题	产生的危害
1	本变更的评级偏低，不符合药监部门变更的审评要求	变更研究不充分或不符合申报要求，被监管部门指出合规性风险，影响上市产品的销售

结论：

经过风险评估小组的初步评估，认为增加供应商 ×× 公司为起始物料 A 的新供应商，在以上几个方面可能会产生一定的问题，可能对药品的质量、安全性以及药政合规性带来一定的危害。

2. 风险分析

（1）本次风险评价所用的方法遵循 FMECA 技术，它包括以下几点。

- 危害源识别：根据以上危害源识别结果确认可能影响产品质量、患者用药安全的风险。
- 风险分析：评估先前确认风险的后果，其基础建立在严重程度、可能性及可检测性上。
- 计算风险优先级得分 RPN（ risk priority number）：RPN 是事件发生的严重性、可能性和可检测性三者乘积，用来衡量可能的风险优先级。
- 风险接受：风险降低后，对所有风险的 S、O、D 值进行打分，并计算 RPN 值。当 RPN 值低于 30 时，认为风险可以接受。

严重性（severity）= 对产品质量的影响程度（1~5 分：分数越高，代表严重性越高）

可能性（occurrence）= 风险发生的概率（1~5 分：分数越高，代表发生的可能性越大）

可检测性（detectability）= 风险检测的难易程度（1~5 分：分数越高，代表发现能力越低）

风险优先级得分 RPN = 严重性 × 可能性 × 可检测性

SOD 值表

分数	严重性	
5	严重影响	因产品内在质量，对病人造成严重伤害或死亡
4	高	因产品内在质量，造成病人轻度不良反应（非药品固有特性造成）
3	中等	对产品内在质量无影响，产品外包装原因引起投诉
2	低	对产品内在质量无影响，外观有瑕疵
1	没影响	对产品无影响
分数	可能性	
5	极高	发生概率极高
4	高	发生概率高
3	中等	因人员经验不足，操作复杂，可能会发生，概率中等
2	低	因人员经验不足，可能会发生，概率低
1	极低	现行管理程序下不发生，或发生概率极低
分数	可检测性	
5	不可能	采取任何措施都不能检测到
4	难	现有的管理程序下检测不到
3	中等	增加取样或检验可以检测到
2	较容易	现行管理程序有可能检测到
1	容易	现行管理程序完全可以检测到

通过本项风险评估，将本次增加起始物料供应商的风险加以分析，并对现有的风险控制措施进行评价，识别风险的可接受程度，并决定是否需要采取进一步的风险控制措施。

（2）风险分析

序号	存在的问题	可能产生的危害	严重性S	原因	可能性O	现有控制措施	可检测性D	RPN
1	新供应商提供物料的合成路线与原供应商合成路线不一致，导致杂质谱发生变化	新供应商提供物料的合成路线不一致有可能引入新的杂质，导致最终杂质谱不一致，影响中间体以及产品质量	5	杂质谱不一致将直接影响最终产品的质量和安全性	4	供应商评估阶段针对供应商合成路线进行详细评估、专门的研究和验证，并对成品的杂质谱、理化性质、基因毒杂质以及元素杂质进行评估	3	60
2	新供应商工艺路线与原供应商不一致，可能引入致突变等高风险杂质	在最终成品中引入高风险杂质，可能会影响产品的安全性	5	新供应商的合成路线与原供应商不同，有可能存在致突变杂质引入风险	4	供应商评估阶段会针对供应商合成路线进行详细评估、专门的研究和验证，对基因毒杂质进行评估	3	60
3	已制定的起始物料A的标准不能包括新供应商物料的全部关键质量属性	现有标准不适合新供应商，进厂物料检验无法识别出物料的质量缺陷	4	物料的质量标准是物料控制的关键评价方法	4	供应商评估阶段会针对供应商合成路线进行详细评估、专门的研究和验证，并对成品的杂质谱、理化性质、基因毒杂质以及元素杂质进行评估，在此基础上建立质量标准	3	48
4	本变更的评级偏低，不符合药监部门变更的审评要求	变更研究不充分或不符合申报要求，被监管部门指出合规性风险，影响上市产品的销售	4	新增供应商变更评估不充分，或者研究和验证工作不充分，或者注册变更的级别评估不准确，可能导致药监部门审评审批不通过	2	新增供应商会走正式的变更流程，会加签使用部门、注册部门的专业评估，同时在变更提交前，主动跟省级药监部门进行沟通	2	16

3. 风险评价

通过以上四个方面进行风险分析，找出了增加供应商 ×× 公司为起始物料 A 的新供应商可能存在的风险，结合 FMECA 技术（失效模式、影响及关键性分析）对所有因素进行了风险分析，评价结果显示目前已经采取的控制措施能够在供应商资质确认、现场审计和质量协议签订、样品检测、产品试用、工艺验证和稳定性考察，以及新增供应商的药监部门审评审批等方面得到有效的控制，能将风险控制在可接受范围内，但在以下几个方面仍存在较高风险，需要采取进一步的风险控制措施。

风险点	RPN
新供应商提供物料的合成路线与原供应商合成路线不一致，导致杂质谱发生变化	60
原供应商不一致，可能引入致突变等高风险杂质	60
已制定的起始物料 A 的标准不能包括新供应商物料的全部关键质量属性	48

C. **风险控制**

针对风险评估中的高风险项，风险评估小组组织了专题讨论会议，并且制定了进一步的控制措施，采取风险进一步控制措施之后，RPN 值降低至可接受标准范围内（RPN 值≤ 30），降低了风险发生的可能性，风险等级降至可接受范围内。

风险点	进一步控制措施	S	O	D	RPN
新供应商提供物料的合成路线与原供应商合成路线不一致，导致杂质谱发生变化	• 根据 ICH Q3 的相关要求，对该供应商的合成路线进行研究和评估，评价新供应商提供的起始物料的有机杂质、残留溶剂、理化性质和无机杂质等，并进行科学的控制。 • 根据分析结果，分析供应商的历史检验数据，确定其质量控制水平。 • 对样品检验数据进行分析，并对比与供应商的检验是否存在差异，评估检验方法的专属性和准确性是否达到要求。 • 对比新供应商物料在产品 E 小试研究或试生产中，杂质的产生及去除情况	5	2	2	20
原供应商不一致，可能引入致突变等高风险杂质	• 根据 ICH M7 的相关要求，对该供应商的合成路线中可能引入的致突变杂质进行专门研究和分析，并进行科学的控制。 • 对于存在潜在风险结构的杂质，开发针对性的检验方法，对多批样品进行杂质水平的确认。 • 如存在高风险杂质，需进一步考察供应商的杂质控制情况，在本公司生产过程中的去除情况，结合法规要求，评估是否能够接受该风险	5	2	2	20

续表

风险点	进一步控制措施	S	O	D	RPN
已制定的起始物料A的标准不能包括新供应商物料的全部关键质量属性	• 根据对该供应商的质量标准及其合成路线的特点，评估现有标准的适用性。结合工艺特点和工艺要求，重点关注可能包括有机杂质、挥发类杂质、无机盐类、水分等要求。如不适用应建立对应的新的质量标准。 • 确认检验方法的适用性	4	2	2	16

注：S 表示严重性；O 表示可能性；D 表示可检测性；RPN 表示风险优先级

针对风险评价后存在的三处较高风险，小组通过讨论制定了相对应的进一步的风险控制措施。然后重新进行了风险分析，由以上分析结果得知，采取进一步措施后，各项风险均得到了有效控制，可以降低至可接受水平。

D. 风险沟通

本次在增加供应商 ×× 公司为起始物料 A 的新供应商，通过以上全面详尽的风险评估，识别出了风险较高的风险点，并且针对这些高风险点制定了应对措施，以使风险降低到可接受范围内，现将以上风险评估情况，以及采取的风险降低措施通报所有相关部门，确保风险降低措施得到有效落实。

E. 风险回顾

通过本次全面的风险评估，采取了全面的风险控制措施。在以上措施实施后，应对各措施的落实情况、风险控制的结果等实施全面的回顾，以确保增加供应商 ×× 公司为起始物料 A 的新供应商的风险控制措施均得到有效的实施，并评价各控制措施的有效性。同时，在以后的商业化生产时，持续关注 ×× 公司提供的起始物料 A 的质量情况，以及生产出的最终成品的质量情况，以保证评估各项措施的持续性和有效性。

6 文件管理

文件是质量保证系统的基本要素。GMP所指的“文件”既包括质量标准、工艺规程、操作规程等指导文件，又包括执行这些指导文件产生的执行文件——记录、报告等。文件管理是制药质量管理体系建设和运行的重要内容，其目的在于确立、控制、监督和记录对药品质量有直接或间接影响的所有活动。因此，制药企业首先要基于自身产品特点及目标市场，规划并建设一套层次清晰、要素明确的指导文件，在药品法规/指南/技术标准与企业内部实际管理、操作之间驾起一座桥梁，使所有药品生产质量管理活动“有法可依”；其次，要使这些指导文件被理解、掌握，并在实际生产中得到正确执行，执行结果呈现于记录、报告中，可以全面、准确地重现执行过程和结果，并从中识别偏差、发现改进的机会，体现“有法必依”。

本章将以制药企业文件系统的规划为切入点，围绕GMP第八章文件管理的要求，结合《药品记录和数据管理要求（试行）》的相关内容，从文件系统结构、文件的生命周期管理、主要文件示例、文件管理信息化等四个方面进行介绍。

文件管理信息化作为本次修订新增的内容，与制药行业信息化趋势相契合。其中有关文件管理信息化系统验证工作的指导，请参见本丛书《厂房设施与设备》分册信息化和计算机化化系统部分。

与传统意义上的药品生产企业相比，药品上市许可持有人（MAH）所特有的质量管理文件要求（如质量保证协议等）将不作为本章讨论的重点，相关内容请参见本分册“附录 药品上市许可持有人和GMP的管理要求”。

6.1 文件系统结构

法规要求

药品生产质量管理规范（2010 年修订）

第一百五十条 文件是质量保证系统的基本要素。企业必须有内容正确的书面质量标准、生产处方和工艺规程、操作规程以及记录等文件。

第一百五十一条 企业应当建立文件管理的操作规程，系统地设计、制定、审核、批准和发放文件。与本规范有关的文件应当经质量管理部门的审核。

第一百五十二条 文件的内容应当与药品生产许可、药品注册等相关要求一致，并有助于追溯每批产品的历史情况。

背景介绍

文件系统规划是制药质量管理体系建设的起点，是质量策划的重要内容。质量管理体系文件可以参考 GB/T 19023—2003 质量管理体系文件指南规划为自上而下的层次结构（如金字塔结构），这样有利于将企业的质量方针、质量目标逐级具化为有指导意义的管理原则、流程和操作规范，并最终以实施记录、报告等执行文件的形式得到重现，形成文件系统的底层建筑。

实施指导

金字塔结构的制药文件系统，通常分为质量方针、管理规程、操作规程、报告和记录四个层次，越上层的文件越精炼，要求高层管理者的参与度越高；越下层的文件越细化，对于日常生产质量管理活动的指导性越强。各层次文件的基本关系及代表性文件类别的示例见图 6–1。

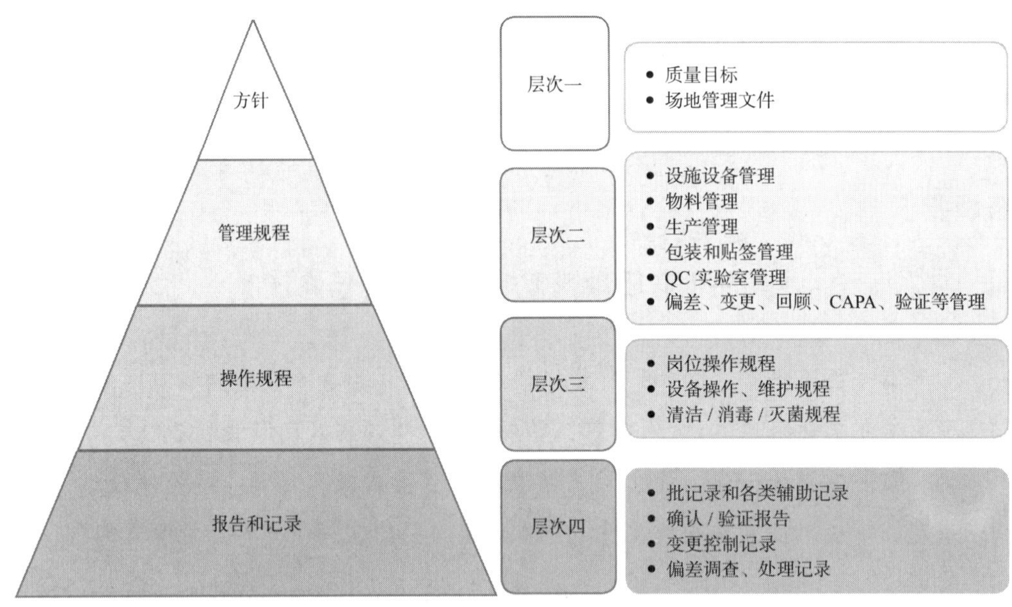

图 6-1　文件系统架构

对于拥有多个生产场地的公司，场地管理文件归属于层次二

方针类文件作为整个文件系统的上层建筑，反映企业的质量管理理念，为质量文化确定基调，并指导管理规程和操作规程的制订。

管理规程承上启下，与操作规程共同构成文件系统的重要内容，管理规程基于公司组织架构和产品线将方针转化为各业务板块的管理原则、流程及要求，操作规程在管理规程的约束下就具体业务建立操作流程和规范，使方针和管理原则具化为指导员工操作的操作规程，并通过记录得到重现。

从文件性质来看，以上三个层次的文件均属于指导文件，是药品法规 / 指南 / 技术标准与企业内部实际管理、操作之间的桥梁。尤其是第二、三层次的文件，主要以标准操作 / 管理规程为表现形式，包括由其衍生而来的空白记录。虽然记录的最终意义在于重现管理和操作的过程和结果，但作为标准指导文件的衍生品，空白记录同样应该发挥指导作用，体现操作要求和控制标准，一方面能使操作 / 执行人更便捷地了解流程和具体要求，另一方面也确保了复核和审核的效率和质量。

文件系统的最后一个层次，是在执行前三个层次指导文件的过程中产生的各类方案、报告和原始记录，是执行结果的呈现。作为文件系统的底层建筑，这些报告、原始记录是公司质量管理体系运行的直接产物，也是评价体系运行质量的直接证据，是制药质量管理体系的基石。

6.2 文件的生命周期管理

法规要求

药品生产质量管理规范（2010年修订）

第一百五十三条 文件的起草、修订、审核、批准、替换或撤销、复制、保管和销毁等应当按照操作规程管理，并有相应的文件分发、撤销、复制、销毁记录。

第一百五十四条 文件的起草、修订、审核、批准均应当由适当的人员签名并注明日期。

第一百五十五条 文件应当标明题目、种类、目的以及文件编号和版本号。文字应当确切、清晰、易懂，不能模棱两可。

第一百五十六条 文件应当分类存放、条理分明，便于查阅。

第一百五十七条 原版文件复制时，不得产生任何差错；复制的文件应当清晰可辨。

第一百五十八条 文件应当定期审核、修订；文件修订后，应当按照规定管理，防止旧版文件的误用。分发、使用的文件应当为批准的现行文本，已撤销的或旧版文件除留档备查外，不得在工作现场出现。

第一百六十二条 每批药品应当有批记录，包括批生产记录、批包装记录、批检验记录和药品放行审核记录等与本批产品有关的记录。批记录应当由质量管理部门负责管理，至少保存至药品有效期后一年。

质量标准、工艺规程、操作规程、稳定性考察、确认、验证、变更等其他重要文件应当长期保存。

第一百六十三条 如使用电子数据处理系统、照相技术或其他可靠方式记录数据资料，应当有所用系统的操作规程；记录的准确性应当经过核对。

使用电子数据处理系统的，只有经授权的人员方可输入或更改数据，更改和删除情况应当有记录；应当使用密码或其他方式来控制系统的登录；关键数据输入后，应当由他人独立进行复核。

用电子方法保存的批记录，应当采用磁带、缩微胶卷、纸质副本或其他方法进行备份，以确保记录的安全，且数据资料在保存期内便于查阅。

背景介绍

近十年来，随着数据可靠性问题在制药行业日益重视，信息化技术得到越来越广泛的应用，药企的文件生命周期管理进入了新的发展阶段。

6.2.1 文件的生命周期

实施指导

和设施、设备和产品的一样，文件也有生命周期（图 6–2）。企业应该建立一个覆盖文件生命周期的管理规程，实现对其各个阶段的有效管理和控制，确保文件管理符合法规要求，切实降低各个环节的数据可靠性风险。

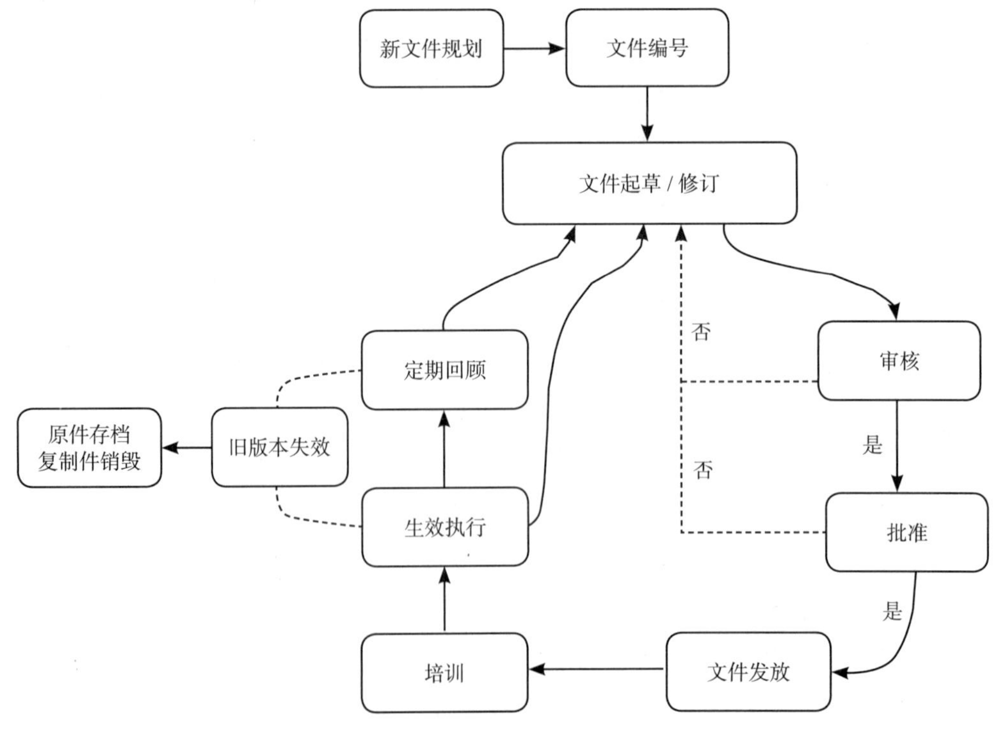

图 6–2　文件管理的生命周期

GMP 规定的文件管理的基本原则见图 6-3。

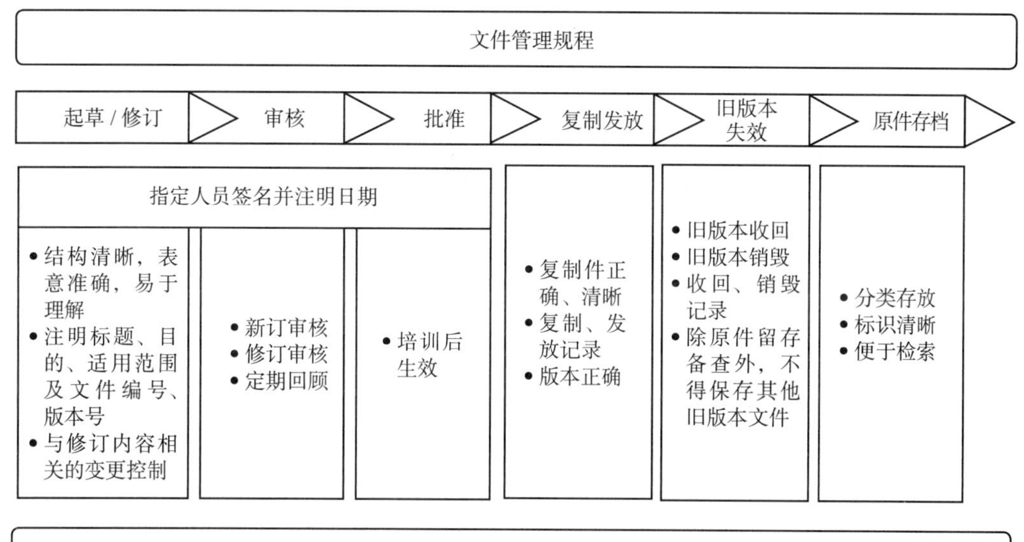

图 6-3 文件管理的基本原则

企业应该基于上述原则建立文件管理规程，结合自身实际对标准指导文件各阶段的管理做出明确规定，并明确各类指导文件的编制 / 修订、审核、批准职责。该规程至少应覆盖表 6-1 所列的内容及要点。

表 6-1 文件管理的内容及要点

生命周期	描述
文件起草	• 建立新文件 • 对已有文件进行更新或定期回顾
审核	• 格式审核：对照已规定的文件标准格式检查相应的内容（如文件编号、版本号、字体、字号等）（文件管理人员负责） • 内容审核：从法规、技术和管理的角度，确认文件内容（相应部门技术专家或管理负责人）
批准	文件在使用前必须经过批准，批准人应当是相应部门或领域的负责人
文件发放	• 确保工作现场文件的获取，可根据需要发放文件的纸质版本或授权进入计算机化的文件管理系统查阅文件 • 向公司外部提供文件，应遵循相应限制性规定及审批流程 • 文件发放应当有相应的记录，并通过控制号确保可追溯性
培训	• 为保证文件内容的执行，必须明确文件的培训要求 • 在文件生效日期前组织相关人员进行培训并有相应的记录
生效	• 生效日期当天文件生效，正式按文件规定内容执行 • 文件生效前需经过适当培训。文件批准后至生效前应留有一定的时间间隔（由文件审核人或批准人确定），以确保文件的内容得到有效培训

续表

生命周期	描述
失效	文件失效后，应第一时间从所有使用岗位收回，防止错误使用失效版本的文件
销毁	除旧版本原件留存备查外，其他复制件销毁，销毁过程应有记录
文件存档	按规定对旧版本文件的原件进行保存和归档
定期回顾	根据规定时限，对文件进行定期回顾，检查文件内容的适用性

文件系统中，处于顶层的方针类文件，通常由质量管理部门（QA 部门）主导制订，经质量负责人审核、总经理批准后执行。处于第二、三层级的管理规程和操作规程，各负责部门（即参与执行的部门）应该参与对应指导文件的起草 / 修订，以确保文件批准生效后能有效执行。表 6–2 提供了一个不同类型指导文件负责部门的示例。

表 6–2　不同类型文件的负责部门

序号	文件类型 \ 负责部门		QA	生产	工程	QC	物流
1	政策	质量手册	√	–	–	–	–
2		质量目标	√	–	–	–	–
3		场地管理文件	√	–	–	–	–
4	管理规程	组织机构及职责	√	√	√	√	√
5		人员培训管理	√	√	√	√	√
6		文件和记录管理	√	√	√	√	√
7		厂房、设施、设备管理	√	–	√	–	–
8		物料管理	√	√	–	–	√
9		生产管理	√	√	–	–	–
10		包装和贴签管理	√	√	–	–	–
11		QC 实验室管理	√	–	–	√	–
12		偏差、变更、回顾、CAPA、自检等	√	√	√	√	√
13	操作规程	生产操作规程	√	√	–	–	–
14		检验规程	√	–	–	√	–
15		设备操作、维护规程	√	–	–	–	–

续表

序号	文件类型 \ 负责部门		QA	生产	工程	QC	物流
16	操作规程	清洁、消毒、灭菌规程	√	√	√	√	√
17		虫鼠防控规程	√	√	√	√	√
18		仪器仪表校准规程	√	–	√	–	–
19		厂房、设施、设备确认规程	√	√	√	√	√
20		分析方法验证规程	√	–	–	√	–
21		工艺验证、清洁验证规程	√	√	–	√	–
22		运输确认规程	√	–	–	–	√
23		产品放行规程	√	–	–	–	–

注：√表示参与；–表示不需参与

对于引入文件管理信息化系统的企业，在系统规划、设计环节，需要将上述文件管理流程及要点整合进用户需求标准（URS）中，以确保线上指导文件管理达到同等或更优的管控效果。

6.2.2 文件的变更

实施指导

文件（这里讨论的文件仅限于指导文件，不含记录、报告等执行文件）变更是文件系统持续优化、向上循环的重要方式，主要包含两种情形：

- 修订文件（含源文件及相关的空白记录）；
- 撤销文件。

引发文件变更的原因主要有以下几类。

- 标准指导文件的定期回顾；
- 法规 / 指南、权威技术标准（如药典）更新；
- 偏差、投诉、OOS 等事件引发的改进；
- 内外部检查缺陷、各类年度回顾引发的改进；
- 设施设备、生产工艺、分析方法等各类变更引发文件变更。

企业运营中，许多的文件变更均源于药品生产质量活动的实质性变更，因此需确保相关源发性变更已纳入变更控制。

为保证指导文件整体的系统性、一致性以及变更可控性，文件修订环节推荐参照表 6–3 所列因素开展文件变更评估。

表 6–3　文件变更评估示例

序号	影响因素	需考虑的措施
1	新起草的文件或拟修订内容是否影响其他指导文件	若影响，相关文件是否需作同步适应性修订
2	文件修订内容是否涉及实质性变更	若涉及，相关内容是否已纳入变更控制
3	文件修订内容是否影响正在实施的项目 / 事件	若影响，应就受影响项目 / 事件作何种处置

在做好文件变更评估的基础上，遵循本分册 6.2.1 项下的文件编制、审核、签批、替换、生效、存档的全流程管理，即可实现文件变更管理的整体有序，确保药品按照经核准的注册标准和生产工艺进行生产。

6.2.3 文件的保存

文件可以纸质、电子或其他能准确再现其内容的方式保存，如纸质原件及其准确的副本（如影印件、扫描件），电子文件的准确备份，包括对应的检查追踪信息，以及必要的确保备份文件可读的系统备份。

实施指导

GMP 规定每批药品的批记录至少保存至药品有效期后一年。根据 GMP 的术语解释，批记录是“用于记述每批药品生产、质量检验和放行审核的所有文件和记录，可追溯所有与成品质量有关的历史信息。”结合 GMP 第一百六十二条的描述，批记录包括：

- 批生产记录；
- 批包装记录；
- 批检验记录；
- 药品放行审核记录；
- 其他与本批产品有关的记录。

具体而言，与批生产对应的关键物料接收、检验和放行记录，产品返工、重加工记录，产品的发运、退货等记录，可视为“与本批产品有关的记录”，参照批记录管理。

基于我国、美国、欧盟的相关法规、指南的相关规定，推荐参照表 6–4 对不同目标市场的产品 / 物料的批记录保存期限做出规定。

表 6–4 批记录的保存期限

对应产品 / 物料	保存期限	依据
常规商业化生产的药物制剂	有效期后 1 年或放行后 5 年，选择较长者	GMP 第一百六十二条 Directive 2003/94/EC 人用药品和人用临床研究用药品 GMP 原则和指导方针 9.1 21 CFR 211.180（a）
用于销售的原料药	有效期后 1 年 有复验期的产品全部分销完毕后 3 年	GMP 第一百六十二条 ICH Q7 6.13
临床试验用药品	对应的临床试验完成或正式终止后 5 年	Directive 2003/94/EC 人用药品和人用临床研究用药品 GMP 原则和指导方针 9.1
临床试验（用于申请药品注册的）用药品	至少保存至试验药物被批准上市后 5 年	《药物临床试验质量管理规范》（GCP）第八十条
临床试验（未用于申请药品注册的）用药品	至少保存至临床试验终止后 5 年	
活性成分、关键物料的质量控制及放行记录	对应成品有效期后 1 年	21 CFR 211.180（b）

GMP 同时规定，质量标准、工艺规程、操作规程、稳定性考察、确认、验证、变更等其他重要文件应长期保存。这里列举的文件中，质量标准、工艺规程、操作规程属于标准指导文件，企业需要对每类文件各版本的签批件的保存期限做出规定；稳定性考察、确认、验证、变更文件包含对应的计划方案、实施记录、报告，属于执行文件，其保存期限可结合具体考察、确认 / 验证对象的生命周期来定。

从确保药品质量历史信息可追溯性的角度出发，基于各类文件在质量信息追溯中的作用，结合文件保存的实际可行性，企业可根据监管要求、结合药品 / 设施设备的生命周期确定文件的保存时限。表 6–5 提供了一种基于生命周期的确定文件保存期限的思路。

当药品所在地的监管部门有具体规定时，按其规定确定文件保存期限。如依照《反兴奋剂条例》（2018 年修订），生产蛋白同化制剂、肽类激素的企业，其相关生产、销售、库存记录应保存至超过产品有效期 2 年。

表 6-5 其他重要文件的保存期限

文件类型	保存期限
质量标准（含检验规程）签批件	对应的产品退市，最后一批产品失效时
工艺规程及相关操作规程签批件	对应的产品退市，最后一批产品失效时
设施设备相关操作规程签批件	对应的设施设备退役时
稳定性考察方案、报告、记录	对应的产品退市，最后一批产品失效时；或 原考察产品对应的生产工艺或质量标准发生重大变更，变更前最后一批产品失效时
设施设备确认文件 计算机化系统验证文件	对应的设施设备、系统退役时
工艺验证文件	对应的产品退市，最后一批产品失效时；或 生产工艺发生重大变更，变更前最后一批产品失效时
分析方法验证文件	对应的产品退市，最后一批产品失效时；或 分析方法发生重大变更，原分析方法检验的最后一批产品失效
清洁 / 消毒 / 灭菌验证文件	对应的产品退市，最后一批产品失效时；或 对应的清洁 / 消毒 / 灭菌程序发生重大变更后 3 年
运输确认文件	对应的产品退市，最后一批产品失效时；或 运输条件发生重大变更，适用原运输条件的最后一批产品失效
变更控制文件	对应的产品退市，最后一批产品失效时； 对应的设施设备、系统退役时

保存期限长（如大于 5 年）的以纸质形式存在的文件，可以采用扫描等方式对其做电子化处理后予以保存，这种情况下，可酌情缩短纸质版文件的保存期限（推荐不低于 5 年，且批记录的纸质版本仍需满足基于产品有效期 / 复验期的保存期限要求）。需要注意的是：在整个纸质文件保存期内，纸质文件应视为主数据，其转化所得的电子文件应经确认为原始纸质文件的真实副本。企业应建立相关规程，明确这种转化操作的适用范围和前提，明确转化流程及复核要求、主数据的认定原则，并记录转化操作及检查确认结果。

药品生产质量管理活动中引入计算机化系统时，其规划、设计、确认中应充分考虑各类文件和记录的保存形式和保存期限。系统运行后，需通过权限控制、定期备份（含数据备份、系统备份）、还原确认等一系列措施确保电子文件保存的安全性。

以纸质形式保存文件时，其保存区域（档案室）应有必要的防火、防蛀、防潮、防霉及安全性保护措施，配备必要的环境湿度调控设施以维持较低的环境湿度。文件保存区内严禁吸烟或饮食，禁止使用可能存在火灾隐患的电器或存放易燃易爆物品。负责文件保存的人员应建立存档文件的分类检索机制，确保准确归类、快速查找。以电子形式保存的文件，要定期检查其完整性、可读性，并做好备份管理，通过异地备份等方式减少突发灾难下的损失。

实施指导

指导文件的新订、修订、撤销均应按《文件管理规程》规定的流程执行，并特别关注相关的变更控制，避免出现不受控的生产工艺、质量标准、药品包装等变更。为实现上述目的，可以参照表 6-6，将文件的影响评估纳入文件新订 / 修订 / 撤销的审批表。

表 6-6　文件审批表（示例）

文件名称			
文件编号		版本号	
申请类型	□ 新订　□ 修订　□ 撤销		
原因	□ 文件复审 □ 改进安排　　编号 □ 其他变更　　编号 □ 其他：		
申请人 / 日期		建议生效日期：	
影响评估	1. 新订文件或拟修订内容是否影响其他指导文件？ □ 2. 修订内容是否涉及实质性变更？ □ 3. 修订内容是否影响正在实施的项目 / 事件？ □ 4. 其他影响：		
	若影响或涉及， 1. 相关文件是否需作同步适应性修订？ □ 2. 相关内容是否已纳入变更控制？ □ 3. 受影响项目 / 事件的处置方案已明确？ □ 4. 其他： 基于影响评估结果作出以下安排：（可见附件　　　） 评估人 / 日期：		
审核	审核意见： 审核人 / 日期：		
批准	批准人 / 日期：		

6.3 主要文件示例

法规要求

药品生产质量管理规范（2010 年修订）

第一百五十条 文件是质量保证系统的基本要素。企业必须有内容正确的书面质量标准、生产处方和工艺规程、操作规程以及记录等文件。

药品注册管理办法

第三十九条 综合审评结论通过的，批准药品上市，发给药品注册证书。综合审评结论不通过的，作出不予批准决定。药品注册证书载明药品批准文号、持有人、生产企业等信息。非处方药的药品注册证书还应当注明非处方药类别。

经核准的药品生产工艺、质量标准、说明书和标签作为药品注册证书的附件一并发给申请人，必要时还应当附药品上市后研究要求。上述信息纳入药品品种档案，并根据上市后变更情况及时更新。

第一百零六条 信息中心负责建立药品品种档案，对药品实行编码管理，汇集药品注册申报、临床试验期间安全性相关报告、审评、核查、检验、审批以及药品上市后变更的审批、备案、报告等信息，并持续更新。药品品种档案和编码管理的相关制度，由信息中心制定公布。

药品生产监督管理办法

第二十四条 从事药品生产活动，应当遵守药品生产质量管理规范，按照国家药品标准、经药品监督管理部门核准的药品注册标准和生产工艺进行生产，按照规定提交并持续更新场地管理文件，对质量体系运行过程进行风险评估和持续改进，保证药品生产全过程持续符合法定要求。生产、检验等记录应当完整准确，不得编造和篡改。

背景介绍

随着生命周期的制药质量管理理念的普及，质量标准、工艺规程等重要文件与药品研发、技术转移阶段的输出越来越紧密地联系起来。新的法规背景下，也产生了场地管理文件、品种档案等重要文件。

要点备忘

企业要建立哪些文件，一方面取决于法规的强制性规定和行业指南的推荐，另一方面取决于所生产 / 持有产品的类型和目标市场。通常，企业应建立包括但不限于下述指导文件。

- 质量方针、质量目标；
- 场地管理文件；
- 组织机构和岗位说明书；
- 管理规程和操作规程；
- 质量标准（含检验规程）；
- 生产工艺规程；
- 空白记录（批生产 / 包装记录，批检验记录，其他公用、辅助记录等）。

下面介绍几类主要文件的基本要求。

6.3.1 场地管理文件

背景介绍

场地管理文件（欧盟、美国、WHO 称 SMF，site master file）主要用于向国内外药品监管机构、客户阐述本企业的生产设施、药品生产活动、质量管理方针，以证明企业始终如一地按照适宜的质量管理体系进行管理，并符合 GMP 要求。

场地管理文件针对整个企业（或整个生产场地），内容不局限于审核 / 检查活动所针对的具体产品，对企业硬软件状况有一个全面的呈现，是企业与药品监管部门、客户之间沟通的重要媒介。

技术要求

我国及欧美药品监管部门对于场地管理文件的提交要求见表 6-7。

表 6-7　场地管理文件的提交要求

药品监管部门	是否提交	提交要求
CDE	是	随药品上市申请文件一并递交（置于模块一部分）
CFDI	是	按《药品生产监督管理办法》提交并每年更新
美国	是	现场检查时，根据检查员要求提供
欧盟	是	根据检查员的要求提供

近年来，我国药品监管部门对于场地管理文件的要求也日益明确。

2019 年 5 月 6 日，国家药品监督管理局药品审评中心（以下简称 CDE）发布《关于提交药品注册检查检验用申报资料光盘的通知》，为提高审评审批效率，优化审评与检查检验衔接流程，要求企业提供现场检查、检验用资料，其中附件 3《现场主文件清单》即为首次明确其提交要求。

2020 年 7 月 1 日，CDE 发布《M4 模块一 行政文件和药品信息》，将《关于提交药品注册检查检验用申报资料光盘的通知》中要求提供的信息正式纳入上市申请资料及涉及检查检验的补充申请资料中（模块一 1.3.6 项），其中就包括了现场主文件清单。

2020 年 1 月 22 日，国家市场监督管理总局发布《药品生产监督管理办法》，明确提出企业应按照规定提交并持续更新场地管理文件。

2020 年 12 月 3 日，为落实《药品生产监督管理办法》有关药品生产场地管理的规定，明确场地管理文件的内容、格式及管理要求，基于前期现场主文件清单在递交及使用过程中的问题，国家药品监督管理局食品药品审核查验中心（以下简称 CFDI）发布了《药品生产场地管理文件指南（试行）》的征求意见稿，从已经发布的征求意见稿来看，其整体结构、内容与下述 WHO、PIC/S、欧盟已经发布的相关指南基本一致。

- WHO Guidelines for Drafting a Site Master File – Annex 14，TRS 961，2011
- PIC/S PE 008-4 Explanatory Notes for Pharmaceutical Manufacturers on the Preparation of a Site Master File
- < EudraLex Volume 4 GMP Guidelines Part III GMP Related Documents > Explanatory Notes on the Preparation of a Site Master File

实施指导

参考 CFDI 发布的《药品生产场地管理文件指南（试行）》的征求意见稿，药品生产企业的场地管理文件应包含以下几个方面的内容（表 6–8）。

表 6–8 场地管理文件的主要内容

序号	内容
1	**企业概况**
1.1	企业基本信息 企业名称、注册地址，生产地址及其生产范围，企业联系人、生产场地联系人及场地质量负责人的联系方式
1.2	药品生产许可情况 生产场地获得批准的药品生产许可范围，场地内进行的其他生产活动，场地内处理高毒性、高致敏性、高活性物料的生产操作，场地内生产车间及生产线的设置情况
1.3	监管检查情况 近 5 年以来，生产场地接受国内省级以上药监部门及国外药监机构现场检查情况，场地产品监督抽验情况，场地受到监督管理部门处罚情况
2	**生产场地质量管理体系**
2.1	质量管理体系概述 生产场地质量管理体系运行情况、参考标准，相关管理责任，体系认证认可情况
2.2	产品的放行程序 放行人员的基本信息，放行程序，转受权人时的工作安排，过程分析技术、实时放行或参数放行的应用说明
2.3	供应商管理及委托生产、委托检验情况 企业的供应商管理体系，供应商选择、评估、批准、变更等程序，委托生产、委托仓储、委托检查及相关受托方名单（如有），委托方、受托方责任划分，委托生产协议和质量协调签订情况
2.4	质量风险管理 企业质量风险管理方法简述，风险管理的范围和重点，风险识别、评价、控制、沟通和审核的过程
3	**人员** 企业及本生产场地的组织机构图，QA、生产、QC 部门的组织机构图，场地从事 QA、生产、QC、储存及发运的员工数量
4	**厂房和设备**
4.1	厂房 生产场地、生产区域、仓储区域的平面布局、规模，场地建筑物清单，动物实验室位置及布局（若有），HVAC 系统、制药用水系统以及蒸汽、压缩空气及氮气等公用系统的简述

续表

序号	内容
4.2	设备 主要生产、检验设备仪器清单，设备、工器具的清洗、消毒方式及清洁验证原则
4.3	计算机化系统情况 简述与药品生产质量相关的关键计算机化系统
5	**文件**
5.1	企业的文件系统
5.2	文件的起草、修订、批准、发放、控制和存档系统
5.3	场地外保存的文件和记录的管理
6	**生产**
6.1	产品情况 场地所生产药品的清单，含已批准上市的、受托生产的、仅供出口的、在研的，产品专用设施设备或分阶段生产情况（如有），过程分析技术和计算机化系统的应用（如有）
6.2	工艺验证 原则及总体情况，返工、重新加工等原则
6.3	物料管理和仓储 物料和产品的取样、待验、放行与贮存管理，不合格物料和产品的处理
6.4	产品追溯方式 实现产品全过程追溯的方式
7	**质量控制**
	QC 实验室中理化检验、微生物及生物学检验等质量控制活动
8	**发运、投诉与召回**
8.1	发运 产品发放方式、客户类别，确认收货单位资质的程序，产品运输中确保其贮存条件的措施，发运管理及其追溯保证
8.2	投诉与召回 投诉处理系统，问题产品处理程序，产品召回系统
9	**自检**
	自检程序，含自检范围的选择标准、自检实施及整改要求
10	**修订历史**
	文件编号、版本、生效日期、修订内容概述

需要注意的是：不同药品监管机构对于场地管理文件的内容要求存在局部差异。例如：WHO、PIC/S、欧盟均要求在企业概况部分提供场地识别信息，如全球定位

（GPS）信息、邓氏编码或其他定位系统，并在产品发运部分特别强调防止产品进入非法供应链的措施。因此，对于需要进入国际市场的产品，其对应的场地管理文件需要严格按照相关药品监管部门认可的指南来编写。

6.3.2 标准操作规程

GMP 中明确，“操作规程是指经批准用来指导设备操作、维护与清洁、验证、环境控制、取样和检验等药品生产活动的通用性文件，也称标准操作规程。”标准操作规程是企业活动和决策的基础，确保每个人正确、及时的执行质量相关的活动和流程。

实施指导

企业应规定标准操作规程的固定内容和模板，推荐包含表 6–9 所列要素。

表 6–9　标准操作规程的要素

封面页	每页	正文
• 公司名称 • 文件类型 • 文件标题 * • 编号 * • 版本号 * • 生效日期 * • 回顾日期 • 编制人、审核人、批准人签名和日期 * • 颁发部门 * • 分发部门 *	• 公司名称 • 文件标题 * • 编号 * • 版本号 * • 页码	• 目的 • 适用范围 • 职责 程序中各项活动的职责分配 • 术语和缩略语 对术语和缩略语做出解释说明 • 参考 法规、指南、技术指导原则 药典等权威技术标准 • 程序 ** 需要完成的任务和达成的目标 必需的物料、设备等方面的准备 分步骤描述各操作过程及标准、时限 产生的文件，数据处理及记录要求 与本程序执行相关的其他文件 偏差处理（必要时） • 附件 空白记录、流程图、工作表、清单 • 培训要求 培训对象、培训方式 • 变更历史 * 修订时间、修订内容

注：* 表示 GMP 要求必须包含的项目

** 表示推荐多使用流程图、表格、清单，辅以文字说明

6.3.3 质量标准

法规要求

药品生产质量管理规范（2010年修订）

第一百六十四条 物料和成品应当有经批准的现行质量标准；必要时，中间产品或待包装产品也应当有质量标准。

第一百六十五条 物料的质量标准一般应当包括：

（一）物料的基本信息：

1. 企业统一指定的物料名称和内部使用的物料代码；
2. 质量标准的依据；
3. 经批准的供应商；
4. 印刷包装材料的实样或样稿。

（二）取样、检验方法或相关操作规程编号；

（三）定性和定量的限度要求；

（四）贮存条件和注意事项；

（五）有效期或复验期。

第一百六十六条 外购或外销的中间产品和待包装产品应当有质量标准；如果中间产品的检验结果用于成品的质量评价，则应当制定与成品质量标准相对应的中间产品质量标准。

第一百六十七条 成品的质量标准应当包括：

（一）产品名称以及产品代码；

（二）对应的产品处方编号（如有）；

（三）产品规格和包装形式；

（四）取样、检验方法或相关操作规程编号；

（五）定性和定量的限度要求；

（六）贮存条件和注意事项；

（七）有效期。

要点分析

质量标准详细阐述生产过程中所用物料或所得产品必须符合的技术要求。质量标准是质量评价的基础，是保证产品质量安全性、有效性和一致性的重要因素。

质量标准应在产品开发过程的研究和数据积累的基础上形成，并随着生产工艺、控制策略的优化而得到持续更新。物料 / 产品的质量标准主要由检验项目、分析方法和可接受标准三部分构成，应充分采纳或参考药典、国家标准、行业标准等权威标准，并结合药品生产工艺确立适宜的物料和产品质量标准，必要时，可建立严于药典标准和注册标准的内控标准，这些质量标准的适用性应在产品年度质量回顾分析时得到评估和确认。

实施指导

GMP 第八章第二节分别规定了物料和产品质量标准应该包括的项目，企业在实践中，应参照权威标准、根据 ICH Q6A 和 Q6B 指导原则去确立物料和产品的控制项目、方法和标准，并在商业化生产中严格按与注册标准一致或更严格的质量标准开展质量控制。质量标准建立时，可供参考的权威标准如表 6-10 所示。

表 6-10　建立质量标准的参考

质量标准类别	GMP 条款	供参考的标准
物料质量标准	第一百六十五条	原料药、辅料:《中国药典》，目标市场的国家 / 区域药典，进口原辅料需同时符合其进口注册标准 原料药生产用原料：国家标准（GB），行业标准 包装材料：药包材行业标准（YBB），进口药包材需符合其进口标准
中间产品和待包装产品质量标准	第一百六十六条	产品注册文件中所载的质量标准
成品质量标准	第一百六十七条	《中国药典》，目标市场的国家 / 区域药典，如美国药典、欧洲药典、日本药局方、英国药典、国际药典，产品覆盖多个市场时，可整合多方药典标准，最终以经药监部门批准的注册质量标准为准

质量标准发生变更时，按产品所在市场的变更技术指导原则开展变更研究和验证工作，并按监管部门的要求及时递交变更申请或备案，或者年报。

6.3.4 工艺规程

法规要求

药品生产质量管理规范（2010 年修订）

第一百六十八条 每种药品的每个生产批量均应当有经企业批准的工艺规程，不同药品规格的每种包装形式均应当有各自的包装操作要求。工艺规程的制定应当以注册批准的工艺为依据。

第一百六十九条 工艺规程不得任意更改。如需更改，应当按照相关的操作规程修订、审核、批准。

实施指导

工艺规程是药品生产的主要依据，是生产过程控制和产品审核放行的基础，是药品在整个有效期内安全、有效、质量可控的有效保证。工艺规程以注册批准的工艺为依据建立，作为企业内部药品生产的第一标准，用于指导药品生产及其过程控制。以工艺规程为蓝本设计、编制的批生产记录、批包装记录，用于生产过程及结果的记录，实现对药品生产全过程的有效追溯。

GMP 及其附录、ICH Q7、美国 cGMP 等，均有对药品生产工艺规程的具体要求。基于 GMP 第一百七十条的要求，参考美国 cGMP 相关条款，制剂工艺规程应包含表 6-11 所列内容。

工艺规程的修订常因药品生产工艺的实质性变更而触发，这些变更可能是：

- 批量变化；
- 处方量或投料配比变化；
- 投料顺序变化；
- 工艺参数控制范围变化；
- 中间控制的方法或标准变化；
- 收率或物料平衡标准变化；
- 主要生产设备发生变化；
- 产品包装材料或包装方式发生变化等。

表 6-11 药物制剂工艺规程的内容

生产处方
• 产品名称和产品代码； • 产品剂型、规格和批量； • 所用原辅料清单（包括生产过程中使用，但不在成品中出现的物料），阐明每一物料的指定名称、代码和用量；如原辅料的用量需要折算时，还应说明计算方法
生产操作要求
• 对生产场所和所用设备的说明（如操作间的位置和编号、洁净度级别、必要的温湿度要求、设备型号和编号等）； • 关键设备的准备（如清洗、组装、校准、灭菌等）所采用的方法，或索引相应操作规程的名称及编号； • 详细的生产步骤和工艺参数说明（如物料的核对、预处理、加入物料的顺序、混合时间、温度等）； • 所有中间控制方法及标准以及对应的取样要求（如取样点、取样量、取样频次）； • 预期的最终产量限度，必要时，还应说明中间产品的产量限度，以及物料平衡的计算方法和限度； • 中间体及待包装产品的贮存要求、贮存时限，包括容器、标签及特殊贮存条件； • 需要说明的特别注意事项
包装操作要求
• 以最终包装容器中产品的数量、重量或体积表示的包装形式； • 所需全部包装材料的完整清单，包括包装材料的名称、数量、规格、类型以及与质量标准有关的每一包装材料的代码； • 印刷包装材料的实样或复制品，并标明产品批号、有效期打印位置； • 需要说明的特别注意事项，包括对生产区和设备进行的检查，在包装操作开始前，确认包装生产线的清场已经完成等； • 包装操作步骤的说明，包括重要的辅助性操作和所用设备的注意事项、包装材料使用前的核对； • 中间控制的详细操作，包括取样方法及标准； • 待包装产品、印刷包装材料的物料平衡计算方法和限度

所有这些变更都应该纳入变更控制，按产品所在市场的变更技术指导原则开展变更研究和验证工作，并按相关药品监管部门的要求及时递交变更申请或备案，或者年报。

6.3.5 批记录

法规要求

药品生产质量管理规范（2010年修订）

第一百六十二条 每批药品应当有批记录，包括批生产记录、批包装记录、批检验记录和药品放行审核记录等与本批产品有关的记录……

第一百七十一条 每批产品均应当有相应的批生产记录，可追溯该批产品的生产历史以及与质量有关的情况。

第一百七十二条 批生产记录应当依据现行批准的工艺规程的相关内容制定。记录的设计应当避免填写差错。批生产记录的每一页应当标注产品的名称、规格和批号。

第一百七十四条 在生产过程中，进行每项操作时应当及时记录，操作结束后，应当由生产操作人员确认并签注姓名和日期。

第一百七十六条 每批产品或每批中部分产品的包装，都应当有批包装记录，以便追溯该批产品包装操作以及与质量有关的情况。

第一百七十七条 批包装记录应当依据工艺规程中与包装相关的内容制定。记录的设计应当注意避免填写差错。批包装记录的每一页均应当标注所包装产品的名称、规格、包装形式和批号。

第一百七十八条 批包装记录应当有待包装产品的批号、数量以及成品的批号和计划数量。原版空白的批包装记录的审核、批准、复制和发放的要求与原版空白的批生产记录相同。

第一百七十九条 在包装过程中，进行每项操作时应当及时记录，操作结束后，应当由包装操作人员确认并签注姓名和日期。

实施指导

批记录是用于记述每批药品生产、质量检验和放行审核的所有文件和记录，可追溯所有与产品生产、包装和检验、放行相关的历史信息，特别当生产、包装或检验过程出现异常时。基于批记录在药品生产中的重要作用，批生产/包装/检验记录的重要控制点和风险点可参考表 6–12 进行管理。

表 6–12　批生产 / 包装 / 检验记录的管理要点

过程	控制点 / 风险点
起草	• 空白批记录的内容应与下列文件保持一致： 　◦ 注册文件 　◦ 现有批量的工艺验证报告 　◦ 分析方法验证报告 　◦ 工艺规程 　◦ 质量标准 • 有统一格式的标准化模板
使用	• 指定人员负责空白批记录的复制； • 复制的基准是经批准的原版空白批记录； • 每批产品只发放一份原版空白批生产 / 包装 / 检验记录的复制件，记录发生污损时，凭污损件申请补发并做好登记； • 以批为单位做好空白批记录的分发、使用记录，确保可追踪性
审核	质量受权人须在产品放行前按“必须保证每批已放行产品的生产、检验均符合相关法规、药品注册批准或规定的要求和质量标准”的要求出具产品放行审核记录，此记录可纳入批生产 / 包装记录
保存	• 按照企业内部规定的方式、期限保存批记录，须同时符合产品所在地药品监管部门的规定； • 用电子方法保存的批记录，应采用磁带、微缩胶卷、纸质副本或其他方法进行备份，并确保备份在保存期内可以被有效还原、易于读取
修订	原版空白批记录的修订若涉及生产工艺、质量标准、操作流程的实质性变更，须确保其变更内容已纳入变更控制

根据 GMP 及国际组织和药品监管机构发布的相关法规、指南，空白批生产 / 包装记录通常应包含表 6–13 所列要素。

GMP 第二百二十一条规定，每批药品的检验记录应当包括中间产品、待包装产品和成品质量检验记录，可追溯该药品所有相关的质量检验情况。不论采用何种形式记录批检验过程，检验记录与检验规程的一致性，以及对药品所有质量控制情况的可追溯性，都是基础且必需的要求。批检验记录的具体要求可参见本丛书《质量控制实验室与物料系统》的相关规定。

批记录的受控发放参见本分册“6.4.3 记录的受控发放和使用”。

表 6-13　空白批生产记录、批包装记录的要素

封面页	每页	正文
• 产品代码 • 产品名称 • 规格 • 批量 • 生产批号 • 生产日期 • 文件编号 • 版本号 • 编制、审核、批准人签名及日期	• 产品代码 • 产品名称 • 规格 • 生产批号 • 文件编号 • 版本号 • 页码	A. 批生产（含包装过程）总结 由生产和质量相关负责人员对整批进行最终评估 B. 批记录内容列表 C. 安全警告（必要时） 如物料 MSDS，防护穿戴，操作注意事项 D. 物料清单 E. 清场及设备清洁检查 F. 设备安装和功能测试 如安装指导，必要的设备功能测试和结果 G. 物料的接收 对照物料接收清单双人复核 H. 操作步骤 操作指导及标准 操作过程记录，包括起始、完成时间，操作人签名，关键操作的复核及签名 收率和物料平衡 I. 中间过程控制（IPC） 取样计划及实施，测试结果 J. 转移文件 如印刷包装材料的实样、物料标签、设备清洁标签、机器打印信息、称量表等 K. 附录 其他批相关的文件，如偏差报告、检验报告书

6.4 文件管理信息化

近年来，随着药品全生命周期的数据可靠性挑战日益彰显，《药品记录与数据管理要求（试行）》颁布施行，《中华人民共和国疫苗管理法》也对疫苗最小包装单位提出了可追溯、可核查的要求，《疫苗生产检验电子化记录技术指南（试行）》也对于非疫苗药企的电子化记录管理形成了一定的指导和示范效应，加上企业内部成本控制、效率提升的驱动，越来越多的药企在信息化管理上进行布局和建设，实验室信息管理系统（laboratory information management system，LIMS）、制造执行系统（manufacture execution system，MES）、仓储管理系统（warehouse management system，WMS），甚至企业资源管理系统（enterprise resource planning，ERP）等，在制药行业逐渐得到了应用和发展。

文件管理作为制药企业质量系统的基础性配置，其信息化建设是整个质量管理信息化的起点和基石。因此，在文件管理系统（document management system，DMS）的建设中，除关注文件管理由线下转向线上的架构和流程设计、诸多合

规细节外，还需考虑与线上培训管理、偏差管理、CAPA 管理、变更管理及年度质量回顾等衔接的便利性，包括与 LIMS、MES、WMS 等系统通信、互联的可行性。

本节将阐述信息化文件管理系统的规划和建设流程，就文件管理中的重要业务功能提供一些线上解决方案，并就相关要点给出参考意见，以帮助实现信息化背景下文件管理的高效、合规。

6.4.1 信息化文件管理系统的规划

背景介绍

跨国制药企业在质量管理信息化的道路上起步早、成熟度高、人员依从性强，国内规模药企及生物药企业近年来逐步将机械、重复的人工操作替代为信息化系统管理，以期实现效率与合规的良好平衡。在文件系统信息化建设上，简单的工具辅助难以全面满足文件管理的系统功能和合规要求，企业需要一个系统的信息化解决方案。

实施指导

建设方案确定后，需要规划文件管理系统所需的基本模块及功能。表 6-14 提供了一个 DMS 功能 / 模块信息的示例。

表 6-14　DMS 功能 / 模块信息示例

序号	类型	功能 / 模块	说明
1	后台技术	文件存储	文件实体需要合理的存储方式，尽量不要存放于数据库中，可参考基于企业内容管理的技术实现方式
2	后台技术	可视化文件架构	用于可视化创建企业的文件架构，并定义文件编号、审核矩阵等
3	后台技术	组织架构	定义组织架构，用于文件的权限控制、流程引擎
4	后台技术	流程引擎	可适配企业组织架构，定义审批流程
5	后台技术	电子签名和审计追踪	参照 GMP 计算机化系统附录执行
6	前端业务	文件变更申请	文件新增、修订前的批准，包括文件编号的发放、权限的赋予

续表

序号	类型	功能 / 模块	说明
7	前端业务	模板库	定义可调用的文件格式
8	前端业务	文件新订或修订	新订、修订文件的在线审核、审批； 考虑与培训管理系统对接，将文件生效前的培训任务推送到培训管理系统中，并反馈培训完成情况
9	前端业务	文件补发	电子文件、纸质文件的（权限）补发
10	前端业务	文件借阅	电子文件临时预览授权或纸质文件的打印（含提供给外部检查员等）
11	前端业务	定期回顾	文件定期回顾，不同复审结论触发不同的文件管理行为
12	前端业务	文件作废	文件作废自动触发对文件的电子权限、纸质版本回收
13	前端业务	文件状态管理	定义文件的生命周期，实现对草稿、待生效、生效、旧版、过期、作废等不同状态的管控
14	前端业务	纸质文件收发平衡管理	包括纸质文件的打印、分发、签收、回收、销毁等过程，实现纸质文件的生命周期管理

除结合自身文件管理需求确定基本功能 / 模块外，还需尽可能解决不同信息系统之间的数据隔离，如考虑标准指导文件推送至 LIMS、MES、WMS 等信息系统的可行性，以及已填写的电子记录在线审核、归档的便捷性。这些需求和考虑应该在用户需求说明（URS）中得到体现。

要点分析

规划是建设和应用的起点，信息化文件管理系统的规划应考虑下列因素：

- 产品目标市场的相关法规要求；
- 公司的整体信息化规划及布局；
- 质量管理信息化规划及建设进展；
- 质量管理体系的成熟度；
- 公司内文件管理政策的稳定性、员工依从性。

对上述因素的研判、评估结果表明适合引入信息化文件管理系统时，则进入规划阶段。企业可以结合自身运营现状选择合适的信息化方案，包括但不限于商业化信息系统、自研信息系统，但无论采用何种方案，均需符合 GMP 计算机化系统附录的相关规定。

6.4.2 信息化文件管理系统的建设

参考国际制药工程协会（International Society for Pharmaceutical Engineering，ISPE）的 GAMP5，可将信息化的文件管理系统的生命周期分为概念、项目、运行、退役四个阶段，图 6-4 反映了系统从最初立项直至最终退役的基本流程。

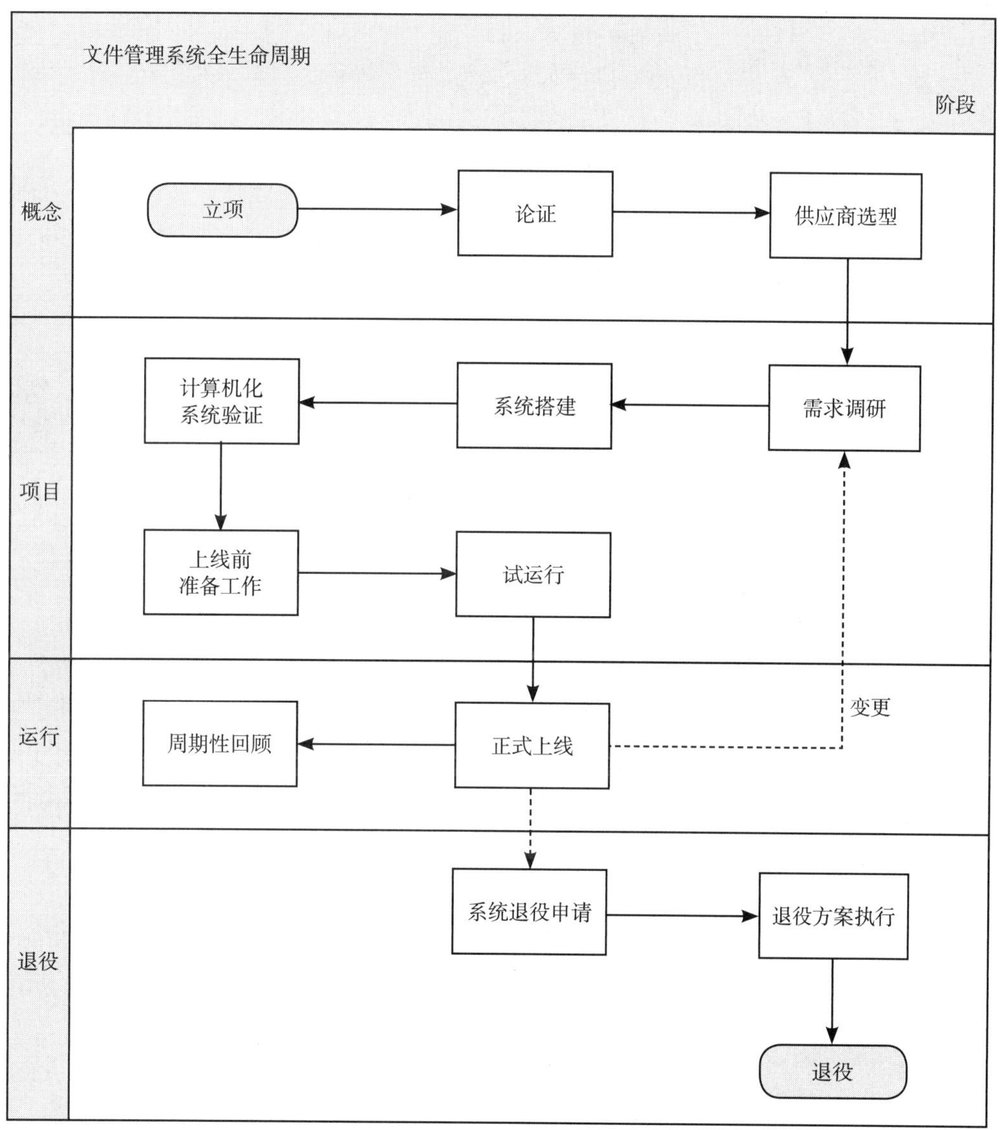

图 6-4　DMS 生命周期

现实中，许多企业的文件管理会经历一个由线下向线上迁移的过程，表 6-15 提供了一个迁移流程及节点细节的示例。

表 6-15　文件系统的迁移流程及节点

序号	节点	描述
1	确定数据源	• 确定文件清单 • 根据文件类型或其他维度进行分工 • 确定 Word 数据源
2	编制统计模板	• 编制文件信息统计模板 • 提供填写指引 • 对统计模板进行技术限制（日期格式、数据验证等），降低录入差错风险
3	统计方案培训	• 对统计方案及计划进行宣贯 • 对统计模板填写规范进行培训
4	数据收集	• 各责任人按照既定的统计内容及格式要求汇总数据 • 核对 Word 内容是否与生效文件一致
5	过程检查 *	• 各统计责任人按时间梯度提交汇总结果 • 检查汇总结果，审核内容及信息无误 • 检测汇总结果，确认格式是否正确
6	最终检查	• 各统计责任人提交最终汇总结果 • 检查最终汇总结果，审核内容及信息无误 • 检测最终汇总结果，确认格式是否正确
7	数据导入	• 内容审核及格式检测完成后，执行导入 • 抽查导入系统的文件信息，确认数据的正确性、完整性
8	补充数据导入 **	• 导入过程可能有文件处于变更状态，需随时登记并及时反馈至统计责任人 • 这部分变化的数据以补充导入的方式进行数据迁移

注：* 关键点，应采取充分手段及时跟进、纠偏，确保导入的文件信息准确、格式正确。
** 关键点，需要在统计方案中列明数据统计的开始时间、截止期限，过程中文件的处理方式，以及文件状态变化的登记、通知、补录方式

实例分析

文件管理功能示例

信息化文件管理系统的建设受企业规模、整体化信息化水平、文件管理策略等多种因素的影响，其流程设计、后台技术等均会有所不同。下面就几项典型的文件管理功能，列举其常用的线上解决方案。

A. 版本号控制

传统的线下文件管理，标准指导文件的版本号编制方式多种多样，都可以实现对生效版本的管理，但很难追溯审核过程草稿版本，而信息化文件管理系统可以引入信息技术实现对审核过程草稿版本的追溯。如以 1.0/2.0/3.0…作为生效版本，以 0.1/0.2/0.3…1.1/1.2/1.3…作为审核过程的草稿版本。

B. 在线审核

线下管理文件系统时，文件的审核主要通过串行的方式实现，审核效率低，且不利于审核人之间交换意见。而信息化文件管理系统很容易实现基于文件类型、组织架构的审核矩阵设计，准确识别出各类文件的审核角色，实现多人并行在线审核和审核意见共享；此外，还可以借助工具直观地呈现不同版本之间的差异，帮助审核人做出更准确的判断和处置；在线审核同时会增加文件审核在地域、时间上的灵活性，避免差旅所致的流程停滞，从根本上解决人员在岗记录与文件签注时间不符的问题，杜绝与此相关的数据可靠性风险。

C. 文件的收发平衡

纸质指导文件的收发平衡是项重复且繁重的工作，引入信息化系统时，新版本文件发放供使用部门培训的同时，启动旧版文件失效倒计时，最终由新文件生效自动触发旧版文件的失效和回收，以此实现新旧版本文件的平稳、有序过渡。

当引入在线培训管理系统时，可将新版文件的培训任务自动发送至培训系统，并通过培训执行结果的反馈来影响文件的实施，甚至控制特定人员的执行权限。

D. 文件定期回顾

传统的线下文件管理中，为避免回顾对象的遗漏，通常定期（如每年）对文件开展集中回顾审核，这会带来工作量突增且不利于保证文件回顾的质量。而信息化文件管理系统可以建立一套常态的文件回顾预警、任务分配、实施跟进、过期提醒、回顾结果反馈、反馈执行跟踪的闭环机制，将人工识别、通知、跟踪的工作量释放，且有利于文件回顾工作量在较长时间范围内均衡分配。

6.4.3 记录的受控发放和使用

法规要求

药品生产质量管理规范（2010 年修订）

第一百七十三条 原版空白的批生产记录应当经生产管理负责人和质量管理负责人审核和批准。批生产记录的复制和发放均应当按照操作规程进行控制并有记录，每批产品的生产只能发放一份原版空白批生产记录的复制件。

第一百七十八条 原版空白的批包装记录的审核、批准、复制和发放的要求与原版空白的批生产记录相同。

背景介绍

《药品记录与数据管理要求（试行）》规定：记录文件的印制与发放应当根据记录的不同用途与类型，采用与记录重要性相当的受控方法，防止对记录进行替换或篡改。

原版空白记录的受控发放及使用是实现数据可靠性的重要前提，PIC/S 数据可靠性指南中亦明确了通过收发平衡以确保记录准确性、完整性的要求。

对于收发平衡，传统的做法是纸质台账加受控号以确保唯一性和追溯性。但是在实际操作中，复杂的运营环境可能产生各类特殊的业务场景，企业往往需要为之投入很多资源。因此，实现空白记录全业务流程的受控，首先需要一个基于风险的分类、分级管控策略，其次需要尽量简便且可靠的方式 / 手段去实现有效管控。

实施指导

制药企业数量众多的记录，根据其功能用途和使用场景的不同，可以参照表 6–16 分为五种管控类型。

表 6-16 记录管控类型示例

序号	记录类型	说明
1	按批管理	批生产记录、批包装记录、批检验记录
2	成册管理	装订成册发放并使用的记录，如台账、设备使用日志
3	按页管理	单独使用的记录，如不合格品处理单、账户申请表等
4	混合记录	不强制要求手写，允许部分或全部电子输入、填写后打印签批的记录，如合格供应商清单、偏差清单
5	标识	非常规尺寸，需要提前制作，如设备 / 物料 / 清洁状态标识、放行标识

按照记录对药品质量影响及数据可靠性风险的程度，可参照表 6-17 进行分级。

表 6-17 基于风险的记录分级示例

序号	记录等级	说明	线上控制措施
1	A	记录产品生产、检验、包装过程的核心记录，批生产记录、批包装记录、批检验记录	质量管理部门负责打印、发放并确认平衡
2	B	辅助产品生产、检验等活动的记录，与患者安全、产品质量、数据可靠性有相关性	质量管理部门授权打印、发放并确认平衡
3	C	辅助产品生产、检验等活动的记录，对患者安全、产品质量、数据可靠性的影响不大	可由使用人自行打印

为实现不同类型和等级记录的受控发放和使用，表 6-18 提供了线下管控方案和信息化解决方案的示例。

需要注意的是：有关记录的打印和发放，上述提到的“质量管理部门”特指 QA 部门，不包含履行检验职责的 QC 部门。

记录打印时，应由系统赋予唯一的受控号或其他追溯信息（如条形码、打印人、打印时间），确保打印件的唯一性，杜绝记录使用中不受控的替换；并通过加盖鲜章、设备复印权限管控、使用特殊纸张打印等方式避免记录的私自复制。

针对记录在使用、流转中可能存在的损坏、丢失情形，应建立合理的确认、登记、补发流程，必要时启动偏差调查。此外，需考虑空白记录修订、作废对正在进行的流程及正在填写记录的影响，具体可参见本分册“6.2.2 文件的变更”，视文件变更评估结果进行处理。

记录的平衡确认可本着谁发放、谁确认的原则来进行，对于由使用部门自行发放的记录，则由使用部门确认其收发平衡，QA 部门以抽查的方式进行监督。

表 6-18　记录受控发放和使用的解决方案

记录类型	分级	线下管控方案	信息化解决方案
按批管理	A	质量管理部门按批发放并收回，人工确认收发平衡	按权限打印，带受控号，或自动加载批号，填写后按受控号或批号归档并确认收发平衡
成册管理	B	以胶装、订装等方式确保使用中不易被拆解、替换、恢复，且拆解后可轻易辨识出，每册记录的每一页须有唯一且连贯的页码；收回时检查页码连贯性及册子原始性	按册赋予受控号，填写后按受控号归档，其他与线下管控方案相同 或者在线填写（或抓取数据），复核后自动归档
按页管理	B	使用部门按页发放并收回，确认收发平衡	按权限打印后填写，带控制号
	C	使用部门按页发放并收回	按权限打印后填写
混合记录	B、C	对空白记录固定部分设置编辑锁定后受控发放，填写完成后打印，确认签批	离线或在线编辑后打印签批
标识	A	与放行相关的标识，如合格 / 不合格证：质量管理部门管控并使用，使用有登记	质量管理部门按权限定量打印放行标识，或者信息系统基于放行审核结果及批量、包装信息，自动生成对应数量的放行标识，质量管理部门人员打印
	B	其他标识，如生产 / 设备 / 物料基本信息标识：由质量管理部门授权发放、使用	按权限定量打印，第二人复核后使用，或者信息系统自动加载生产 / 设备 / 物料信息，形成在线或离线标识

7 质量体系在研发管理中的应用

背景介绍

本章的主要内容为研发质量系统的管理。药品研发同其他产品或行业的研发有共性也有不同。大多数产品的研发都会经历“基础研究，应用研究，早期开发，后期开发，产业化研究，商业化生产”等几个不同的项目阶段，有共性的管理方法，通过一系列管理程序确保研究项目的成功。药品研发的不同点在于从某个阶段开始，实验不仅仅是实验室内的研究项目，而是将研究阶段的产品通过各种给药方式作用于小范围的受试者，这个阶段就是药物的临床试验阶段，不同于其他研发阶段，其对部分人群可能产生安全性影响，风险显著升高。

从监管部门的角度，研发的目的应该是识别出能够持续稳定生产出符合预期目的产品的各要素，并能持续监控。临床阶段的药品会作用于人类受试对象，应参考 GMP 的管理原则，对临床阶段的生产质量管理，美国 FDA 和 EMA 也都出台了相应指南，国家药品监督管理局发布了 GMP 临床试验用药品（试行）附录。

因此，本章的主要内容是关于药品研发阶段的不同特点，从研发项目管理（以确保关键质量属性的识别与控制）和临床试验用药品质量管理两个方面提出了不同的管理要求。为确保研发的创新性和灵活性，监管部门并未对整个药品研发阶段的质量管理系统进行统一要求，所以本章旨在提供一些药品研发管理的一般性考量或行业内较为普遍的做法，供业内的企业参考。

7.1 实施研发质量管理体系的目的

7.1.1 工艺开发相关研发质量系统

- 规范研发过程，保证研发质量，促进研发效率提升，促进高质量药品的开发并获得可持续、稳定生产出符合预期质量水平产品的生产工艺。

• 识别必要的关键质量属性和工艺控制参数，确保持续稳定的商业化生产，并通过提交监管部门的申报资料，与监管部门进行有效沟通，充分说明产品的安全、有效和持续可控。

• 通过体系化的管理程序确保研发数据真实可靠、可追溯，为申报资料的数据可靠性提供保障。

7.1.2 临床试验用药品质量管理

• 保证临床试验用药品的质量，满足临床试验需求，为受试者用药安全提供药品质量保障。

7.2 基本原则

• 药品研发活动涵盖范围广，本文主要针对工艺开发过程中的质量管理及临床试验用药品的质量管理要求分别进行探讨。工艺开发阶段的质量系统采用项目管理的同时，借鉴 GMP 质量系统的主要要素，如变更、偏差 / 偏离、CAPA、自检和记录管理等。其目的在于确保项目的顺利进行和关键数据信息的可追溯，但保留研发项目的灵活性，允许部分的可变性。

• 临床阶段的质量管理：由于临床批次的研发属性以及多变性，同时随着临床研究的推进，受试人群数量的加大，CMC 研究不断推进药物的安全性、有效性、疗效等了解程度加深，GMP 的管理要求随之加强，需制定不同的管理要求。

7.3 工艺开发阶段的研发质量管理基本要求

7.3.1 创新药研发历程

以创新药研发历程为例，药物研发历程一般包括 5 个阶段，每个阶段的活动和目标存在差异性。

• 早期开发阶段（R&D）：在实验室内，新药分子发现、开发和评估（毒性、有效性）；

• 毒理研究（pre-clinical）：在动物模型中首次获得了新药分子的体外安全性；

• Ⅰ期临床试验：早期临床试验，初步的临床药理学及人体安全性评价试验；

• Ⅱ期临床试验：初步评价药物对目标适应症患者的治疗作用和安全性，为Ⅲ期临床试验研究设计和给药剂量方案的确定提供依据；

• Ⅲ期临床试验：在更大规模的人体试验中验证药物对目标适应症患者的有效性和安全性，评价利益与风险关系，支持商业化许可。

7.3.2 新药研发历程监管政策

用于药品质量的管理包括 CMC 的要求和 GMP 的监管。

• CMC 的要求在提交给监管部门的文件中描述，以获得临床研究启动的批准。CMC 要求通常记录在如生产和分析检测等 GMP 源文件中。

• GMP 的要求应当考虑到 CMC 的技术要求。GMP 的要求来自对生产和检测的规章和准则进行规定的法规或指南，保证一致的生产和（或）检测，以确保产品保持预期的纯度、安全性和效力特征。

由于两者都是产品质量的关键支柱，CMC 和 GMP 之间经常有重叠的地方。重叠领域的例子包括工艺开发和验证以及持续性工艺改进。当质量体系包含 GMP 和 CMC 要求，才能最大程度确定这些重叠部分得到理解和实施。

7.3.3 创新药研发不同阶段对 GMP 和质量管理的需求

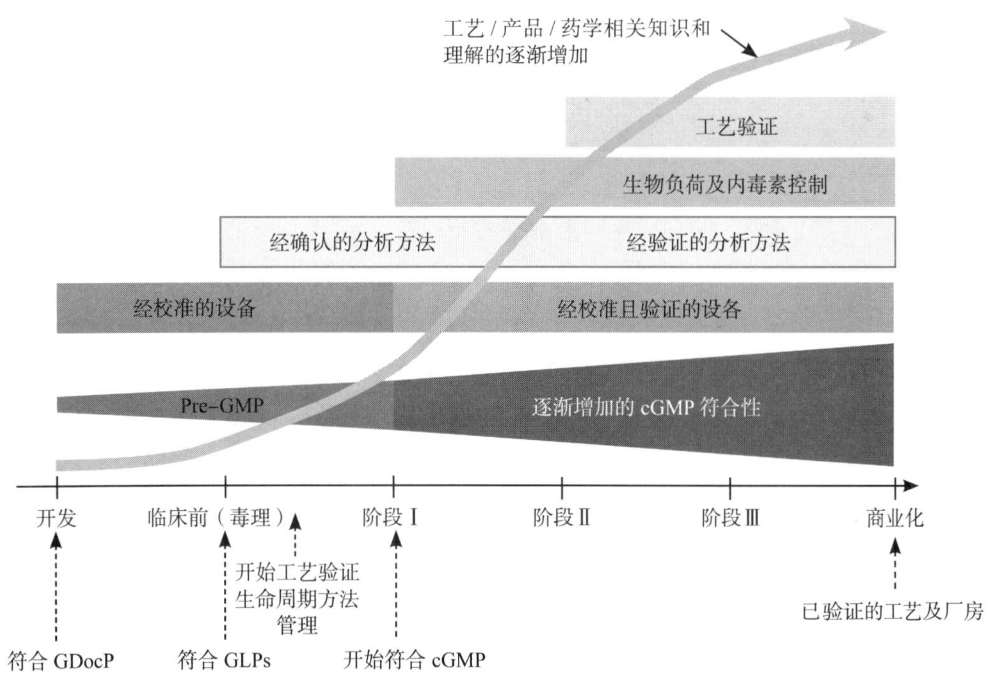

图 7-1　创新药研发历程不同阶段对 cGMP 和质量管理的需求

如图 7-1，不同研发阶段活动和目标存在差异性，随着阶段的递进，对病人的影响风险增大，对药物的安全性和有效性的要求增大，CMC 和 GMP 监管也随之加强。

为了确保目标的实现，应根据不同阶段建立相应的质量管理，其建立应通过风险评估设计、建立，不造成管理的过度浪费，不影响研发的时效性，又能保证实现药品研发目标。

7.3.4 仿制药研发对 GMP 和质量管理的需求

在大多数情形下，仿制药的研发历程较创新药相对简单，包含工艺开发、工艺放大、注册批和 BE 批（需要时）生产、商业化生产前的工艺验证阶段。同样，随着研发进程的推移，质量管理的要求也在不断提高。当仿制药的工艺放大在商业化生产线进行时，需遵循该生产线的生产管理要求；仿制药的注册批生产应完全符合 GMP；对于需要开展生物等效性研究的仿制药，BE 批生产过程的管控与创新药确证性临床试验用药品的制备要求一致，需严格遵循 GMP。

7.3.5 研发质量管理体系的建立

研发活动会从实验室到车间，在这个过程中存在频繁的变更，同时活动总是会涉及人员、设备仪器、厂房设施、物料、分析检测、记录、文件等。这些活动对应“质量管理、物料、设备设施、生产 / 制备、实验室控制、包装 / 贴签”六大体系管理，可根据不同阶段，对六大系统建立不同的管理策略。

实施指导

A. 质量体系

正如 7.3.1 所述，药品开发阶段是不断发展的，随着研发阶段的递进，质量系统管理要求更加严格，直至达到商业化生产的质量系统的要求。本章节的质量体系重点讨论偏差管理、纠正和预防措施、变更控制三个质量要素的管理要求。其他质量要素，如内外部审计、风险管理、管理回顾以及临床阶段产品放行、投诉、不良反应等根据临床阶段的不同参考 GMP 临床试验用药品（试行）附录以及上市后质量系统要求评估建立。

1. 建立质量手册

应建立质量手册或同等的文件，规定质量方针、质量管理体系范围、管理层职责、组织机构和职责分工，各个活动的执行规则。

研发质量目标离不开管理层的支持，管理层须确保质量管理体系的有效性，实现质量目标。

关于质量手册的建立和管理层职责规定可参见 ICH Q10。

2. 偏差管理

研发过程中的任何阶段都可能存在对文件或方案制定等的偏离，或产生异常数据，其记录形式、调查、审核和批准的程序应根据阶段不同执行，见表 7-1 药品研发阶段的质量系统建立建议。

3. 纠正和预防措施

研发阶段的纠正和预防措施来源如下：

- 研究过程的发现与结论；
- 偏差与 OOS；
- 临床试验过程的反馈；
- 质量审计、自检；
- 新的法规、药典的实施，新技术的应用。

正如 7.3.1 所述，研发是探索产品和工艺的可变性，并以此建立控制策略。在整个研发过程中，都应考虑采取纠正和预防措施实施的必要性。随着研发阶段的推进，所采取的纠正和预防措施随着风险的加大会逐步加强，见表 7-1 药品研发阶段的质量系统建立建议。

4. 变更控制

创新、持续改进、工艺性能和产品质量监测结果以及 CAPA 会导致变更。

- 变更是研发过程的固有部分，应有文件记录，以保证变更的可追溯性。
- 应通过风险评估管控变更，因为研发阶段的目标不同、风险程度不同，评估的程度和形式应与之相匹配。
- 为确保变更的科学和技术合理性，应根据变更的影响范围确定相关领域的具有相应专长和知识的专家团队对提议的变更进行评估。

建议建立项目管理程序，对研发项目的药学变更进行管理。药学变更可参考《创新药（化学药）临床试验期间药学变更技术指导原则（试行）》（国家药监局药审中心 2021 年第 22 号通告）。早期研发阶段，工艺 / 处方不确定性和不可预见性强，变更频繁，从项目管理角度而言，应考虑研发时效性，简化变更管理，通过合适方式记评估变更，如 I 期临床试验前通过实验记录本，或开发试验方案记录变更；I 期临床试验针对关键项目，如 CMC 变更通过符合 GMP 要求的变更管理进行控制，但不必通过全面符合 GMP 要求的变更管控。随着研发阶段的发展，特别是随着临床阶段的递进，变更的风险增大，为保证变更的科学和合理，应有专业人士参与评估。例如：

● 早期开发阶段，涉及产品属性的变更应该有临床前专家参加，以确定是否需要增加额外的毒理研究；

● 临床阶段工艺处方、质量属性变更，可能需要早期开发阶段科学研究者参与评估药学变更的可行性和合理性。

研发阶段的变更管理具体参见表 7–1 药品研发阶段的质量系统建立建议。

B. 物料系统

研发各个阶段都应该建立物料管理规程，对供应商的选择和管理、物料的采购、接收、入库、请验、放行、贮存、发放、退库等进行规定，要求会因研发的不同阶段存在差异性，如物料质量标准和放行原则。具体见表 7–2 药品研发阶段物料系统和设备设施建立建议。

C. 设备设施系统

试验活动离不开设施、设备仪器，设计、配备与研发产品类型、阶段、规模相匹配的研究场所、设施和设备仪器，基于项目时效性以及数据可靠性要求，需要对设备设施系统建立必要的管理规程以及进行必要的确认。具体见表 7–2 药品研发阶段物料系统和设备设施建立建议。

D. 研制生产 / 制备

研制生产 / 制备系统主要是研发期间工艺操作和生产 / 制备环境以及工艺控制的管理，制备涉及“人、机、物、环”，应根据研发阶段的不同而建立“法”。具体可参见表 7–1 药品研发阶段的质量系统建立建议和表 7–2 药品研发阶段物料系统和设备设施建立建议。

需要强调一点：对于细胞治疗产品，研究者或学术机构发起的临床研究（investigator–initiated clinical trial，IIT）阶段的洁净室管理、人员洁净室内行为管理等参照上市产品要求，需符合无菌药品要求。

研发阶段委托生产、委托检验的情况较多，应建立程序规定具体职责和流程，避免混乱和差错。关键物料 / 产品生产的 CMO、CDMO，以及产品放行、稳定性研究测试的第三方实验室，基于风险管理原则，应签署质量协议，必要时进行现场审计。

具体见表 7–3 药品研发阶段的生产 / 制备、实验室控制、包材 / 标签管理建立建议。

表 7-1 药品研发阶段的质量系统建立建议

阶段	阶段特点	偏差管理	CAPA 管理	变更管理
早期开发阶段	• 早期成药评价和工艺处方摸索阶段，处方工艺未确定，其不确定性和不可预见性强，变更频繁 • 主要目标是工艺处方摸索，为工艺处方的理解和开发奠定基础，不是临床供应，应将研发的知识信息进行管理 • 人员具备科学背景	• 因为工艺处方未定，当批次失败，只需在实验记录本记录问题，但应分析原因，积累产品和工艺知识，指导下一步研发方向 • 尽管现阶段并不强制建立偏差管理规程，但需建立规章制度规定书写错误、违反实验室等行为的处理方式，规范人员操作，确保数据可靠性	• 研究过程中发现的问题经过调查采取的控制策略均应记录，可记录于实验本或以其他方式进行有效追踪 • 实验室审计缺陷可采取升级文件、改正现场以及人员培训等措施，这些可通过审计报告或培训记录表现	• 规章制度、组织机构的变更执行审批 • 在 QTPP 不发生变更的情况下，任何实验的变更无需启动变更控制规程，只需要记录在实验本上即可。建议按照项目管理的方式实施管理 • 若 QTPP 发生变更，参照项目管理的方式应组织相关人员进行评估 • 建议质量研究批 / 实验室放大建立审批版的试验方案，形成报告，批准和回顾变更
毒理研究	• 该阶段为验证和完善实验室研究所确定的工艺或处方，在这个过程中因生产条件的变化，工艺或处方可能需要不断调整 • 遵循 GLP	• 失败批次的调查应更深入，以能更好地了解产品和工艺，采取针对性强的措施改进产品和工艺 • 建议建立规程以规范人员操作，为数据可靠性提供保障	• 研究过程中发现的问题经过调查采取的控制策略均通过研究方案升级或记录在实验本或批记录中 • 审计缺陷可采取升级文件、改正现场以及人员培训等措施，这些可通过审计报告或培训记录表现	• 规章制度、组织机构、文件、毒理批的质量标准的变更遵循变更管理进行记录 • 药学变更可通过中试方案的变更或会议纪要、试验记录、批记录的修订等记录变更过程 • 临床前试验方案变更遵循 GLP 法规
Ⅰ期临床	• 在早期阶段，原料的路线、工艺、起始物料等以及制剂的剂型、处方工艺、规格等存在多变性	• 生产和分析检测偏差或者其他意外事件，若不影响产品质量可直接将事件情况和预防整改措施记录于批记录，或其他辅助记录	遵循Ⅰ期临床 GMP 管理执行 CAPA 管理	• 建立变更控制管理规程，管理规章制度、组织机构、文件以及处方和关键工艺、质量标准的变更

续表

<table>
<tr><th>阶段</th><th>阶段特点</th><th>偏差管理</th><th>CAPA 管理</th><th>变更管理</th></tr>
<tr><td>Ⅰ期临床</td><td rowspan="2">• 随着临床阶段的进展，受试人群数量加大，对药品安全性、有效性要求逐步加强，因药学变更可能会对受试者安全性和（或）临床试验结果的科学性造成影响，故需全面谨慎地评估变更所引入的质量风险并开展相关研究
• 对于药学变更研究活动，根据活动阶段遵循相应阶段的管理
• 随着临床阶段的发展，GMP 监管要求也应随着临床阶段而不断加强，QA 的监管应随之逐步加强以保证质量体系符合相应阶段的管理
• 可考虑临床每个阶段进行总结报告，以审查工艺开发活动和结果。报告应包括对临床生产、扩大规模、技术转移、特性研究等过程中所遇到的偏差和意外结果的评估
• 若在Ⅱ期或Ⅲ期临床阶段开展工艺验证，均需在工艺验证开展之前，建立 GMP 体系</td><td>• 若不符合注册申报的处方和关键工艺，启动正式的偏差管理系统，进行调查，调查的程度取决于事件的严重程度。因本阶段为安全性临床研究，在进行调查时需要关注对于安全性的影响
• 对于工艺处方，此阶段不一定能够找到最可能的根本原因才实施整改措施，可以调查确定几个可能原因而采取改进措施，以改进工艺和处方。但是应尽可能调查出根本原因，以保证改进措施的有效性</td><td>遵循Ⅰ期临床 GMP 管理执行 CAPA 管理</td><td>• 应规定药学变更根据变更级别进行不同的管理和评估。因Ⅰ期工艺处方存在多变性，故在生产过程中会发生一些变更，对于微小的药学变更可直接记录于批记录，但都应对变更进行评估。药学重大变更应按照书面变更管理程序进行，按照注册管理办法更新 IND 申报资料。追溯
• 临床试验方案变更遵循 GCP 法规</td></tr>
<tr><td>Ⅱ期临床
Ⅲ期临床</td><td>QA 应主导偏差管理，确保偏差记录在批记录中，并启动偏差管理，进行调查。随着临床进展，调查须越来越彻底。到Ⅲ期临床，偏差管理系统应符合 GMP 要求</td><td>• 遵循 GMP 管理执行 CAPA 管理
• 到Ⅲ期临床，CAPA 管理系统应符合 GMP 要求</td><td>• Ⅱ期临床试验可参考Ⅰ期临床建立变更控制管理规程。到临床Ⅲ期临床，应完全遵循 GMP 建立变更控制管理系统
• 临床试验方案变更遵循 GCP 法规</td></tr>
</table>

表 7-2 药品研发阶段物料系统和设备设施建立建议

阶段	物料系统	设备设施系统
早期开发阶段	• 物料供应商的选择应进行风险评估，根据物料需求标准、供应商的质量标准、口碑、供货周期等进行选择。首选择为批准状态的物料。 • 物料来货后验收入库，查看 COA 以及效期，确认满足需求。将 COA 归档，物料分类放置，尽量按照供应商建议的贮存条件放置，保证标识齐全，避免使用错误。 • 若供应商规定了物料效期，为保证研发数据的可靠性，应在效期内使用；如有特殊需求，需提供科学依据。 • 为追溯物料去向，建立物料总的进出账目。 • 实验记录须记录物料的名称、供应商、批号、数量，以追溯。 • 对于特殊温湿度贮存条件，建议有在线监测系统，并对探头进行定期校准。根据风险评估持续监测还是定期监测。 • 对于细胞，需建立研发和生产细胞库的维护（例如：液氮罐与瓶的位置，记录在日志或笔记本上）。 • 拟考虑用于商业化的 MCB 和 RS 的储存温度控制应符合 GMP 要求	• 根据研发目标和产品特性建立适合的设施和选择适合的设备，同时需考虑人员安全和产品的污染和交叉污染。 • 设施设备根据风险进行安装确认，关键仪表定期校验。 • 设备根据供应商的建议建立维护、清洁、校准周期。 • 建立实验场所管理制度，对实验室场所、人员、物料以及数据管理等进行规定。 • 设备上的计算机系统作为设备的附属管理
毒理研究	• 物料来货后验收入库，尽量按照贮存条件放置，建立出入库记录。对于已经从仓库领取的原辅料，建议建立每次分发记录，追溯物料的去向。 • 根据风险评估，如果毒理批生产所使用的设施设备与Ⅰ期临床或者其他产品临床批生产相同，或者根据研发需求，在使用物料之前，需对关键项目进行检验。 • 毒理批批记录须记录物料的名称、供应商、批号、数量，以追溯	• 基于风险评估，参考早期开发阶段或Ⅰ期临床阶段的需求建立适合的设施和选择适合的设备。 • 建立相应的管理规程，如维保、清洁、消毒程序，满足毒理研究对微生物负荷、内毒素等需求。 • 根据风险评估进行校准活动，设施设备根据风险评估进行验证 / 确认。测量的设备、仪器需进行校准和维护保养。 • 对设施设备仪器进行风险评估，建立相应的数据管理政策。 • 对计算化系统，建议进行风险评估，对关键系统的关键项目确认
Ⅰ期临床	• 遵循Ⅰ期临床 GMP 管理建立供应商管理规程，供应商资质的确认程度基于风险（开发阶段和物料的关键性决定）。 • 根据工艺开发知识评估物料的关键性。 • 建立物料标准，标准的建立可参照药典，物料标准以及检测频率基于对产品的风险性以及开发阶段制定。	• 设施设备应适合于预期用途，便于清洁和维护的措施，防止交叉污染和污染，同时保护人员安全。 • 根据Ⅰ期临床 GMP，建立设施设备的清洁、消毒 / 灭菌程序，人物流的传递，废物处理以及活性物质的灭活处理等规程，以防污染和交叉污染。 • 关键设施（如直接接触中间产品或终产品）应进行适当的确认和监测，以保证满足人体需求的安全性要求。

续表

阶段	物料系统	设备设施系统
Ⅰ期临床	• 建立物料管理规程，包括验收、贮存、放行、领用等。物料来货后查看 COA，验收入库，归档 COA，物料分类放置，按照供应商建议的贮存条件放置，保证标识齐全和包装完整性，避免混淆。物料的发放遵循“先进先出”或“近效期先出”原则。 • 对于关键物料评估，可根据供应商 COA 以及鉴别进行放行使用。鉴别的件数根据风险评估确定。 • 建议对试剂等大量的生产使用物料领取后建立使用台账，追溯物料的去向，保证物料的平衡。 • 批记录须记录物料的名称、供应商、批号、数量，以追溯。 • 应避免使用动物 / 人源性原材料，以避免外源物质。如果使用，需要物料的安全证明	• 洁净室区域分类和空气质量以及设备选型应满足产品工艺需求，特别要考虑到物料和产品的暴露。 • 设施设备应按要求进行调试、校准和监测，关键设备也应进行确认，以确保其适合使用。 • 建立设施设备的操作维护等规程并记录。 • 根据风险评估，对关键性计算化系统进行确认以评估是否满足预期。 • 在最初的临床生产时，对清洁工艺以及难以清洁的物质缺少认知，因此应根据清洗步骤进行彻底检查以确定最差条件——难以清洁的物质以及位置和清洗工艺的能力。 • 在清洁验证可行之前，建议每次临床生产运行后使用开发阶段适合的方法进行清洁确认，避免交叉污染
Ⅱ期临床	• 参考Ⅰ期临床。根据风险，完善物料质量标准以及供应商管理	• 参考Ⅰ期临床，但风险提升，管控提升。 • 关键设施设备应通过 IQ、OQ 和 PQ 程序进行调试和确认，并按照具体的总体规划进行维护。 • 非关键设施设备应通过预防性维护计划进行调试和维护
Ⅲ期临床	• 遵循 GMP 管理，相对于Ⅱ期临床，物料标准需根据风险增加。 • 供应商应在Ⅲ期临床完全确认，基于识别和减轻供应的风险。（如果可能，强烈建议有备份供应商） • 基于风险的方法确定供应商再评估周期	• 趋于工艺验证或在上市后进行，参照 GMP。 • 应制定并实施有效的清洁消毒程序。 • 建立管理规程，规定物料、设备和人员进出受控生产区域。 • 根据评估，对于关键监测建立在线报警策略

E. 分析实验室控制系统

• 研发阶段存在大量分析实验工作，对于实验活动的开展需建立的规程重点包括：

• 分析实验室的一般性管理要求；

• 取 / 留样管理；

• 数据可靠性管理；

• 异常数据处理 /OOS 管理；

- 稳定性研究；
- 分析方法验证。

在研发的不同阶段，应根据评估需求建立适当的场所和管理规程，包括分析方法。具体见表 7–3 药品研发阶段的生产 / 制备、实验室控制、包材 / 标签管理建立建议。

F. 包装 / 贴签

研究阶段的包装和标签选择和设计应有匹配的管理制度，早期阶段应确保包材对产品质量无不利影响，便于运输。规定标签的设计审批、制作和分发，如早期阶段可制作标识或手写，标明产品名称、规格、批号以及研究项目等信息。从 I 期临床申报批开始，建立符合 GMP 要求的标签起草审批管理流程以及分发台账。后期临床样品的包装和标签应结合 GCP 和 GMP 要求，建立内部设计、审批流程和放行、分发管理流程。如果标签为外部供应商制作，应评估供应商资质。

具体见表 7–3 药品研发阶段的生产 / 制备、实验室控制、包材 / 标签管理建立建议。

表 7–3　药品研发阶段的生产 / 制备、实验室控制、包材 / 标签管理建立建议

阶段	生产 / 制备	实验室控制	包装 / 贴签
早期开发阶段	• 人员应接受试验常规操作、实验室管理等培训，并了解 GMP 原则，以能保证遵循良好的记录管理。 • 记录试验和分析测试活动，并定期总结开发活动。 • 记录包括所使用物料的供应商、批次、量、工艺关键步骤和参数等关键信息。 • 所使用的物料、设备设施见相关章节	• 根据产品特性及质量设计原则，选择、开发和确认分析测试方法。 • 分析试剂的贮存和效期参照供应商所提供的资料。 • 保留的样品足够后续桥接对比所需。 • 建立实验室管理规范，根据要求建立 EHS 管理。 • 开展稳定性研究	• 科学评估选择合适的包装材料以及包装形式，满足产品贮存和运输，并考虑包材相容性。 • 内包装的选择需避免污染、泄漏、破损等。 • 标签信息清楚，可手写也可自己设计打印
毒理研究	• 同早期开发阶段。 • 需准确记录毒理批和参比标准品，以便以后与临床 / GMP 批具有可比性	• 分析设备须校准，必要时至少做系统适用性确认，建立维护保养规程。 • 分析方法可进行方法的专属性、灵敏度等关键项目验证	• 试验样品按照要求的条件（如控制温度、避光等）存放。包装和标签需满足贮存需求。 • 标签可设计打印

续表

<table>
<tr><th>阶段</th><th>生产 / 制备</th><th>实验室控制</th><th>包装 / 贴签</th></tr>
<tr><td>I 期临床</td><td>• 应对生产建立控制策略，从 I 期临床开始建立工艺流程图并识别 CQA 和 CPP，并设定可接受标准 / 范围。
• 使用批记录记录活动，尽管初步识别了工艺参数，但因为工艺或处方存在多变性，建议批记录设计包括关键步骤方便记录，同时又具备通用性，可灵活方便记录其他信息供收集积累，如现阶段 IPC 的验收标准和结果尚未设定，应充分记录工艺控制（IPC），支持后期工艺控制的确定</td><td>• 应建立检验记录管理规程，记录分析过程和结果。
• OOS 结果应进行科学的调查，查找发生原因。
• 实验室设备根据评估进行确认，定期维保。
• 分析仪器、天平、移液器等应进行校准，建立定期校准以及维保计划。
• 分析方法至少完成除“耐用性”外所有参数的确认。
• 安全性项目（无菌、内毒素、支原体）等需验证。
• 建立试剂管理规程，根据供应商的建议设定检测试剂的有效期和储存时间。
• 留样至少满足 I 期临床质量标准的双倍检测量</td><td>• 遵循 I 期临床 GMP 管理执行。
• 标签设计需审批，使用可自我打印 / 印刷。
• 贴签应做好批次间的清场，做好标签平衡。
• 若临床样品更新标签，应不覆盖原始批号、效期等关键信息，换签需做好培训，并复核。
• 标签的材质、黏性应考虑冷冻等特殊贮存温度，避免掉落</td></tr>
<tr><td>Ⅱ期临床</td><td rowspan="2">• 随着阶段的递进，应该对标准和程序进行定期进行审查，以确保它们仍然有效，并与现阶段的法规和技术要求相适应。
• 随着临床阶段的进展，应建立更详细的批记录，包括可接受的标准或目标值。Ⅱ期临床应建立标准批记录，Ⅲ期临床批记录应包括中间控制项目以及可接受标准。
• 在进行工艺验证前应确定工艺，并以文件形式固定。
• CQA 和 CPP 应随着阶段的递进完善，Ⅱ期临床应初步设定 CPP 以及可接受范围。在工艺性能确认（PPQ）批次开始前，应根据实验室研究数据和风险评估，识别所有 CPP，并为注册 / 合格批次的生产设定范围</td><td>• 同 I 期临床管理。
• 分析方法根据产品研发需求开发，以满足产品特征研究需求。
• 留样除考虑常规留样，需考虑后续研究，如冻存细胞、中间产品、原液等</td><td rowspan="2">• 须证明包装满足预期用途，保证产品的内在和外在质量需求。
• 标签的审批和贴签管理同 I 期临床。
• 若标签为外部供应商制作，应进行资质评估，如问卷；同时签署质量协议</td></tr>
<tr><td>Ⅲ期临床</td><td>• 实验室管理遵循商业化 GMP。
• 分析方法进行全验证</td></tr>
</table>

7.3.6 数据可靠性保障

数据是产品知识的基础，建立设计空间、控制策略，实施风险评估，提出CAPA，实施变更，不断提升产品质量，这些活动都基于准确的数据。

实施指导

数据可靠性是实现研发目标的基础，应建立数据可靠性保障策略。

A. 管理制度

为保证数据的可靠性，在药品的整个生命周期内都应建立良好的记录管理、试验操作规范，规范记录和试验，保证数据的可靠性。

B. 人员培训

数据的整个生命周期的主体之一是人员，应对实验室人员进行专业知识、试验操作以及良好记录等的培训，并对关键培训进行考核，保证仪器操作、实验操作等是正确的，保证数据的准确性。

对人员进行方案、报告、记录要求培训，保证试验、检测数据的充分性和完整性。

C. 仪器设备校准和确认

仪器设备是数据产生或者存储的地方，仪器设备性能的稳定性保证了数据的准确性，需要根据对数据的关键程度和风险级别对仪器设备进行校准或确认。

早期开发阶段，检测数据的准确性指导着研发成果，需要对仪器进行一些基本项目的校准，对于设备性能确认，建议对所需数据产生的风险评估，可能需要进行运行确认或者关键项目的确认。

后期随着阶段的发展，对检测数据和生产数据的准确度需求，需要对其进行全面的校准或确认。

D. 计算机化系统管理

计算机化系统由硬件、软件和网络等组件，以及受控的功能和相关联的文件组成。应对计算机化系统进行风险评估，根据研发阶段的不同，数据可靠性的保障需求程度建立不同的管理需求。

若数据用于申报批、临床研究批的生产，需满足计算机化系统要求。若系统本身无法满足，则需要建立相应的管理规程规定如何进行操作以及数据定期备份，保证数据不被删除。

在建立以上管理规程时，应知道不是所有数据和处理步骤都对药品质量和患者安全具有等同的重要性。应使用风险管理来确定每个数据 / 处理步骤的重要性。对数据管理的有效风险管理方法应考虑以下内容。

- 数据关键程度（对决策和产品质量的影响）；
- 数据风险（数据变更和删除的机会，以及制造商的常规评审过程所做决策的可能性 / 变更的可见性）。

具体数据可靠性管理参见本分册“8 数据可靠性的整体策略”。

以上概述了药品研发不同阶段的研发质量管理基本要求以及质量管理体系建设，以能管控药品研发的质量，实现“设计一个高质量的产品，以及持续生产出符合其预期质量水平的产品的生产工艺”的目标。

7.3.7 特殊品种 / 批次管理

- 毒理批：因为已经建立了标准，任何标准的调整均需通过变更控制管理规程进行。
- 申报批：因为无法确定申报批的生产时间点，故若某批次为申报批，则应该符合申报批研发生产要求。
- 仿制药研发可参考新药开发建立相应的管理规程，因为仿制药 BE 批研发管理遵循 GMP 管理。
- 细胞治疗产品：确证性临床前需建立符合 GMP 的体系和设备设施等，按照上市申报批进行工艺验证。

7.3.8 研发外包

如研发活动外包，参照本章节质量管理各体系研发不同阶段管理建议对外包单位进行审计，评估其是否满足研发相应阶段的要求，并签署合同和质量协议规定双方职责。

7.4 临床试验用药品生产质量管理

7.4.1 概述

A. 基本原则

为降低临床试验用药品在制备环节引入的风险，保障受试者安全，避免制备环节的失控对药品研发形成干扰，确保临床试验结果可靠、有效，临床试验用药品制备应当遵循 GMP 的通用原则。

B. 概念及范围

临床试验用指以人体（患者或健康受试者）为对象的试验，旨在发现或验证某种试验用药品的临床医学、药理学以及其他药效学作用、不良反应，或者试验用药品的吸收、分布、代谢和排泄，以确定药品的疗效与安全性的系统性试验。

基于研发阶段，临床试验分为Ⅰ期临床试验、Ⅱ期临床试验、Ⅲ期临床试验和Ⅳ期临床试验；基于研究目的，临床试验分为临床药理学研究、探索性临床试验、确证性临床试验和上市后研究。本节所讨论的临床试验，包含生物等效性研究，不包含药品上市后的Ⅳ期临床试验。

生物等效性研究 指比较受试制剂与参比制剂的吸收速度和吸收程度差异是否在可接受范围内的研究，用于支持化学药物仿制药的上市申请，也可用于已上市药物的变更（如新增规格、新增剂型、新的给药途径）申请。

临床试验用药品 指在临床试验中用于检验或用作对照的药用活性物质或安慰剂形成的药品，包括已获批上市但处方或包装与已批准产品有所不同的产品；或用于未经批准适应症的产品；或用于收集已批准药品更多信息的产品。

对照药品 指临床试验中用于与试验药物参比对照的其他研究药物、已上市药品或者安慰剂。

临床试验是一个相当长的过程，本章所提到的早期阶段和后期阶段，是一个随着研发进程和工艺不断成熟而递进的相对概念，不同企业、不同项目在实践中可能存在差异化策略。临床药理和探索性临床试验属于早期阶段，通常包括初步的安全性评价、药代动力学研究、初步的药效学研究和剂量探索研究；最晚以Ⅲ期临床试验为起点，属于临床试验的后期阶段。

7.4.2 机构与人员

A. 组织机构

负责临床试验用药品制备的机构应该有合理的组织架构及明确的职责分工，配备足够的、具有适当的生产、检测和放行资质的管理人员和技术人员，保证临床试验用药品的生产（含质量控制）数据、资料的真实性和可靠性。

试验用药品的制备和质量控制职责应由不同的部门承担，并有专门的质量管理部门对其开展必要的制备过程监督，并以此为基础提出试验用药品的放行建议。即使在Ⅰ期临床试验的某些小型生产活动中，负责生产的人员有能力同时完成相关的质量控制，也必须保证由另一位有资质的员工对生产和质量控制记录实施独立审核。

试验用药品制备过程的质量管理应该被机构的质量方针、质量目标所覆盖，企业高层应通过配置足够的、符合要求的人员、厂房、设施和设备，来确保实现相关的质量目标。

B. 人员资质及培训

所有参与临床试验用药品生产和质量管理的人员，应基于其岗位职责得到资质确认。资质确认应至少从教育背景、工作经验、岗位培训三个方面展开，确保参与其中的每一名员工能够安全、准确、独立地履行工作职责，实现临床试验用药品的质量可控。受此约束的对象包括但不仅限于参与临床试验用药品制备的如下人员。

- 项目管理人员；
- 生产操作人员；
- 工艺技术人员；
- 分析技术人员；
- 质量管理人员；
- 放行责任人。

上述人员应满足临床试验用药品制备所需的教育背景和工作经验要求，以此为前提，基于其具体职责生成培训任务，并以项目培训计划（可以分阶段）的形式输出。对于成熟的团队，生成培训任务的过程可以引入缺项分析，充分考虑个体的既往培训史和工作绩效，以之为依据豁免某些不必要的重复性培训任务，进而筛选得到有针对性、突出重点的个人培训计划。

相关人员的培训内容必须覆盖数据可靠性，负责生产操作和质量控制的人员，须接受与其操作相关的实际操作培训，尤其是与药品安全性相关的无菌操作培训及微生物知识培训。

C. **药品放行责任人**

若临床试验用药品为受托生产，委托方和受托方应当有书面协议，明确重要偏差、变更的沟通和处置原则，并确定最终放行产品的责任人。受托方的产品放行行为应该得到委托方（药品注册申请人）的监督。

7.4.3 厂房设施与设备

A. **基本要求**

受临床试验用药品生产规模的限制，以及生产工艺多变的影响，相关厂房设施、设备应有足够的灵活性，尤其是专用于临床试验用药品的生产线，应兼具小而全的特点，为各类生产工艺的实现提供可能。更基础的要求是生产临床试验用药品的厂房设施和设备应该符合 GMP 基本要求，包括但不限于以下内容。

（1）厂房有足够的空间和清洁的环境，且结构、布局合理，有适当的照明、通风；

（2）有适当的公用系统来支持工艺运行，含供热、制冷及必要的清洁、消毒 / 灭菌；

（3）适当的空气处理系统和可靠的洁净环境，包括为无菌药品提供无菌保证的设施设备；

（4）与药品成分具有良好相容性且易于清洁、消毒 / 灭菌的设备；

（5）可靠的量值传递系统，包含仪器、仪表的检定 / 校准，标准器、标准物质的量值量源；

（6）支持厂房设施、设备正常运行及维护的规程，以及清洁和消毒 / 灭菌规程；

（7）基于风险评估的关键设施设备确认，对于无菌药品，需特别关注灭菌、除菌系统，以及为无菌工艺运行提供保证的设施设备。

上述要求随着临床试验进程的推进而渐趋严格，用于确证性临床和生物等效性研究药品制备的厂房设施和设备应完全符合 GMP 要求。

B. **共线生产及污染与交叉污染控制**

参照 GMP 临床试验用药品（试行）附录，第五章，第十一条。

第十一条 应当根据临床试验用药品的毒性、药理活性与潜在致敏性等特性，结合品种的适用人群、给药途径、受试者的风险等因素，进行临床试验用药品与其它临床试验用药品或已上市药品等共线生产的可行性评估。共线生产时，应当采取适当的控制措施（如阶段性生产方式等），最大限度地降低制备过程中污染与交叉污染的风险。

在早期临床试验阶段，如对试验药物毒性、药理活性等的认识不充分，试验药物的制备宜使用专用或独立的设施、设备。

实施指导

临床试验用药品拟引入生产线前，应结合生产线的硬件和软件条件开展评估，确定厂房、生产设施和设备是否满足生产要求。

评估内容应包括：

- EHS 评估；
- 工艺的可实现性；
- 共线生产的风险。

共线生产风险评估通常应考虑下列因素：

- 拟共线生产品种的特性，如产品类别、毒性、活性、致敏性、溶解度、活性微生物、性状、物质状态；
- 共线生产品种的工艺，如最终灭菌或无菌生产工艺，与生物工艺生产相关的生物安全性风险，所用物料的特性等；
- 共线生产品种的预定用途；
- 拟共线品种的厂房、设施的共用情况，含厂房及空调系统、设备种类和材质、设备控制方式和生产能力、暴露情况等。

下列措施有助于控制 / 降低共线生产中的污染和交叉污染风险：

- 旨在控制并减少污染和交叉污染风险的工程设计；
- 基于残留最少、暴露时间最短的设备流程设计及关键配件专用方案；
- 可靠的基础性人员卫生、环境卫生、工艺卫生管控措施；
- 可靠的设备清洁方法及清洁效果监测、确认程序。

共线生产的污染和交叉污染防控措施的适宜性和有效性，应该得到检查和评估，并形成评估报告。临床试验用药品共线生产的风险及其控制应该在此评估中给予特别的关注。

阶段性生产结束后的清洁确认的范围应该覆盖所有可能接触产品的生产设施和

设备、管线、容器具，目视检查、取样测试残留这类常规手段应得到应用。由于临床试验用药品的生产批次有限，且随着试验的推进、生产规模的扩大，生产线可能发生变化，其清洁确认中残留限度的计算可以只针对具体产品、具体批次的更替行为，基于产品的 HBEL 或特定限度（如当产品安全性数据不足，且没有基因毒、细胞毒等特定高风险因素时，选用 10ppm）设置允许残留限度，并基于产品类别和特性设置微生物残留限度。但全品种的矩阵式评估在生产线存在显著的交叉污染风险时仍应被考虑，如该生产线上存在活性特别高的产品，或者存在与临床批次产品相比剂量（或批量）差别特别大的产品。

7.4.4 物料管理

A. 基本要求

遵循 GMP 临床试验用药品（试行）附录，第六章，第十二、十三条的规定。

有生产能力的药品注册申请人或者受托生产单位应当制定临床试验用药品生产所用原辅料及包装材料的质量控制系统，确保物料得到正确的使用，并具有良好的可追溯性。物料管理的基本要素包括但不限于：

- 清晰的物料标识（物料基本信息标识，状态标识）；
- 可靠的来源 / 去向追溯（发票、台账、使用记录）；
- 满足物料储存要求的仓储条件；
- 满足药用物质（包括生物制品原液）稳定性要求的运输条件，使用经确认的运输系统，收货时审核运输监测温度数据；
- 物料质量控制及放行（质量标准及分析方法，放行流程）；
- 物料供应商审计的评估和确认；
- 关键物料的变更控制。

为支持物料的质量控制和放行，应该尽早建立物料的质量标准，尤其是那些对工艺过程和产品质量有重要影响的关键物料，如原料药起始物料、关键功能性辅料、内包装材料，其物料属性作为试验用药品生产过程的重要输入，应该随着工艺研究、临床试验的推进不断得到优化、更新。被药典收载的物料，应首选药典标准开展质量控制。

即使是用于 I 期临床试验药品生产的物料，上述要求也是适用的。如 CDE 要求在化学药品 I 期临床试验申请中，所提交的药学研究信息需包含原料药生产用关键物料的生产商、合成工艺和质量控制信息等；美国 FDA 对于 I 期临床试验研究用药品的生产也表示了同样的期望，且指出物料属性和可接受标准会在 IND 申请中予以审查。

B. 检验及放行

物料质量标准的建立为其质量控制和放行提供了必要前提，尽管在早期临床试验阶段，所设定的检验项目及可接受标准未必有效桥接了处方 / 工艺需要的关键物料属性输入。因此，临床试验用药品生产用物料的放行，除关注检验结果，必要时还需结合产品的处方工艺对物料某些属性的特殊要求以及物料对产品质量的影响来综合评价，这类信息可以通过较小规模的使用测试（试用评估）来获得。

对于早期临床试验用药品所用辅料及包装材料，可凭供应商的分析报告接收，并至少开展鉴别。而对于原料药生产中用到的有害或剧毒的原料，则可以在评估其风险并说明理由后，直接凭供应商的分析报告接收。生物制品原液（drug substance，药用物质）是为生物制品提供药理活性的成分。生物制品生产不总是连续的工艺过程。在有合适的供应商评估的前提下，需至少开展一项鉴别测试，评估后放行至制剂生产。

临床试验阶段，相关物料供应商的评估工作也应该同步开展，供应商资质、检验能力、质量管理水平也应该被纳入物料放行的考虑，尤其当供应商分析报告作为使用方物料放行的重要参考时；供应商评估的方式、范围和程度应与物料的风险等级相适应。创新药、改良型新药由于研发周期长，其物料风险的考量应不仅包括质量方面，也包括财务、EHS 等经营风险。

实施指导

用于临床试验用药品生产的物料，其放行可通过下列一种或数种方式的组合来实现：

（1）认可供应商的分析报告；

（2）按质量标准自行检验；

（3）通过较小规模的使用测试来评估物料的适用性（试用评估）。

上述方式的应用，应综合考虑物料的重要程度、临床试验的阶段以及对供应商评估的程度和结果。物料重要程度越低，临床试验越处于早期，供应商评估越深入、系统，以方式（1）放行物料的风险就越低；早期临床试验阶段，物料质量标准对产品质量的影响尚不明确，方式（3）可以作为物料放行的重要参考；不推荐以方式（1）

放行关键物料，哪怕处于早期临床试验阶段。

例如：用于缓释制剂生产的某功能性辅料，按关键物料管理，在早期临床和后期临床阶段，支持其放行的因素见表 7–4。

基于表 7–4，早期临床试验阶段，该功能性辅料放行的基本前提是：供应商的问卷调查结果未提示重要风险，关键物料属性的自行测试结果符合既定质量标准，该辅料小规模使用测试的结果正常；而进入后期临床试验阶段，则需要供应商经现场质量审计合格且物料按质量标准全检合格后方可放行。

表 7–4　关键物料管理在不同临床阶段考量因素

项目＼阶段		早期临床	后期临床
质量标准		需要	需要
认可供应商 COA		部分（非关键物料属性）	不推荐
自行测试		需要（关键物料属性）	需要
试用评估		需要	可能需要
供应商评估	问卷调查	需要	需要
	现场审计	通常不需要	需要

注：综合考虑临床试验推进过程供应商变更、处方工艺变更对早期试用评估结果的影响

C. 物料留样

临床试验用药品生产机构应当建立物料的留样规程，以满足必要的追溯性质量评价或补充研究之需。物料留样的对象应重点涵盖原料药、关键辅料和与药品直接接触的内包装材料，留样量通常不低于两倍全检量（无菌和热原检查除外）。

7.4.5 文件管理

A. 基本要求

申请人及临床试验用药品制备机构应该建立文件和记录管理程序，实现对文件编制、审核、签发、培训、替代、销毁全过程的管理，并确保在临床试验用药品研发和生产期间获得的所有数据（纸质数据和电子数据）被妥善保存，得到有效的借阅、复制管控，充分考虑保密要求。

B. 文件要求

申请人应当制订临床试验用药品生产用原辅料、包装材料、原液、中间产品及成品的质量标准、制备和检验操作规程，并应当尽可能全面体现已掌握的产品知识，至少涵盖产品研发的关键质量属性和关键工艺参数等。在临床试验的不同阶段，应当对质量标准、制备和检验操作规程开展评估，并根据评估结果进行必要的更新。更新的文件应当综合考虑最新的数据、所采用的技术及相应的法规要求，并确保能够追溯产品的历史情况。

早期临床试验用药品制备的全过程应当有清晰、完整的处方和制备工艺，不同的处方应当有识别编号，并与相应制备工艺有可追溯性。

申请人应当有规程明确规定随机编码的生成、保密、分发、处理和保存的要求。盲法试验的项目还应当提供必要时揭盲的程序和文件。

C. 品种档案

遵循 GMP 临床试验用药品（试行）附录，第七章，第十七、十八条的规定执行。

第十七条 申请人应当建立临床试验用药品档案，并随药物研发进展持续更新，确保可追溯。

（一）档案至少应当包括以下内容：

1. 临床试验用药品研究情况的概述，包括化学结构、理化特性、生物学特性、药理毒理特性、拟定临床适应症及用药人群特征等；

2. 原辅料、与药品直接接触的包装材料的生产商信息；

3. 原辅料、与药品直接接触的包装材料、中间产品、原液、半成品和成品的质量标准及分析方法；

4. 处方工艺；

5. 中间控制方法；

6. 历次成品标签；

7. 历次临床试验方案与药物编码（如适用）；

8. 与受托方相关的质量协议（如适用）；

9. 稳定性数据；

10. 贮存与运输条件；

11. 批生产记录、批包装记录及检验报告；

12. 对照药品的说明书（如适用）；

13. 临床试验用药品为中药制剂的，还需包括所用药材基原、药用部位、产地、采收期，饮片炮制方法，药材和饮片的质量标准等；

14. 临床试验用药品为生物制品的，应当包括制备和检定用菌（毒）种和细胞系 / 株的相关信息。

（二）档案应当作为临床试验用药品放行的评估依据。

（三）临床试验用药品在不同场地进行不同制备步骤的操作时，申请人需在档案中汇总保存全部场地的上述相关文件或其核证副本。

第十八条 临床试验用药品档案至少应当保存至药品退市后 2 年。如药品未获批准上市，应当保存至临床试验终止后或注册申请终止后 2 年。

7.4.6 制备管理

背景介绍

A. 临床试验用药品

GMP 临床试验用药品（试行）附录第八章第一节描述了临床试验用药品的制备管理的要求，应遵照执行。

对于制备过程中人员、设备以及生产过程管控等的基本要求，可参考本分册“7.3.5 研发质量管理体系的建立”项下内容。制备过程中部分关键控制要点应予以关注：

- 收率限度：在早期临床试验用药品生产阶段，生产工艺与生产批量的变化频繁，收率要求不是必须的，可以只对实际收率进行记录。当进入后期临床试验用药品生产，积累了一定数量的批次数据后，应根据对历史数据的评估建立收率限度。
- 工序生产时限：在早期临床试验用药品生产阶段，一般情况下，工序生产时限不是必须的；但对于无菌操作等对产品安全性存在高风险的关键步骤，应根据验证结果设定工序生产时限。在后期临床试验用药品生产阶段，根据对产品性质与生产工艺的理解，对于已识别出工序生产时限可能对产品质量有较大影响的情况，应建立工序生产时限的要求。
- 工艺参数：在早期临床试验用药品生产阶段，不需要设定严格的控制范围，而只需要记录；或者可以根据研发过程已获得的知识初步制订相对宽泛的工艺参数。在后期临床试验用药品生产阶段，随着生产批次数量的增加，应根据获得的研发知识逐步识别并建立关键工艺参数及范围。
- 过程监测：在临床试验用药品生产阶段，由于生产工艺尚不能完全确定，应通过更多的过程参数监控和取样检验来保证药品质量，确保同一批次产品质量和特性的均一性，以保证受试者安全及临床试验用药品的安全性。

B. 对照药品

对照药品的制备管理遵照 GMP 临床试验用药品（试行）附录，第八章，第二节执行。

1. 上市药品

上市药品作为对照药时，如需改变原包装，应尽量选择防护性能更好的包材进行重新包装以降低对产品质量的影响，可能需要考虑的包装防护性能包括水蒸气阻隔性能、遮光性能等。

对于重新包装的上市药品，应按照 GMP 临床试验用药品（试行）附录第二十四条的规定就包装改变对产品质量、稳定性的可能影响进行评估，必要时应对重新包装的上市药品进行取样检验及稳定性考察，对重新包装可能影响的关键质量属性，如含量、有关物质、溶出度等进行确认。证明所进行的操作未对原产品的质量产生明显影响。

2. 安慰剂

安慰剂生产所用物料应当符合相应给药途径的质量要求，经检验放行后使用。

应当建立安慰剂的工艺规程、批记录文件，按规程进行安慰剂的生产，确保安慰剂的质量可控及批次内 / 批次间的一致性。

安慰剂的外观（如片剂的大小、形状、颜色等）应与试验用药品保持一致，必要时还应考虑其他可能导致揭盲的产品特性，如味道等。应当建立安慰剂的质量标准，经检验合格后方可放行使用。应考虑的安慰剂关键质量属性包括：

（1）性状，应与试验用药品保持一致。

（2）鉴别 / 含量，不得检出试验用药品的活性物质。

（3）质量均一性考察指标，如装量差异或重量差异等。

（4）安全性指标，如注射剂的无菌、内毒素、可见异物等。

一般安慰剂不包含药用活性成分，性质相对稳定。应依据稳定性研究确定安慰剂的贮存条件和有效期。

C. 包装与贴签

临床试验用药品的包装与贴签活动应按照 GMP 临床试验用药品（试行）附录，第八章第三节的相关规定执行。

应建立临床试验用药品包装与贴签活动的相关管理规程，以指导包装与贴签活动的开展，避免出现临床试验用药品批次内或者批次间的混淆与差错或其他可能影响临床试验用药品预期用途的情况，保证临床试验活动的顺利开展。建议从如下方面加强管控，以降低混淆与差错的风险。

实施指导

A. 计划管理

应当根据临床研究方案和临床试验开展计划制订详细的包装与贴签计划，充分考虑临床试验方案设计样本量以及质量检验、留样和变更研究等的要求确定药品数量要求，并确定包装组合信息、标签信息等。

B. 混淆与差错控制

人员培训：执行包装与贴签活动的人员应接受包装与贴签方案及批记录的培训，确保能够正确理解包装与贴签要求，避免混淆 / 差错。

工序设计：包装与贴签批记录的工序设计及包装与贴签活动的实施应注意避免不同包装与贴签批次产品之间的混淆 / 差错，以及临床试验用药品与对照药之间的混淆 / 差错。

现场管控：包装与贴签活动现场应采取物理隔离、现场标识等措施对不同种类、不同批次的产品进行区分，避免出现混淆与差错。

清场检查：不同包装与贴签批次之间应进行清场与清场检查；同一包装与贴签批次内不同的包装与贴签工序之间也应执行严格的清场与清场检查；当根据临床试验方案的需要同时进行临床试验用药品与对照药的包装与贴签活动时，应采取措施（如物理隔离、现场标识、特殊设备等）避免混淆 / 差错。

平衡率计算：各包装与贴签工序结束后应对产品及标签的平衡率进行计算，确保无混淆或差错情况发生。

7.4.7 质量控制与批放行、发运

7.4.7.1 质量控制

临床试验用药品物料检验要求见“7.4.4 物料管理”，本章节主要讨论临床试验

用药品质量控制相关内容。临床试验用药品的质量控制应按照 GMP 临床试验用药品（试行）附录第九章的相关规定执行。

实施指导

A. 质量标准

应建立临床试验用药品的质量标准，并根据研发过程获得的知识不断更新与完善质量标准。

质量标准的建立应充分考虑不同开发阶段的目的及特点，使用风险评估的方法建立合适的质量标准。在药物开发的后期阶段，产品质量标准应遵循药典及 ICH Q3、Q6、M7 等的相关要求建立。而在早期开发过程中，考虑到开发阶段的目的（将该产品推进临床，以进行安全性和初步疗效评估）和特点（产品处方工艺变更频繁），质量标准可以主要考虑产品安全属性及已识别的产品质量和均一性控制属性。建议的早期研究阶段质量标准应考虑的内容如下：

（1）性状　性状是判断临床试验用药品正确与否的最直接证据，性状标准应包括药物制剂的颜色等。

（2）鉴别　鉴别对于判断临床试验用药品正确性至关重要，在早期开发阶段，单一方法的鉴别试验是可以接受的。

（3）含量　早期通常可以设置 90.0%~110.0% 的标准，含量标准用于确保临床给药剂量的准确性并保障受试者安全，同时为批间一致性控制提供依据。

（4）杂质与降解产物　在早期开发阶段可以基于毒理研究建立标准，可以设置与 ICH 指南相比更高的鉴定阈值和界定阈值。

（5）其他　可以根据产品不同剂型及风险评估确定其他质量控制项目，如注射剂产品的安全属性，可见异物、内毒素、无菌等。另外，对于部分质量控制项目在前期可以检验积累数据而不建立具体的标准限度。

B. 分析方法

在临床研究阶段，应建立检验操作规程，并按照检验操作规程对产品进行检验。

在前期开发过程中，分析方法的主要目的之一是确定原料药和制剂的效力，以确保临床试验过程提供正确的剂量。方法还应能够识别杂质和降解产物，并允许对关键属性进行表征。需要使用这些分析方法以确保批次具有一致的安全性，并建立关键工艺参数的知识，以控制和确保不同批次临床试验用药品生产和临床生物利用度的一致性。分析方法验证主要考虑方法的专属性、灵敏度等关键项目。

在药物开发的后期阶段，应考虑分析方法的可操作性和适当的耐用性等，并进行全面的分析方法验证。

应建立分析方法验证方案，并按照方案实施分析方法验证工作。

对于不同开发阶段的分析方法验证项目建议见表 7–5，可根据实际情况增减：

表 7–5　不同开发阶段的分析方法验证项目建议

分析方法类型	早期临床研究阶段 *	后期临床研究阶段
鉴别	专属性	专属性，耐用性
含量	专属性，准确性	专属性，准确性，重复性，中间精密度，线性，范围，耐用性
杂质（定量检查）	专属性，准确性，定量限	专属性，准确性，重复性，中间精密度，线性，范围，耐用性，检测限，定量限
杂质（限度检查）	专属性，检测限	专属性，检测限，耐用性

注：* 在早期临床研究阶段，根据分析方法的用途及可能存在的风险，还应当考虑对相关方法的重复性、线性、溶液稳定性等项目进行适当的研究

C. 一般留样

应建立一般留样管理制度，明确临床研究阶段一般留样管理的流程。一般留样应符合 GMP 临床试验用药品（试行）附录第三十六条的规定。

每批临床试验用药品均应当留样，留样目的包括两个方面：一是留存内包装和功能性包装与临床试验用药品一致的样品，以在必要时进行质量检验；二是留存外包装和贴签信息与临床试验用药品一致的最小包装单元，以在必要时对包装和贴签信息核对。

D. 稳定性研究

应当制定临床试验用药品的稳定性考察方案，明确稳定性考察的批次、考察条件、考察点以及依据的标准和测试方法等信息。

在早期开发阶段，稳定性考察的主要目的是为有适当的数据来支持拟用于研究的临床试验用药品的存储和有效期的制定，由于此时对产品的了解较少及产品批次有限，ICH 稳定性指南可能不完全适用。

（1）稳定性研究批次　在早期开发阶段可以使用实验室研究批次进行初始稳定

性研究并建立临床试验用药品有效期，该研究批次应与拟用于临床试验的批次保持相同或相似的处方工艺及包装。应对实际用于临床研究的批次同步进行稳定性考察，以确认产品有效期。

（2）批次数量　在早期开发阶段，可以根据一批产品稳定性考察结果初步建立产品有效期。

（3）考察时间　在早期开发阶段，稳定性考察的时间可以根据临床研究的需要设置，通常可以考察较短时间，也可以考察更长时间以支持可能的临床研究计划延迟或延长等情况。稳定性数据应能支持制剂的理化参数在计划的临床研究期间符合要求。

（4）变更　在已经有代表性批次稳定性数据的情况下，不需要对相同处方工艺和包装形式的每一批临床试验用药品均进行稳定性考察，但当处方工艺或包装形式发生变更时，应基于评估识别可能对稳定性产生的影响并决定是否需要开展新的稳定性考察。

在后期开发阶段，随着对产品了解的加深及出于注册递交的目的，应按照 ICH 稳定性指南开展稳定性研究。

7.4.7.2 批放行

实施指导

应按照 GMP 临床试验用药品（试行）附录第十章第三十八条的相关规定建立临床试验用药品的放行管理制度。

与常规商业化产品放行管理不同的是，临床试验用药品可能涉及多个不同的场地以及相对独立、非连贯的生产工序，如临床试验用药品的生产、内包装、外包装与贴签等，此时采用分阶段放行可能更加有利于临床试验用药品的放行管控。

分阶段放行

根据临床试验用药品生产与包装活动的实际情况，可以分阶段执行放行审核工作。例如：

（1）对于已完成相应生产工序（例如：片剂已完成压片 / 包衣工序，注射剂已完成目检工序），尚未完成最终包装与贴签的药品，可以进行生产阶段的放行审核工作。

（2）在按照临床研究方案完成临床试验用药品包装与贴签工作后，可以进行最终的临床试验用药品放行审核。

7.4.7.3 发运

应按照GMP临床试验用药品（试行）附录，第十一章，第三十九条至四十三条的相关规定建立临床试验用药品的发运管理制度，本文不再赘述。

7.4.8 投诉、召回、收回与销毁

应按照GMP临床试验用药品（试行）附录，第十二章，第十三章的相关要求建立临床试验用药品投诉、召回、收回和销毁的管理制度，本文不再赘述。

8 数据可靠性的整体策略

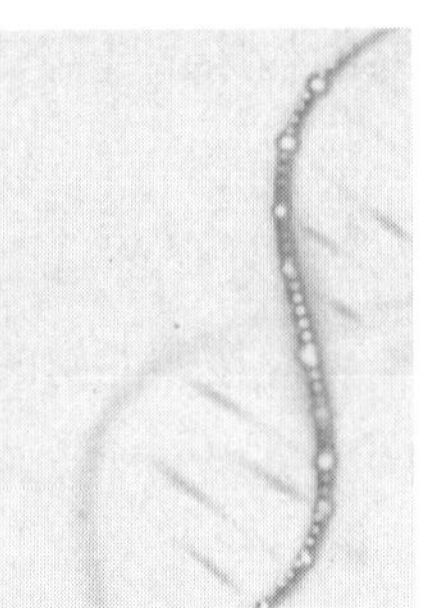

GMP 包括纸质数据和电子数据的法规条款，强调了数据从产生到销毁全生命周期内的管理要求。

法规要求

药品生产质量管理规范（2010 年修订）

第一百五十三条 文件的起草、修订、审核、批准、替换或撤销、复制、保管和销毁等应当按照操作规程管理，并有相应的文件分发、撤销、复制、销毁记录。

第一百五十七条 原版文件复制时，不得产生任何差错；复制的文件应当清晰可辨。

第一百五十九条 与本规范有关的每项活动均应当有记录，以保证产品生产、质量控制和质量保证等活动可以追溯。记录应当留有填写数据的足够空格。记录应当及时填写，内容真实，字迹清晰、易读，不易擦除。

第一百六十条 应当尽可能采用生产和检验设备自动打印的记录、图谱和曲线图等，并标明产品或样品的名称、批号和记录设备的信息，操作人应当签注姓名和日期。

第一百六十一条 记录应当保持清洁，不得撕毁和任意涂改。记录填写的任何更改都应签注姓名和日期，并使原有信息仍清晰可辨，必要时，应当说明更改的理由。记录如需重新誊写，则原有记录不得销毁，应当作为重新誊写记录的附件保存。

第一百六十二条 每批药品应当有批记录，包括批生产记录、批包装记录、批检验记录和药品放行审核记录等与本批产品有关的记录。批记录应当由质量管理部门负责管理，至少保存至药品有效期后一年。

质量标准、工艺规程、操作规程、稳定性考察、确认、验证、变更等其他重要文件应当长期保存。

第一百六十三条 如使用电子数据处理系统、照相技术或其它可靠方式记录数据资料，应当有所用系统的操作规程；记录的准确性应当经过核对。

使用电子数据处理系统的，只有经授权的人员方可输入或更改数据，更改和删除情况应当有记录；应当使用密码或其他方式来控制系统的登录；关键数据输入后，应当由他人独立进行复核。

用电子方法保存的批记录，应当采用磁带、缩微胶卷、纸质副本或其它方法进行备份，以确保记录的安全，且数据资料在保存期内应便于查阅。

技术要求

2015 年 1 月，MHRA 发布《GMP 数据可靠性定义和行业指南》，首次在 GMP 领域引入数据可靠性概念，其后又在 2018 年 3 月发布《GxP 数据可靠性指南和定义》。

2016 年 5 月，WHO 发布《良好数据和记录管理实践指南》，阐述了良好数据和记录的管理要求，其后又在 2021 年 3 月发布《数据可靠性指南》，扩大了适用范围。

2017 年 2 月，IPA 发布《数据可靠性指南》，从文化、意识和能力、过程设计、数据可靠性的风险检测和降低及数据管理等元素，阐述如何保障数据可靠性。

2018 年 12 月，美国 FDA 发布《数据可靠性与药品 cGMP 合规问答指南》，以问答的形式阐述了行业内 18 个比较关注的数据可靠性问题的指导思想。

2019 年 3 月，APIC 发布《基于风险的数据可靠性管理实践指南》，从数据和系统识别、分类和风险评估的方法等视角，阐述了如何保障数据可靠性。

2020 年 7 月，国家药品监督管理局发布《药品记录与数据管理要求（试行）》，详细地阐述了电子记录、纸质记录及数据的管理要求。

2020 年 10 月，ISPE 发布《基于设计的数据可靠性良好实践指南》，详细地阐述了通过设计实现数据可靠性。

2021 年 7 月，PIC/S 发布《受监管 GMP/GDP 环境下数据管理和可靠性优良规范》，详细地阐述了监管机构对数据可靠性的期望。

8.1 数据管理的基本原则

背景介绍

数据和记录是药品在研发、生产、经营、使用活动中产生的反映活动执行情况的信息、相关活动执行过程与结果的凭证，而药品质量、安全性和有效性依赖于产品生命周期中产生的大量数据，因此数据应具有可靠性。ALCOA+ 原则（即 ALCOA CCEA）是实现数据可靠性的关键要素，其中 A 代表可归属性（attributable），L 代表清晰可辨性（legible），C 代表同步性（contemporaneous），O 代表原始性（original），A 代表准确性（accurate），C 代表完整性（complete），C 代表一致性（consistent），E 代表持久性（enduring），A 代表可及性（available）。ALCOA 在历史上被定义为以监管为目的的数据质量属性，其属性已包含完整性、一致性、持久性和可及性的要求，加上“+”强调要求。

实施指导

以下通过对 ALCOA+ 各要素的概念解释，及纸质和电子数据的管理考量示例来理解其属性（ALCOA 中已包含 CCEA 的要求，在 CCEA 描述不再赘述管理考量示例）：

A. 可归属性

可归属性是指通过数据和记录追溯到产生数据、修改数据的个人或系统，确保数据和记录中的签名与实际操作人员保持一致。

1. 纸质数据及记录

记录应由执行操作的人员本人填写，并同时签署日期，必要时签署至具体时间，在下列例外情况发生时，可以由其他监督人员代替操作人员进行记录，且记录应能识别执行操作的人员和完成记录的人员：

- 当记录行为本身对产品或活动造成风险时，如无菌区操作人员记录动作造成生产干预。
- 当员工的读写 / 语言能力受限时，可由操作人员执行操作，由其班长或主管见证操作过程并记录。

修改原始数据和记录，应注明修改人、修改日期，必要时应当说明修改的理由。手写签名与存档签名应一致。

2. 电子数据及记录

● 应制订书面规程规定用户的访问和权限，用户访问应授权，仅允许使用本人账号登录系统。

● 用户创建、修改或删除数据的行为能追踪到进行该操作的用户。

● 审计追踪可追踪到个人，有日期和时间戳。

● 电子签名可追踪到个人，安全且能永久地链接到签名记录。

B. 清晰可辨性

清晰可辨是指数据及记录在整个生命周期内清晰可读取、可追溯、可保存，在数据及记录中清晰地呈现步骤或事件发生的顺序，以保证所有开展的 GMP 活动在 GMP 规定的数据及记录保存期限内，能够完整地重现这些数据及记录。

1. 纸质数据及记录

使用不易褪色墨水的笔记录数据，不得使用铅笔或其他可擦除的方式记录。

用于记录数据的记录纸应适合长期保存，不使用热敏纸、光敏纸或易于氧化的纸，若因条件受限使用不易长期保存的纸张，应将原始数据制作成真实副本，操作人在副本上签名 / 日期并进行确认。

修改原始数据和记录时，应确保修改前后的数据清晰可读，不使用修正液或其他方法遮盖原始记录。

受控管理空白纸质记录和表格，例如：

● 制作控制：设计的记录和表格便于填写人员理解需填写的内容，并有足够的空间填写；应有唯一的版本号控制，并经过审批；主文件与副本有明显的区别，例如使用不同颜色或不同标记的纸张等，防止误用。

● 分发控制：受控分发空白记录和表格，确保页码连续、数量受控，例如有些公司将空白记录装订成册，每本记录印有唯一的识别号，每页记录印有页码，按识别号顺序分发和收回，并进行数量平衡的核算。

2. 电子数据及记录

● 电子数据在活动发生时刻、在进行下一个步骤之前应被妥善保存（例如：采取必要的措施防止在临时存储器上生成、处理和删除电子记录，应强制要求在执行活动过程中数据即被提交到持久保存的媒介中，而后方可进入下一步骤）。

● 通过系统配置和 SOP 规定，限制高级安全权限的使用（例如：系统管理员角色可能有权关闭审计追踪），此类权限只能赋予负责电子记录填写的无关方。

- 应基于系统能力选择系统配置或流程规定，禁用或者禁止数据覆盖的权限，包括禁止对初始数据和中间处理数据的覆盖。
- 严格控制数据标注工具的使用，避免显示或者打印的数据被掩盖。
- 使用安全的、带有时间戳的审计追踪，独立记录操作员工的行为。若现有的计算机化系统缺乏审计追踪，应根据 GMP 数据的具体内容以及数据风险评估，用可替代方式，如使用登记本、记录版本控制、纸质记录与电子记录组合等方式进行控制。
- 对于一些简单的电子系统，如天平、pH 计或简单的处理设备，不能存贮数据，而是直接打印成纸质记录，应在打印的纸质记录上签名 / 日期，确保可追溯性。
- 对电子数据及记录进行备份以保证灾难性恢复。
- 对电子记录进行安全可控的存档。

C. 同步性

同步性是指数据在其产生或被观察到的时刻就被记录下来，强调数据生成或获取动作与记录动作同步发生。

1. 纸质数据及记录

- 人员在活动进行的同时直接在受控记录本上记录数据（如实验记录本、批记录等），禁止先在非正式记录上记录数据，再事后誊成正式记录的行为。如在称重和制备样品时，样品称重信息（如日期、时间、人员姓名、天平编号）应同时记录在实验记录本，不提前记录，也不滞后记录。
- 应有规程规定在纸质记录中记录活动发生的日期，对于需要记录确切时间的活动，现场应有合适的显示时间的仪表以记录时间。
- 在本分册“8.1 数据管理的基本原则 A. 可归属性”中提到的例外情况下，第二人记录应与所执行的操作同步。

2. 电子数据及记录

- 生成电子数据的时间与 GMP 活动同步，系统时间 / 日期和时间戳不被人员篡改。
- 对于可能影响系统时间的因素，应有控制，例如时区控制。
- 电子数据在活动发生时，进入事件序列下一个步骤之前，应被提交到持久保存的媒介中。

D. 原始性

原始性（Original）意味着保存的数据与原始数据具有一致性。原始数据是指首次采集/保存下来的数据或信息，包括后续经处理产生的报告或结果，例如存储在孤立的计算机化实验室仪器系统［如紫外－可见分光光度计、红外分光光度计、液质联用仪、血液分析仪、化学分析仪等］中的原始电子数据以及元数据、存储在自动化生产系统［如自动滤膜完整性测试、SCADA（supervisory control and data acquisition，数据采集与监督控制系统）、DCS（distributed control system，分散控制系统）等］中的原始电子数据以及元数据、存储在网络数据库系统［如 LIMS（laboratory information management system，实验室信息管理系统），ERP（enterprise resource planning，企业资源计划），MES（manufacturing execution system，制造执行系统），eCRF/EDC（electronic case report form/electronic data capture，电子病例报告表/电子数据采集系统），毒理学数据库、偏差和 CAPA 数据库等］中的原始电子数据以及元数据，纸质记录本中手写的样品制备信息、纸质版批记录。

如果电子设备不存储电子数据或仅提供打印的数据输出，例如天平读数的打印记录，则打印件构成原始数据。原始数据必须能够全面记录该活动，如果是以动态方式采集并以电子方式生成，则纸质副本不被认为是“原始数据”。

GMP 对原始数据的要求包括：复核和审核原始数据和记录；保存原始数据和（或）确认真实、准确的副本（副本应保存原始数据的内容及含义）。在记录留存期内，原始记录应当完整、持久而且容易获得、易读。

1. 原始数据的复核和审核（包括纸质和电子数据）

- 对 GMP 相关原始数据和记录的复核和审核，应根据 GMP 数据的具体内容以及数据风险评估，在规程中制订合理的复核和审核流程、频次及时限要求，以及相关的范围、过程和责任。

- 数据复核和审核不应局限于纸质记录/报告，应包含电子系统中的原始数据、审计追踪、报警记录等。

- 数据复核和审核应有书面的记录，提供证据证明所有数据来源都已由一名独立的具备资质的人员审核。在纸质记录中，通常通过在已审核的纸质记录上签名确认复核和审核工作已完成；在电子记录中，通常通过电子签名确认复核和审核工作已完成。

- 复核和审核发现的错误或遗漏需要有对应记录追踪，并采取相应的措施。

- 复核和审核发现数据出现超标、超趋势或异常时，应当进行调查。

2. 原始数据和记录的保存

- 纸质数据和记录
  - 纸质数据和记录应保存在安全并受控的储存区域，例如防火、防潮、防虫鼠、防未授权人员进入等。
  - 应建立保存文件的索引以便快捷查阅，例如建立档案标识、档案盒内记录清单、档案放置位置等。
  - 若原始纸质记录制作成真实副本，应建立制作真实副本过程的书面程序，例如获得待转换文件的文件原件、对原始文件进行转换的方式（转换要保留原始记录的全部内容和意义）、确认新的副本为真实副本（如在新的纸质副本上签名和日期）等。
  - 如果真实副本是通过扫描原始文件并转化为电子图像，如 PDF 文件，则应采取额外的方法以保护电子图像免受进一步的更改（例如：电子图像的安全储存位置、电子归档人员的访问权限设定、备注工具的限定或其他预防进一步修改的方法）。
  - 若原始纸质记录被复制为真实副本并以微缩胶卷或微缩胶片存档，应提供适当的读取设备。
- 电子数据和记录
  - 电子数据和记录应保存在安全并受控的储存区域，例如防火、防潮、防虫鼠、防未授权人员进入等。
  - 应建立保存文件的索引以便快捷查阅，例如文件夹的存放路径。
  - 应进行定期测试以确认归档的电子数据和记录在储存位置的恢复能力。
  - 应提供适当的读取设备，例如软件、操作系统和可视化环境等，以查看归档的电子数据和记录。
  - 原始电子记录制作成"真实副本"，应建立制作真实副本过程的书面程序，例如获得待转换文件的文件原件、对原始文件进行转换方式（转换要保留原始记录的全部内容和意义）、新的副本清楚地标识为真实副本等。
  - 动态电子数据和记录的真实副本应采用电子方式创建，包括所有的元数据，禁止创建 PDF 版本的真实副本。

E. 准确性

准确性意味着数据正确、真实、有效、可靠，确保所记录的数据本身接近真实程度及可靠的程度。数据准确性的实现依赖于完善的质量管理体系，包括适当的规程、过程控制、系统和控制等。纸质记录和电子记录的数据准确性的考量包括但不限于以下内容：

（1）由经过批准的人员录入计算机的关键数据，并由第二人进行复核。

（2）验证和控制计算公式。

（3）若合适，对于一些关键主数据，一旦被确认，将这些数据锁定，防止后续修改（若后续确需修改，必须遵循合适的流程，如变更控制流程）。

（4）对产生数据的计算机化系统进行验证，包括数据在系统之间的转移。

（5）对产生打印输出的设备进行确认、校准并维护，例如天平、pH 计等。

（6）验证分析方法。

（7）验证生产工艺。

（8）审核原始记录。

（9）调查偏差、可疑值、超标结果。

（10）其他质量管理体系的风险管理控制。

F. 完整性

完整性是指所有数据和元数据都被保留，通过数据可以清晰和完整地了解所有 GMP 活动，包括执行的任何重复或重新分析活动。

G. 一致性

一致性是指数据能够提供清晰的事件和行动的时间顺序，包括与实际生成逻辑顺序一致、记录人与实际的操作人一致、数据没有矛盾或差异等。

H. 持久性

持久性是指数据的保存方式应使其在生命周期内持续使用，且不丧失可读性，意味着其在整个保存期内应不可磨灭 / 持久、完整地保存，在需要时可被访问。

I. 可及性

可及性是指生命周期中数据应在任何需求的时候都可以被访问，意味着其在整个保存期内应能满足预期用途（如审查、审计或检查等），在需要时可被使用。

8.2 数据可靠性的实施策略

8.2.1 数据的生命周期管理策略

背景介绍

数据的生命周期包括数据的产生、记录、数据处理、数据转化和转移、使用、保存、存档 / 恢复和销毁的整个生命阶段。良好数据管理应考量生命周期每一阶段数据和记录 ALCOA+ 原则的符合性，确保每一阶段的数据和记录是可靠的。

实施指导

A. 数据的产生和记录

将人工观测记录在纸质记录上或录入计算机化系统，或仪器或设备产生的数据自动收集到系统中，所有数据的获取和记录都应当遵守 ALCOA+ 原则，此阶段需考虑的要点包括但不限于以下内容：

（1）人工填写的纸质数据应由经过培训的人员按纸质文件指定格式填写，包括填写的详细信息、填写人身份和填写时间，填写的关键数据应经过第二人复核。企业根据数据对决策和产品质量的影响程度以及数据被修改和删除的可能性，包括数据修改和删除后，被审核发现的可能性，运用风险管理工具，评估确定关键数据。

（2）人工录入计算机化系统的关键数据应由经过授权的人员按软件指定格式录入数据，包括录入的详细信息、录入人身份和录入时间，录入的关键数据应经过第二人或计算机化系统核查，录入的数据的格式应经过验证。可使用外部装置或系统接口方法减少人工录入数据以及与计算机系统的人工交互，例如条码扫描仪、ID 读卡器等。

（3）人工将纸质记录上的信息录入到电子化系统时应可追溯到保留原记录数据的纸质记录。

（4）自动收集数据的原始系统、数据采集和记录系统之间的接口应经过验证，确保数据的准确性。系统采集的数据应该以不易被篡改、丢失和修改的格式保存至存储器中。

（5）对数据的任何修改必须根据已批准的程序进行授权和控制，如手动积分，纸质记录的数据修改等。

（6）应注意数据产生过程中可能的人为风险，禁止如下的行为，并通过相应的措施，例如提升系统配置、修订程序、加强培训、加强监管等方式来防止和识别不限于以下所列的数据可靠性问题：

- 编造数据。
- 覆盖、删除、丢弃、修改原始数据，例如丢弃原始称量、溶液配制等信息，删除电子图谱（删除部分图谱或者删除整个序列）。
- 重复测试以得到合格的结果，例如一些单机版系统。
- 正式系统适用性试验前，采用待测样品试针。
- 采取替代样品或者从多次测试中挑选合格的结果。
- 未经适当的评估或者更新，采用与注册不一致的方法进行生产或检验。
- 修改系统日期和时间来补数据。

B. 数据处理

数据处理是对数据按指定格式进行提取、呈现或获取信息的一系列操作，例如将原始电子信号转换为色谱图，并随后计算出数值结果。数据处理应使用经验证/确认或核实的方案、过程、方法、系统、设备，并依据已批准的程序，此阶段需考虑的要点包括但不限于以下内容：

（1）数据处理时应确保原始数据被正确地引用或转化，例如使用统一的运算单位，防止转移错误等。

（2）任何用户所进行的任何数据的数据处理活动应有足够的可追溯性，包括数据处理人、处理时间和处理的内容，例如样品色谱分析使用不同方法/参数对数据进行处理时，应记录每个版本的处理方法。

C. 数据的转移/迁移

数据转移/迁移是将已存储的数据从一个持久的存储位置转移至另一个存储位置的过程，可能包括数据格式的改变，但并不改变内容和含义，此阶段需考虑的要点包括但不限于以下内容：

（1）通常情况下，转移/迁移后的数据应在新转移/迁移的存储介质类型或计算机化系统上可用或可见。若新转移/迁移的存储介质类型或计算机化系统不支持，可能需要将现有存档数据转换为新格式，但若无法转换为新格式，则应维护旧软件，例如安装在一台计算机或采用其他技术解决方案，在调取数据时有机会读取存档数据。

（2）应深入了解待转移/迁移数据的格式，以及数据在生成、转移和后续存储的每个阶段被改变的可能性。转移 / 迁移流程应经过严格的设计，以防止数据转移过程中意外丢失、被修改或错误转录。

（3）数据转移应经过验证，在验证期间应对接口进行评估和说明，接口应包括有合适的输入和数据处理正确性和安全性的内置检查，确保数据在转移至工作表或其他应用程序的过程中及转移后不被改变。

（4）数据的转移 / 迁移过程尽可能可以被审计追踪。若数据转移 / 迁移操作不正确，应遵守相关质量管理规程进行处理。

D. 数据保存

数据保存目的是基于数据的归档或备份，应有安全的控制措施保证数据不被有意或无意修改和丢失，确保数据在保存期内的可靠性。

1. 归档

归档是以重现流程或活动为目的，将数据和相关元数据以最终格式长期、永久地保存在指定的安全区域或设施，例如柜子、房间、建筑物或计算机化系统，保存区域仅允许经过授权的人员进入。此阶段需考虑的要点包括但不限于以下内容：

- 归档数据存储区域 / 设施应通过授权进行管理，防止在保存期限内数据被篡改、删除或损坏。
- 归档方式的设计必须允许在整个要求的保留期限内能够进行数据和元数据的恢复和读取。构成数据的原始数据、元数据、审计追踪等信息应同时被保存，以保证数据的可读性，必要时可以实现对数据的重现。如果归档的是电子数据，此流程应经过验证；如果归档的是混合记录，纸质和电子数据之间的引用应被维护，以便在整个保存期内可以实现对 GMP 活动的全面呈现。

2. 备份

备份是以灾难性破坏后恢复数据为目的而保留的一份拷贝，包括现有的原始数据、元数据和系统参数设定等。

- 备份 / 恢复流程应在规程中进行定义，包括执行备份 / 恢复的方式（手动或者自动）、频率、执行备份的人员、备份 / 恢复过程的记录等内容。备份的频率应基于风险评估决定。
- 备份和恢复流程必须经过验证。恢复验证需确保数据恢复后的可读性与可靠性。
- 备份数据的管理应等同于原始数据的管理，应控制数据的访问权限，保证数据的安全性。

● 数据的备份应有相应的记录。

● 备份 / 恢复功能应定期进行测试，测试流程以及频率需要在程序中进行定义。测试频率应基于风险评估确定。

E. 数据的销毁

数据在满足企业内部以及法规要求的存储期限后，可以以受控的方式进行销毁。

（1）数据的保存期限，需要在程序中进行明确规定。数据销毁应考虑其关键程度并符合法规要求以及客户的质量协议。

（2）销毁的流程应在规程中进行定义，包括销毁数据的申请与批准、执行人的权限、销毁方式、销毁记录等。

（3）对于计算机化系统，只有经授权的人员才能删除数据；该数据删除行为应可以被审计追踪，并且有相应的理由和记录。

近几年来，监管机构在 GMP 检查期间越来越多地发现数据可靠性方面的违规，特别是数据涉及量较大的 QC 实验室成为数据可靠性问题的重灾区。表 8-1 收集了美国 FDA 警告信中有关违反数据可靠性的一些典型案例，以更好地理解数据生命周期各阶段的要求。

表 8-1　美国 FDA 警告信案例

数据生命周期	主题	子主题	美国 FDA 警告信案例
数据的产生和记录	编造数据	编造批生产数据	在生产区域，检查员目睹了一位员工对 AA 7 个批次（从 BB 到 CC 批）的生产记录进行追溯填写，并按照主模板记录誊写数据。此外，分析以上 7 个批次 DD 和近 40 批的 API EE 的抄录数据，这说明企业没有及时记录数据，随后伪造这些错过的数据来保证正式的记录看起来完整
		编造 HPLC 数据	在实验室区域，检查员发现一位实验室分析人员试图从 HPLC 仪器室取出大量零散的文件。在审查这些文件后，检查员发现了大量的部分完成的质量控制数据工作表和包含样品重量值的草稿记录。检查员将这些与正式的质量控制数据工作表比较，发现在重量和计算方面存在许多差异
		编造 HPLC 和 GC 数据	2015 年 11 月 16 日，企业告诉检查员企业已经在 2015 年 9 月停止 API AA 的生产。但是，在检查期间，检查员审查 HPLC 和气相色谱电子审核追踪时，发现企业在 2015 年 11 月 5~6 日期间进行了多个 AA API BB 批次的 HPLC 和 GC 分析（批次从 CC 到 DD）

续表

数据生命周期	主题	子主题	美国 FDA 警告信案例
数据的产生和记录	编造数据	编造紫外项目检验数据	检查员发现，在 2014 年 6 月 30 日 AA 批和 BB 批的 CC USP 原料药没有检测紫外鉴别或 DD 含量的情况下放行了，因为紫外检测仪坏了
		编造红外项目检验数据	检查发现，该企业一名分析员未对 AA 批原料药进行红外检验，这是放行检验的一项。该分析员把包含样品鉴别信息的光谱仪试验文件的名字改了批号，变成 BB 原料药批次 CC，2014 年 4 月 2 日检验，以支持两个之前批次 CC 和 AA 的放行
		编造微生物项目检验数据	企业无法应要求提供检验结果来支持比沙可啶和去氧肾上腺素栓剂的分析报告单（COA）上的微生物检验结果，尽管企业在 COA 上签名以表明微生物检验合格并放行了批次。在检查期间，企业也无法解释是否已将样品送至第三方实验室进行分析以支持 COA 上的结果
		编造 COA	美国 FDA 还注意到该企业未充分控制分析报告单（COA）。该企业对外贸易办公室的员工负责为该企业的产品生成并签发 COA，但该企业的质量部门未控制或保留所有上述 COA 的记录。例如，进口到美国的批号为 AA 的 BB USP API，其 COA 与该企业在该批产品记录上保留的 COA 不同。该企业应调查此重大记录保留缺陷，并确保控制为自有产品所签发的所有 COA。该企业有责任确保按照 CGMP 正确控制和保留该企业的所有文件
	覆盖、删除、丢弃、修改原始数据	覆盖、删除 HPLC 数据	美国 FDA 检查员发现原料检验和批放行检验所用的实验室设备缺乏限制访问。例如：实验室员工可以不受限制地访问高效液相色谱（HPLC）仪器来覆盖、删除、复制和重命名原始数据
		删除粒子计数器数据	在检查结束时，企业告诉 FDA 检查员，2018 年 8 月 24 日发现粒子计数器 AA 仪器上的数据库、使用日志以及审计追踪被删除了
		丢弃 HPLC 数据	2018 年 10 月 23 日，在企业工厂外的垃圾箱里发现了一张被撕毁的 HPLC 色谱图。这张色谱图是 Refresh PureBac Foam 批号 044262 的稳定性检验含量结果
		修改电子文档数据	电子文档和电子表格［包括分析报告单（COA）］可以在实验室计算机上操作或删除。OTC 药品 AA（批号 BB）的 COA 可在无保护的电子文件中获取，该文件可以进行修改而无修改记录

续表

数据生命周期	主题	子主题	美国 FDA 警告信案例
数据的产生和记录	重复测试以得到合格的结果	NA	2019 年 4 月 16 日，企业在 18 个月有关物质检测时取消了一个检测序列，其中包括 AA mg 片剂批次 BB。企业的调查表示取消原因是“柱温箱泄漏报错”。该序列初始运行的色谱图显示会产生杂质超标（OOS）结果。企业无效了初始运行，并于 2019 年 4 月 17 日制备了新的样品溶液并进行检测。复检得出相对标准偏差（RSD）百分比不合格，企业也无效了第二次运行。2019 年 4 月 22 日，企业制备了第三个样品溶液并重复进行了检测。第三个样品溶液的 RSD 也不合格，企业再次无效了该运行。2019 年 4 月 29 日，企业制备了第四个样品溶液。此次检测得到了合格数据。企业在多次检测不合格后报告了最终的合格数据 该企业频繁执行样本“非正式检测”，不考虑结果并报告附加检测的结果。例如：在稳定性检测期间，该企业对一批样本进行了六次检测并随后删除了该数据
	正式系统适应性试验前，采用待测样品试针	试针后删除原始数据	当该企业进行气相色谱检测某批原料药残留溶剂时，美国 FDA 检查员审核了包括所有数据文件的电子文件夹。检查员将文件夹里的文件名称与该企业运行 GC 系统的 Chemstation 软件产生的元数据进行了比较，发现系统里有 2 个色谱数据被删除了。由于没有限制操作人员或主管的更改或篡改数据权限，一个化验员做了 2 针测试，然后删除了结果，之后修改了报告的数据所在文件夹中的文件名，看起来像是没有发生过运行、删除一样
		试针后保留原始数据	检查发现，分析人员对某样品的残留溶剂进行了多次气相色谱分析。在进行正式报告样品分析之前，分析人员做出非正式分析并将记录放进单独的 R&D 文件夹中。原本储存在单独 R&D 文件夹的非正式分析不是 API 正式质量控制记录的一部分，企业在评价 API 的质量或做出大量 API 的批次放行决定的时候没有考虑这些非正式分析的结果 检查员审查 R&D 文件夹中的色谱图并注意到，对于同一样品，某些色谱图显示出的大型未知峰未在正式记录中报告。色谱图中出现这些峰可能表明药品中出现了未知且非特征杂质（包括潜在污染物）
	挑选正常的数据	NA	质量控制实验室未将所有数据计入 QC 检验表单。对于错误或异常的检验结果，未能计入正式实验室记录，未能报告与调查

续表

数据生命周期	主题	子主题	美国 FDA 警告信案例
数据的产生和记录	修改系统日期和时间	人为操控 HPLC 时间戳	QC 使用了管理者权限和密码来操控 HPLC 电脑时钟，改变实验室检测事件的记录时序
		人为操控 GC 时间戳	在某批号有关物质 GC 的分析打印图谱里，日期是 2014 年 8 月 26 日。在电脑系统中储存的此分析的日期为 2013 年 12 月 28 日，比打印图谱早了近 8 个月
	积分	积分参数设定（不积分功能）	检查员发现 API 未知杂质分析用 HPLC 分析软件的参数设置中，允许广泛使用“不积分”功能，而没有科学论证。例如：检查员审核了 AA 放行测试中用于 HPLC 杂质鉴别的积分参数，这些参数显示出软件被设定为在整个分析中的 4 个不同时间段不执行积分
		积分参数设定（禁用峰值检测功能）	2018 年 5 月 19 日，在入厂原料药（API）AA 批次 BB 的残留溶剂气相色谱（GC）检测期间，峰值检测功能多次被禁用。在对色谱图进行审核之后，检查员发现有未按照企业规程要求报告或积分的未知峰
		积分参数设定（标准品和样品参数不一致）	美国 FDA 发现报告的数据与原始记录中对该溶剂残留峰的积分报告不一致，标准品和样品的积分参数不同，也并没有记录参数不一致的原因
		积分参数设定权限	色谱仪没有软件控制防止分析员操控积分参数设置以达到检验合格的结果，而企业依赖这些数据评估产品的质量
		积分参数的保存	2012 年 8 月，该企业接到另一个有关 AA 以及 BB 原料药的 CC 批次发出难闻气味的客户投诉。此外，该投诉报告了原料药的 DD 批次未能满足最大未知杂质含量要求（含量为 EE%，超出了不高于 FF% 的规定范围）。调查的结论是：难闻的气味与 GG（一种过程中的杂质）有关。这些用以支持该企业 2014 年 3 月 19 日调查结论的有关 AA 以及 BB 原料药批次 HH 水平的数据未保存。作为调查的一部分，该企业重新积分了多个色谱图，以确定Ⅱ的水平；然而，用于重新积分的参数未保存
		手动积分管理	2015 年 9 月 22 日，企业在 AA 批次的 BB 36 个月稳定性试验的高效液相色谱检测中遇到一个 OOS 未知杂质峰。企业终止了分析。检测了一个新样品也发现了 OOS 杂质峰。然后手动重新标定色谱图，隐藏了该杂质峰的存在。企业实验室设置积分参数，通过积分隐藏这个峰。由于这个峰被隐藏，质量部门不能提供评价稳定性批次和其他潜在已上市批次的全部信息，继续达到质量标准

续表

数据生命周期	主题	子主题	美国 FDA 警告信案例
数据的产生和记录	记录管理	模板设计（检测记录）	缺少证明该企业分析所需的基本原始数据和原始资料。例如：这些分析缺少以下关键数据。 • 检测样本的确认，包括名称和来源、批号或其他特征码和样本的日期 • 每次检测期间采集的所有原始数据的完整记录，包括实验室仪器提供的图表和电子文件 • 采用的检测方法 • 该方法规定的样品制备、标准的制定和检测、试剂和标准溶液 • 所有检测相关计算的记录 • 检测结果 • 每次检测执行人员的签字、检测执行日期以及另一个人的签字和日期，表明已审核过原始记录的准确性、可靠性及对规定验收标准的符合性
		模板设计（批记录）	企业的批记录没有重要的生产细节，包括但不仅限于：生产工艺中用到的原料的重量和测量、AA 过程的开始和结束时间、确认生产工艺中每个重要步骤的签名以及成品标签的副本
		模板设计（辅助记录）	企业的清洁计划缺乏足够的文件记录。例如：使用了一桶清洁溶液，但没有关于其中的化学品或达到适当清洁浓度的化学品用量的标示或其他文件记录
		记录填写（预填或倒填检测记录）	检查员在检查过程中发现，在 API 质量控制实验室中，某几个不同分析人员预填或倒填试验结果。分析人员使用预填日期的实验室工作表记录某产品纯度检测的高效液相色谱（HPLC）系统适用性试验。工作表日期在实际检测记录发生前 5 天就填好了。检查员还发现，分析人员在试验结果可获得的 5 天前就填好了微生物检测实验室工作表的签名和日期，杂质和含量检测的实验室工作表倒填 4 天前的日期。
		记录填写（预填或倒填生产记录）	发现这一事件后，检查员立即要求企业提供包含某步骤的批记录第 6 页的复印件。当天晚些时候，企业提供了完整的批记录，但批记录中未包含原始的第 6 页，取而代之的是新版本的第 6 页。 • 检查员发现，批记录中记录了还未发生的生产步骤，已发现至少两个相关案例： ◦ 生产操作工已记录某产品某步骤的起始时间为 2012 年 10 月 26 日 12:15 PM，而检查员发现这一情况的时间才刚 11:00 AM

续表

数据生命周期	主题	子主题	美国 FDA 警告信案例
数据的产生和记录	记录管理	记录填写（预填或倒填生产记录）	◦ 在同一天约 11:00 AM，生产主任在批生产记录中记录了某步骤中生产 API 的某物料的使用，而该步骤还未发生。该物料还未进行预称量，或以其他方式提前称量 • 2012 年 10 月 27 日，检查员发现，某 QC 分析员正在进行某批次产品的干燥失重分析试验，并在 LOD 烤箱的使用日志上记录了试验的完成时间和总时间，而该步骤还未完成
		记录填写（修正）	检查员审查了几份批记录，发现了使用白色修正液、难以理解的数据和（或）缺失信息（如密度检测结果和批次批准日期）的情况。几个条目被覆盖并划掉，没有签名，日期或解释
		记录填写（及时性、真实性和完整性）	检查员在检查过程中发现，在一个名为“GMP 异常”的文件夹中有许多生产偏差的电子日志。检查员从电子日志中随机选择了文件夹 01/2014，与企业 2014 年正式偏差日志本相比较，发现在“GMP 异常”文件夹中的偏差没有在正式偏差日志本中调查和报告 生产偏差包括但不限于： • 关键工艺参数的超出温度限度的读数 • 不完整的批记录 • 批记录在生产前已填写 • 未能记录温度、湿度和压力 • 在生产中未能添加部分原料
		记录填写（数据原始性）	该公司没有记录和保存原始数据，来支持有效性结论。该公司记录了每个时间点的 AA 培养皿的读数，而非每个培养皿的 CFU 读数
		纸质记录的审核	实验室检验结果（例如黏度、密度、外观和气味）缺少第二人的首字母或签字以表明已审核过原始记录的准确性、可靠性及既定标准的符合性
		电子记录的审核	实验室记录未包括签名。从 2017 年 1 月到 2018 年 8 月，294 个样品进样序列没有按照规程要求签名以表明电子数据经过审核。企业的规程要求审核色谱数据以确保实验室数据的完整性、准确性和合规性。超过 730 个其他进样序列，包括标准品和适用性进样、方法验证和校准进样，未包含所要求的签名。企业的回复指出，在 FDA 检查之后发现了其他未包含所要求签名的进样序列
		文件的受控管理	在实验室系统发现的其他明显缺陷： • 分析原始数据记录表不受控； • 抽屉里发现不受控的色谱图、表格、记录

续表

数据生命周期	主题	子主题	美国 FDA 警告信案例
数据处理	计算模板	含量计算表格模板	企业使用未经验证的 Excel 电子表格来计算 AA USP 的含量结果用于产品放行和稳定性试验。FDA 检查员发现，该电子表格缺少密码保护，并含有未锁定的计算公式，计算公式还是不正确的
		微生物计算表格模板	企业在 AA 文件中输入数据以完成平板测定计算，但是没有将文件设置为一旦经过审核就不能编辑
	计算过程	含量计算	未报告 Brady Clear 批号 8072 的 HPLC 含量检测的 OOS 结果。对样品进行两次进样并分别得到 0.516808% 和 0.495222% 的结果。规程要求对结果取平均值（质量标准为 AA）。但是，企业报告了符合 AA 质量标准的原始单次进样结果（BB），而不是报告不合格的平均含量结果
数据保存	数据备份和归档	备份系统	在检查之前，该企业未能为通过傅里叶变换红外光谱仪、旋光仪、紫外分光光度计和马尔文粒度分析仪产生的数据准备一个备份系统
		备份操作（备份规程）	GC 的单机版计算机化系统上的回收溶剂数据没有按照已批准规程的要求进行备份
		备份操作（备份内容）	该公司没有将元数据和审计追踪包括在公司的数据备份中。在 2014 年 HPLC 第 025 号中，仪器崩溃，所有数据均丢失，包括审计追踪信息
		备份操作（备份媒介）	当调查这些差异时，FDA 检查员要求查看原始电子数据。在咨询 IT 部门后，企业的质量管理部门说明不能恢复电子原始数据，因为备份的光盘是不可读取的
		备份操作（备份监督）	检查员也注意到该企业把原始数据拷贝到一个 CD AA，然后在 BB 系统中删除这些数据来释放硬盘空间。拷贝到 CD 中的数据是手动选择的；选择的程序没有监督。由于没有审计追踪能力或监督文件的选择过程，无法保证所有的原始数据在系统中永久删除前都被拷贝到 CD 中
		备份操作（备份保护和归档）	企业将这些仪器中的电子数据备份至 XX 移动硬盘。但该硬盘没有设置密码保护，并且存放在一个未上锁的办公室中的一个未上锁的抽屉里
数据销毁	纸质文件	批记录	检查员在垃圾中发现 API AA、BB 批的批生产记录的撕纸。对于该批的信息在撕毁纸张和公司所呈的正式的完整批生产记录中的内容存在差异。公司没有对此差异进行调查或者没有对丢弃批记录的行为进行调查。该公司没有在放行 AA、BB 批以前明确根本原因或者评估此行为对于药品质量的影响

续表

数据生命周期	主题	子主题	美国 FDA 警告信案例
数据销毁	纸质文件	维护、标签、变更	cGMP 文件记录没有经过质量部门评估就被丢弃了。检查员在待焚烧废置场里发现被撕毁和碎掉的设备维护文件、原料标签、变更控制工作指令。员工对于文件销毁和焚烧管理程序缺乏了解
其他	审计追踪、用户权限	审计追踪功能配置	用于控制分析仪器操作的计算机系统不具备审计追踪功能，包括用于药品稳定性分析的气相色谱仪（GC），以及用于原料放行检验的傅里叶变换红外光谱仪（FTIR）和紫外 - 可见分光光度计
		审计追踪功能未启用	未启用审计追踪，因此没有办法确定分析员是否操纵数据
		审计追踪审核	企业的独立计算机系统缺乏控制，例如常规审计跟踪审查和完整数据保留，以防止分析被删除的数据。虽然企业从 2016 年 1 月 11 日开始实施一个开始应用审核高效液相色谱（HPLC）Empower 系统的审计跟踪程序，但是企业在检查之前没有执行过任何审查。此外，企业在 1 月 11 日实施的程序需要 AA 随机审核跟踪审查 BB
		密码管理（无密码）	检查员指出，无需密码即可登录至操作系统或 GC、高效液相色谱（HPLC）仪 QC–17 或卡尔费歇尔（KF）滴定仪 QC–13 的数据采集软件
		共用账户和密码	质量控制分析员在 GC 的每台工作站和分析软件中共用同一用户名和密码
		用户权限	负责生成 cGMP 记录的操作员拥有访问计算机的所有管理员权限，包括常规转移至服务器之前的临时数据。所有分析人员共享一个共同的登录 ID 和密码

8.2.2 全面数据可靠性的评估策略

背景介绍

为了识别人员、设备（包括现存设备以及新采购设备）、管理对 GMP 数据带来的风险，有必要对工厂培训体系、数据可靠性意识以及所有纸质数据系统和电子数据系统进行评估。评估数据可靠性管理以及数据在其生命周期内的每一个环节与期望之间的差距以及可能带来的数据管理风险。

实施指导

A. 数据系统的数据可靠性评估

数据系统的数据可靠性评估是对于所有纸质以及电子数据系统满足数据可靠性要求程度的评估。根据数据系统的形式以及复杂程度，将数据系统进行分类，对于不同类别的数据系统制定不同的评估内容。

1. 数据系统分类

对数据系统进行评估之前，企业可结合自身具体情况，根据数据系统的形式以及复杂程度，将数据系统进行分类。不同类别的数据系统具有不同的特性以及需要关注的数据可靠性风险，因此建议针对不同类别的系统，制定该类系统专用的数据可靠性评估模板，模板中包含针对不同类别系统的数据可靠性评估内容，例如用于纸质数据系统评估的模板、用于电子数据系统评估的模板等。为了方便企业内部人员理解数据系统分类判断的关键要素，建议企业根据自身数据系统分类原则，设计相应的数据系统分类决策树，更加直观地表述数据分类的决策流程。

实例分析

数据系统分析示例

表 8–2 展示了一种数据系统的分类示例，该分类方式考虑了数据记录的介质特性，例如纸质记录与电子记录，同时对于电子记录系统，根据操作人员与电子记录能够实现的互动程度进一步细化分类。图 8–1 为根据表 8–2 的数据系统分类原则形成的数据系统分类决策树。以上两个示例，企业可根据自身情况参考。

表 8–2 数据系统分类示例

类别	属性描述
第 1 类	非电子系统。没有存储 GxP 数据。例如：袋子封签、pH 试纸、比重计
第 2 类	电子系统。生成 GxP 数据但不存储，手动转移至纸质记录上的。例如:pH 计、可手动调节波长的折光计、有显示的压力表
第 3 类	电子系统。可手动有限调整输入数据并生成 GxP 数据，不能存储但可以打印出来。例如：未连接至电脑的滴定仪、接有打印机的天平

续表

类别	属性描述
第 4 类	电子系统。可手动有限调整输入数据并生成 GxP 数据，不能存储但经过接口传输至另一个系统（本表的第 5 类和第 6 类系统），例如：温度探头
第 5 类	电子系统。可永久存储 GxP 数据，且这些 GxP 数据不能由用户处理以生成结果（静态 GxP 数据）。例如：鉴别用紫外 – 可见分光光度计和 TOC
第 6 类	电子系统。其 GxP 数据可永久保存，用户可对这些 GxP 数据进行处理以生成结果。例如：MES 系统、ERP 系统、色谱数据系统、电子偏差管理系统

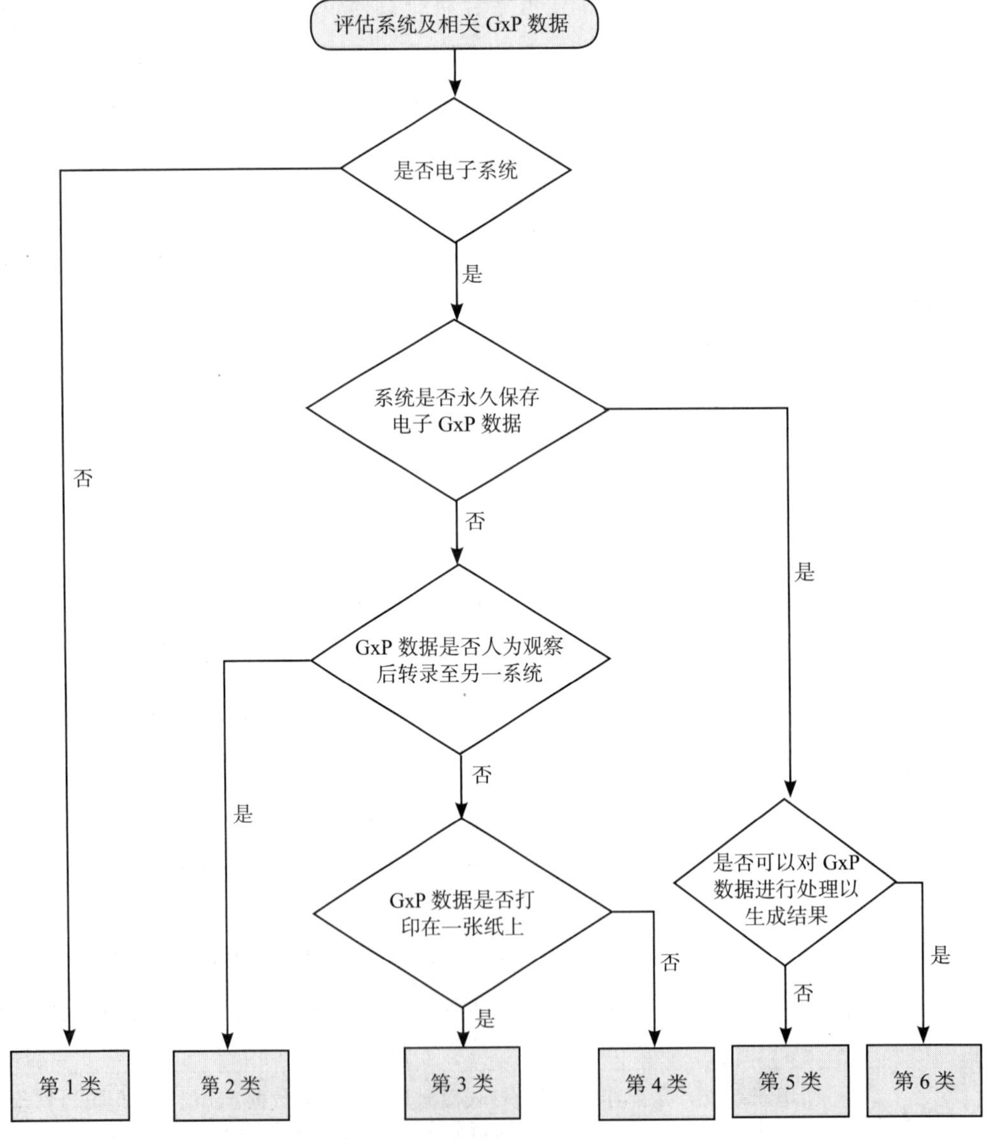

图 8-1　数据系统决策树示例

2. 数据系统的评估

数据系统评估时应结合业务需求、设备 / 系统功能，现有管理控制措施等方面进行综合评估。

执行评估的人员除了应充分了解业务以及管理流程，同时也需要深入了解设备 / 系统功能，对于计算机化系统功能的了解，在电子数据系统评估过程中尤为重要。所以整个评估过程，可以由多个职能部门共同参与完成。

评估内容包括但不限于以下方面：

- 管理员身份和职责：管理员身份和职责，以及相应培训；
- 安全性 / 用户访问控制：访问批准、身份验证、授权、定期权限审核；
- 签名：电子签名，手写签名；
- 审计追踪：审计追踪审核流程，功能性；
- 数据生命周期管理：存档 / 检索、记录保存、备份 / 恢复、（真实）副本、动态 GMP 数据；
- 系统生命周期管理：系统设计、校正 / 确认 / 验证、定期审核、变更控制、GMP 数据；
- 时间戳：访问安全性、同步、时间 / 日期格式和精密度、时区。

实例分析

数据系统评估内容与期望示例

表 8-3 为数据系统具体的评估内容与期望示例，其中列出了针对不同评估关注要点需要关注的风险内容以及相应的期望，企业可根据自身情况参考。

表 8-3　数据系统评估内容与期望示例

（其中类别一类信息根据表 8-2 与图 8-1 的分类原则）

序号	主题	子题目	问题	类别	可接受标准
1	系统生命周期管理	纸质记录 / 报告设计	纸质记录 / 报告中是否有足够的空间记录相关信息（如：签名 / 日期、批号）?	1/2/3	纸质记录 / 报告模板设计时应留有足够空间填写相关的记录信息以及备注信息
2	系统生命周期管理	纸质记录 / 报告设计	报告模板中是否包括 GMP 数据和相关的元数据?	2/3/4/5/6	报告模板中应包括 GMP 数据以及相应的元数据（例如：执行人、日期、时间、批号等）

续表

序号	主题	子题目	问题	类别	可接受标准
3	系统生命周期管理	校正 / 确认 / 验证	系统是否根据已批准的生命周期管理流程进行校正 / 确认 / 验证？ 系统确认 / 验证内容是否包含数据可靠性相关条目？ 注：包括系统的外部连接设备，如打印机、条码扫描等	1/2/3/4/5/6	应有证据表明系统按照其生命周期管理流程实施管理 系统确认 / 验证需要对数据可靠性相关功能进行确认 / 验证 系统校正 / 确认 / 验证文件应在系统生命周期内进行维护，并根据公司 / 法规要求进行保存
4	系统生命周期管理	变更控制	系统的变更是否根据企业正式变更管理流程进行控制？	1/2/3/4/5/6	对原始验证 / 确认状态的变更均应按变更管理流程处理，例如： • 设备 / 系统所用流程的变更； • 数据备份方式变更； • 系统软件功能升级
5	系统生命周期管理	数据迁移	在 GMP 数据从源系统迁移至另一个系统时，是否进行数据检查并将其作为计算机系统验证活动的一部分？	5/6	数据从源系统迁移至另一个系统需要对 GMP 数据进行检查并作为计算机系统验证活动的一部分 可使用统计学相关样本检查 GMP 数据的完整性和准确性
6	系统生命周期管理	暂存数据的管理	接口的功能是否验证并符合其既定用途？ 此处“接口”的定义：从数据发送系统接收 GMP 数据并发送至一个接收系统，而不在此接口系统中存储 GMP 数据。此类系统仅转移 GMP 数据。例如：温度传感器 注：RS-232、USB 接口等不在此范围内，因为其不会在发送 GMP 原数据至接收系统之前临时储存这些数据	4	接口的功能应验证是否符合既定用途。在设置和验证期，应确保： • 储存在接收系统内的 GMP 数据准确代表在发送系统中生成的 GMP 数据； • 没有业务区域用户能篡改在中间储存位置的临时 GMP 数据
7	系统生命周期管理	用户账号	生产环境中的系统测试 / 确认所需的特殊用户账号在测试 / 确认结束后是否禁用或者注销？转岗、离职人员账户是否按照已定义的要求进行禁用 / 删除？	5/6	业务管理员应确保如果在生产环境下系统测试 / 确认需要特殊用户账号，则这些账号在测试 / 确认结束之后要禁用或者注销。如因实际需求需要保存此类账号，此类账号的使用应受控，并在规程中定义使用流程。转岗、离职人员账户应按照已定义的要求进行禁用 / 删除

续表

序号	主题	子题目	问题	类别	可接受标准
8	系统生命周期管理	定期审核	系统是否定期审核，审核是否根据所述流程进行记录？	1/2/3/4/5/6	定期系统审核应评估目前功能范围、偏差记录、事件、变更、问题、升级历史、性能、可靠性、安全保护和验证状态报告。应根据系统风险规定该审核周期
9	数据生命周期管理	数据采集 / 录入	系统采集信息是否可识别数据来源，归属于特定的批号 / 过程 / 方案或事件？	1/2/3/4/5/6	系统采集信息应能够识别数据的来源，数据可归属于某一过程或者某一特定批次
10	数据生命周期管理	数据采集 / 录入	系统采集的数据和所有相关信息是否可读、可理解及可识别？	1/2/3/4/5/6	系统采集的数据和所有信息均应可读、可理解
11	数据生命周期管理	数据采集 / 录入	系统记录的信息是否包括操作者、日期和时间？	1/2/3/4/5/6	系统采集的信息应包括操作日期、时间以及操作者
12	数据生命周期管理	数据采集 / 录入	系统是否在 GMP 数据产生时即保存？	2/3/4/5/6	系统应在关键 GMP 数据产生后立即保存在永久介质中
13	数据生命周期管理	数据采集 / 录入	如有多个系统采集相同信息，在存在分歧时，是否有流程或规程定义哪个系统生成和保存的为基准数据？	2/3/4/5/6	如有多个系统采集相同信息，在存在分歧时，应有流程或规程定义出哪个系统生成和保存的数据为基准数据
14	数据生命周期管理	数据采集 / 录入	纸质 GMP 数据的记录是否遵循良好的文件记录管理规范？	1/2	纸质 GMP 数据的记录应遵循良好的文件记录管理规范
15	数据生命周期管理	真实副本	如果保存了原始记录的真实副本，是否有规程定义真实副本的生成流程？	1/2/3/5/6	应有规程定义真实副本的生成和确认流程
16	数据生命周期管理	保存	是否所有 GMP 数据（包括元数据和审计追踪数据）按公司的保存计划进行保存？	1/2/3/4/5/6	生成的 GMP 数据，包括纸质记录、电子记录和相应审计追踪内容均应根据公司的保存计划和所有适用法规要求进行保存。GMP 文件应保存在受到安全保护的位置，并且易于检索获取

续表

序号	主题	子题目	问题	类别	可接受标准
17	数据生命周期管理	备份 / 恢复	备份和恢复频率是否基于风险评估确定？备份和备份恢复是否经过验证并定期测试？备份和备份恢复流程是否在规程中定义？备份与恢复活动是否有相应记录？	5/6	GMP 数据的备份与恢复策略应在规程中进行定义。数据备份应包括业务 GMP 数据、相应元数据以及系统 GMP 数据。数据备份频次应基于风险评估预先确定。备份储存时间应基于公司的需求确定。任何系统升级之前应进行数据备份。备份与恢复功能均应经过验证，并定期进行测试。备份与恢复活动应有相应的记录
18	数据生命周期管理	备份 / 恢复	手动数据备份是否有备份计划？手动备份过程是否可追溯？	5/6	手动数据备份应有备份计划。该计划需记录进行手动备份的时间，并提醒责任人进行备份。手动备份过程应有记录表明备份时间、执行备份人员以及备份了哪些数据
19	数据生命周期管理	备份 / 恢复	备份是否包括所有相关 GMP 原始数据、相应元数据？	5/6	如果使用了计算机化系统以电子形式采集、处理、报告和储存 GMP 原数据，数据备份应包括业务 GMP 数据、相关元数据和系统 GMP 数据
20	数据生命周期管理	备份 / 恢复	备份是否储存在安全位置，不允许未经授权的用户操作？	5/6	备份应储存在安全的位置并受到保护、防火防水。不应允许未经授权的用户访问或者操作备份数据
21	数据生命周期管理	备份 / 恢复	数据备份流程的变更是否遵守正式的变更控制流程？	5/6	对已有的数据备份策略的变更应遵守正式的变更管理流程
22	数据生命周期管理	归档 / 检索	是否有规程定义系统的归档策略，GMP 数据检索流程是否定期核查？	1/3/5/6	应有规程定义系统的归档策略。如果系统的升级影响已有数据的可读性或现有的规程处理功能，则应将 GMP 数据和相关元数据归档；系统退役时应将 GMP 数据归档。已归档记录的检索应遵循相应法规，采用统计学相关样本进行定期测试

续表

序号	主题	子题目	问题	类别	可接受标准
23	数据生命周期管理	归档 / 检索	已归档 GMP 记录是否储存在安全的位置，防止未经授权用户访问 / 操作、防火和防水？	1/2/3/5/6	归档记录应上锁管理，防止未经授权的访问 / 操作。对已归档 GMP 数据的访问应限制于系统管理员
24	数据生命周期管理	动态数据	动态 GMP 数据是否以动态形式保存？	6	如果与 GMP 数据互动的能力对其完整性或后期确认甚为关键，则以电子形式生成的 GMP 原始数据应以其动态（电子）形式保存
25	数据生命周期管理	记录	在记录保存期间是否保护记录不受有意无意的修改或删除？	1//3//5/6	电子记录应受到保护使其不受有意无意修改或删除，包括应用参数、历史记录、日志等。应有适当的控制措施确保记录的完整性。这些控制措施必须防止原始记录被篡改，或者未按计划销毁。如果采用电子控制措施，则该措施必须进行验证
26	审计追踪	功能性	纸质记录是否遵循良好的文件记录规范？	1/2/3	纸质记录的创建、修改、完成、审核以及保存均应遵循良好的文件记录规范
27	审计追踪	功能性	用户管理和系统设置是否有审计追踪？	2/3/4/5/6	如果使用了计算机化系统以电子方式采集、处理、报告和储存 GMP 原始数据，则 GMP 数据应包括用户管理和系统设置。审计追踪中所包括的内容应能够重现用户管理和系统设置的生成、修改和删除
28	审计追踪	功能性	支持产品放行的 GMP 数据是否有审计追踪？	5/6	如果使用了计算机化系统以电子方式采集、处理、报告和储存 GMP 原始数据，则系统设计应能保存全部审计追踪。审计追踪中所包括的内容应能够重现整个 GMP 活动
29	审计追踪	功能性	用户或管理员是否有能力修改或关闭审计追踪？	2/3/4/5/6	审计追踪需要强制开启，任何人不得删除、修改以及关闭审计追踪

续表

序号	主题	子题目	问题	类别	可接受标准
30	审计追踪	审计追踪审阅	是否按照已有流程执行审计追踪审阅？	2/3/4/5/6	应考虑企业对审计追踪审阅的需求，审阅的内容以及频次应基于风险评估确定
31	审计追踪	审计追踪审阅	如果在审阅中发现数据可靠性问题，是否启动调查？	2/3/4/5/6	如果在审计追踪审阅中发现任何风险或数据可靠性问题，则应根据企业流程启动调查
32	电子签名	功能验证	电子签名功能是否经过验证 / 确认？	5/6	电子签名功能应经过验证 / 确认
33	电子签名	功能性	系统电子签名是否清晰可读，显示内容包括：签名人、电子签名执行的日期以及签名的含义？	5/6	如果计算机化系统拥有电子签名功能，电子签名的信息应清晰可读，通过电子签名可明确签名人、签名日期以及签名意义等信息
34	电子签名	功能性	已签名的电子记录如需更改，是否需要重新进行电子签名？	5/6	如果计算机化系统拥有电子签名功能，系统设计时需确保已经签名的电子记录如需要修改，应重新再执行电子签名，并保证初始签名记录依然保存，不被覆盖
35	电子签名	功能性	系统设计是否防止电子签名被编辑、删除、复制或转移？	5/6	如果计算机化系统拥有电子签名功能，系统应保证已产生的电子签名只能应用于初始执行签名的场合，应禁止被编辑、复制或者转移
36	管理员身份和职责	管理员身份	系统职责是否有进行划分？	2/3/4/5/6	系统管理员应由非数据利益相关方担任，管理员不能产生业务数据。系统权限的划分需要在相应规程中进行定义
37	安全保护 / 用户访问控制	访问权限的批准	是否有规程定义访问权限的批准、注销，以及定期审核的流程？	2/3/4/5/6	应有规程定义访问权限的批准、注销和定期审核流程。系统的访问权限应限于有业务需求的人员。权限的批准建议由业务负责人和系统拥有者共同完成。所有培训均应在受训人的访问权限被批准之前完成。如果用户不再需要系统访问权限，则应有相应流程及时注销其访问权限

续表

序号	主题	子题目	问题	类别	可接受标准
38	安全保护/用户访问控制	访问权限的批准	对于第三方，是否与服务提供者订有协议说明服务提供方的数据可靠性职责？	1/2/3/4/5/6	应与服务提供方订有协议（质量协议、服务水平协议等），规定服务提供方的职责
39	安全保护/用户访问控制	身份验证	是否有流程禁止以他人名义操作和登录？	2/3/4/5/6	登录 ID 和密码应仅由真实所有者使用。应有流程和培训确保个人账号访问权限不与其他用户共用
40	安全保护/用户访问控制	身份验证	系统设计和运行是否禁止共用账户登录	2/3/4/5/6	如果计算机化系统设计支持个人用户访问权限设置，则共用登录账号和通用用户访问是不可接受的。每个用户账号（内部和外部人员）均必须有唯一登录 ID 和密码 如果计算机化系统设计不支持个人用户访问权限设置，需有其他控制手段实现账户使用的可追溯性，例如通过受控日志来追踪是谁以及何时使用了通用账号以及做了什么
41	安全保护/用户访问控制	身份验证	登录 ID 和密码是否受到安全保护，防止未经授权的使用？	2/3/4/5/6	登录 ID 和密码应受到安全保护，防止未经授权的使用。系统应仅允许经过授权的用户访问系统
42	安全保护/用户访问控制	身份验证	系统是否要求按照规定周期强制更改密码？	2/3/4/5/6	系统需要按照指定周期更改密码
43	安全保护/用户访问控制	身份验证	如果用户多次尝试未经授权访问系统，系统是否会禁用该用户账号？	2/3/4/5/6	如果一个用户账号多次尝试未经授权访问系统，则系统应禁用该账号
44	安全保护/用户访问控制	身份验证	如果账号被误用或者盗用，是否根据企业流程启动调查？	2/3/4/5/6	应有流程控制当账号被误用或者盗用时，根据企业流程启动调查
45	安全保护/用户访问控制	身份验证	系统长时间未操作后是否锁定界面或退出？	2/3/4/5/6	系统长时间未操作后应锁定界面或退出

续表

序号	主题	子题目	问题	类别	可接受标准
46	安全保护/用户访问控制	身份验证	用户身份和职责是否在规程中定义？	2/3/4/5/6	计算机化系统用户应仅具备其工作身份所需的系统功能访问权限 用户身份和职责应在规程中定义
47	安全保护/用户访问控制	访问权限定期审核	是否基于风险评估确定的频率对访问权限进行定期审核？	2/3/4/5/6	应基于风险评估确定的频率对访问权限进行定期审核
48	时间戳	同步	系统是否与一个已批准的受信任时间服务器（自动时钟）同步？	2/3/4/5/6	系统应与一个受管理的、受信任时间服务器（自动时钟）进行同步；或者，如果不可能与一个受信任的时间源同步，则管理员应定期与一个受信任的时间服务器核对，确认系统时间源的准确性
49	时间戳	同步	在纸质记录上记录时间：流程是否确保使用经过批准的受管理、受信任的时间源？	1/2	在纸质记录上记录时间和日期标注时，应有流程确保使用经过批准的、受管理的、受信任的时间源
50	时间戳	时间与日期格式和精密度	日期的格式是否可清晰分辨年月日？	1/2/3/4/5/6	日期格式应可清晰分辨年月日。应在规程中定义所选择的时间和日期格式，使用时要保持一致
51	时间戳	访问权限安全保护	管理员身份是否可更改系统日期和时间设置（包括时区设置）？	2/3/4/5/6	只有系统管理员才具备权限更改系统日期和时间。非管理员身份应仅有只读权限
52	混合系统	关联性	是否定义混合系统中纸质记录与电子记录之间的关系，二者可否相互追溯？	5/6	对于混合系统，应有措施确保纸质记录与电子记录之间的关联性，保证二者可以相互追溯

B. 数据可靠性培训、意识以及数据管理评估

评估企业内部数据可靠性培训体系是否完善，以及员工对于数据可靠性是否有足够的认知，同时评估质量体系对于数据可靠性的保障是否足够。评估内容建议包括但不限于如下方面：

- 是否所有员工都做出了质量承诺？
- 企业员工是否进行数据可靠性相关培训？
- 企业是否组织了数据可靠性检查或者自检是否包含数据可靠性内容？
- 是否所有签署 GMP 文件和 GMP 活动记录的人员都保存有签名样本？
- GMP 活动的记录人员是否为活动的执行人员？
- OOS 结果是否经过调查？
- 现场是否使用不受控的文件来记录原始数据？是否有任何 GMP 文件被丢弃？

C. 改进行动的制定

通过执行数据可靠性评估，企业可能会识别出对于 GMP 数据在人员、设备以及管理等方面上存在的缺陷。企业需要针对识别出来的缺陷进行根本原因分析、制定改进行动，使风险降低至可接受的水平。改进行动的制定可以从多方面来整体考虑，例如设备功能缺失，可以考虑设备系统设计升级来降低风险，也可以考虑在流程中增加管理要求并通过审阅审计追踪确定要求执行情况等角度降低风险。如果改进行动为长期措施，应部署临时措施以降低现有风险，并监测其有效性。

D. 评估结果报告

评估的内容以及结果可以以风险评估报告的形式呈现，也可以以普通评估报告的形式呈现。如果以普通报告的形式呈现，需要通过质量风险评估来判断识别出的风险现有控制措施是否可以接受或者改进行动是否将风险降低至可以接受的程度。

企业内部需要制定评估报告的批准以及保存流程。

实例分析

数据可靠性评估模板示例

表 8-4 为报告模板的示例，可供各企业根据自身情况参考。

表 8-4 数据可靠性评估模板示例

基本信息	系统名称：	系统编号：
	软件名称 / 版本号（如适用）：	服务器名称 / 操作系统（如适用）：

总结	输入文本

#	问题	回答				风险评价，降低风险措施
		是	否	不适用	指南	
安全保护 / 用户访问控制						
1.1	登录 ID 和密码是否受到安全保护，防止未经授权的使用？	□	□	□	登录 ID 和密码应受到安全保护，防止未经授权的使用。系统应仅允许经过授权的用户访问系统	输入文本
1.2	…	…	…	…	…	…

8.2.3 数据可靠性的质量系统保障

数据管理是质量管理体系中的一部分，良好的质量系统能为数据可靠性提供更加有利的保障。

实施指导

A. 培训

企业需要定期组织数据可靠性相关培训，提高员工对于数据可靠性的理解与认识，并增强所有员工对于数据可靠性的个人责任感。培训内容可根据员工意见的反馈、内部审计或者数据可靠性自查的反馈、法规的更新等来制定。

（1）数据可靠性的意识培训，详细介绍数据可靠性的基本概念，以及 ALCOA+ 的要求和不符合要求的做法；

（2）良好文件书写规范的培训，结合实例详细介绍符合要求的文件书写规范，并阐述不遵守该要求可能带来的风险等。

建议企业在员工新入职时就开展数据可靠性相关培训。定期再进行重复性加深理解培训，培训的频次可以根据员工实际对于数据可靠性的理解程度来决定。

B. 变更管理

通过企业正式的变更流程对于设备 / 系统的新增、变化 / 升级和退役进行控制，当涉及设备 / 系统的变化与升级时，变更中应当评估是否需要对系统数据可靠性进行再确认 / 验证，以保证对于数据系统的管理持续处于质量可控的状态。

C. 设备 / 系统的确认以及验证

1. 用户需求说明文件（URS）

用户在制备用户需求说明文件时，应结合业务需求以及数据重要性等方面尽可能详细阐述数据可靠性相关需求，建议包括如下内容：

- 数据采集 / 存储；
- 数据备份 / 归档 / 恢复；
- 审计追踪；
- 权限管理；

- 电子签名；
- 数据修改 / 删除 / 查询；
- 计算机系统要求。

2. 设备 / 系统的确认以及验证

设备 / 系统数据可靠性相关功能验证范围应当根据系统的基础架构、系统功能与业务功能，综合系统成熟程度与复杂程度等多重因素来确定。

虽然用户需求中应包含用户对于数据管理的所有要求，但考虑到行业内现有用户需求书写容易忽略部分数据管理要求的现状，在制定验证内容过程中，不能仅仅局限于用户需求说明中内容，对于用户需求说明中未覆盖但设备拥有的数据可靠性相关功能也应进行确认以及验证，确保系统功能准确、符合预定用途。

当设备 / 系统涉及升级、变更时，需评估是否需要对数据可靠性相关功能进行再确认 / 验证。

D. 质量风险评估

质量风险评估工具可以广泛应用于数据管理的诸多方面。例如：

（1）数据系统的数据可靠性风险评估；

（2）识别出来的数据可靠性缺陷控制是否可以接受；

（3）数据可靠性改进行动是否将风险降低至可接受的程度；

（4）电子数据的备份频次；

（5）审计追踪的审阅内容以及审阅频次。

在使用质量风险评估工具对数据管理体系或者数据系统进行评估时，需要考虑数据的重要程度。处于不同流程或者应用于不同用途的数据，其重要性可能是不同的。对产品质量属性与患者安全有直接影响的数据，其重要性要高于一些具有 GMP 属性但是对产品质量属性与患者安全没有直接影响的数据。例如：实验室的产品含量检验结果数据重要性要高于生产过程中的交班记录数据。

具体质量风险评估工具的使用可参考质量风险管理章节。

E. 第三方物料 / 服务供应商的数据可靠性评估

企业应对第三方物料 / 服务供应商进行数据可靠性评估，评估供应商对于数据的管理是否处于风险可控的状态。对于供应商数据可靠性评估建议以现场评估的方式进行。有需要时可以聘用专业第三方团队对供应商进行评估。

F. 纠正和预防措施（CAPA）

当发现数据可靠性的相关缺陷时，可以使用基于风险的方法来确定调查的范围、根本原因、影响以及纠正和预防措施。

对于识别出来的数据可靠性改进行动，企业应建立完善的行动追踪体系，保证改进行动的完成时限与完成效果。必要时对改进行动有效性进行考察。

G. 数据可靠性检查

以自检、专项自查、聘用第三方团队审计等方式，对于数据管理体系进行评估并对数据管理要求的执行性进行监测。

（1）企业自检过程中应包含对于数据可靠性相关内容的评估以及检查。审计小组应在每个区域或者系统的审计过程中评价适用的标准、GMP 法规要求和数据生命周期管理原则的符合性，进而对数据可靠性进行评估，并收集证据以支持审计标准符合性的判断。建议企业起草数据可靠性自检指南，指南中明确不同流程中应注意的数据可靠性相关具体内容，辅助内部审计人员完成内部审计。

（2）企业可开展不同专题的数据可靠性自查，例如：电子数据的备份专题，电子数据的审阅专题等。建议由质量部门起草数据可靠性自查指导，指导中包含相关专题中需要注意的方面，由各业务区域的一线人员以及一线主管根据自查指导完成自查。由业务区域一线人员以及一线主管完成自查，是因为业务区域的一线人员是对于业务流程最了解的人员，最容易识别出系统中存在的数据可靠性改进机会。

H. 数据生命周期管理

企业需要针对数据生命周期内的每一环节制定相应的管理要求，包括数据产生、数据处理、数据审核、数据保留、数据销毁。具体要求可参见本分册“8.2.1 数据的生命周期管理策略”章节。

8.2.4 质量文化培养中的数据可靠性

背景介绍

质量文化是企业中所有人员一致展示的价值观、信念、思维和行为的集合。质量文化是坚实的数据可靠性思维的基础。数据可靠性可以通过培训、沟通和变更管理得到改善。企业应自上而下的确保数据可靠性的质量文化。

实施指导

企业需明确各级人员在数据可靠性中所担负的道德与责任，包括管理层和执行者在数据可靠性中的道德与责任。

管理层应致力于创建一种透明开放的工作环境（即质量文化），鼓励员工积极根据企业内部汇报机制沟通交流故障或者错误，包括潜在的数据可靠性问题，以便采取纠正和预防措施。

管理层可以通过以下方式培养质量文化：

（1）在整个企业内向员工清楚地传达关于员工行为、质量承诺、组织价值观和道德的期望，并提供政策支持质量文化的实施和维护；

（2）让员工意识到他们在确保数据质量方面的重要性以及他们的行为对产品质量和患者安全的意义；

（3）培训沟通过程中，让员工理解要求 / 法规制定的原因以及员工为什么需要遵守该要求 / 法规，而不是简单阐述要求的内容；

（4）对行动和决定负责，尤其是委派的活动；

（5）持续并积极参与业务运营；

（6）设定切合实际的期望，考虑给员工施加压力的局限性；

（7）配置适当的技术和人力资源以满足运营要求和期望；

（8）实施公平公正的奖励制度，以促进良好的文化态度，确保数据可靠性；

（9）应积极鼓励和适当认可符合数据管理和完整性优良规范的行为；

（10）了解监管趋势，将“经验教训”应用于组织；

（11）组织形式丰富的活动，加强员工对于数据可靠性的认知与责任感，培养员工发现数据可靠性改进机会的能力。

附录

药品上市许可持有人和 GMP 的管理要求

1 概述

2019 年新修订并颁布实施的《药品管理法》明确了药品上市许可持有人（MAH）在药品管理方面的职责和义务，MAH 制度正式以法律的形式在我国建立，从而对于强化主体责任、优化资源配置、鼓励创新起到了积极推进作用。

《药品管理法》第六条规定：药品上市许可持有人依法对药品研制、生产、经营、使用全过程中药品的安全性、有效性和质量可控性负责。MAH 为境外企业的，应当由其指定的在中国境内的企业法人履行 MAH 义务，与 MAH 承担连带责任。因此 MAH 应当建立全生命周期的药品质量管理体系，对药品全生命周期质量进行管理（附图 1）。

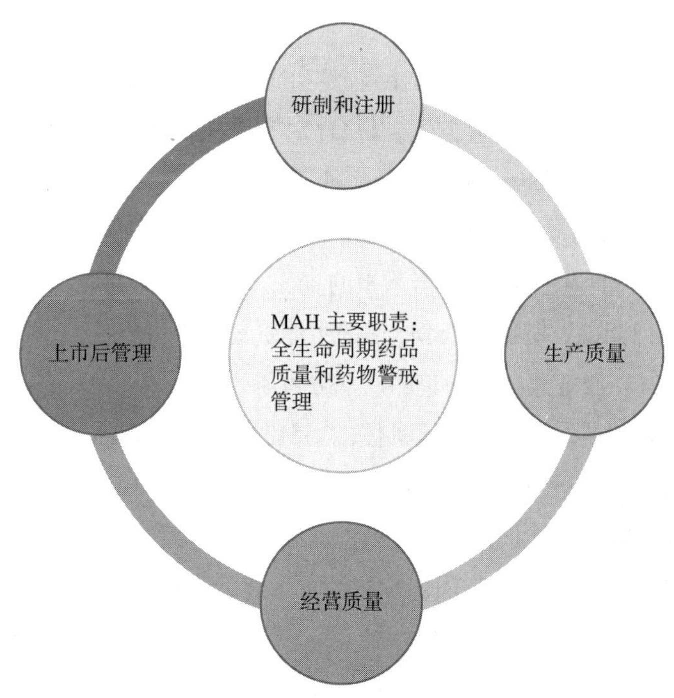

附图 1　MAH 的主要质量管理职责范围

药品生产质量管理是 MAH 履行全生命周期药品质量管理责任的重要领域之一。本附录通过参考我国法规要求 / 指南和一些相关的国际法规 / 指南，对 MAH 在 GMP 范围的质量管理职责和实施方法进行阐述，同时结合行业实践给予参考示例。在符合法规要求的前提下，MAH 可以选择本附录参考的指南之外的其他实施方法。

2 MAH 在 GMP 领域的管理模式简述

从 MAH 是否委托药品生产的角度，MAH 可以分为两类：

当 MAH 持有《药品生产许可证》A 证时，即代表自行生产的药品上市许可持有人，MAH 应遵循我国 GMP 要求建立相关的生产质量管理体系，具体 GMP 管理要求及实施指导参见本分册相应章节。

当 MAH 持有《药品生产许可证》B 证时，即代表委托生产的药品上市许可持有人。新修订的《药品管理法》允许 MAH 通过委托生产的方式实现资源优化，提高生产效率。需要注意法规中明确了血液制品、麻醉药品、精神药品、医疗用毒性药品、药品类易制毒化学品不得委托生产。药品监督管理部门另有规定的除外。

对于允许委托的 GMP 活动，MAH 需要和受托方通过委托协议和（或）质量协议约定双方的职责、义务和沟通方式。MAH 对于受托方的质量管理体系和受托产品相关的关键的质量管理活动和相应质量文件等应有知情权；对于可能影响产品质量和安全的关键质量活动拥有决策权。MAH 和受托方均需匹配资源以落实 MAH 的知情权和决定权以及对应的 MAH 应当承担的责任。相关具体的职责约定应基于风险，通过质量协议予以明确。所适用于 MAH 的主体责任均不可委托。

当 MAH 和受托企业属于同一集团，双方可以遵循集团内统一的质量管理体系要求共同完成 GMP 活动，落实并承担具体的 GMP 职责，但仍需要通过书面文件约定双方的职责、义务和沟通方式，由 MAH 承担相应的主体责任。

说明： MAH 和受托企业属于同一集团，即指 MAH 和受托企业均遵循集团统一的质量管理体系要求，并且有集团内专职的、专业的审计组织确保集团内所有 MAH 和受托企业均已实施了统一的质量体系要求。当 MAH 和受托企业由同一企业控制，可将 MAH 和受托企业视为同一主体进行管理。

3 MAH 在 GMP 领域的管理要点

3.1 MAH 在质量风险管理方面的管理要点

【法规要求】

中华人民共和国药品管理法

第三十一条　药品上市许可持有人应当建立药品质量保证体系，配备专门人员独立负责药品质量管理。

药品上市许可持有人应当对受托药品生产企业、药品经营企业的质量管理体系进行定期审核，监督其持续具备质量保证和控制能力。

药品生产监督管理办法

第三十一条　药品上市许可持有人、药品生产企业在药品生产中，应当开展风险评估、控制、验证、沟通、审核等质量管理活动，对已识别的风险及时采取有效的风险控制措施，以保证产品质量。

药品上市许可持有人落实药品质量安全主体责任监督管理规定

第二十六条　质量负责人应当结合产品风险定期组织对生产管理、质量管理等情况进行回顾分析，原则上每季度不少于一次对重复性风险和新出现风险进行研判，制定纠正预防措施，持续健全质量管理体系。企业负责人应当定期听取质量负责人质量管理工作汇报，充分听取质量负责人关于药品质量风险防控的意见和建议，对实施质量风险防控提供必要的条件和资源。

【实施指导】

GMP 第二章第四节质量风险管理的要求明确了质量风险管理的范围、主要内容、科学性和适配性。随着 MAH 制度的颁布，也给质量风险管理赋予了新的内涵。MAH 应建立完整的质量风险管理体系，确保药品整个生命周期中的风险能够被及时识别、充分评估、采取有效的风险控制措施，其中生命周期包括药品研制、生产、经营及使用全过程等。

如果 MAH 委托 GMP 活动的，在委托前和委托后，MAH 均应基于风险对受托企业进行有效的评估和管理，并且在整个过程中与受托企业进行及时有效的沟通，并制定合适的管理方式。

【实例分析】

MAH 应建立质量风险管理体系，管理体系的范围应涵盖产品整个生命周期。MAH 的质量负责人应当结合产品风险定期组织对生产管理、质量管理等情况进行回顾分析，原则上每季度不少于一次对重复性风险和新出现风险进行研判，制定纠正预防措施，持续健全质量管理体系。企业负责人应当定期听取质量负责人质量管理工作汇报，充分听取质量负责人关于药品质量风险防控的意见和建议，对实施质量风险防控提供必要的条件和资源。工作汇报可以通过年度质量回顾报告或会议的方式进行。

若为委托生产，受托企业应该基于 GMP 要求建立符合 GMP 要求的风险管理体系。所有可能影响到产品质量和安全的风险，受托企业均应及时向 MAH 报告，并配合 MAH 共同进行风险评估以及风险控制措施的制定和执行，确保 MAH 持续改善质量风险管理要求。

附表 1 介绍 MAH 如何基于风险对受托生产企业进行管理的示例，可根据实际情况进行相应的调整。

附表 1　MAH 基于风险对受托企业的管理示例

阶段	MAH	备注
委托前	对受托生产企业的质量管理体系、药品生产工艺技术、生产能力进行科学地评估，以确定其质量保证和质量风险控制能力	MAH 对受托生产企业的选择和评估的具体指导可参见本附录 3.6 章节
协议签署	在质量协议中明确 MAH 和受托生产企业间关于产品质量风险管理的要求和责任	质量协议的内容和模板可参考国家药监局 2020 年颁布的《药品委托生产质量协议指南》《药品委托生产质量协议模板》

续表

阶段	MAH	备注
委托后	基于风险对受托生产企业的日常质量事件进行管理。 定期审核受托生产企业的质量管理体系和质量风险管理能力	例如： 对受托生产企业偏差的管理：MAH 对影响产品质量的重大偏差调查结果、产品质量影响评估及 CAPA 进行审核，确保所放行产品的质量。 对受托生产企业变更的管理：MAH 根据变更的风险等级高低来决定参与风险评估的程度，任何与产品质量有关的重大和中等变更应在得到 MAH 的批准以及相关药监部门的批准或备案后方可实施。 审核的频率和深度及广度应基于受托生产企业的质量风险大小而定，以评估 MAH 是否需要调整对该企业的质量管理方式和强度

若 MAH 和受托企业属于同一集团，MAH 和受托企业可以遵循集团内统一的质量管理体系要求共同完成质量风险管理工作。

3.2 MAH 在机构和人员方面的管理要点

【法规要求】

中华人民共和国药品管理法

第三十条　药品上市许可持有人的法定代表人、主要负责人对药品质量全面负责。

第三十一条　药品上市许可持有人应当建立药品质量保证体系，配备专门人员独立负责药品质量管理。

药品生产监督管理办法

第六条　从事药品生产，应当符合以下条件：

（一）有依法经过资格认定的药学技术人员、工程技术人员及相应的技术工人，法定代表人、企业负责人、生产管理负责人（以下称生产负责人）、质量管理负责人（以下称质量负责人）、质量受权人及其他相关人员符合《药品管理法》《疫苗管理法》规定的条件；

（二）有与药品生产相适应的厂房、设施、设备和卫生环境；

（三）有能对所生产药品进行质量管理和质量检验的机构、人员；

（四）有能对所生产药品进行质量管理和质量检验的必要的仪器设备；

（五）有保证药品质量的规章制度，并符合药品生产质量管理规范要求。

第七条 委托他人生产制剂的药品上市许可持有人，应当具备本办法第六条第一款第一项、第三项、第五项规定的条件。

第十四条 药品生产许可证应当载明许可证编号、分类码、企业名称、统一社会信用代码、住所（经营场所）、法定代表人、企业负责人、生产负责人、质量负责人、质量受权人、生产地址和生产范围、发证机关、发证日期、有效期限等项目。

第二十八条 药品上市许可持有人的法定代表人、主要负责人应当对药品质量全面负责，履行以下职责：

（一）配备专门质量负责人独立负责药品质量管理；

（二）配备专门质量受权人独立履行药品上市放行责任。

第四十五条 药品上市许可持有人、药品生产企业的质量管理体系相关的组织机构、企业负责人、生产负责人、质量负责人、质量受权人发生变更的，应当自发生变更之日起三十日内，完成登记手续。

疫苗上市许可持有人应当自发生变更之日起十五日内，向所在地省、自治区、直辖市药品监督管理部门报告生产负责人、质量负责人、质量受权人等关键岗位人员的变更情况。

药品上市许可持有人落实药品质量安全主体责任监督管理规定

第四条 持有人应当设立职责清晰的管理部门，配备与药品生产经营规模相适应的管理人员，明确非临床研究、临床试验、生产销售、上市后研究、不良反应监测及报告等职责，并符合相关质量管理规范的要求。持有人应当独立设置质量管理部门，履行全过程质量管理职责，参与所有与质量有关的活动，负责审核所有与质量管理有关的文件。

第五条 持有人（包括药品生产企业）的企业负责人（主要负责人）、生产管理负责人（以下简称生产负责人）、质量管理负责人（以下简称质量负责人）、质量受权人等关键岗位人员应当为企业全职人员，并符合相关质量管理规范有关要求。质量管理负责人和生产管理负责人不得互相兼任。

针对具体药品品种的生产和质量管理，持有人应当明确其直接负责的主管人员和其他责任人员。

第六条　法定代表人、企业负责人（主要负责人）对药品质量全面负责。企业负责人全面负责企业日常管理，落实全过程质量管理主体责任；负责配备专门质量负责人，提供必要的条件和资源，保证质量管理部门独立履行职责；负责配备专门质量受权人，保证独立履行药品上市放行责任；负责处置与药品质量有关的重大安全事件，确保风险得到及时控制；负责建立生产管理、质量管理的培训考核制度；负责配备或者指定药物警戒负责人。

企业负责人应当具备医药相关领域工作经验，熟悉药品监督管理相关法律法规和规章制度。

第七条　生产负责人主要负责药品生产管理，确保药品按照批准的工艺规程组织生产、贮存；确保厂房和设施设备良好运行，完成必要的验证工作，保证药品生产质量；确保生产管理培训制度有效运行，对药品生产管理所有人员开展培训和考核。

生产负责人应当具有：药学或者相关专业背景，本科及以上学历或者中级以上专业技术职称或者执业药师资格，三年以上从事药品生产和质量管理的实践经验，其中至少有一年的药品生产管理经验，熟悉药品生产管理相关法律法规和规章制度。

第八条　质量负责人负责药品质量管理，建立质量控制和质量保证体系，监督相关质量管理规范执行，确保质量管理体系有效运行；确保生产过程控制和药品质量控制符合相关法规要求、标准要求；确保药品生产、检验等数据和记录真实、准确、完整和可追溯；确保质量管理培训制度有效运行，对药品质量管理所有人员开展培训和考核。

质量负责人应当具有：药学或者相关专业背景，本科及以上学历或者中级以上专业技术职称或者执业药师资格，五年以上从事药品生产和质量管理的实践经验，其中至少一年的药品质量管理经验，熟悉药品质量管理相关法律法规和规章制度。

第九条　质量受权人独立履行药品放行职责，确保每批已放行药品的生产、检验均符合相关法规、药品注册管理要求和质量标准。未经质量受权人签字同意，产品不得放行。

质量受权人应当具有：药学或者相关专业背景，本科及以上学历或者中级以上专业技术职称或者执业药师资格，五年以上从事药品生产和质量管理的实践经验，从事过药品生产过程控制和质量检验工作，熟悉药品监督管理相关法律法规和规章制度。

持有人可以依据企业规模设置多个质量受权人，覆盖企业所有产品的放行职责。

各质量受权人应当分工明确、不得交叉。质量受权人因故不在岗时，经企业法定代表人或者企业负责人批准后，可以将其职责临时转授其他质量受权人或者具有相关资质的人员，并以书面形式规定转授权范围、事项及时限。转授权期间，原质量受权人仍须承担相应责任。

第二十九条 持有人应当建立培训管理制度，制定培训方案或者计划，对从事药品研发管理、生产管理、质量管理、销售管理、药物警戒、上市后研究的所有人员开展上岗前培训和继续培训。培训内容至少包括相关法规、相应岗位职责和技能等。持有人应当保存培训记录，并定期评估培训效果。

【实施指导】

GMP 规定："企业应当建立与药品生产相适应的管理机构"，《药品管理法》强调"配备专门人员独立负责药品质量管理"。因此，MAH 应当独立设置与职责相适应的质量管理部门，并能履行相应的药品质量管理责任。

MAH 应设置如附表 2 所列的关键岗位。这些关键岗位所涉及的职责应在人员的职位描述或相关流程中体现。

附表 2 MAH 关键岗位及其主要的生产质量管理职责

MAH 关键岗位	主要的生产质量管理职责
企业负责人（主要负责人）	• 全面负责企业日常管理，落实全过程质量管理主体责任； • 负责配备专门质量负责人，提供必要的条件和资源，保证质量管理部门独立履行职责； • 负责配备专门质量受权人，保证独立履行药品上市放行责任； • 负责处置与药品质量有关的重大安全事件，确保风险得到及时控制； • 负责建立生产管理、质量管理的培训考核制度
质量负责人	• 负责药品质量管理，建立质量控制和质量保证体系，监督相关质量管理规范执行，确保质量管理体系有效运行； • 确保生产过程控制和药品质量控制符合相关法规要求、标准要求； • 确保药品生产、检验等数据和记录真实、准确、完整和可追溯； • 确保质量管理培训制度有效运行，对药品质量管理所有人员开展培训和考核
质量受权人	独立履行药品放行职责，确保每批已放行药品的生产、检验均符合相关法规、药品注册管理要求和质量标准
生产负责人	• 主要负责药品生产管理，确保药品按照批准的工艺规程组织生产、贮存； • 确保厂房和设施设备良好运行，完成必要的验证工作，保证药品生产质量； • 确保生产管理培训制度有效运行，对药品生产管理所有人员开展培训和考核

MAH（包括药品生产企业）的企业负责人（主要负责人）、生产管理负责人（以下简称生产负责人）、质量管理负责人（以下简称质量负责人）、质量受权人等关键岗位人员应当为企业全职人员，可以通过授权或委托的方式来完成相关的具体工作。如需授权或委托，必须给具有相当资质的指定人员（或机构）并提供相应书面证明文件。

MAH 需要建立的“人员培训和资质确认”标准操作规程的要求，其具体规定了各岗位培训要求和关键岗位上岗或者资质确认要求，根据不同岗位的职责和要求建立相应的培训计划，以确保人员充分理解自己的职责并有足够的能力和知识来履行相关职责。具体生产管理和质量管理人员培训管理的要求可以参考本分册“3.2.4 人员培训”章节。劳动合同并非必要的证明文件，MAH 可提供岗位管理职责、授权书 / 协议（如适用）等证明性文件确保关键岗位资质符合要求。

对于持《药品生产许可证》B 证的 MAH，其组织机构应符合新修订的《药品管理法》《药品生产监督管理办法》的相关要求，其中 GMP 范畴相关的职能部门包括专门的质量管理部门、生产管理部门。这种情况下，MAH 质量管理部门不强制配备质量检验的仪器设备，可根据 MAH 对受托生产企业的质量风险评估结果，决定 MAH 质量管理部门是否自行检验；但是 MAH 质量管理部门应当具备相应的机构和人员，能够有效监管受托生产企业的 QC 实验室，确保检验结果的真实性与可靠性。同样，生产管理工作应由专人负责，但不强制设置专门的生产管理部门。

此类型的 MAH 组织机构中还可能包括其他相应的支持部门，如供应链、财务、人力资源、信息管理、法规事务、医学事务等，如附表 3 所示。若 MAH 和受托企业属于同一集团，可以遵循集团内统一的质量管理体系要求通过共享服务共同完成 GMP 活动。

附表 3　MAH 和受托生产企业的管理团队基本组成

主要活动	MAH	受托生产企业
法人和企业负责人	√	√
质量负责人	√	√
质量受权人	√	√
生产负责人	√	√
质量控制 QC 团队	–	√
法规注册	√	–

续表

主要活动	MAH	受托生产企业
财务	√	√
人力资源	√	√
供应链管理	√	√
IT 信息管理和技术服务	√	√

注：√表示需要；–表示不需要

3.3 MAH 在物料与产品方面的管理要点

【技术要求】

药品委托生产质量协议指南（2020 年版）

四、具体要求

（二）物料与产品

质量协议应当明确规定持有人或者受托方负责物料的采购，持有人可以根据需要，委托受托方进行物料采购，但应当在质量协议中进行约定。

质量协议应当明确规定持有人或者受托方负责物料的验收、取样、留样、检验和放行。

质量协议和双方质量管理体系文件应当明确如何确保仓储管理符合相应的要求，包括标签信息准确无误，以及为防止混淆、差错、污染和交叉污染而采取的防护措施。

质量协议应当明确物料和产品运输过程及储存方的责任、储存条件的维护措施，明确双方职责，确保物料和产品运输过程中质量可控。

药品委托生产质量协议模板（2020 年版）

7 物料与产品

7.1 物料

持有人和受托方应当事先约定物料采购方。产品生产使用的物料采购由持有人/受托方负责，应当承担供应商管理和物料的质量保证工作。质量协议约定方应当按照法律法规要求建立物料收货、检验、留样、放行、储存的相关程序，并按照程序对物料进行接收、检验、留样、放行、储存等。

12 产品储存、发运与召回

12.1 产品储存

受托方应当对物料及产品的储存条件进行有效监控和维护，对生产用物料、中间产品和产品按照标识的储存条件进行储存，并应当符合 GMP 要求。

【实施指导】

本章节重点指导 MAH 和受托企业在物料的采购、物料的接收及物料和成品的储存过程中双方的职责。对于物料供应商的管理、物料与成品的放行和实验室控制参见本附录其他章节。

MAH 和受托企业均可以作为物料的采购方；通常由受托企业作为接收方和储存方负责物料的接收、检查、标识及物料和成品的储存等一系列工作。MAH 和受托企业应在质量协议中明确各项活动的职责分工，各方需遵循 GMP 的要求按照协议规定开展相关的活动。MAH 需遵循 GMP 的要求对活动进行管理，主要管理职责参见附表 4。

附表 4　MAH 在物料和产品方面的主要管理职责示例

相关活动	MAH 的主要管理职责
物料采购	MAH 需确保： • 采购管理符合 GMP 要求。 • 供应商已经完成审计并获得批准。 • 采购方应与供应商签署采购协议和质量协议
物料接收	MAH 需要确保： • 接收过程符合 GMP 要求。 • 接收方需建立收货相关程序，并按照程序进行接收相关工作
物料和成品储存	MAH 需要确保： • 储存过程符合 GMP 要求。 • 储存方需建立储存相关程序，并按照程序进行储存相关工作

若 MAH 和受托企业属于同一集团，可基于风险对物料的管理职责进行调整。参见附图 2 所示。

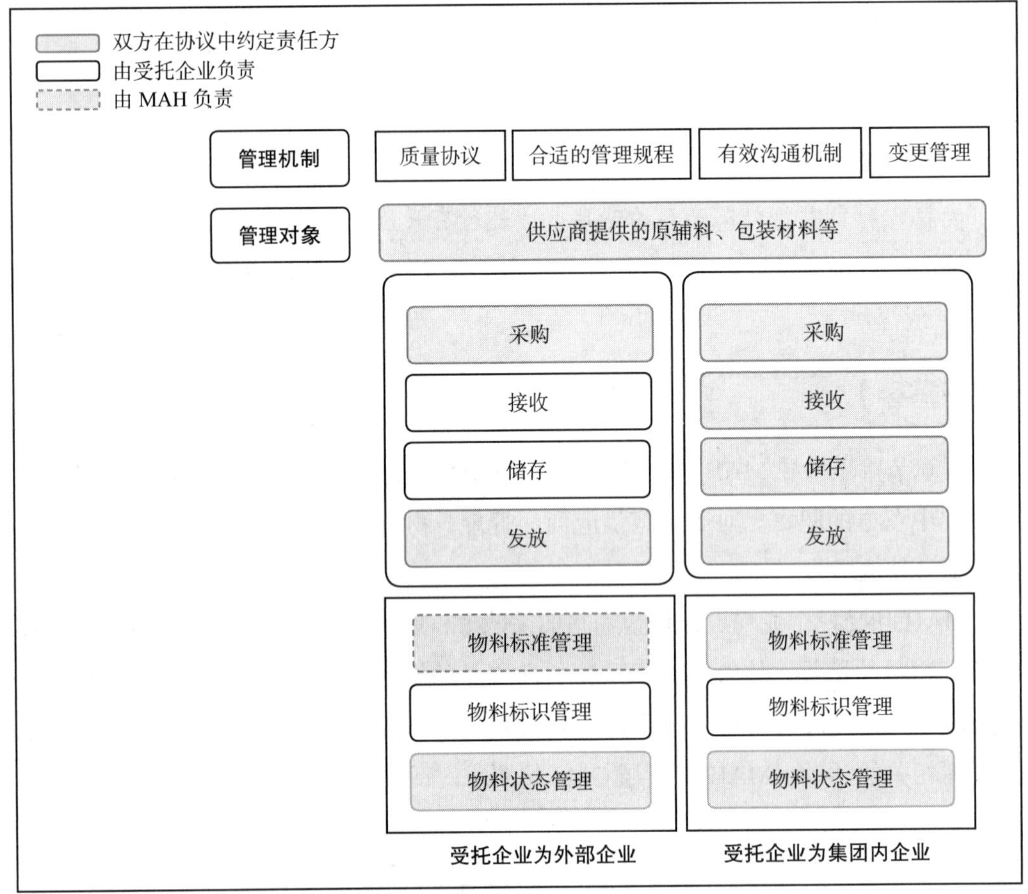

附图 2　物料管理职责示意图

3.4 MAH 在文件方面的管理要点

【法规要求】

在《药品记录与数据管理要求（试行）》中，规范了药品研制、生产、经营、使用活动的记录与数据管理要求，确保有关信息真实、准确、完整和可追溯。

【技术要求】

根据 PIC/S GMP 第四章要求，良好的文件记录是质量保证体系的重要组成部分，是按照 GMP 要求运行的关键。生产企业应在其质量管理体系中全面规定使用的各种类型的文件和媒介。文件可能以各种形式存在，包括纸质、电子或摄影媒介。文件管理的主要目的必须是建立、控制、监测和记录直接或间接影响药品质量方面的所有活动。质量管理体系应当包括足够的详细说明，以便于对各项要求有一个共同的理解。此外，还应当提供各种过程的充分记录和对任何观察项的评价，以便证明符合法规的各项要求。有两种主要类型的文件用于管理和记录 GMP 符合性：流程 / 程序和记录 / 报告。生产企业应建立适当的控制措施以确保文件的准确性、完整性、可用性和易读性。

【实施指导】

MAH 应建立符合新修订的《药品管理法》和 GMP 要求的文件管理系统，管理范围应覆盖药品全生命周期。随着电子化系统的大量普及，MAH 需考虑建立自动化电子化的文件管理系统，以便更好地满足日益提升的药品数据管理法规要求，且更高效合规地管理各类 GxP 文件。

若为委托生产的，MAH 和受托企业均应建立完整的文件管理体系，同时 MAH 和受托企业签订的质量协议中，应清晰定义 MAH 对受托企业文件的审核、批准、保存等要求。双方至少建立附表 5 中所列举的主要文件，其各自管理规程中的操作应与协议中约定的职责和要求保持一致。MAH 还应确保受托企业依照法规和协议的要求建立完善的文件管理体系，并保证其合规运营，从而更好地承担 MAH 主体责任。

附表 5　主要文件示例

文件	MAH	受托企业	注意点
文件管理程序	√	√	应包括文件生命周期管理的职责分工的要求
场地管理文件	√	√	应包括 MAH 和受托企业 GMP 相关活动文件的描述
工艺规程	√	√	应详细说明： • 所用的所有起始物料、设备及计算机化系统（如有）； • 所有工艺、包装、取样与检验操作要求。 • 如相关，所采用的过程控制和工艺分析技术，以及验收标准
原辅料、包装材料、中间体、成品质量标准	√	√	质量标准应包括内控质量标准

续表

文件	MAH	受托企业	注意点
程序（标准操作规程，SOP）	√	√	提供执行某些操作的指导。MAH 和受托企业应根据各自的职责分别建立相应的程序。 MAH 应考虑： • 建立 MAH 必须履行职责的相应标准操作规程，如上市放行规程； • 在委托活动的管理程序中，涵盖 MAH 在委托活动中的职责、受托企业的职责及基本要求，并链接到受托企业的标准操作规程； • 在文件和记录管理程序中，明确文件和记录转移的管理要求。 受托企业应考虑： • 建立受托企业必须履行职责的相应标准操作规程，如原辅料、包装材料、中间体、成品的检验标准操作程序； • 在文件和记录管理程序中，明确文件和记录接收的管理要求
技术 / 质量协议	√	√	委托活动的合同提供方和接受方之间达成的协议
记录 / 报告	√	√	提供为证明符合说明而采取的各种措施的证据，如活动、事件、调查，以及生产批次的每批产品的历史，包括其分销情况

注：√表示需要

若 MAH 和受托企业属于同一集团，可以遵循集团内统一的质量管理体系要求共同完成文件管理工作。

3.5 MAH 在质量控制与质量保证方面的管理要点

3.5.1 MAH 在质量控制实验室方面的管理要点

【技术要求】

药品委托生产质量协议指南（2020 年版）

四、具体要求（六）质量控制与质量保证 1. 质量控制实验室管理

（1）取样

质量协议应当明确规定由持有人或者受托方负责原辅料、包装材料、中间产品、成品的取样。

（2）检验

质量协议如规定原辅料、包装材料和中间产品的检验由受托方完成时，受托方应当进行检验方法学的验证、转移或者确认，验证、转移或者确认方案和报告应当经持有人审核批准。成品必须由受托方按照注册批准的方法进行全项检验。

（3）检验结果超标（OOS）和检验结果超趋势（OOT）

质量协议应当规定，任何一方检验发现的与委托生产产品相关的检验结果超标和检验结果超趋势，应当按照各自处理程序进行处理，并立即通知对方，处理过程中产生的文件记录应当以复印件或者其他方式移交给对方，以便对产品质量问题进行分析和处理。

（4）留样

质量协议应当明确持有人或者受托方进行留样，留样的储存条件和数量必须符合 GMP 要求。留样地点、管理责任应当予以明确。受托方进行成品、物料（原辅料、与药品直接接触的包装材料）留样（包括：留样方法和取样数量等）都必须经持有人审核批准。

药品委托生产质量协议模板（2020 年版）

11 质量控制和质量保证 11.1 质量控制实验室管理

11.1.1 取样

质量协议约定的责任方应当制定对物料、中间产品、产品等取样的标准操作程序，并按照程序取样。取样应当具有代表性。

11.1.2 检验

受托方应当建立实验室控制的管理程序，确保所有的检验活动在符合 GMP 要求的条件下进行。

受托方应当根据药品监督管理部门核准的物料和产品的质量标准进行检验，成品必须按照注册批准的方法进行全项检验，其中本质量协议涉及所有质量标准应当经持有人审核批准。

受托方应当根据有关规定，制定原辅料、包装材料、中间体和成品的分析方法验证（转移或者确认）方案，完成工作后形成验证报告。验证方案和验证报告应当由持有人批准后才能用于正式生产产品的检验。

11.1.2.1 物料

质量协议约定的责任方应当确保所有生产用物料符合批准的质量标准，只有检验合格经放行的物料才能用于产品生产。如质量标准发生变更的，双方应当按照本质量协议“变更控制”进行管理。

11.1.2.2 中间产品

受托方应当根据批准的质量标准执行并记录所有的中间产品检验。

11.1.2.3 产品

产品经检验不符合批准的质量标准，应当按照本质量协议“偏差和 OOS 管理”进行处理。

11.1.3 留样

质量协议约定的责任方应当根据 GMP 要求对物料、产品进行留样。留样应当按照注册批准的储存条件至少保存至药品有效期后 1 年，物料应当在规定条件下储存至少保存至产品放行后 2 年。留样应当作好相应的记录。

PIC/S GMP 附录 19

6.1 如果上市许可持有者与负责批次放行的工厂不是同一法律实体，则应根据 PIC/S GMP 指南第 7 章，在双方的书面协议中明确双方在参比样品 / 留样的取样和储存方面的职责。这也适用于如果生产或批放行活动的开展工厂并不是对该批次负全责的场地，应在书面协议中明确双方在取样和参比样品保存和留样方面的安排。

6.2 质量受权人应确保在任何合理的时间均可以取得所有相关的参比样品和留样。必要时，应在书面协议中定义此类使用权的安排。

6.3 如果由多个生产厂参与了成品的生产，书面协议是控制留样的获取和位置的关键。

10.2 如果生产商无法做出必要的安排，则可以委托给其他生产商。上市许可持有人负责此类委托，并向主管机构提供所有必要信息。此外，关于参比样品和留样储存拟定安排的适用性，MAH 应咨询任何未过期批次上市销售所在成员国的主管机构。

虽然参比样本和留样的取样和储存通常视为纯粹的生产活动，但从上文可以清楚地看出，MAH 自身也有责任。这与我国法规中 MAH 的职责是一致的。

【实施指导】

在质量实验室控制管理中，涉及的关键活动有：取样、检验、检验结果 OOS 或 OOT 的处理和留样。若委托上述活动，MAH 和受托企业需在质量协议中明确各项活动的职责分工。通常取样和检验由受托企业来执行，留样责任方的确定可以是一个基于风险的决定，一般在生产场地进行。MAH 需要确保：

- 责任方需遵循 GMP 要求并建立相关的程序进行相关活动。
- 当适用时，审核审批原辅料、包装材料、中间体和成品的分析方法验证（转移或者确认）方案和报告；
- 在委托生产产品相关的检验结果超标（OOS）和检验结果超趋势（OOT）时，与受托企业进行沟通，并保存处理过程中产生的文件记录；
- 审批检验结果 OOS 的调查报告；
- 审核批准受托企业进行成品、物料留样（包括：留样方法和取样数量等）的管理程序。

若 MAH 和受托企业属于同一集团，可以遵循集团内统一的质量管理体系要求共同完成质量控制实验室管理工作。

3.5.2 MAH 在物料和产品放行方面的管理要点

【法规要求】

中华人民共和国药品管理法

第三十三条　药品上市许可持有人应当建立药品上市放行规程，对药品生产企业出厂放行的药品进行审核，经质量受权人签字后方可放行。不符合国家药品标准的，不得放行。

第四十七条　药品生产企业应当建立药品出厂放行规程，明确出厂放行的标准、条件。符合标准、条件的，经质量受权人签字后方可放行。

药品生产监督管理办法

第三十七条　药品生产企业应当建立药品出厂放行规程，明确出厂放行的标准、条件，并对药品质量检验结果、关键生产记录和偏差控制情况进行审核，对药品进行质量检验。符合标准、条件的，经质量受权人签字后方可出厂放行。

药品上市许可持有人应当建立药品上市放行规程，对药品生产企业出厂放行的药品检验结果和放行文件进行审核，经质量受权人签字后方可上市放行。

药品上市许可持有人落实药品质量安全主体责任监督管理规定

第十五条 药品生产企业应当建立药品出厂放行规程，明确出厂放行的标准、条件，并对药品质量检验结果、关键生产记录和偏差控制情况进行审核，对药品进行质量检验。符合有关标准、条件的，经质量受权人签字后方可出厂放行。

持有人应当履行药品上市放行责任，制定药品上市放行规程，审核受托生产企业制定的出厂放行规程，明确药品的上市放行标准，对药品生产企业出厂放行的药品检验结果和放行文件进行审核，符合有关规定的，经质量受权人签字后方可放行上市。必要时，持有人可对受托方药品生产记录、检验记录、偏差调查等进行审核。

【技术要求】

药品委托生产质量协议指南（2020 年版）

三、工作要求

（二）持有人要求

委托生产期间，持有人……负责委托生产药品的上市放行。

（三）受托方要求

受托方……负责委托生产药品的出厂放行。

四、具体要求

（二）物料与产品

质量协议应当明确规定持有人或者受托方负责物料的验收、取样、留样、检验和放行。任何一方在检验和放行完成后，均应当将检验报告书和物料放行审核单以复印件或者其他方式移交给另一方。基于对产品质量控制的评估，另一方是否需要再行检验，应当在质量协议中进行约定。

（六）质量控制与质量保证　2. 物料和产品放行

协议中应当明确规定持有人应当配备质量受权人，负责产品的最终上市放行。持有人不得将产品的上市放行工作授权给受托方完成。受托方负责产品的出厂放行。

物料的放行可以由持有人授权给受托方的质量管理部门完成，也可在质量协议中进行约定。

药品委托生产质量协议模板（2020 年版）

11.2 物料和产品放行

物料放行：质量协议约定的责任方负责物料放行，保证所有生产用物料符合批准的质量标准，并检验合格。

产品出厂放行：……受托方的质量受权人负责审核产品的批生产记录和批检验记录等，并做出是否出厂放行的决定。当作出不予出厂放行决定时，受托方应当立即告知持有人。当产品出厂放行后，受托方发现产品存在不符合国家药品标准或者经药品监管部门核准的生产工艺要求的风险时，应当立即告知持有人。

产品上市放行：……受托方完成生产放行后，将批生产记录和批检验记录等提交给持有人进行最终审核，由持有人作出是否上市放行的决定。当作出不予上市放行决定时，持有人应当立即告知受托方。

【实施指导】

物料放行：MAH 或受托企业均可负责物料放行，放行责任方须在质量协议中明确。MAH 需要确保：

- 物料放行的责任方应建立物料放行管理程序。
- 在物料放行完成后，基于质量协议确定是否将检验报告书和物料放行审核单以复印件或者其他方式移交给另一方。

上市放行：MAH 应建立产品上市放行管理程序，审核受托生产企业制定的出厂放行规程，明确药品的上市放行标准，对药品生产企业出厂放行的药品检验结果和放行文件进行审核，经质量受权人签字后方可上市放行。必要时，MAH 可对受托企业药品生产记录、检验记录、偏差调查等进行审核。

当 MAH 自行生产或 MAH 与受托企业属于同一集团的情况下，上市放行和出厂放行可以分别独立进行或者合二为一，同时，在放行文件中应明确具体的放行目的[出厂放行和（或）上市放行]。

在 MAH 和受托企业属于同一集团的情况下，由符合资质的质量受权人遵循集团内统一的产品放行管理规程执行放行活动，出厂放行规程按照集团内统一的质量文件审核流程完成。上市放行活动可以通过授权或委托的形式完成，但上市放行责任不能授权或委托。

当MAH委托生产的，MAH和受托企业在质量协议中明确受托企业需提供的产品出厂放行文件、双方的放行责任和放行过程中的沟通方式。MAH可基于风险明确所需审核的出厂放行文件，并在质量协议中明确。随着法规要求的陆续发布和风险评估的结果，放行文件可酌情进行调整。

此外，受托企业应依照GMP的要求建立药品出厂放行规程，明确出厂放行的标准、条件，并对药品质量检验结果、关键生产记录和偏差控制情况进行审核，对药品进行质量检验。符合标准、条件的，经质量受权人签字后方可出厂放行。以下情况下应及时与MAH进行沟通：

- 生产过程涉及重大偏差、重大变更，受托企业应将相关报告作为支持文件一并提供给MAH；
- 受托企业的质量受权人作出不予出厂放行决定；
- 当产品出厂放行后，受托企业发现产品存在OOS或重大偏差等可能影响放行结论的情形。

3.5.3 MAH在持续稳定性控制方面的管理要点

【技术要求】

药品委托生产质量协议指南（2020年版）

四、具体要求（六）质量控制与质量保证

3. 持续稳定性考察

质量协议应当明确规定持有人或者受托方负责持续稳定性考察工作。当由受托方负责时，持续稳定性考察方案和报告必须经双方审核批准。

任何一方所进行的稳定性考察数据和评价结果均应及时告知对方，评价应当包括与历史批次（包括：注册申报批次、其他受托方生产的批次等）的数据对比和分析，以便及时发现稳定性不良趋势。

药品委托生产质量协议模板（2020年版）

11.3 持续稳定性考察

质量协议约定的责任方负责对物料、中间产品、产品进行稳定性考察。当稳定性考察样品出现 OOS/OOT 时，双方应当立即进行沟通并开展调查，并对 OOS 按照本质量协议“偏差和 OOS 管理”进行处理。

【实施指导】

在现行法规中并无强制规定稳定性考察的实施方，无论由哪方进行稳定性考察活动都应符合 GMP 相关要求，MAH 对药品的质量负最终责任，受托企业对相关活动负有责任。

当由受托企业负责进行稳定性考察时，双方应在质量协议中明确各自职责。同时保证 MAH 关键人员，如质量受权人，了解稳定性考察情况。双方职责可参考附表 6。

附表 6　MAH 和受托企业在稳定性考察方面的职责示例

	MAH	受托企业
建立稳定性考察的管理规程	√	√
按 MAH 的要求建立相关管理流程（如数据的分析和报告流程，OOS/OOT 的处理和报告流程等）	–	√
审核批准持续稳定性考察方案和报告	√	√
告知 MAH 所进行的稳定性考察数据和评价结果	–	√
对稳定性考察样品 OOS/OOT 的情况进行沟通、开展调查并制定 CAPA 计划	√	√

注：√表示需要；– 表示不需要

若 MAH 和受托企业属于同一集团，可以遵循集团内统一的质量管理体系要求共同完成稳定性考察工作。

3.5.4 MAH 在变更控制方面的管理要点

【法规要求】

中华人民共和国药品管理法

第七十九条　对药品生产过程中的变更，按照其对药品安全性、有效性和质量可控性的风险和产生影响的程度，实行分类管理。属于重大变更的，应当经国务院药品监督管理部门批准，其他变更应当按照国务院药品监督管理部门的规定备案或者报告。

药品上市许可持有人应当按照国务院药品监督管理部门的规定，全面评估、验证变更事项对药品安全性、有效性和质量可控性的影响。

药品生产监督管理办法

第二十八条 药品上市许可持有人的法定代表人、主要负责人应当对药品质量全面负责，履行以下职责：

（五）按照变更技术要求，履行变更管理责任。

第四十三条 药品上市许可持有人应当按照药品生产质量管理规范的要求对生产工艺变更进行管理和控制，并根据核准的生产工艺制定工艺规程。生产工艺变更应当开展研究，并依法取得批准、备案或者进行报告，接受药品监督管理部门的监督检查。

药品上市许可持有人落实药品质量安全主体责任监督管理规定

第十四条 持有人应当按照药品监管有关规定和药品生产质量管理规范等要求建立药品上市后变更控制体系，制定实施内部变更分类原则、变更事项清单、工作程序和风险管理要求；应当结合产品特点，经充分研究、评估和必要的验证后确定变更管理类别，经批准、备案后实施或者在年度报告中载明。

委托生产的，应当联合受托生产企业开展相关研究、评估和必要的验证。

【技术要求】

药品委托生产质量协议指南（2020年版）

四、具体要求（六）质量控制与质量保证 4. 变更控制

持有人作为责任主体，要按照国家药品监督管理局的规定，全面评估、验证变更事项对药品安全性、有效性和质量可控性的影响。持有人和受托方应当按照药品管理法律法规规章和技术规范开展变更。任何一方进行可能影响药品质量的变更应当及时书面告知对方。

质量协议应当规定双方均须建立变更控制程序，明确发生变更时的工作措施；

应当规定委托生产产品相关变更的风险程度由持有人评估确定，受托方在变更实施前应当经持有人审核批准。

药品委托生产质量协议模板（2020 年版）

11.4 变更控制

持有人是变更的责任主体，应当按照国家药品监督管理局的规定，全面评估、验证变更事项对药品安全性、有效性和质量可控性的影响。持有人和受托方应当按照药品管理法律法规规章和相关技术指导原则，对变更进行管理。

双方应当建立变更控制程序，明确发生的变更可能影响产品安全性、有效性、质量可控性或者法规符合性时的工作措施，并做好工作衔接与配合。受托方发起变更，应当提前 X 日通知持有人，相关变更风险程度由持有人评估确定，变更实施前应当经持有人审核批准。持有人发起变更，应当提前 X 日书面通知受托方进行评估和实施。

持有人应当进行充分研究和验证，并按照规定经批准、备案后实施或者报告，确保能够持续稳定生产出与变更实施前药品质量一致的药品。

【实施指导】

MAH 应当按照 GMP 的要求对生产工艺变更进行管理和控制，并根据核准的生产工艺制定工艺规程；应当对生产工艺变更开展研究，并依法取得批准、完成备案或者年度报告，接受药品监督管理部门的监督检查。

若为委托生产，MAH 和受托企业均需要建立稳健的变更管理程序，共同负责对影响产品安全性、有效性和质量可控性的变更进行评估和验证，确保变更依据法规已经进行了正确分级，并依法取得批准、完成备案或者年度报告。

MAH 作为变更责任主体，应负责确保：

- 建立变更控制程序，包括变更范围、变更评估方式、双向沟通渠道和各方职责。
- 确定相关变更的风险程度。
- 在变更实施前对变更进行审核批准。
- 确保依据法规要求对变更进行正确分级，并向监管部门递交变更批准、备案或报告。

- 确保变更已进行充分研究和验证。
- 确保变更在监管机构批准后、完成备案后实施且与批准、备案一致。
- 若为委托生产，书面通知受托企业对 MAH 发起的变更进行评估并实施。

在委托生产中，受托企业应负责：

- 建立变更控制程序。
- 按照双方协定，书面通知 MAH 对受托企业发起的相关变更进行评估。
- 按照双方协定，确保 MAH 在变更实施前对相关变更进行审核批准。
- 确保变更监管机构批准后、完成备案后实施且与批准、备案一致。

若 MAH 和受托企业属于同一集团，可以遵循集团内统一的质量管理体系要求共同完成变更控制工作。

3.5.5 MAH 在偏差处理与纠正和预防措施方面的管理要点

【法规要求】

药品生产监督管理办法

第三十七条 药品生产企业应当建立药品出厂放行规程，明确出厂放行的标准、条件，并对药品质量检验结果、关键生产记录和偏差控制情况进行审核，对药品进行质量检验。符合标准、条件的，经质量受权人签字后方可出厂放行。

【技术要求】

药品委托生产质量协议指南（2020 年版）

5. 偏差处理

质量协议应当规定受托方在生产质量管理活动中发生的偏差应当按照偏差处理程序进行处理。

受托方应当评估与受托生产产品相关的所有偏差对产品安全性、有效性和质量可控性的影响，可根据偏差的性质、范围及对产品质量的影响程度实施分类管理，并将拟采取的纠正预防措施报告持有人。偏差处理报告应当经持有人审核批准。

6. 纠正和预防措施

质量协议应当规定与委托生产产品相关的因偏差、检验结果超标、投诉、变更和产品质量回顾分析发现的问题等需要进行调查并采取必要的纠正和预防措施，调查的深度与形式应当与风险级别相适应，纠正和预防措施应当经持有人审核批准。

药品委托生产质量协议模板（2020 年版）

11.5 偏差和 OOS 管理

双方应当根据 GMP 的要求建立偏差和 OOS 管理程序。与本质量协议涉及产品相关的生产、检验、储存、发运、稳定性考察等工作中发生的偏差或者 OOS，受托方应当按照标准操作规程进行记录、调查并保存。调查必须评价该偏差或者 OOS 对产品安全性、有效性和质量可控性的影响，应当查找原因并采取有效的纠正预防措施。受托方应当将所有偏差报告报持有人审核评定。

对于不影响产品安全性、有效性和质量可控性的微小偏差，由受托方进行记录、调查、评估和跟踪。在产品放行时，持有人应当对所有偏差进行审核。

对于可能影响产品安全性、有效性和质量可控性的偏差和 OOS，受托方应当在 X 日内书面通知持有人，并自偏差或者 OOS 发生之日起 X 日内完成调查，报持有人审核批准。

【实施指导】

MAH 和受托企业均有可能识别偏差、进行偏差调查、确定根本原因、评估影响、制定并执行纠正和预防措施（CAPA），因此 MAH 和受托企业均需要遵照我国相关法规的要求以及 GMP 要求，并按照双方质量协议中约定的要求，分别建立偏差管理程序和 CAPA 管理程序。

双方需要通过质量协议约定受托企业何时以何种形式向 MAH 上报何种类型偏差，以及需要提供何种文件供 MAH 审核或批准，质量协议也需要约定双方进行产品放行时对各种类型偏差控制情况的审核责任，共同确保所放行产品的质量。

偏差调查是一项跨职能的团队工作，因此在一方进行调查时，另一方应给予充分的支持，必要时应作为相关方共同参与偏差调查及 CAPA 的制定。

当受托活动发生偏差时，附表 7 描述了双方在受托企业所负责的偏差中应承担的职责。

若 MAH 和受托企业属于同一集团，可以遵循集团内统一的质量管理体系要求完成偏差和 CAPA 管理工作。

附表 7　受托企业负责的偏差的关键步骤及职责示例

偏差关键步骤	职责
偏差的识别	MAH*/ 受托企业
↓ 偏差的记录	受托企业
↓ 偏差调查	受托企业
↓ 根本原因识别	受托企业
↓ 偏差影响评估	MAH**/ 受托企业
↓ CAPA 计划制定	受托企业
↓ 偏差报告和 CAPA 计划审批	MAH**/ 受托企业

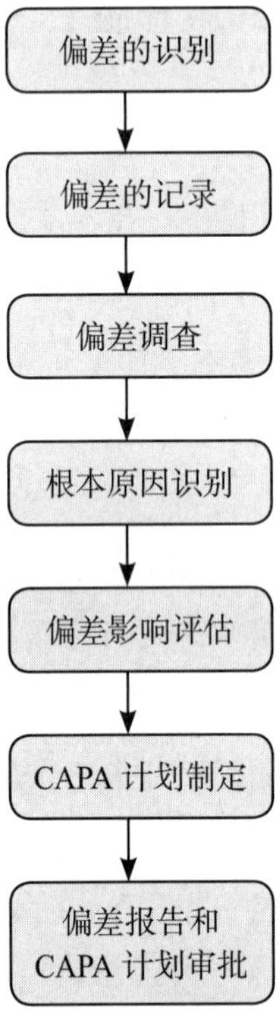

注：*MAH 也可能成为偏差的识别方；

**基于质量协议的约定，MAH 可能参与受托企业的偏差影响评估、偏差报告和 CAPA 计划的审批

3.5.6 MAH 在供应商管理方面的管理要点

【法规要求】

中华人民共和国药品管理法

第四十五条　生产药品所需的原料、辅料，应当符合药用要求、药品生产质量管理规范的有关要求。

生产药品，应当按照规定对供应原料、辅料等的供应商进行审核，保证购进、使用的原料、辅料等符合前款规定要求。

药品生产监督管理办法

第二十八条　药品上市许可持有人的法定代表人、主要负责人应当对药品质量全面负责，履行以下职责：

（四）对药品生产企业、供应商等相关方与药品生产相关的活动定期开展质量体系审核，保证持续合规。

第三十二条　从事药品生产活动，应当对使用的原料药、辅料、直接接触药品的包装材料和容器等相关物料供应商或者生产企业进行审核，保证购进、使用符合法规要求。

药品上市许可持有人落实药品质量安全主体责任监督管理规定

第十三条　持有人应当对原料、辅料、直接接触药品的包装材料和容器等供应商进行审核，保证购进和使用的原料、辅料、直接接触药品的包装材料和容器等符合药用要求，符合国务院药品监督管理部门制定的质量管理规范以及相应关联审评审批等有关要求和法律法规要求。

第十六条　委托生产药品的，持有人应当对受托方的质量保证能力和风险管理能力进行评估，按规定与受托方签订质量协议以及委托生产协议；应当履行物料供应商评估批准、变更管理审核、产品上市放行以及年度报告等义务；应当监督受托方履行协议约定的义务，对受托方的质量管理体系进行定期现场审核，并确保双方质量管理体系有效衔接，生产过程持续符合法定要求。

持有人不得通过质量协议转移依法应当由持有人履行的义务和责任。

接受委托生产的药品生产企业应当严格执行质量协议，按照药品生产质量管理规范组织委托生产药品的生产，积极配合接受持有人的审核，并按照所有审核发现的缺陷，采取纠正和预防措施落实整改。

【技术要求】

药品委托生产质量协议指南（2020 年版）

四、具体要求　（二）物料与产品

质量协议应当规定由持有人进行物料供应商的选择、管理和审核，供应商应当符合国家药品监督管理局制定的生产质量管理规范以及关联审评审批有关要求。持有人应当将合格供应商目录提供给受托方，经受托方审核合格后，纳入受托方合格供应商目录，用于受托方入厂时的核对验收。

四、具体要求（六）质量控制与质量保证　7. 供应商的评估和批准

质量协议应当规定由持有人对所有生产用物料的供应商进行质量审核，建立合格供应商档案；受托方建立合格供应商目录，必要时受托方可以参与质量审核过程。

药品委托生产质量协议模板（2020 年版）

7.1 物料

持有人负责物料供应商的选择、管理和审核，供应商应当符合国家药品监督管理局制定的质量管理规范以及关联审评审批有关要求。持有人应当将合格供应商目录提供给受托方，经受托方审核合格后，纳入受托方合格供应商目录中，用于受托方入厂时的核对验收。

持有人和受托方应当事先约定物料采购方。产品生产使用的物料采购由持有人/受托方负责，应当承担供应商管理和物料的质量保证工作。质量协议约定方应当按照法律法规要求建立物料收货、检验、留样、放行、储存的相关程序，并按照程序对物料进行接收、检验、留样、放行、储存等。

未在该目录中的物料不得用于委托生产。持有人如需增补合格供应商目录和变更物料供应商的，应当与受托方签订补充协议。

PIC/S GMP（Part I）

1.4 适用于生产的药品质量体系应能确保

（vi）生产、供应的安排，并使用正确的起始物料和包材；供应商的选择和监督；并验证每次交付均来自批准的供应链。

4.29 供应商审计应有书面程序、方案、报告、应采取行动的相关记录和结论。

5.2.7 起始物料供应商的选择、确认、批准和维护以及物料的采购和接收，应记录在案作为药品质量体系的一部分。监督水平应与单个物料所构成的风险相适应，同时考虑来源、制造工艺、供应链复杂性及物料在药品中最终的使用情况。每个供应商物料的批准应保留支持的证明文件。参与这些活动的人员应该了解供应商、供应链和相关的风险。如果可能，起始物料应该直接从起始原料的制造商处购买。

PIC/S GMP 指南 Part II 和附录也对不同类型的供应商管理提出了具体要求。

【实施指导】

MAH 和受托企业均应建立物料供应商资质评估和确认、管理和变更的管理规程，以确保对使用的原料药、辅料、直接接触药品的包装材料和容器等相关物料供应商或者生产企业进行审核，保证购进、使用符合法规要求。MAH 和受托企业需签订质量协议，协议中对供应商管理的各方职责、沟通内容和沟通方式进行事先约定。MAH 和受托企业在供应商管理方面的职责参见附表 8。

附表 8　MAH 和受托企业在供应商管理中的职责示例

职责	MAH	受托企业
建立供应商管理规程	√	√
供应商质量审计	基于质量协议约定 *	基于质量协议约定 *
批准供应商	√	–
建立供应商质量档案	√	–
建立和维护供应商审计计划	基于质量协议约定	基于质量协议约定
维护合格供应商目录	√	√

注：* 基于质量协议的约定，MAH 针对供应商管理的特定活动（如供应商审计等）可以委托给受托企业或有审计资质的第三方（如制药企业联合的组织协会）进行实施

√表示需要；– 表示不需要

若 MAH 和受托企业属于同一集团，可由 MAH 或 MAH 所属集团内专职的、专业的审计部门遵循集团内统一的质量体系对物料供应商进行统一管理，也包括对供应商实施质量审计。

3.5.7 MAH 在产品质量回顾分析方面的管理要点

【法规要求】

药品生产监督管理办法

第四十四条　药品上市许可持有人、药品生产企业应当每年对所生产的药品按

照品种进行产品质量回顾分析、记录，以确认工艺稳定可靠，以及原料、辅料、成品现行质量标准的适用性。

【技术要求】

PIC/S GMP

1.11 生产企业和 MAH（如不同）应评估回顾结果，在药品质量体系内评估是否需要执行 CAPA，是否需要进行再验证。应制定管理程序，持续管理和回顾这些措施，在自检中核查这些程序的有效性。如果是 MAH 并非生产企业的，各方之间应签订技术协议，规定各自在产品质量回顾编制方面的职责。

【实施指导】

当 MAH 委托药品生产时，产品质量回顾分析是 MAH 和受托企业的共同责任，因此 MAH 和受托企业都应参与产品质量回顾分析。应在质量协议中加以记录和明确双方的职责、合作方式和沟通方式。

MAH 和受托企业均应建立产品质量回顾管理规程，建立和维护产品质量回顾计划。MAH 需对产品质量回顾进行审核，以确认工艺稳定可靠，以及原料、辅料、成品现行质量标准的适用性，并给出最终审核结论。MAH 的审核报告可直接是产品质量回顾的一部分或形成单独的审核报告，MAH 在产品质量回顾审核中应重点确定产品质量回顾分析是否已按照 GMP 的要求进行编写并完成。

原则上，产品质量回顾分析应覆盖一年的时间，但不必与日历的一年相一致。

当受托企业受多家 MAH 委托时，受托企业所维护的产品质量回顾计划与 MAH 所维护的产品质量回顾计划是不同的。

如果在产品质量回顾中任何一方识别到了重大的质量风险、合规性问题或需要整改或改进的，应及时告知另一方。需要展开相关调查，并对产品质量进行相关风险评估。

附表 9 中描述了 MAH 和受托企业在产品质量回顾中双方的主要职责。

附表 9　MAH 和受托企业在产品质量回顾中的职责示例

职责	MAH	受托企业
建立产品质量回顾管理规程	√	√
建立和维护产品质量回顾计划	√	√
编写、分析产品质量回顾	基于质量协议约定	基于质量协议约定
审核产品质量回顾	√	√
产品质量回顾中相关情况沟通	√	√

注：√表示需要

若 MAH 和受托企业属于同一集团，可以遵循集团内统一的质量管理体系要求共同完成产品质量回顾管理工作。

3.5.8 MAH 在上市后产品投诉方面的管理要点

【法规要求】

中华人民共和国药品管理法

第八十条　药品上市许可持有人应当开展药品上市后不良反应监测，主动收集、跟踪分析疑似药品不良反应信息，对已识别风险的药品及时采取风险控制措施。

第八十一条　药品上市许可持有人、药品生产企业、药品经营企业和医疗机构应当经常考察本单位所生产、经营、使用的药品质量、疗效和不良反应。发现疑似不良反应的，应当及时向药品监督管理部门和卫生健康主管部门报告。具体办法由国务院药品监督管理部门会同国务院卫生健康主管部门制定。

第八十三条　药品上市许可持有人应当对已上市药品的安全性、有效性和质量可控性定期开展上市后评价。

药品生产监督管理办法

第四十一条　药品上市许可持有人应当建立药物警戒体系，按照国家药品监督管理局制定的药物警戒质量管理规范开展药物警戒工作。

药品上市许可持有人、药品生产企业应当经常考察本单位的药品质量、疗效和不良反应。发现疑似不良反应的，应当及时按照要求报告。

【技术要求】

药品委托生产质量协议指南（2020年版）

三、工作要求 （一）基本要求

当变更控制、偏差、检验结果超标/检验结果超趋势、质量投诉等方面工作出现争议时，双方应当及时开展沟通协调，确保在合法依规、风险可控的范围内妥善解决，沟通结果应当以书面的形式进行记录，并经双方签字确认后保存。

四、具体要求 （六）质量控制与质量保证 6. 纠正和预防措施

质量协议应当规定与委托生产产品相关的因偏差、检验结果超标、投诉、变更和产品质量回顾分析发现的问题等需要进行调查并采取必要的纠正和预防措施，调查的深度与形式应当与风险级别相适应，纠正和预防措施应当经持有人审核批准。

四、具体要求 （七）投诉和不良反应报告

质量协议应当明确规定，持有人应当建立药物警戒体系，按照要求开展药物警戒工作。持有人和受托方应当经常考察本单位的药品质量、疗效和不良反应，发现疑似不良反应的，应当及时按照要求报告。质量投诉由持有人负责，受托方应当协助配合，受托方在收到投诉后，应当及时告知持有人。

PIC/S GMP（Part I）

在存在外包的情况下，应在合同中明确生产企业、上市许可持有人和（或）赞助商，以及任何其它相关第三方，就缺陷产品在评估、决策、风险控制措施的沟通和执行方面的职责。

如果对于投诉和质量缺陷的处理系由某个组织进行集中的管理，应有文件说明各方职责。同时，不能因集中管理导致调查和事件处理的延迟。

【实施指导】

上市后产品投诉的收集和处理是MAH在药品上市后考察产品质量、疗效和不良反应的重要手段。MAH和受托企业应通过质量协议约定投诉管理相关的职责和沟通方式，同时MAH和受托企业均应建立药品上市后投诉管理流程，明确投诉收集、记录、调查、反馈、沟通的要求和方式，包括双方在投诉管理流程中的分工及沟通管理要求。

MAH 应定义投诉管理的要求，包括但不限于投诉记录的时限、投诉调查的时限、投诉关闭的时限等。药品投诉的调查应覆盖药品全生命周期。受托企业负责相关生产环节的调查管理并采取纠正预防措施；基于风险，MAH 应至少对最终的调查结果进行确认。MAH 和受托企业均应进行投诉定期回顾，对产品的质量及投诉管理流程的有效性进行考察。应建立沟通机制，对定期回顾的结果进行沟通，必要时进行改进。

区别于 GMP 范畴内受托企业的投诉管理，MAH 不能仅关注药品生产环节的投诉调查，应建立覆盖药品全生命周期的投诉调查和沟通体系。一般需要以 MAH 为主体，集中对上市后药品投诉进行收集和记录，协调各方进行调查，并对调查结果进行确认和反馈。沟通对于这种集中式的投诉管理极为重要，不能因为涉及多方的沟通和调查导致投诉调查管理出现迟延。因此可以考虑使用计算机化系统辅助投诉流程的管理，以便有效管理投诉的记录、沟通和各方的调查。

MAH 可以参考附图 3 的模型管理上市后投诉相关工作。

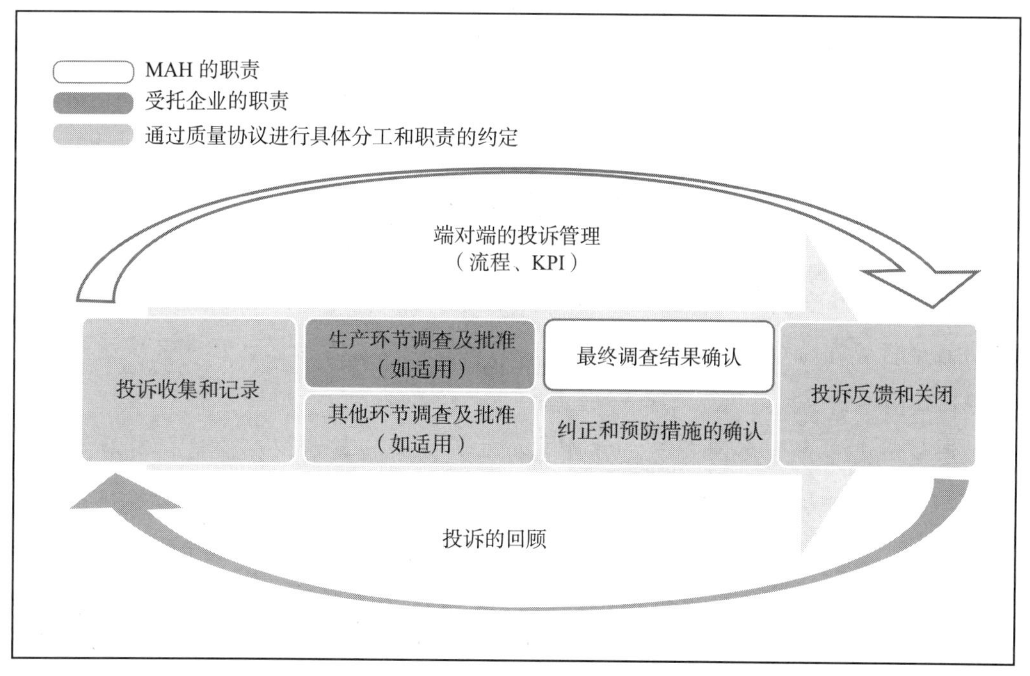

附图 3　MAH 在药品上市后投诉管理流程模型

若 MAH 和受托企业属于同一集团，可以遵循集团内统一的质量管理体系要求共同完成上市后产品投诉管理工作。

3.6 MAH在委托活动方面的管理要点

【法规要求】

中华人民共和国药品管理法

第三十一条 药品上市许可持有人应当建立药品质量保证体系，配备专门人员独立负责药品质量管理。

药品上市许可持有人应当对受托药品生产企业、药品经营企业的质量管理体系进行定期审核，监督其持续具备质量保证和控制能力。

第三十二条 药品上市许可持有人可以自行生产药品，也可以委托药品生产企业生产。

药品上市许可持有人自行生产药品的，应当依照本法规定取得药品生产许可证；委托生产的，应当委托符合条件的药品生产企业。药品上市许可持有人和受托生产企业应当签订委托协议和质量协议，并严格履行协议约定的义务。

国务院药品监督管理部门制定药品委托生产质量协议指南，指导、监督药品上市许可持有人和受托生产企业履行药品质量保证义务。

血液制品、麻醉药品、精神药品、医疗用毒性药品、药品类易制毒化学品不得委托生产；但是，国务院药品监督管理部门另有规定的除外。

药品生产监督管理办法

第七条 从事制剂、原料药、中药饮片生产活动，申请人应当按照本办法和国家药品监督管理局规定的申报资料要求，向所在地省、自治区、直辖市药品监督管理部门提出申请。

委托他人生产制剂的药品上市许可持有人，应当具备本办法第六条第一款第一项、第三项、第五项规定的条件，并与符合条件的药品生产企业签订委托协议和质量协议，将相关协议和实际生产场地申请资料合并提交至药品上市许可持有人所在地省、自治区、直辖市药品监督管理部门，按照本办法规定申请办理药品生产许可证。

申请人应当对其申请材料全部内容的真实性负责。

第二十五条 疫苗上市许可持有人应当具备疫苗生产、检验必需的厂房设施设备，配备具有资质的管理人员，建立完善质量管理体系，具备生产出符合注册要求疫苗的能力，超出疫苗生产能力确需委托生产的，应当经国家药品监督管理局批准。

第二十七条　药品上市许可持有人应当建立药品质量保证体系，配备专门人员独立负责药品质量管理，对受托药品生产企业、药品经营企业的质量管理体系进行定期审核，监督其持续具备质量保证和控制能力。

第四十二条　药品上市许可持有人委托生产药品的，应当符合药品管理的有关规定。

药品上市许可持有人委托符合条件的药品生产企业生产药品的，应当对受托方的质量保证能力和风险管理能力进行评估，根据国家药品监督管理局制定的药品委托生产质量协议指南要求，与其签订质量协议以及委托协议，监督受托方履行有关协议约定的义务。

受托方不得将接受委托生产的药品再次委托第三方生产。

经批准或者通过关联审评审批的原料药应当自行生产，不得再行委托他人生产。

药品上市许可持有人落实药品质量安全主体责任监督管理规定

第十六条　委托生产药品的，持有人应当对受托方的质量保证能力和风险管理能力进行评估，按规定与受托方签订质量协议以及委托生产协议；应当履行物料供应商评估批准、变更管理审核、产品上市放行以及年度报告等义务；应当监督受托方履行协议约定的义务，对受托方的质量管理体系进行定期现场审核，并确保双方质量管理体系有效衔接，生产过程持续符合法定要求。

持有人不得通过质量协议转移依法应当由持有人履行的义务和责任。

接受委托生产的药品生产企业应当严格执行质量协议，按照药品生产质量管理规范组织委托生产药品的生产，积极配合接受持有人的审核，并按照所有审核发现的缺陷，采取纠正和预防措施落实整改。

【技术要求】

在《药品委托生产质量协议指南（2020 年版）》中，明确了 MAH 和受托生产企业在履行药品质量保证方面的义务，以确保药品质量安全。

在 PIC/S GMP（Part I）第 7 章外包活动中，也详细规范了对委托活动的要求。

【实施指导】

持《药品生产许可证》A 证（以下简称“持 A 证”）或《药品生产许可证》B 证的 MAH（以下简称“持 B 证”），均有可能委托 GMP 活动。例如：持 A 证的 MAH 可能委托检验，持 B 证的 MAH 委托生产。

MAH 和受托企业应当签订质量协议明确双方的职责和义务，质量协议可以是单独的文件形式或质量条款 / 协议作为委托协议的一部分。MAH 和受托企业应建立双向沟通机制，其有助于双方共同更好履行其各自的职责，以促进合规。沟通方式没有强制要求，可能会依据不同的活动和职责有所不同，可以为共享的计算机化系统、电子邮件、书面的信函等，但需要在质量协议中明确。

当 MAH 企业委托 CDMO（合同研发与生产业务制造商）或 CRO（合同研发制造商）时，因专业分工或业务等原因，CDMO/CRO 企业无法独立完成全部业务时，可能需要另行委托其他企业完成（这种情况在药物研发和临床药品生产时比较常见，如委托开发、委托检验、委托物料 / 产品生产、委托运输等），基于对产品质量的理解，MAH 委托受托企业进行验收、取样、留样、检验和放行等均应在协议中约定，必要时可以签署三方质量协议对质量问题和职责予以明确。对于商业化生产，未经监管部门认可，禁止产品生产活动的二次委托。无论何种形式的委托，MAH 对上市药品质量承担主体责任，受托企业依法承担相应责任。

附表 10 介绍 MAH 在对受托方的选择和评估、日常监管和定期审核三个方面的示例。

附表 10　MAH 管理职责的实施指导示例

MAH 职责	实施指导示例
对受托企业进行选择和评估，确保受托方符合委托条件	• 由 MAH 质量人员参与评估待选受托企业的资质； • 对受托企业进行全面的 GMP 审计，内容包括：质量体系、厂房、设备、设施、人员、生产管理、物料管理等； • 评估受托企业的生产条件、技术水平和质量管理情况是否符合委托企业及相关法律法规要求
对受托企业的日常指导和监督，确保 MAH 充分履行其主体责任	• 基于风险，对受托企业的质量体系和生产管理进行动态评估和动态监管，如审核批准重大偏差和 CAPA 以及重大和中等变更，定期回顾和分析产品投诉，均可帮助 MAH 及时掌握受托企业的质量管理情况； • 必要时需制定质量改善计划或行动，以督促受托企业不断完善其质量体系

续表

MAH 职责	实施指导示例
对受托企业定期审核，监督其持续具备质量保证和控制能力	受托企业定期审核的频率、深度和广度应基于风险确定，考虑的因素包括但不限于： • 上次审核的结果； • 上次审核后组织的变化情况； • 受托企业接受法规审计的缺陷及整改情况； • 外部法规的变化情况； • 委托生产产品本身的质量风险（如无菌制剂高于口服固体制剂）

持 A 证的 MAH 应遵循 GMP 的要求对厂房设施与设备、生产管理、确认与验证进行管理。对持 B 证的 MAH 和受托企业在上述 GMP 活动中的相关职责可参考附表 11。

附表 11　MAH 和受托企业相关职责示例

厂房设施与设备相关职责	MAH	受托企业
建立厂房设施与设备相关的管理规程	–	√
审核厂房设施与设备等生产条件和能力是否满足委托生产品种生产工艺和质量标准的要求	√	–
确保与涉及产品生产和检验相关的厂房设施与设备等状态良好并均已被确认	–	√
如需要，提供产品共线生产风险评估报告	–	√
审核审批产品共线生产风险评估报告	√	–
生产管理相关职责	MAH	受托企业
建立生产管理相关的规程	–	√
制定药品的产品批号、生产日期、有效期的编制及管理规则	基于质量协议约定	基于质量协议约定
确保生产药品的产品批号、生产日期、有效期的编制及管理规则与质量协议或质量管理体系文件要求一致	–	√
遵循注册工艺生产符合注册标准的产品	–	√
需要时，对委托生产进行指导和监督	√	–
制定返工、重新加工和回收标准操作程序	–	√
批准返工、重新加工和回收的生产操作	√	–

续表

厂房设施与设备相关职责	MAH	受托企业
确认与验证相关职责	MAH	受托企业
建立确认和验证管理相关的规程	–	√
完成确认和验证方案和报告	–	√
审核审批工艺验证、清洁验证、运输验证和分析方法验证的方案和报告	基于质量协议约定	√
确保验证相关的文件和数据的保存时限符合 GMP 要求	√	√

注：√表示需要；–表示不需要

若 MAH 和受托企业属于同一集团，可以遵循集团内统一的质量管理体系要求共同落实委托活动的管理工作。

3.7 MAH 在产品发运与召回方面的管理要点

【法规要求】

中华人民共和国药品管理法

第三十五条 药品上市许可持有人、药品生产企业、药品经营企业委托储存、运输药品的，应当对受托方的质量保证能力和风险管理能力进行评估，与其签订委托协议，约定药品质量责任、操作规程等内容，并对受托方进行监督。

第八十二条 药品存在质量问题或者其他安全隐患的，药品上市许可持有人应当立即停止销售，告知相关药品经营企业和医疗机构停止销售和使用，召回已销售的药品，及时公开召回信息，必要时应当立即停止生产，并将药品召回和处理情况向省、自治区、直辖市人民政府药品监督管理部门和卫生健康主管部门报告。药品生产企业、药品经营企业和医疗机构应当配合。

药品上市许可持有人依法应当召回药品而未召回的，省、自治区、直辖市人民政府药品监督管理部门应当责令其召回。

在《药品召回管理办法》（2022 年）中，明确了药品召回的范围、召回实施的程序和基本要求、信息公布的基本要求及 MAH、生产企业和经营企业等单位在药品召回中应履行的义务，从而规范药品召回的管理和实施。

【技术要求】

药品委托生产质量协议指南（2020 年版）

四、具体要求（九）产品发运与召回

质量协议应当规定发运的具体承运方，如涉及委托第三方运输，应当符合 GMP 及相关法律法规和规范性文件的要求，并经持有人批准，产品发运过程中的产品质量由持有人负责。

在欧盟 GMP 的第 8 章和 EU Reflection paper 的 5.5 章节中对 MAH 在产品召回中的职责有相关的规定和解释。

【实施指导】

根据 GMP，发运指企业将产品发送到经销商或用户的一系列操作，包括配货、运输等。若委托上述活动，MAH 与受托企业需在质量协议中明确各项活动中的职责分工、产品交接方式、交接位置及运输验证的负责方。如果涉及委托第三方运输，可签订三方协议，包括 MAH、受托企业和第三方承运方。产品发运过程中的产品质量仍由 MAH 负责。MAH 和受托企业均应根据相关法规要求建立并实施药品追溯制度，保证药品可追溯。

我国建立 MAH 制度后，产品召回的实施主体从药品生产企业调整为 MAH。MAH 作为药品召回的责任主体应建立药品召回管理规程，明确 MAH 应履行的职责及如何履行其职责。

- 主动收集、记录药品的质量问题或者安全隐患、药品不良反应信息，对收集的信息进行分析，对可能存在的缺陷进行调查和评估。
- 根据缺陷的严重程度做出召回决定并定级，负责召回全过程的组织、协调、报告、管理等工作。
- 根据相关法规要求，向药品监管部门和卫生健康主管部门报告召回相关信息。

药品受托生产企业、药品经营企业、医疗机构也应建立药品召回管理规程，明确：

- 收到 MAH 的召回通知后，主动配合 MAH 履行召回义务。
- 按照召回计划及时传达、反馈药品召回信息，控制和收回缺陷药品。
- 协助 MAH 对缺陷药品进行调查和评估。

召回程序应定期模拟，MAH 和受托企业可进行定期的联合模拟召回，以证明其有效性。

附表 12 介绍了委托生产情况下，MAH 和受托企业在召回的关键流程中的职责，可根据实际情况进行相应的调整和安排。

附表 12　MAH 和受托企业在召回过程中的主要职责示例

关键流程	MAH 的职责	受托企业的职责
产品召回决策	• 决定是否对相关批次产品进行召回	• 为决策提供有关信息
成立召回小组	• 任命召回组长 • 成立召回小组：至少包含 MAH 质量部门、产品供应部门、公共关系部门、法律事务部门，以及负责该药品经营、流通的部门	• 当需要时，参与相关讨论和行动执行
制定召回计划	• 制定召回计划 • 审批召回计划	
召回的启动	• 出具药品召回通知，在法规要求的时限内通知到药品经营企业、使用单位等 • 向所在地药品监管部门定期报告召回进展 • 公开召回信息	
召回产品的处理	• 按照召回计划和《药品召回管理办法》要求对产品进行处理并记录 • 若由受托企业进行销毁，应在质量协议中明确职责 • 若召回药品需返工，MAH 应审批返工计划	• 产品接收 • 按照召回计划和《药品召回管理办法》要求对产品进行处理并记录 • 若召回产品需进行返工，相关处理操作应当符合相应 GMP 等要求，并不得延长药品的有效期或保质期
召回结果的报告	• 召回完成后向 MAH 所在地药品监管部门和卫生健康主管部门提交召回总结报告	
纠正预防措施	• 根据原因调查结果，制定纠正预防措施 • 督促受托企业相关纠正预防措施及时完成，确保药品生产环节的质量缺陷或安全隐患及时消除	• 根据原因调查结果，制定纠正预防措施并实施
文件归档	• 对召回流程产生的文件进行归档	• 对召回流程产生的文件进行归档

若 MAH 和受托企业属于同一集团，可以遵循集团内统一的质量管理体系要求共同完成产品发运和召回相关的管理工作。

3.8 MAH 在自检方面的管理要点

【法规要求】

药品生产监督管理办法

第三十八条 药品上市许可持有人、药品生产企业应当每年进行自检，监控药品生产质量管理规范的实施情况，评估企业是否符合相关法规要求，并提出必要的纠正和预防措施。

药品上市许可持有人落实药品质量安全主体责任监督管理规定

第二十八条 持有人应当定期进行自检或者内审，监控药品生产质量管理规范、药品经营质量管理规范、药物警戒质量管理规范等实施情况。自检或者内审应当有方案、有记录，自检完成后应当形成自检报告，内容至少包括自检的基本情况、评价的结论以及纠正和预防措施的建议。

【技术要求】

药品委托生产质量协议指南（2020 版）

四、具体要求（+）自检

质量协议应当规定，受托方在自检活动中发现的与受托产品相关的缺陷和采取的纠正和预防措施，应当及时向持有人报告。

PIC/S GMP（Part I）

1.4 药品生产的质量体系应确保

（十七）有自检流程和（或）质量审计流程，定期评估药品质量体系的有效性和适用性。

1.11 生产企业和上市许可持有人（如果不同）应通过质量体系评估审查结果，并评估是否应需要采取纠正和预防措施。应通过自检验证上述行动和相关流程的有效性。

【实施指导】

MAH需建立自检管理程序，自检管理流程应对自检的基本原则与范围、计划制定、实际执行、报告、纠正及预防措施的制定和跟踪、自检人员的培训和资质确认等进行描述。自检的范围需要包括由MAH负责的GMP相关活动的实施情况，还需要按照药品经营质量管理规范、药物警戒质量管理规范等法规文件对药品的GxP活动进行检查。MAH应当每年进行自检，监控药品GMP的实施情况，评估企业是否符合相关法规要求，并提出必要的纠正和预防措施。具体年度自检计划（包括自检的范围和程度）应基于产品生命周期的不同阶段以及委托活动的风险程度来确定。

当MAH委托生产时，受托企业需要建立GMP范围内的自检流程并负责实施。基于风险和约定的沟通方式，受托企业应及时向MAH报告在自检活动中发现的与受托产品相关的缺陷和采取的纠正和预防措施。MAH可以在定期的质量评估或审计中审阅受托企业的自检报告以评估受托企业的质量管理水平。

在自检活动中，MAH和受托企业需要分工合作，各自完成自己责任范围内的自检活动，同时双方需要建立双向沟通机制，对于自检发现的缺陷项目根据协议约定进行沟通，并完成相应的纠正预防措施。

若MAH和受托企业属于同一集团，MAH和受托企业可以遵循集团内统一的质量管理体系要求完成自检工作。